# Strafrecht in Fällen und Lösungen

## Schwerpunkt Wirtschaftsstrafrecht

von

### Dr. Julia Schröder

Juristin in Wien
Lehrbeauftragte der WU Wien

### Dr. Peter Komenda, BSc (WU)

Richter des Landesgerichtes für Strafsachen Wien

### Dr. Patrick Madl, BSc (WU)

Richteramtsanwärter im Sprengel des OLG Wien
Lehrbeauftragter der WU Wien

### Dr. Markus Höcher

Rechtsanwaltsanwärter in Wien
Lehrbeauftragter der WU Wien

3. Auflage

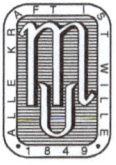

Wien 2021
MANZ'sche Verlags- und Universitätsbuchhandlung

**Zitiervorschlag:** *Schröder/Komenda/Madl/Höcher,* Strafrecht in Fällen und Lösungen[3] (2021) . . .

ISBN 978-3-214-02175-7

© 2021 MANZ'sche Verlags- und Universitätsbuchhandlung GmbH, Wien
Telefon: (01) 531 61-0
E-Mail: verlag@manz.at
www.manz.at
Datenkonvertierung und Satzherstellung: Ferdinand Berger & Söhne GmbH, 3580 Horn
Druck: Prime Rate Kft., Budapest

# Vorwort zur 3. Auflage

Der erfreuliche Ausverkauf der zweiten Auflage sowie die Änderungen durch den Gesetzgeber (bis inkl BGBl I 2020/148 eingearbeitet) machten eine Neuauflage notwendig. Dies ermöglichte uns auch, Ihnen einen neuen Fall vorzustellen, der sich mit dem praxisrelevanten Thema des Suchtmittelrechts auseinandersetzt. Weiters haben wir die Fälle mit prozessualen Hinweisen ergänzt.

Wir danken unseren Studierenden für ihre Anmerkungen und Hinweise, die in die dritte Auflage eingeflossen sind. Selbstverständlich freuen wir uns weiterhin über jegliche Anmerkung zu diesem Buch, sei es Lob, Kritik oder ein Erfahrungsbericht über das Arbeiten mit diesem Werk. Unser Dank gilt zudem auch Frau Mag. *Mirjam Zierl* und Frau Mag. *Sarah Krems* vom Verlag Manz für die angenehme Betreuung und Zusammenarbeit.

Wenngleich sich im Vergleich zu den vorherigen Auflagen ein Nachname geändert hat, an unserem Wunsch aus der 1. Auflage hat sich freilich nichts geändert: Wir hoffen, dass dieses Werk nicht nur zu gelungenen Klausuren beiträgt, sondern auch Interesse am Strafrecht weckt und das grundsätzliche Verständnis dieses Faches fördert.

Wien, im September 2021

*Julia Schröder*
*Peter Komenda*
*Patrick Madl*
*Markus Höcher*

# Vorwort zur 2. Auflage

Nach der ersten Auflage erfolgten durch das StRÄG 2015 umfassende Änderungen im StGB, die eine Aktualisierung notwendig machten. Die Neuauflage ermöglichte uns auch, erste Erfahrungen (als Richteramtsanwärter und/oder Rechtsanwaltsanwärter/-in) in das Buch einzuarbeiten.

So wurde die Formulierung der Ergebnisse der Fälle vereinheitlicht und an die bei den Gerichten bzw Staatsanwaltschaften gängige Praxis angepasst. Zudem wurde die aktuelle Gesetzeslage (bis inkl Strafgesetznovelle 2017, BGBl I 2017/117) in die Fälle eingearbeitet.

Wir danken unseren Studierenden für ihre Anmerkungen und Hinweise, die in die zweite Auflage eingeflossen sind. Wir freuen uns weiterhin über jegliche Anmerkung zu diesem Buch, sei es Lob, Kritik oder ein Erfahrungsbericht über das Arbeiten mit diesem Werk. Wir danken auch Frau Mag. *Katharina Auböck* und Frau Mag. *Mirjam Zierl* vom Verlag Manz für die angenehme Betreuung und Zusammenarbeit.

An unserem Wunsch aus der 1. Auflage hat sich freilich nichts geändert: Wir hoffen, dass dieses Werk nicht nur zu gelungenen Klausuren beiträgt, sondern auch Interesse am Strafrecht weckt und das grundsätzliche Verständnis dieses Faches fördert.

Wien, im September 2017

*Julia Sagmeister*
*Peter Komenda*
*Patrick Madl*
*Markus Höcher*

V

# Vorwort zur 1. Auflage

Seit dem Wintersemester 2006/2007 ermöglicht das an der Wirtschaftsuniversität Wien angebotene Bachelorstudium Wirtschaftsrecht in Kombination mit dem darauf aufbauenden Masterstudium Wirtschaftsrecht den Zugang zu den juristischen Kernberufen. Der Schwerpunkt der strafrechtlichen Ausbildung liegt dabei im Sinne der Ausrichtung der Wirtschaftsuniversität Wien auf der Vermittlung fundierter Kenntnisse des Wirtschaftsstrafrechts. Ziel dieses Werks ist es, die oftmals wenig mit der strafrechtlichen Falllösung vertrauten Studierenden umfassend auf die Prüfungssituation vorzubereiten. Unsere bei der Konzeption, beim Aufbau und bei der Weiterentwicklung der einschlägigen Lehrveranstaltungen gewonnenen Erfahrungen sind in dieses Buch maßgeblich eingeflossen. Die Fälle entsprechen in Länge und Schwierigkeitsgrad jenen der Endklausuren der Lehrveranstaltung Strafrecht im Bachelorstudium Wirtschaftsrecht. Wir hoffen, dass dieses Werk nicht nur zu gelungenen Klausuren beiträgt, sondern auch Interesse am Strafrecht weckt und das grundsätzliche Verständnis dieses Faches fördert.

Unser Dank gilt unseren Kolleginnen und Kollegen am Institut für Österreichisches und Europäisches Wirtschaftsstrafrecht an der Wirtschaftsuniversität Wien, die uns fachlich immer mit Rat und Tat zur Seite stehen und auch ein Arbeitsklima schaffen, bei dem die Arbeit nicht nur Pflicht ist, sondern (auch) Spaß macht. Besonders hervorzuheben ist Herr Univ.-Prof. Dr. *Robert Kert*, der trotz seiner vielfältigen Tätigkeiten als Institutsvorstand Zeit gefunden hat, das Manuskript kritisch durchzusehen und so wesentlich zum Gelingen des Projekts beigetragen hat. Dank gebührt auch Herrn Bundesminister für Justiz o. Univ.-Prof. Dr. *Wolfgang Brandstetter*, der uns als ehemaliger Institutsvorstand in unserer Tätigkeit am Institut immer bestmöglich unterstützt hat. Schließlich danken wir auch Frau Mag. *Christine Viski Hanka* und Frau Mag. *Katharina Irschik* vom Verlag Manz für die angenehme Betreuung und Zusammenarbeit.

Wir freuen uns über jegliche Anmerkung zu diesem Buch, sei es Lob, Kritik oder ein Erfahrungsbericht über das Arbeiten mit diesem Werk (E-Mail: julia.sagmeister@wu.ac.at; peter.komenda@wu.ac.at; patrick.madl@wu.ac.at; markus.hoecher@wu.ac.at).

Wien, im September 2014

*Julia Sagmeister*
*Peter Komenda*
*Patrick Madl*
*Markus Höcher*

# Inhaltsverzeichnis

# Abkürzungsverzeichnis

| | |
|---|---|
| aA | anderer Ansicht |
| ABGB | Allgemeines bürgerliches Gesetzbuch JGS 946 idgF |
| Abs | Absatz |
| AT | Allgemeiner Teil |
| Aufl | Auflage |
| | |
| BGBl | Bundesgesetzblatt |
| bspw | beispielsweise |
| BT | Besonderer Teil |
| bzgl | bezüglich |
| bzw | beziehungsweise |
| | |
| csqn | conditio sine qua non |
| | |
| dh | das heißt |
| | |
| E | Ergänzungseinheit |
| ev | eventuell |
| | |
| f; ff | und der, die folgende; und der, die folgenden |
| | |
| gem | gemäß |
| GmbH | Gesellschaft mit beschränkter Haftung |
| grds | grundsätzlich |
| | |
| hM | herrschende Meinung |
| hrsg | herausgegeben |
| Hrsg | Herausgeber |
| HS | Halbsatz |
| | |
| idgF | in der geltenden Fassung |
| idR | in der Regel |
| iHv | in Höhe von |
| insb | insbesondere |
| iSd | im Sinne des, – der |
| iVm | in Verbindung mit |
| | |
| JGG | Jugendgerichtsgesetz 1988 BGBl 1988/599 idgF |
| JGS | Justizgesetzsammlung, Gesetze und Verordnungen im Justizfach (1780–1848) |
| | |
| Kap | Kapitel |
| | |
| LGBl | Landesgesetzblatt |
| lit | litera |
| lt | laut |

| | |
|---|---|
| maW | mit anderen Worten |
| mwN | mit weiteren Nachweisen |
| Nachbem | Nachbemerkungen |
| OGH | Oberster Gerichtshof |
| OLG | Oberlandesgericht |
| Os | Oberster Gerichtshof in Strafsachen |
| PKW | Personenkraftwagen |
| Rz | Randzahl; Randziffer |
| s | siehe |
| SbgK | Salzburger Kommentar zum Strafgesetzbuch, hrsg von *Triffterer, Rosbaud* und *Hinterhofer* |
| sog | sogenannt, -e, -er, -es |
| StGB | Strafgesetzbuch BGBl 1974/60 idgF |
| StPO | Strafprozeßordnung 1975 BGBl 1975/631 idgF |
| StVO | Straßenverkehrsordnung 1960, BGBl 1960/159 idgF |
| tw | teilweise |
| ua | und andere, -s; unter anderem |
| usw | und so weiter |
| uU | unter Umständen |
| vgl | vergleiche |
| WaffG | Waffengesetz 1996 BGBl 1997/12 idgF |
| WK | Wiener Kommentar zum Strafgesetzbuch, 2. Aufl hrsg von *Höpfel* und *Ratz* |
| Wr BauO | Bauordnung für Wien, LGBl 1930/11 idgF |
| Z | Zahl; Ziffer; Zusammenfassung |
| zB | zum Beispiel |

XIV

# Verzeichnis der verwendeten Literatur

*Bertel/Schwaighofer/Venier,* Österreichisches Strafrecht Besonderer Teil I[15](2020)
zitiert als *Bertel/Schwaighofer/Venier,* BT I[15] § . . . Rz . . .

*Birklbauer/Lehmkuhl/Tipold,* Strafrecht Besonderer Teil I[5] (2020)
zitiert als *Birklbauer/Lehmkuhl/Tipold,* BT I[5] § . . . Rz . . .

*Fuchs/Zerbes,* Strafrecht Allgemeiner Teil I[10] (2018)
zitiert als *Fuchs/Zerbes,* AT I[10] [Kap/Rz]

*Fuchs/Reindl-Krauskopf,* Strafrecht Besonderer Teil I[7] (2020)
zitiert als *Fuchs/Reindl-Krauskopf,* BT I[7] [Seite]

*Hinterhofer/Rosbaud,* Strafrecht Besonderer Teil II[6] (2016)
zitiert als *Hinterhofer/Rosbaud,* BT II[6] § . . . Rz . . .

*Höpfel/Ratz* (Hrsg), Wiener Kommentar zum Strafgesetzbuch[2]
zitiert als *Bearbeiter* in WK[2] § . . . Rz . . .

*Kienapfel/Höpfel/Kert,* Grundriss des Strafrechts Allgemeiner Teil[16] (2020)
zitiert als *Kienapfel/Höpfel/Kert,* AT[16] Rz . . .

*Kienapfel/Schmoller,* Studienbuch Strafrecht Besonderer Teil II[2] (2017)
zitiert als *Kienapfel/Schmoller,* BT II[2] § . . . Rz . . .

*Kienapfel/Schmoller,* Studienbuch Strafrecht Besonderer Teil III[2] (2009)
zitiert als *Kienapfel/Schmoller,* BT III[2] § . . . Rz . . .

*Kienapfel/Schroll,* Strafrecht Besonderer Teil I[4] (2016)
zitiert als *Kienapfel/Schroll,* BT I[4] § . . . Rz . . .

Leukauf/Steininger, Kommentar zum Strafgesetzbuch[4] (2017 inkl Update 2020)
zitiert als Leukauf/Steininger/*Bearbeiter,* StGB[4] § . . . Rz . . .

*Triffterer/Rosbaud/Hinterhofer* (Hrsg), Salzburger Kommentar zum Strafgesetzbuch
zitiert als *Bearbeiter* in SbgK § . . . Rz . . .

# Verzeichnis enthaltener Delikte und Problemstellungen

# Zu diesem Buch

Das vorliegende Werk trägt dem von Studierenden der Wirtschaftsuniversität Wien artikulierten Wunsch nach einem Buch Rechnung, das nicht nur inhaltliche Probleme erläutert, sondern in jeder Hinsicht umfassend auf die Prüfungssituation vorbereitet. Denn in der Praxis scheitern Prüfungen nicht nur am fehlenden Wissen. Viel zu oft mangelt es auch an der Fähigkeit, das Wissen in der vom Prüfer gewünschten Form zu Papier zu bringen.

Das Buch versteht sich als **Brücke zwischen klassischen Lehrbüchern und reinen Casebooks.** Dabei wird nicht der Anspruch erhoben, das eine oder das andere zu ersetzen. Vielmehr sollen diese sinnvoll ergänzt werden.

Das Buch besteht aus einer umfassenden Einleitung sowie zwölf **Fällen,** die jeweils mit einem kommentierten und einem unkommentierten Lösungsvorschlag versehen sind. Die Fälle verbinden zentrale Fragestellungen aus AT und BT, die typischerweise in Strafrechtsprüfungen aufgeworfen werden. Gefolgt wird bei der Falllösung den im Anhang abgedruckten Schemata. Am Ende jedes Falls werden zudem auch prozessuale Fragestellungen im Überblick behandelt, wie etwa die Zuständigkeit im Hauptverfahren und die Möglichkeit einer Diversion.

Die **Einleitung** erläutert grundlegende Begriffe und beantwortet eine Vielzahl an Fragen, mit deren Lösung Studierende bei Klausuren oft überfordert sind, wie etwa: Wo prüfe ich eine Qualifikation? In welcher Reihenfolge prüfe ich die Delikte? Muss ich auch auf ein Delikt eingehen, dessen Tatbestand nicht erfüllt ist? Wenn ja, in welchem Umfang?

Als Herzstück des Buchs fungieren die **kommentierten Lösungsvorschläge.** Ihr Ziel ist es, das Einüben strukturierten Falllösens mit dem Vermitteln zentraler strafrechtlicher Inhalte zu verknüpfen. Sie erklären nicht nur, was richtig ist, sondern auch warum. Neben der eigentlichen Falllösung enthalten sie daher auch theoretische Ausführungen zu den jeweils behandelten Themen. Anfängern bieten sie den Vorteil, neben der Falllösungstechnik auch Wissen zu wiederholen und auf diese Weise zu verfestigen. Fortgeschrittene Studierende profitieren von der Möglichkeit, punktuell zentrale Probleme nachschlagen zu können.

Die **(unkommentierten) Lösungsvorschläge** gewährleisten eine möglichst realitätsnahe Prüfungsvorbereitung. In strukturierter Form beschränken sie sich auf jene Ausführungen, die bei einer Klausur tatsächlich Punkte bringen; theoretische Ausführungen werden hingegen soweit wie möglich ausgespart. Es handelt sich um vollständige Falllösungen, die sich aufgrund ihres knappen Umfangs tatsächlich in der bei einer Prüfungssituation knappen Zeit zu Papier bringen lassen. Auf diese Weise wird der Blick fürs Wesentliche geschärft.

Die Autoren hoffen, ein Werk geschaffen zu haben, das einerseits Studierende bereits während des Semesters beim Lernen unterstützt, ihnen andererseits aber auch eine Stütze zur unmittelbaren Vorbereitung auf die Klausur ist.

# Einleitung

## A. Allgemeine Hinweise

### 1. Vorbereitung auf die Klausur

Informieren Sie sich rechtzeitig über den Prüfungsort und planen Sie für die Anreise einen Zeitpuffer für den Fall von Verzögerungen (Staus, Ausfall öffentlicher Verkehrsmittel) ein. Achten Sie darauf, eine aktuelle unkommentierte Gesetzesausgabe mitzunehmen. Machen Sie sich schon vor der Klausur mit der Gesetzesausgabe vertraut, damit Sie rasch alle relevanten Bestimmungen auffinden können. Viele Studierende werfen vor Prüfungen kaum einen Blick in den Gesetzestext und verlassen sich blind darauf bei der Prüfung mittels des Inhaltsverzeichnisses und etwas Blättern die einschlägigen Normen aufzufinden. Selbst wenn dieses Unterfangen gelingt, verstreicht doch für das Suchen oft wesentlich mehr Zeit als eigentlich notwendig wäre.

### 2. Äußere Form der Lösung

Der erste Eindruck, den ein Prüfer von Ihrer Arbeit erhält, ist die äußere Form. Dabei sollten Sie beachten, dass Sie Ihr Wissen wesentlich besser vermitteln können, wenn auch das Erscheinungsbild Ihrer Prüfung ansprechend gestaltet ist. Auch wenn die Zeit während der Prüfung drängt und die äußere Form kein Beurteilungskriterium darstellt, sollten Sie dennoch dem Prüfer die Arbeit so weit wie möglich erleichtern, indem Sie Folgendes beachten:

Obwohl das Ausformulieren von Antworten etwas mehr Zeit kostet, haben Sie einen juristischen Text in ganzen und zusammenhängenden Sätzen zu schreiben und nicht bloß Stichworte oder Satzteile aneinanderzureihen. Dies erleichtert dem Prüfer auch das Nachvollziehen Ihrer Argumente. Das bloße „Abhaken" von Tatbestandsmerkmalen ist zu unterlassen.

Für eine schriftliche Prüfung gilt wie für jedes Schriftstück, dass Grammatik und Rechtschreibung nicht außer Acht gelassen werden sollten. Auch ein ordentliches Schriftbild sollten Sie nicht gänzlich vernachlässigen. Zwar ist eine schriftliche Prüfung kein Schönschreibwettbewerb, doch sollte Ihre Schrift zumindest problemlos entziffert werden können. Beachten Sie dabei vor allem, dass der Prüfer unleserliche Ausführungen nicht werten kann. Weiters sollten Sie nur gängige und eindeutige Abkürzungen verwenden. Das Verwenden von Fremdwörtern ist bei Prüfungen selbstverständlich nicht verboten und kann – bei richtigem Einsatz – durchaus sinnvoll sein. Benutzen Sie aber nur solche Fremdwörter, deren Bedeutung Sie kennen und verwenden Sie diese in einem angebrachten Ausmaß.

Oft möchte man bei einer Prüfung nachträglich Passagen ergänzen. Hier empfiehlt sich das Arbeiten mit Verweisen. Dabei sind sowohl die Stelle, auf die sich ein Verweis bezieht, als auch jene Stelle, an der sich der Verweis mit den Ergänzungen befindet, deutlich zu kennzeichnen und von anderen Ausführungen abzugrenzen. Wenn Sie in Ihrer Arbeit mehrere Verweise benötigen, sollten diese eindeutig voneinander zu unterscheiden sein (zB durch unterschiedliche Symbole oder Farben).

Haben Sie bei der Prüfung etwas geschrieben und sind Sie anschließend von der Richtigkeit ihrer Ausführungen nicht mehr überzeugt, können Sie bereits geschriebene Ausführungen durch deutliches Durchstreichen aus der Bewertung nehmen. Dies ist jedoch nur dann sinnvoll, wenn Sie anschließend einen anderen Gedanken zu Papier bringen. Fällt Ihnen hingegen keine bessere Lösung zu einem Problem ein, empfiehlt es sich, den bereits geschriebenen Text nicht durchzustreichen. Der Prüfer kann dafür vielleicht den einen oder anderen Punkt vergeben. Haben Sie Ihre Lösung hingegen durchgestrichen, wird diese nicht bewertet, selbst wenn richtige Gedanken enthalten sind. In jedem Fall müssen Sie aber zu einer eindeutigen Lösung kommen!

## B. Subsumtion

Die strafrechtliche Falllösung besteht im Subsumieren. Als Subsumtion bezeichnet man den „formallogischen Schluss von einem bestimmten Sachverhalt auf die Erfüllung oder Nichterfüllung einer abstrakten gesetzlichen Norm"[1]). Beim Subsumieren wird also eine Verbindung zwischen dem Normtext (der rechtlichen Seite; Obersatz) und dem Sachverhalt (der tatsächlichen Seite; Untersatz) hergestellt. Dabei wird versucht, das tatsächliche Geschehen einem rechtlichen Begriff zuzuordnen.

Viele rechtliche Begriffe müssen in einem ersten Schritt ausgelegt werden, um in einem weiteren Schritt die Zuordnung zu ermöglichen. Dabei ist auf die anerkannten rechtswissenschaftlichen Auslegungsmethoden (kurz gefasst: wörtliche, systematische, historische und teleologische Interpretation) zurückzugreifen. Auch die Methoden der Rechtsfortbildung (teleologische Reduktion bzw Analogie) können einschlägig sein. Die dem Strafrecht immanenten Grenzen (insb § 1 StGB) müssen jedenfalls beachtet werden.

Beispiel: A nimmt das Buch des B. Das Delikt des Diebstahls setzt (ua) voraus, dass eine fremde Sache weggenommen wird. Als erster Schritt muss daher der Begriff der Fremdheit ausgelegt werden: Als fremd gelten Sachen, die zumindest im Miteigentum einer vom Täter verschiedenen Person stehen. Sodann muss das tatsächliche Geschehen unter den Rechtsbegriff subsumiert werden, etwa mittels des Satzes: „Das Buch ist für A eine fremde Sache, weil es im Alleineigentum des B steht."

Gerade beim Subsumieren geraten ungeübte Juristen schnell in Schwierigkeiten. Die häufigsten Fehler bestehen darin, Subsumieren mit dem Rezitieren des Gesetzestexts oder der Wiedergabe des Sachverhalts zu verwechseln. Wer bloß den Sachverhalt in eigenen Worten nacherzählt, subsumiert genauso wenig wie derjenige, der bloß unreflektiert Lehrmeinungen oder Judikate anführt, ohne diese in Bezug zum Sachverhalt zu setzen.

## C. Vorarbeiten

### 1. Lesen des Sachverhalts

Nehmen Sie sich die Zeit, den Sachverhalt zweimal genau und aufmerksam zu lesen, bei Unklarheiten sogar öfter. Das genaue Studium des Sachverhaltes ist keine verschwendete, sondern gut investierte Zeit und bewahrt Sie davor, zentrale Infor-

---

[1]) *Kienapfel/Höpfel/Kert*, AT[16] Rz 1.7.

mationen zu übersehen. Viele Studierende scheitern schon an dieser Hürde, weil essentielle Informationen und Hinweise aufgrund flüchtigen Lesens gar nicht, nur fragmentarisch oder verzerrt wahrgenommen werden. Heben Sie wichtig erscheinende Elemente durch Unterstreichen oder mittels eines Textmarkers hervor, damit Sie diese später möglichst zeitnah wieder auffinden können. Weiters sollten Sie sich schon beim Durchlesen Notizen machen, etwa über die zu prüfenden Delikte, möglicherweise einschlägige Rechtfertigungs- oder Entschuldigungsgründe und sonstige Besonderheiten, wie zB eine Begehung im Familienkreis.

Vergessen Sie dabei auch nicht, die Fragestellung zu beachten. Oft wird sich diese darauf beschränken, die Strafbarkeit der beteiligten Personen zu prüfen. Manchmal wird jedoch nur nach der Strafbarkeit einiger von mehreren beteiligten Personen gefragt. Achten Sie hier besonders darauf, Ihre kostbare Prüfungszeit nicht mit der Lösung ungefragter Probleme zu verschwenden. Fallweise kann die Fragestellung nach der Strafbarkeit beteiligter Personen auch um spezifische Fragen ergänzt werden, die sich etwa mit prozessrechtlichen Konsequenzen oder den Rechtsfolgen der Straftat befassen.

## 2. Sachverhaltsergänzungen

Auch wenn Ihnen der Sachverhalt wenig glaubwürdig oder gar lebensfremd erscheinen mag, nehmen Sie diesen als gegeben und vollständig an. In manchen Fällen kann die besondere Problemstellung des Falles sogar genau im abenteuerlich anmutenden Kausalverlauf liegen. Dass Ihnen ein Fall evtl nicht als realistisch erscheint, muss daher nicht extra von Ihnen kommentiert werden. Ausführungen wie „das Opfer hätte den Täter in seiner Wohnung in Wirklichkeit sicher bemerkt" sind daher nicht nur unnötig, sondern können auch zu falschen Lösungen führen. Um etwaige Beweisprobleme, mit denen sich die Praxis herumschlägt, müssen Sie sich nicht kümmern. Ob dem Täter der Vorsatz also nur schwerlich nachgewiesen werden könnte, muss Sie nicht beunruhigen und sollte auch nicht in der Lösung thematisiert werden.

Ein häufig bei Klausuren anzutreffender Fehler ist, dass Studierende eine Lösung ins Auge fassen, die aber nicht zum Sachverhalt „passt". Um die anvisierte Lösung doch noch zu retten, wird kurzerhand der Sachverhalt ergänzt oder entsprechend „zurechtgebogen". Dass die hieraus resultierende Lösung dann nicht mit der richtigen Lösung des Falles übereinstimmt, liegt auf der Hand.

Ergänzt werden darf im Sachverhalt daher nur Selbstverständliches und Naheliegendes. Solche Angaben werden meist bewusst ausgelassen, um den Umfang des Sachverhalts nicht völlig ausufern zu lassen. Gehen Sie also mangels anderer Hinweise davon aus, dass es sich bspw bei „Toni" grundsätzlich um einen Menschen und nicht um einen Hund handelt. Fehlen nähere Angaben über handelnde Personen, sind diese als volljährig und geistig gesund anzusehen. Fährt der Täter mit einem Auto, hat er wohl einen Führerschein und das Auto nicht gestohlen. Steckt eine Person in einem Supermarkt einen teuren Wein in die Manteltasche und verlässt das Geschäft ohne zu bezahlen, so ist es naheliegender, von einem Diebstahl anstatt einem versehentlichen Einstecken und einer späteren Anschlussunterschlagung auszugehen. Sofern nichts Abweichendes im Sachverhalt angegeben wird, können Sie weiters folgende Annahmen treffen: Die Handlung des Täters ist noch nicht verjährt und der Täter noch nicht verstorben. Der Sachverhalt bezieht sich außerdem auf eine Inlandstat, weshalb österreichisches Strafrecht anzuwenden ist. Sind Sie sich betreffend des Sachverhalts unsicher, fragen Sie während der Prüfung im Notfall nach, damit Sie Ihrer Lösung kein falsches Verständnis des Sachverhalts zugrunde legen.

Hingegen sind Ergänzungen, die nicht auf den ersten Blick auf der Hand liegen, unzulässig und demgemäß durchwegs zu unterlassen. Nehmen Sie daher davon Abstand, etwas zu unterstellen, für das es keine Anhaltspunkte im Sachverhalt gibt. Hilfreich für das Arbeiten mit dem Sachverhalt ist folgende Faustregel: „Wenn man Hufe hört, ist es eher ein Pferd als ein Einhorn."

### 3. Erstellen einer Gliederung

Bevor Sie sich an die Ausformulierung Ihrer Falllösung machen, sollten sie eine Gliederung erstellen. Idealerweise haben Sie schon während des Durchlesens Notizen angefertigt, auf die Sie nun zurückgreifen können. Die Gliederung sollte alle Personen umfassen, deren Strafbarkeit gefragt ist, sowie jeweils alle für diese potentiell einschlägigen Delikte. Sinn der Gliederung ist es, dass Sie nicht ziellos loszuschreiben beginnen, sondern strukturiert die einzelnen Fragestellungen herausarbeiten. Dabei machen Sie sich schon Gedanken über die richtige rechtliche Einordnung des Verhaltens. Durch eine vollständige Gliederung können Sie sicherstellen, bei der Ausformulierung der Falllösung nicht im Zeitstress auf Bestandteile des Sachverhalts zu vergessen. Bei besonders komplexen Sachverhalten mit mehreren involvierten Personen kann es auch empfehlenswert sein, eine Skizze anzufertigen.

## D. Grundlagen der Falllösung

### 1. Prüfungsreihenfolge

Ist nur die Strafbarkeit einer Person gefragt, sind die einzelnen Sachverhaltskomplexe in chronologischer Reihenfolge zu prüfen. Es ist ratsam, nur in Ausnahmefällen von dieser Ordnung abzuweichen.

Wenn hingegen die Strafbarkeit mehrerer Personen zu prüfen ist, stehen zwei Möglichkeiten zur Verfügung. Grundsätzlich können Sie zwischen diesen frei wählen; an der Benotung ändert Ihre Wahl nichts. Beachten Sie jedoch, dass die Varianten je nach Sachverhalt mehr bzw weniger Sinn machen können.

Nach der ersten Variante prüfen Sie nach Sachverhaltskomplexen (also zuerst Person A und Person B zu Komplex eins, dann A und B zu Komplex zwei usw). Ein solches Vorgehen empfiehlt sich insb bei Beteiligungskonstruktionen (zB A ist unmittelbarer Täter des Bankraubes, B fährt das Fluchtauto) bzw der unmittelbaren Täterschaft durch mehrere Personen. Auch bei einschlägigen Rechtfertigungsgründen, etwa der Notwehr, kann diese Variante zu einer klareren Struktur als die folgende Variante führen.

Die zweite Möglichkeit besteht darin, nacheinander die Strafbarkeit der handelnden Personen zu prüfen (zB zuerst die Strafbarkeit des A für Komplex eins, zwei und drei, dann B für eins, zwei und drei). Dies ist vor allem dann sinnvoll, wenn der Sachverhalt ganz oder großteils aus einer losen Abfolge voneinander unabhängiger Taten besteht.

## 2. Prüfung eines Fahrlässigkeits- statt eines Vorsatzdelikts

Ist nach dem Studium des Sachverhalts offensichtlich, dass der Täter zB die Verletzung des Opfers keinesfalls vorsätzlich, sondern höchstens fahrlässig verursacht hat, ist gleich mit der Lösung des Fahrlässigkeitsdeliktes zu beginnen, anstatt das Vorsatzdelikt bis zur Ebene des subjektiven Tatbestandes durchzuprüfen. Dies gilt selbstverständlich nur in Fällen, in denen es ein entsprechendes Fahrlässigkeitsdelikt gibt (zB § 75 StGB und § 80 StGB). Gehen Sie in einer solchen Konstellation zu Beginn aber in wenigen Sätzen darauf ein, warum Sie kein Vorsatzdelikt in Betracht ziehen.

## 3. Allgemeine und spezielle Delikte

Am Anfang müssen Sie sich bei mehreren in Frage stehenden Delikten entscheiden, welche Delikte einer Fallprüfung unterzogen werden müssen. Im Zweifelsfall ist es ratsam, ein spezielleres vor einem allgemeineren und ein vollendetes vor einem versuchten Delikt zu prüfen. Damit Sie diese Entscheidung aber richtig treffen können, müssen Sie sich intensiv mit dem Sachverhalt und dem Verhältnis der Delikte zueinander auseinandersetzen. Als Grundsatz gilt: Immer mit der Prüfung des schwersten möglichen Erfolgs beginnen (zB zuerst § 80 StGB und erst bei dessen Verneinung § 88 StGB).

Liegen die Voraussetzungen eines spezielleren Delikts vollständig vor, ist das allgemeinere nicht zu prüfen (zB § 144 StGB vor § 105 StGB). Es kann sich aber bereits aus dem Sachverhalt ergeben, dass der Tatbestand des spezielleren Delikts nicht erfüllt ist. In diesen Fällen sollten Sie in wenigen Sätzen darauf eingehen, warum das speziellere Delikt Ihrer Ansicht nach ausscheidet und anschließend das allgemeine Delikt prüfen. Erfüllt bspw ein Verhalten den objektiven Tatbestand der Erpressung, aber fehlt auf subjektiver Tatseite der erweiterte Vorsatz auf unrechtmäßige Bereicherung, sollten Sie dies kurz thematisieren. Im Anschluss ist sogleich die Nötigung als allgemeineres Delikt zu prüfen. Ergibt sich etwa aus dem Sachverhalt, dass zwischen der Drohung mit gegenwärtiger Gefahr für Leib und Leben und dem Abnötigen einer Sache eine längere Zeitspanne liegt und deshalb kein Raub gem § 142 StGB, sondern eine Erpressung gem § 144 StGB vorliegt, sollten Sie diese Abgrenzungsfrage ebenfalls kurz thematisieren. Anschließend ist gleich die Erpressung zu prüfen. Hiervon ausgenommen sind selbstverständlich Fälle, in denen ein Raub von Anfang an überhaupt nicht in Betracht kommt.

Jedenfalls nicht zu prüfen ist ein Delikt, wenn dieses bereits durch die Annahme eines anderen Delikts ausgeschlossen ist (Exklusivität, bspw Veruntreuung und Diebstahl).[2] Hier müssen Sie vielmehr zeigen, dass Sie die praktische Abgrenzung vornehmen können, indem Sie sich für das einschlägige Delikt entscheiden. Allgemeine Ausführungen zu Abgrenzungsfragen können Sie dabei kurz halten.

## 4. Bearbeiten nicht erfüllter Delikte

Bei der Falllösung prüfen Sie jedenfalls alle Delikte, die schließlich auch erfüllt sind. Probleme bereiten jedoch jene Delikte, deren Prüfung auf einer Ebene des Fall-

---

[2]) *Kienapfel/Höpfel/Kert*, AT[16] Rz 38.7.

prüfungsschemas scheitert und für die somit die Strafbarkeit schlussendlich zu verneinen ist. Leider gibt es keine allgemein gültige Antwort auf die Frage, wie ausführlich Sie Delikte behandeln müssen, für die keine Strafbarkeit besteht. Vielmehr entwickelt sich erst über die Zeit und durch regelmäßiges Üben ein Gespür, welche Delikte zu prüfen sind und welche nicht. Es gibt jedoch einige Hilfestellungen:

- Erörtern Sie nur jene Delikte, deren Prüfung naheliegend ist. Delikte, deren objektive und subjektive Tatbestandsmerkmale gänzlich oder zum größten Teil offensichtlich nicht erfüllt sind, müssen nicht geprüft werden.
- Auf jeden Fall zu prüfen sind Delikte, deren objektiver und subjektiver Tatbestand erfüllt ist, deren Strafbarkeit jedoch auf Ebene der Rechtswidrigkeit, der Schuld oder der sonstigen Strafbarkeitsvoraussetzungen entfällt. Wichtig ist in diesem Zusammenhang, dass Sie dem Fallprüfungsschema folgen und das Delikt zur Gänze bis zu jenem Punkt prüfen, an dem Sie die Strafbarkeit verneinen. Ist zB eine Körperverletzung durch Notwehr gerechtfertigt, so müssen Sie zunächst den objektiven und subjektiven Tatbestand der Körperverletzung prüfen und erst danach auf Ebene der Rechtswidrigkeit auf die Notwehr eingehen. Beginnen Sie Ihre Prüfung sofort mit der Erörterung der Notwehr, kommen Sie zwar vielleicht mit Glück zum richtigen Ergebnis. Es zeugt jedoch von Ihrem fehlenden Verständnis des Deliktaufbaus, da Sie ohne Feststellung der Tatbestandsmäßigkeit nie zur Prüfung der Notwehr kommen dürften. Zugleich verlieren Sie dadurch eine Vielzahl an Punkten, weil Sie den objektiven und subjektiven Tatbestand nicht geprüft haben.
- Auch Delikte, deren objektiver Tatbestand erfüllt ist, deren Strafbarkeit jedoch am fehlenden subjektiven Tatbestand scheitert, sollten grds diskutiert werden. Je offensichtlicher es ist, dass der entsprechende Vorsatz nicht vorliegt, desto kürzer können Sie Ihre Ausführungen halten. Nur wenn eindeutig kein Vorsatz-, sondern ein Fahrlässigkeitsdelikt einschlägig ist, beginnen Sie gleich mit der Prüfung des Fahrlässigkeitsdelikts. Ist das Fehlen des Vorsatzes hingegen nicht eindeutig oder fehlt gar nur ein kleiner Teil des subjektiven Tatbestands, so sollten Sie das Delikt dem Fallprüfungsschema folgend durchprüfen und erst auf Ebene des subjektiven Tatbestands die Strafbarkeit verneinen.
- Sind zumindest einige objektive Tatbestandsmerkmale erfüllt, jedoch nicht alle, so empfiehlt es sich ebenfalls, auf das Delikt einzugehen. Je mehr Tatbestandsmerkmale vorliegen, desto ausführlicher sollten Sie ein Delikt behandeln.
- Bedenken Sie, dass nicht jedes im Sachverhalt geschilderte Verhalten unter allen Umständen strafrechtlich relevant sein muss. Zwar ist der Sachverhalt grds so ausgestaltet, dass keine unnötigen Informationen enthalten sind, jedoch dienen manche Angaben ausschließlich dazu, Ihnen die Argumentation zu erleichtern. Versuchen Sie daher nicht, mit Biegen und Brechen jedenfalls zu einer Strafbarkeit zu kommen.

Nur durch Übung können Sie ein Gespür für die Lösung derartiger Probleme entwickeln. Im Zweifel ist es besser, einmal ein Delikt zu viel als zu wenig zu prüfen. Damit signalisieren Sie dem Prüfer, dass Sie sich mit der Problematik auseinandergesetzt haben. Versuchen Sie jedoch der Verlockung zu widerstehen, immer alles aufzuschreiben, was Sie gelernt haben. Sie vermitteln Ihr Wissen am überzeugendsten, indem Sie genau auf die Fragestellung eingehen und nicht gefragte Ausführungen aussparen.

# E. Verfassen der Falllösung

## 1. Aufbau

Es empfiehlt sich, die schriftliche Ausarbeitung logisch aufzubauen und unter Rückgriff auf die bereits erstellte Gliederung in einzelne Abschnitte zu unterteilen. Damit erleichtern Sie sich Ihre Arbeit, weil Sie sich besser zurechtfinden, und auch Ihr Prüfer wird es Ihnen danken. Geben Sie immer an, welchen Sachverhalt Sie bearbeiten, wenn die Prüfung aus mehreren Sachverhalten besteht. Ebenfalls ist das Arbeiten mit Überschriften anzuraten. Führen Sie am Anfang jeder Falllösung unbedingt an, auf welche Person und welchen Sachverhaltskomplex sich Ihre Ausführungen beziehen und welches Delikt Sie prüfen.

Um die Prüfung übersichtlicher zu gestalten, sollten Sie einzelne Prüfungsschritte in Absätze gliedern. Auch das Unterstreichen von Überschriften bzw wichtigen Schlagworten trägt zu einer ordentlichen Struktur bei. Zwischenergebnisse können das Zurechtfinden ebenfalls erleichtern. Geben Sie kurzen, prägnanten Sätzen den Vorzug. Komplexe Satzkonstruktionen und Schachtelsätze sind oft lückenhaft und besonders anfällig für Fehler. Sie sollten diese daher soweit wie möglich vermeiden.

Schreiben Sie Ihre Lösung im Gutachtenstil. Dies bedeutet, dass Sie in einem ersten Schritt das Problem darstellen, in einem zweiten Schritt mögliche Argumente anführen und schlussendlich zu einer Lösung kommen. Ihr Ergebnis sollte die vom Prüfer gestellte Frage eindeutig beantworten. In diesem Zusammenhang sind abschwächende Formulierungen wie „unter Umständen", „vielleicht", „möglicherweise" und auch der Konjunktiv zu vermeiden. Sind Sie sich nicht sicher, welches Delikt das richtige ist und haben Sie mehrere Alternativen geprüft, so müssen Sie dennoch am Ende ein eindeutiges Ergebnis angeben und sich für eine Lösung entscheiden. Bedenken Sie, dass auch die Straflosigkeit eines Verhaltens eine mögliche Lösung sein kann.

Halten Sie sich beim Schreiben der Prüfung auch vor Augen, dass der Prüfer nur jene Ausführungen bewerten kann, die Sie zu Papier gebracht haben. Auch Probleme, deren Lösung Ihnen offensichtlich erscheint, sind grundsätzlich zu diskutieren. Schreiben Sie daher bei der Prüfung alles nieder, das für die Lösung des Falles von Relevanz ist. Gedanken, die Sie nicht niederschreiben, existieren für den Prüfer nicht und können daher auch nicht in die Bewertung einfließen.

## 2. Anwenden der Fallprüfungsschemata

Die Lösungsvorschläge in diesem Casebook basieren auf den im Anhang abgedruckten Fallprüfungsschemata. Ein Fallprüfungsschema schlägt eine Prüfungsreihenfolge vor, die sich aus der Systematik des österreichischen Strafrechts ergibt. Je nach Sachverhaltslage können sich unterschiedliche Fragestellungen ergeben, etwa ob ein Versuch, ein fahrlässiges Verhalten oder eine Begehung durch Unterlassung vorliegt. Hieraus resultieren unterschiedliche Fallprüfungsschemata, zB für Fahrlässigkeits- oder Vorsatzdelikte, vollendete oder versuchte Delikte.

Bei der Prüfung müssen Sie versuchen, genau auf jene Themen einzugehen, die relevant sind und diese stringent bearbeiten. Andere Ausführungen kosten hingegen nur wertvolle Zeit. Welche Ausführungen notwendig sind und welche nicht, kann nur einzelfallbezogen beurteilt werden und hängt von etlichen Faktoren ab: Übung, Erfahrung, Prüfer, Prüfungszeit, Prüfungsstoff usw. Üben Sie daher in der Vorbereitung auf Ihre Prüfung das Arbeiten mit Fällen, um Erfahrung zu sammeln und auch ein Gefühl für die Materie zu entwickeln. Beschaffen Sie sich alte Prüfungen und vergleichen Sie Ihre Lösungen mit den Lösungsvorschlägen Ihres Prüfers.

Je öfter Sie strafrechtliche Fälle bearbeiten, desto eher können Sie einschätzen, was bei der Fallbearbeitung relevant ist und was nicht. Es gibt einige Grundregeln, worauf Sie sich bei der Fallbearbeitung konzentrieren sollten:

Der Fokus Ihrer Fallbearbeitung sollte jedenfalls auf Ebene des Tatbestands liegen. Das gilt sowohl bei Vorsatz- als auch bei Fahrlässigkeitsdelikten. Deshalb müssen Sie den vorliegenden Sachverhalt genau und ausführlich unter jedes objektive Tatbestandsmerkmal der zu prüfenden Norm subsumieren. Eine Ausnahme stellt bei Vorsatzdelikten die Prüfung der objektiven Zurechnung des Erfolgs dar: Hier ist davon auszugehen, dass ein kausal herbeigeführter Erfolg die Adäquanz und den Risikozusammenhang indiziert. Ergeben sich daher aus dem Sachverhalt keine Hinweise auf Probleme bei der Zurechnung, so muss nicht näher auf diese Schritte eingegangen werden. Bei Fahrlässigkeitsdelikten ist hingegen die Frage nach der objektiven Zurechnung des Erfolgs meist ein zentrales Problem, weshalb Sie hier sehr genau arbeiten müssen.

Auf Ebene des subjektiven Tatbestands gilt es ebenfalls präzise zu sein. Als Anfänger neigt man dazu, diesen Punkt sehr schnell abzuarbeiten: „Es liegt Eventualvorsatz vor" wird oftmals von Studierenden als vollständige Subsumtion angesehen. Zwar verlangt das Gesetz zumindest Eventualvorsatz für eine Strafbarkeit nach einem Vorsatzdelikt. Sie müssen aber dennoch das Wissen und Wollen des Täters im Einzelfall genau prüfen, mit dem Sachverhalt verknüpfen und darauf auch bei der Beantwortung des Falls eingehen. Es kann nämlich auch Wissentlichkeit (§ 5 Abs 3 StGB) oder Absichtlichkeit (§ 5 Abs 2 StGB) vorliegen, selbst wenn das jeweilige Delikt dies nicht ausdrücklich verlangt. Auch müssen Sie zwischen dem Tatbildvorsatz und einem ev erforderlichen erweiterten Vorsatz unterscheiden und diese Punkte auch bei der Lösung voneinander trennen. Die gleiche akribische Herangehensweise ist bei der Prüfung von Qualifikationen oder Privilegierungen (sowohl objektiv als auch subjektiv) notwendig.

Welche Ebenen des Fallprüfungsschemas sonst einer näheren Betrachtung bedürfen, wird durch den jeweiligen Sachverhalt determiniert. Sind keine Probleme ersichtlich, müssen die Ebenen des Handlungsbegriffs, der Rechtswidrigkeit, der Schuld (außer bei Fahrlässigkeitsdelikten) und der sonstigen Strafbarkeitsvoraussetzungen nicht näher geprüft werden. Wir empfehlen Ihnen dennoch, diese Punkte kurz mit einem Satz schriftlich festzuhalten. Durch die Struktur der Fallprüfungsschemata sollte Ihnen kein Problem entgehen. Es empfiehlt sich daher, die Fallprüfungsschemata in die Prüfungsvorbereitung miteinzubeziehen und diese ausführlich zu studieren, damit Sie diese in der Prüfungssituation sodann auch parat haben.

## 3. Beteiligung und Versuch

Oftmals sind die handelnden Personen nicht nur unmittelbare Täter (§ 12 Fall 1 StGB), sondern auch Bestimmungstäter (§ 12 Fall 2 StGB) oder Täter durch sonstigen Beitrag (§ 12 Fall 3 StGB). Es ist empfehlenswert, zuerst eine mögliche unmittelbare Täterschaft und erst anschließend andere Beteiligungsformen zu prüfen. Je nach Deliktsstadium, in dem sich der unmittelbare Täter befindet, kann sich dadurch nämlich für die an der Tat Beteiligten eine unterschiedliche Einordnung ergeben (zB Bestimmungstäter zum versuchten oder vollendeten Delikt).

Der Vorsatz des jeweiligen Beteiligten muss genau geprüft werden. Der Bestimmungstäter könnte zB nur zu einer Körperverletzung bestimmt, der unmittelbare Täter jedoch einen Mord begangen haben. Da jeder Täter nur für sein eigenes Unrecht und seine eigene Schuld bestraft wird (§ 13 StGB), sind in dieser Konstellation unterschiedliche Delikte zu prüfen.

Erst ab dem Versuchsstadium ist eine Strafbarkeit gegeben. Daher gilt es, nicht jede Vorbereitungshandlung strafrechtlich zu analysieren. Der Kauf eines Brecheisens für einen Einbruchsdiebstahl ist bspw eine Vorbereitungshandlung, die keiner tiefergehenden strafrechtlichen Prüfung bedarf, weil dafür auch abstrakt gar kein strafbares Delikt existiert. Auf die Abgrenzung zwischen Vorbereitung und Versuch sollten sie selbstverständlich eingehen.

Die Tauglichkeit des Versuchs ist oft ein zentrales Prüfungsproblem. Während auch ein relativ untauglicher Versuch strafbar ist, führt die Einordnung als absolut untauglicher Versuch zur Straflosigkeit. Sollten sich jedoch aus dem Sachverhalt keine näheren Hinweise auf die absolute Untauglichkeit des Subjekts, der Handlung oder des Objekts ergeben, muss dieser Punkt nicht ausführlich thematisiert werden. Insb ist nicht jeder fehlgeschlagene Versuch untauglich.

Vorbereitungshandlungen für eine geplante Straftat sind idR straflos, es sei denn, sie sind durch ein spezielles Vorbereitungsdelikt unter Strafe gestellt. Gelegentlich ist eine Handlung gleichzeitig Vorbereitungshandlung für ein Delikt und Ausführungshandlung für ein anderes Delikt. Beispiel: Verfälscht der Täter ein Gutachten, um später damit einen Betrug zu begehen, setzt er mit der Fälschung zwar eine straflose Vorbereitungshandlung für den Betrug, er macht sich jedoch wegen Urkundenfälschung nach § 223 StGB strafbar.

## 4. Qualifikationen und Privilegierungen

Aus dem Sachverhalt ergeben sich oftmals schon beim ersten Durchlesen Hinweise auf vorhandene Qualifikationen oder Privilegierungen. Daher neigt man dazu, sich zB schon von Anfang an auf den Wert der Sache oder spezielle Eigenschaften des Täters zu fixieren. Der erste Schritt muss aber die Prüfung des Grundtatbestands sein. Auch wenn zB eine Sache im Wert von € 500.000 gestohlen wird, ist zuerst zu prüfen, ob ein Diebstahl nach § 127 StGB vorliegt, bevor man sich mit dem schweren Diebstahl nach § 128 Abs 2 StGB auseinandersetzt. Es gilt daher prinzipiell: Grundtatbestand vor Qualifikation oder Privilegierung!

In manchen Fallkonstellationen kann es jedoch zweckmäßig sein, von diesem Grundsatz abzuweichen. So ist es etwa bei der Prüfung einer fahrlässigen schweren Körperverletzung auf Tatbestandsebene sinnvoll, sofort die Zurechnung der schweren Verletzung vorzunehmen. Wird diese Zurechnung bejaht, so kann die Prüfung der Zurechnung der einfachen Verletzung unterbleiben.

Sind mehrere Qualifikationen oder Privilegierungen einschlägig, sollten im Regelfall die spezielleren Regelungen zuerst geprüft werden: Sind bspw mehrere Wertqualifikationen durch dieselbe Sache erfüllt (zB eine Sache im Wert von mehr als € 5.000 und zugleich mehr als € 300.000 wird gestohlen), so ist die höhere Wertqualifikation zuerst zu prüfen.

Die meisten Qualifikationen sind auf Tatbestandsebene, viele Privilegierungen erst auf Schuldebene zu behandeln. Bei manchen Qualifikationen kann nur eine von mehreren Alternativen erfüllt sein. So ist bspw ein räumlich abgeschlossenes Gebilde beim Einbruchsdiebstahl entweder ein Transportmittel oder eine Wohnstätte. Demgegenüber können manche Qualifikationen gemeinsam vorliegen, wie etwa § 128 Abs 2 StGB und § 129 Abs 1 Z 1 StGB. Wie sich Qualifikationen und Privilegierungen untereinander verhalten und ob sie auf Tatbestands- oder Schuldebene zu prüfen sind, sollten Sie beim Lernen daher besonders berücksichtigen.

Deliktsqualifikationen, wie etwa Wertqualifikationen, müssen immer vorsätzlich begangen werden. Hingegen verlangen Vorsatz-Fahrlässigkeitskombinationen iSd § 7 Abs 2 StGB nur eine wenigstens fahrlässige Herbeiführung der besonderen Folge der Tat. Hier muss aber ein besonderes Augenmerk auf die objektive Zurechnung der Qualifikation zum Grundtatbestand gelegt werden.

Eine weitere Herausforderung ist die Bearbeitung von Qualifikationen oder Privilegierungen, die nicht erfüllt sind. Eine Sache im Wert von € 500 erfüllt offensichtlich keine Wertqualifikation. Spritzpistolen sind keine Waffen im strafrechtlichen Sinn und daher auch keine tauglichen Tatmittel eines schweren Raubes. Diese Beispiele sind unstrittig, müssen aber dennoch unterschiedlich behandelt werden. Offensichtlich nicht erfüllte Wertqualifikationen sollten nicht in der Falllösung thematisiert werden. Das Verneinen anderer Qualifikationen und Privilegierungen sollte hingegen kurz begründet werden, etwa warum es sich bei einer Spritzpistole um keine Waffe handelt.

## 5. Umgang mit unterschiedlichen Lösungsansätzen

Das alte Sprichwort „Zwei Juristen, drei Meinungen" als Ausdruck der Meinungsvielfalt in der Rechtswissenschaft gilt auch im Strafrecht. Eine Vielzahl an unterschiedlichen Lösungsansätzen ist aber für Studierende oftmals unbefriedigend, da es an eindeutigen Antworten mangelt.

Wie ausführlich Sie auf Meinungsunterschiede eingehen müssen, hängt vom jeweiligen Prüfer ab. Während es an manchen Instituten ausreicht, wenn Sie bei der Falllösung das gestellte Problem erkennen, kurz beschreiben und sich anschließend einer vertretbaren Meinung anschließen, verlangen andere Institute, dass Sie den Meinungsstand mit den unterschiedlichen Konsequenzen vollständig auflisten und erst anschließend zu einer Lösung gelangen. Sollten Sie sich unsicher sein, welche Vorgehensweise verlangt wird, informieren Sie sich vorab bei Ihrem Prüfer. Gleichgültig welchen Ansatz Sie schlussendlich verfolgen, sollten Sie sich an die vorhandenen und erlernten Ansätze zur Lösung des Problems halten. Entscheiden Sie sich für einen Ansatz und folgen Sie im Zweifelsfall dem OGH. Die schriftliche Prüfung ist jedenfalls nicht der geeignete Ort, um seinen eigenen, völlig neuen, dogmatischen Ansatz zu veröffentlichen.

Vergessen Sie allerdings nie: Das alleinige Berufen auf eine Autorität ersetzt niemals das juristische Arbeiten. Auch wenn Sie etwa die Meinung Ihres Prüfers teilen, müssen Sie immer eigenständig subsumieren und argumentieren! Dabei müssen Sie jedenfalls zu einer eindeutigen Lösung kommen!

## 6. Beantworten der Fragestellung

Am Ende der Falllösung gilt es, die vom Prüfer geforderte Fragestellung vollständig und eindeutig zu beantworten. Sind mehrere Delikte erfüllt, ist grundsätzlich festzustellen, in welchem Konkurrenzverhältnis diese stehen. Mit Hilfe der aus dem Allgemeinen Teil II bekannten Regeln ist schlussendlich ein gemeinsamer Strafrahmen zu bilden. Sofern es nicht explizit erwünscht ist, muss keine Strafe nach den §§ 32 ff StGB bemessen werden. Achten Sie genau auf die Fragestellung, damit Sie diese am Ende auch korrekt und vollständig beantworten können!

# I. Ein Muttersöhnchen auf Abwegen

## A. Sachverhalt

Der geübte Autofahrer Fabian fährt an einem verregneten und nebeligen Freitagabend im Dezember wie gewohnt zu seiner Mutter aufs Land. Da die Sicht aufgrund des Wetters sehr schlecht ist und er nach wie vor mit Sommerreifen unterwegs ist, achtet er auf der mit einer dünnen Eisschicht bedeckten Fahrbahn besonders auf seine Geschwindigkeit. Als jedoch auf dem letzten Stück der Strecke, einem sehr kurvigen Abschnitt der Landstraße, das vor ihm fahrende Auto immer langsamer wird, beschleunigt Fabian. Da er davon ausgeht, dass zu so später Stunde und bei schlechtem Wetter niemand auf der Straße unterwegs ist, zögert er nicht, sondern überholt den Wagen vor ihm. Vor der nächsten Kurve bremst er jedoch zu spät, gerät ins Schleudern und kollidiert mit der Fußgängerin Klara, die gerade auf einem Schutzweg die Straße überquert. Klara bleibt regungslos am Boden liegen. Fabian, der kaum glauben kann, was gerade passiert ist, bleibt sofort stehen und ruft die Rettung. Er leistet Erste Hilfe, sichert die Unfallstelle ab, bleibt bis zum Eintreffen der Rettung bei Klara und spricht ihr Mut zu. Im Krankenhaus wird anschließend festgestellt, dass Klaras Handgelenk gebrochen ist.

Einige Monate nach dem Unfall wird Fabian wegen des Unfalls angeklagt. Um seinen guten Willen zu zeigen, lädt er die inzwischen genesene Klara zu sich ein, um sich bei ihr zu entschuldigen. Klara kommt seiner Bitte nach und erscheint bei Fabian zu Hause. Als sie jedoch seine Entschuldigung ablehnt, verliert Fabian die Nerven. Er sperrt Klara kurzerhand in sein fensterloses Gästezimmer, um sie dafür zu bestrafen, dass sie seine Entschuldigung nicht annehmen will. Als Fabian am Tag darauf das Haus verlässt, um seine Mutter zu treffen, ergreift Klara (die kein Handy bei sich hat) die günstige Gelegenheit und unternimmt einen Fluchtversuch. Sie schlägt die zu einem Großteil aus Glas bestehende Tür ein, wodurch diese zerbricht, läuft aus dem Haus und erstattet bei der nächsten Polizeistation sofort Anzeige gegen Fabian.

**Prüfen Sie die Strafbarkeit von Fabian und Klara! Nennen Sie den ihnen drohenden Strafrahmen!**

# B. Kommentierter Lösungsvorschlag

## 1. Fabian: Verletzung der Klara durch den Autounfall

### a) Vorüberlegungen

Zum Zeitpunkt des Zusammenstoßes mit Klara hatte Fabian nicht den Vorsatz, diese zu verletzen. Eventualvorsatz fordert, dass der Täter die Verwirklichung eines Sachverhalts, der einem gesetzlichen Tatbild entspricht, ernstlich für möglich hält und sich auch damit abfindet. Fabian geht jedoch davon aus, dass sich niemand auf der Straße befindet und hält somit die Verletzung von Fußgängern nicht ernstlich für möglich. Die Prüfung eines Vorsatzdelikts kommt daher nicht in Frage. Festzustellen ist aber, ob er durch sein Verhalten die ihm gebotene Sorgfalt außer Acht gelassen und dadurch eine fahrlässige Körperverletzung begangen hat. Da Klara ein gebrochenes Handgelenk davonträgt, könnte eine schwere Körperverletzung iSd § 84 Abs 1 StGB vorliegen. Aufgrund der im Sachverhalt beschriebenen Umstände ist auch zu prüfen, ob grobe Fahrlässigkeit iSd § 6 Abs 3 StGB vorliegt. Fabian könnte sich nämlich wegen **fahrlässiger Körperverletzung gem § 88 Abs 3 und Abs 4 Fall 2 StGB** strafbar gemacht haben.

### b) Tatbestand

Auf Tatbestandsebene ist bei einem Fahrlässigkeitsdelikt zunächst die objektive Sorgfaltswidrigkeit zu prüfen. Ein Verhalten ist dann objektiv sorgfaltswidrig, wenn der Täter eine ihn treffende Sorgfaltsnorm außer Acht lässt. Die Feststellung der objektiven Sorgfaltswidrigkeit hat jeweils für den Einzelfall zu erfolgen, wobei dazu Rechtsnormen, Verkehrsnormen und das Verhalten der differenzierten Maßfigur herangezogen werden können. Dabei ist auf die **letzte Handlung vor dem Eintritt des Erfolgs** abzustellen. Im vorliegenden Fall muss daher geprüft werden, ob sich Fabian objektiv sorgfaltswidrig verhalten hat, indem er vor der Kurve zu spät gebremst hat. Alle Handlungen vor dem zu späten Bremsen müssen außer Acht gelassen werden und können nur bei der Prüfung einer Übernahmsfahrlässigkeit relevant sein.

Ein Verstoß gegen eine Rechtsnorm indiziert die objektive Sorgfaltswidrigkeit. Gem § 20 Abs 1 StVO hat ein Fahrzeuglenker seine Geschwindigkeit den jeweiligen Straßenverhältnissen und der konkreten Situation anzupassen. Indem Fabian vor der Kurve zu spät bremst, verstößt er gegen eine **Rechtsnorm.**

Verkehrsnormen sind Regeln, die von einem bestimmten Verkehrskreis als Sorgfaltsmaßstab herangezogen und anerkannt werden.[1] Es findet sich kein Hinweis auf einen Verstoß gegen Verkehrsnormen.

Nachdem in vielen Fällen kein Zuwiderhandeln gegen Rechts- oder Verkehrsnormen vorliegt bzw ein solcher Verstoß die objektive Sorgfaltswidrigkeit nur indiziert, kommt der differenzierten Maßfigur große praktische Bedeutung zu. Die **differenzierte Maßfigur** ist ein einsichtiger und besonnener Mensch aus dem Verkehrskreis des Täters, der mit dessen Sonderwissen ausgestattet ist. Zur Feststellung der objektiven Sorgfaltswidrigkeit wird aus einer ex ante Perspektive das Verhalten des Täters mit dem Verhalten der differenzierten Maßfigur in der konkreten Situation verglichen. Hätte sich diese in der konkreten Situation anders verhalten als der

---

[1]) *Burgstaller/Schütz* in WK² § 6 Rz 46.

Täter, so hat dieser objektiv sorgfaltswidrig gehandelt. Im vorliegenden Fall ist die differenzierte Maßfigur ein einsichtiger und besonnener Autofahrer, der bei den im Sachverhalt geschilderten Umständen mit dem Auto fährt. Ein solcher Autofahrer hätte bei schlechter Sicht, Regen, glatter Fahrbahn und kurviger Straße jedenfalls rechtzeitig vor der Kurve gebremst und sich somit anders verhalten als Fabian. Fabian hat **objektiv sorgfaltswidrig** gehandelt.

Aufgrund der im Sachverhalt geschilderten Verhältnisse könnte **grobe Fahrlässigkeit** vorliegen. Dazu ist zu prüfen, ob der Täter ungewöhnlich und auffallend sorgfaltswidrig gehandelt hat, sodass der Eintritt eines dem gesetzlichen Tatbild entsprechenden Sachverhalts als geradezu wahrscheinlich vorhersehbar war (§ 6 Abs 3 StGB). Auf objektiver Tatseite sind für das Vorliegen grober Fahrlässigkeit zwei Prüfungsschritte zu erörtern:

Zum einen ist zu prüfen, ob das vom Täter gesetzte Verhalten das **gebotene Maß an Sorgfalt erheblich unterschreitet,** dh ungewöhnlich und auffallend sorgfaltswidrig war. Der Sorgfaltsverstoß des Täters muss das Ausmaß durchschnittlicher Sorgfaltswidrigkeit massiv überschreiten. Ein derartig erheblicher Sorgfaltsverstoß kann sich aus einem einzigen krassen Sorgfaltsverstoß ergeben oder auch durch das Zusammentreffen mehrerer, für sich gesehen nicht massiver Sorgfaltsverstöße (Mosaiktheorie). Im vorliegenden Fall wirken mehrere Umstände zusammen: Die Witterungsbedingungen (Regen und Nebel), die schlechte Sicht, die glatte Fahrbahn, der sehr kurvige Abschnitt der Landstraße, das Fahren mit Sommerreifen und das Überholen an einer unübersichtlichen Stelle kurz vor einem Schutzweg stellen zwar einzeln betrachtet keinen erheblichen Sorgfaltsverstoß dar. In Summe führen die einzelnen Sorgfaltsverstöße jedoch dazu, dass Fabian das gebotene Maß an Sorgfalt erheblich unterschritten hat.

Zum anderen muss eine **gesteigerte Vorhersehbarkeit der Tatbestandsverwirklichung** vorliegen, dh der Eintritt eines dem gesetzlichen Tatbild entsprechenden Sachverhalts muss als geradezu wahrscheinlich vorhersehbar gewesen sein. Entscheidend ist dabei, ob aufgrund des ungewöhnlichen und auffallenden Sorgfaltsverstoßes des Täters die Tatbildverwirklichung aus einer ex ante Perspektive geradezu vorhersehbar war. Es kommt dabei aber nur auf die Tatbildverwirklichung (zB Eintritt einer schweren Körperverletzung) an. Eine gesteigerte Vorhersehbarkeit des konkreten Kausalverlaufs bzw der konkreten Verletzung ist nicht erforderlich. Im vorliegenden Fall erhöhen die Witterungsbedingungen (Regen und Nebel), die schlechte Sicht, die glatte Fahrbahn, der sehr kurvige Abschnitt der Landstraße, das Fahren mit Sommerreifen und das Überholen an einer unübersichtlichen Stelle kurz vor einem Schutzweg jeweils die Wahrscheinlichkeit des Eintritts einer schweren Körperverletzung. Durch das Zusammenwirken der einzelnen gefahrerhöhenden Umstände ist bei einer ex ante Betrachtung der Eintritt einer schweren Körperverletzung als sehr wahrscheinlich vorhersehbar. Das Verhalten von Fabian ist daher als grob fahrlässig einzustufen.

Das Delikt der fahrlässigen Körperverletzung verlangt den Eintritt eines Erfolgs, wobei im vorliegenden Fall der Eintritt einer Körperverletzung als ein nicht unerheblicher Eingriff in die körperliche Integrität in Betracht kommt. Bei Klaras gebrochenem Handgelenk handelt es sich unstrittig um einen Eingriff in die körperliche Integrität, der aufgrund der Schwere der Verletzung und der damit verbundenen Funktionseinbußen nicht unerheblich ist. Daher liegt eine typische **Körperverletzung** vor.

Durch das gebrochene Handgelenk könnte darüber hinaus eine schwere Körperverletzung iSd § 84 Abs 1 StGB vorliegen. Eine solche ist zu bejahen, wenn die Tat eine länger als vierundzwanzig Tage dauernde Gesundheitsschädigung oder Berufsunfähigkeit zur Folge hat oder die Verletzung oder Gesundheitsschädigung an sich schwer ist. Im Sachverhalt finden sich keine Anhaltspunkte für eine länger als vierundzwanzig Tage dauernde Gesundheitsschädigung oder Berufsunfähigkeit. Es ist nur die an sich schwere Körperverletzung in Betracht zu ziehen, die sich aus einer Gesamtbetrachtung mehrerer Kriterien ergibt. Dabei sind die Wichtigkeit des betroffenen Organs oder Körperteils, die Intensität, das Ausmaß und der Gefährlichkeitsgrad der Verletzungen, die Chancen des Heilungsverlaufs und die konkrete Situation des Opfers zu berücksichtigen. Knochenbrüche sind – bis auf den Bruch eines kleinen Knochens von geringer Bedeutung – immer als an sich schwere Körperverletzung einzustufen.[2]) Der Bruch des Handgelenks betrifft nicht nur einen kleinen Knochen von geringer Bedeutung. Vielmehr wird die Funktionsfähigkeit der Hand erheblich eingeschränkt. Somit ist die Verletzung der Klara als **an sich schwere Körperverletzung iSd § 84 Abs 1 Fall 3 StGB** einzustufen.

Der Erfolg muss der Tathandlung objektiv zugerechnet werden.

*) Die Kausalität wird mit Hilfe der csqn-Formel geprüft. Hätte Fabian rechtzeitig gebremst, wäre er nicht ins Schleudern geraten, es wäre zu keinem Unfall gekommen und Klara wäre in der Folge auch nicht schwer verletzt worden. Fabians Verhalten ist daher kausal für die schwere Verletzung der Klara.

*) Auch die Adäquanz bereitet keine Probleme. Es liegt nicht außerhalb jeglicher Lebenserfahrung, dass Fabian bei glatter Fahrbahn und zu spätem Bremsen in einer Kurve ins Schleudern gerät, wenn er nicht rechtzeitig bremst. Dass es dadurch zu einem Unfall kommen kann, bei dem ein Fußgänger schwer verletzt wird, stellt einen geradezu typischen Kausalverlauf dar.

*) Beim Risikozusammenhang wird geprüft, ob sich jener Erfolg verwirklicht hat, dem die Schutznorm entgegenwirken will. Im vorliegenden Fall bilden einerseits die Regelungen der StVO Schutznormen und somit einen Sorgfaltsmaßstab. Das Gebot, situationsangemessen zu fahren und die Geschwindigkeit der Straße und der Witterung anzupassen, soll gerade verhindern, dass es zu Unfällen kommt, bei denen auch Fußgänger schwer verletzt werden. Zusätzlich kann auch das Verhalten der differenzierten Maßfigur herangezogen werden. Dieser Sorgfaltsmaßstab entspricht genau jenem Verhalten, das der Täter hätte setzen müssen, um den Erfolg abzuwenden, dh um zu verhindern, dass es zu Unfällen und zu Verletzungen kommt. Somit hat Fabian durch sein Verhalten genau jenes Risiko verwirklicht, dem die Schutznormen entgegenwirken wollten.

*) Zusätzlich ist bei Fahrlässigkeitsdelikten die Risikoerhöhung gegenüber rechtmäßigem Alternativverhalten zu überprüfen. Der Erfolg kann dem Täter nur zugerechnet werden, wenn sich durch die objektive Sorgfaltswidrigkeit des Täters das Risiko des Erfolgseintritts merklich erhöht hat. Hätte Fabian sich sorgfaltsgemäß verhalten und rechtzeitig gebremst, so wäre das Risiko, dass er ins Schleudern gerät und einen Unfall verursacht, bei dem ein Fußgänger schwer verletzt wird, deutlich geringer gewesen. Der Erfolg ist der Tathandlung **objektiv zurechenbar.** Der Tatbestand des § 88 Abs 3 und Abs 4 Fall 2 StGB ist erfüllt.

---

[2]) *Burgstaller/Fabrizy* in WK[2] § 84 Rz 23.

## c) Rechtswidrigkeit

Die Rechtswidrigkeit der Tat wird durch die Tatbestandsmäßigkeit indiziert. Es erfolgt eine Negativprüfung. Nur bei Vorliegen von Rechtfertigungsgründen ist ein tatbestandsmäßiges Verhalten nicht rechtswidrig. Im Sachverhalt finden sich keine Anhaltspunkte für das Vorliegen von Rechtfertigungsgründen. Fabian hat rechtswidrig gehandelt.

## d) Schuld

Auf Schuldebene ist zu prüfen, ob Fabian sein rechtswidriges Verhalten strafrechtlich vorgeworfen werden kann. Hinzu kommt bei Fahrlässigkeitsdelikten die subjektive Sorgfaltswidrigkeit des Verhaltens, die subjektive Vorhersehbarkeit des Erfolgs und die Zumutbarkeit rechtmäßigen Verhaltens. Durch das Vorliegen grober Fahrlässigkeit sind auf Ebene der Schuld keine Besonderheiten zu beachten, die Prüfung der Schuld bei grober Fahrlässigkeit unterscheidet sich nicht von jener bei einfacher Fahrlässigkeit.

Dem Täter kann sein Verhalten nur vorgeworfen werden, wenn er das Unrecht seiner Tat einsehen und nach dieser Einsicht handeln konnte (Schuldfähigkeit). Mangels Angaben im Sachverhalt kann Fabians **Schuldfähigkeit** zum Tatzeitpunkt angenommen werden.

Im Rahmen der subjektiven Sorgfaltswidrigkeit der Handlung wird geprüft, ob der Täter aufgrund seiner geistigen und körperlichen Fähigkeiten in der konkreten Situation in der Lage gewesen wäre, die gebotene Sorgfalt zu beachten. Es wird daher ein individueller täterspezifischer Maßstab angelegt.[3] Im vorliegenden Fall liegen keine Gründe vor, die die subjektive Sorgfaltswidrigkeit in Zweifel ziehen. Fabian war es mit seinen geistigen und körperlichen Fähigkeiten problemlos möglich, rechtzeitig vor der Kurve zu bremsen. Er hat **subjektiv sorgfaltswidrig** gehandelt.

Als weitere Schuldvoraussetzung muss der Täter den Erfolg und den Kausalverlauf nach seinen geistigen und körperlichen Fähigkeiten in groben Zügen voraussehen können. Es liegen keine Anhaltspunkte vor, die darauf schließen lassen, dass Fabian aufgrund seiner geistigen und körperlichen Fähigkeiten nicht in der Lage war, den Eintritt der schweren Körperverletzung der Klara und den Kausalverlauf in groben Zügen **vorherzusehen.**

Weiters muss der Täter im Bewusstsein handeln, gegen die Rechtsordnung zu verstoßen (Unrechtsbewusstsein). Da schon potentielles Unrechtsbewusstsein ausreicht und keine gegenteiligen Hinweise vorliegen, ist auch davon auszugehen, dass er zum Tatzeitpunkt mit **Unrechtsbewusstsein** gehandelt hat.

Die Zumutbarkeit sorgfaltsgemäßen Verhaltens ist dann zu bejahen, wenn von einem maßgerechten Menschen in der Situation des Täters die Einhaltung der gebotenen Sorgfalt erwartet werden kann. Als maßgerechter Mensch ist ein mit den rechtlich geschützten Werten verbundener Mensch, der mit den geistigen und körperlichen Fähigkeiten des Täters ausgestattet ist, heranzuziehen.[4] Von einem maßgerechten Menschen hätte im vorliegenden Fall sehr wohl erwartet werden können, dass er vor einer Kurve rechtzeitig bremst. Sorgfaltsgemäßes Verhalten war Fabian

---

[3] *Kienapfel/Höpfel/Kert,* AT[16] Rz 26.22 ff.
[4] OGH 22. 9. 1981, 9 Os 115/81.

daher **zumutbar.** Fabian hat schuldhaft gehandelt und ihm kann sein rechtswidriges Verhalten vorgeworfen werden.

### e) Sonstiges

Im Sachverhalt finden sich keine Anhaltspunkte, dass sonstige Strafbarkeits-voraussetzungen fehlen.

### g) Ergebnis

Fabian hat eine fahrlässige Körperverletzung gem § 88 Abs 3 und Abs 4 Fall 2 StGB begangen und wird nach § 88 Abs 4 Fall 2 StGB mit Freiheitsstrafe bis zu zwei Jahren zu bestrafen sein.

## 2. Fabian: Imstichlassen der Klara?

Fabian könnte sich nach dem Unfall auch wegen Imstichlassen eines Verletzten nach § 94 Abs 1 StGB strafbar gemacht haben. Er hat die Verletzung der Klara fahrlässig herbeigeführt und ist somit jedenfalls der Verursacher der Verletzungen. Als erforderliche Hilfe gilt jede Handlung, die die Lage des Opfers verbessert und zur Gesundung beiträgt. Da Fabian sofort die erforderliche Erste Hilfe leistet, die Rettungskräfte verständigt, die Unfallstelle absichert, bis zum Eintreffen der Rettung bei Klara bleibt und ihr Mut zuspricht, leistet er die erforderliche Hilfe. § 94 Abs 1 StGB ist schon auf Tatbestandsebene nicht erfüllt. Fabian hat sich daher nicht wegen Imstichlassen eines Verletzten gem § 94 Abs 1 StGB strafbar gemacht.

## 3. Fabian: Einsperren der Klara

### a) Vorüberlegungen

Zu prüfen ist, ob sich Fabian wegen **Freiheitsentziehung nach § 99 Abs 1 StGB** strafbar gemacht hat, indem er Klara in sein Gästezimmer gesperrt hat.

### b) Tatbestand

#### aa) Objektiver Tatbestand

Tatobjekt der Freiheitsentziehung ist ein anderer Mensch. Überwiegend wird jedoch vertreten, dass nur solche Menschen Tatobjekte sein können, die fähig sind, willkürlich ihren Aufenthaltsort zu verändern. Daher kommen bspw Säuglinge oder Bewusstlose als Tatobjekt einer Freiheitsentziehung nicht in Betracht.[5] Klara ist als Mensch in der Lage, ihren Aufenthaltsort willkürlich zu wechseln und kann somit **Tatobjekt** einer Freiheitsentziehung sein.

Als Tathandlung nennt § 99 Abs 1 StGB zwei Alternativen: das Gefangenhalten und das Entziehen der persönlichen Freiheit auf andere Weise. Gefangenhalten bedeutet, dass das Opfer daran gehindert wird, einen verhältnismäßig kleinen, abgegrenzten Raum zu verlassen. Dabei muss dem Opfer ein ernstliches und gewichtiges Hindernis im Wege stehen.[6] Klara wird von Fabian in einem Zimmer ohne Fenster

---

[5]) OGH 29. 8. 1991, 15 Os 59/91; *Birklbauer/Lehmkuhl/Tipold*, BT I⁵ § 99 Rz 4.
[6]) OGH 10. 12. 1985, 10 Os 148/85; Leukauf/Steininger/*Tipold*, StGB⁴ § 99 Rz 5 f.

eingesperrt. Es handelt sich dabei um einen abgegrenzten, verhältnismäßig kleinen Raum, den Klara nicht verlassen kann. Da die Tür abgesperrt und auch kein Fenster vorhanden ist, durch das ein Verlassen uU möglich wäre, liegt ein ernstliches und gewichtiges Hindernis vor. Klara wird daher von Fabian **gefangen gehalten.**

Eine weitere Voraussetzung für die Erfüllung des Tatbestands ist das fehlende Einverständnis des Opfers. Der Täter muss gegen den Willen des Opfers oder zumindest ohne dessen Einverständnis handeln. Eine Einwilligung des Opfers in die Freiheitsentziehung wirkt bereits tatbestandsausschließend.[7]) Klara wurde von Fabian eingesperrt, um sie zu bestrafen. Da sie bei der ersten Gelegenheit einen Fluchtversuch unternimmt, ist eindeutig, dass Fabian **ohne Klaras Einverständnis** gehandelt hat.

Die in § 99 Abs 1 StGB enthaltene Widerrechtlichkeit ist hingegen kein objektives Tatbestandsmerkmal, sondern soll aufzeigen, dass bei einer Freiheitsentziehung sehr häufig ein Rechtfertigungsgrund einschlägig sein kann.[8]) Die Widerrechtlichkeit muss daher nicht geprüft werden.

Die Freiheitsentziehung ist ein Erfolgsdelikt und mit Eintritt eines Freiheitsverlusts von nicht unerheblicher Dauer und Intensität vollendet. Es gibt dabei aber keine starre Mindestdauer, sondern diese ist von den jeweiligen Umständen des Einzelfalls abhängig.[9]) Klara wird eingesperrt und kann sich erst am nächsten Tag befreien. Da sie somit über mehrere Stunden gefangen gehalten wird, liegt jedenfalls ein Freiheitsverlust von **nicht unerheblicher Dauer und Intensität** vor. Der Erfolg ist eingetreten.

Weiters ist die objektive Zurechenbarkeit des Erfolgs zu prüfen. Die Kausalität wird mit Hilfe der csqn-Formel geprüft. Hätte Fabian Klara nicht in das Zimmer eingesperrt, so wäre sie nicht über mehrere Stunden gefangen gewesen und der Erfolg wäre nicht eingetreten. Fabians Verhalten war daher kausal für Klaras Freiheitsverlust von nicht unerheblicher Dauer und Intensität. Die normative Zurechnung bereitet keine Probleme. Der Erfolg kann der Tathandlung **objektiv zugerechnet** werden. Der objektive Tatbestand ist erfüllt.

### bb) Subjektiver Tatbestand

Die Freiheitsentziehung fordert auf subjektiver Tatseite Eventualvorsatz auf alle objektiven Tatbestandsmerkmale. Der Täter muss es zumindest ernstlich für möglich halten und sich damit abfinden, dass er sein Opfer gegen dessen Willen gefangen hält und ihm so für eine nicht unerhebliche Zeit die persönliche Freiheit entzieht. Fabian sperrt Klara absichtlich ein, weil er sie bestrafen will. Auch verlässt Fabian am nächsten Tag das Haus und lässt Klara weiterhin in seinem Gästezimmer eingesperrt. Es kommt ihm daher auch gerade darauf an, Klara die Freiheit für einen Zeitraum von zumindest mehreren Stunden zu entziehen. Der subjektive Tatbestand ist erfüllt.

---

[7]) *Schwaighofer* in WK² § 99 Rz 26. Das tatbestandsausschließende Einverständnis bei der Freiheitsentziehung darf nicht mit dem Rechtfertigungsgrund der Einwilligung verwechselt werden, bei dem der Täter zwar mangels Rechtswidrigkeit nicht strafbar ist, sehr wohl aber tatbestandsmäßig handelt.

[8]) OGH 27. 2. 2001, 1 Ob 251/00v.

[9]) *Birklbauer/Lehmkuhl/Tipold*, BT I⁵ § 99 Rz 9 f mwN.

### c) Rechtswidrigkeit

Die Rechtswidrigkeit wird durch die Tatbestandsmäßigkeit indiziert. Es erfolgt eine Negativprüfung. Nur bei Vorliegen von Rechtfertigungsgründen ist ein tatbestandsmäßiges Verhalten nicht rechtswidrig. Im Sachverhalt finden sich keine Anhaltspunkte für das Vorliegen von Rechtfertigungsgründen. Fabian hat rechtswidrig gehandelt.

### d) Schuld

Auf Ebene der Schuld ist zu prüfen, ob Fabian sein rechtswidriges Verhalten strafrechtlich vorgeworfen werden kann. Da keine Indizien dagegensprechen, hat Fabian schuldhaft gehandelt.[10])

### e) Sonstiges

Im Sachverhalt finden sich keine Anhaltspunkte, dass sonstige Strafbarkeitsvoraussetzungen fehlen.

### f) Ergebnis

Fabian hat eine Freiheitsentziehung gem § 99 Abs 1 StGB begangen und wird nach dieser Bestimmung mit Freiheitsstrafe bis zu drei Jahren zu bestrafen sein.

## 4. Klara: Einschlagen der Tür

### a) Vorüberlegungen

Zu prüfen ist, ob Klara durch das Einschlagen der Tür eine **Sachbeschädigung gem § 125 StGB** begangen hat. Da sie die Tür einschlägt, um sich aus ihrer Gefangenschaft zu befreien, könnte ein Rechtfertigungsgrund einschlägig sein.

### b) Tatbestand

### aa) Objektiver Tatbestand

Bei der Sachbeschädigung ist auf objektiver Tatbestandsebene zu prüfen, ob eine fremde Sache vorliegt und ob diese zerstört, beschädigt, verunstaltet oder unbrauchbar gemacht wurde.

Der Begriff der Sache umfasst jedenfalls körperliche Gegenstände mit Tauschwert.[11]) Bei der Tür handelt es sich unumstritten um einen körperlichen Gegenstand. Auch kommt der Tür ein Tauschwert zu, da sie einen wirtschaftlichen Wert hat und an einem legalen Markt gehandelt werden kann.

Fremd ist eine Sache, wenn sie im Alleineigentum oder zumindest im Miteigentum einer vom Täter verschiedenen Person steht. Die Tür steht zweifellos nicht im Alleineigentum von Klara, sondern im Eigentum von Fabian. Die Tür ist somit eine **fremde Sache** iSd § 125 StGB.

---

[10]) Für Erläuterungen zur Bedeutung der Begriffe Schuldfähigkeit und Unrechtsbewusstsein s B.1.d.

[11]) *Sagmeister* in SbgK § 125 Rz 38 ff.

Die Tathandlung der Sachbeschädigung besteht im Beschädigen, Zerstören, Verunstalten oder Unbrauchbarmachen. Dabei handelt es sich jeweils um eine Einwirkung auf die Substanz der Sache. Da die Tür zerbricht, kommt ein Beschädigen oder Zerstören in Betracht. Beschädigen bedeutet, die stoffliche Unversehrtheit der Sache zu beeinträchtigen und so die Brauchbarkeit oder den Wert der Sache zu mindern. Zerstören geht über eine Beschädigung hinaus und führt dazu, dass die Substanz der Sache so stark angegriffen wird, dass diese nicht mehr bestimmungsgemäß gebraucht werden kann. Klara schlägt die zu einem großen Teil aus Glas bestehende Tür ein, wodurch diese zerbricht und Klara die Flucht ermöglicht wird. Die Substanz der Tür wird dabei so stark angegriffen, dass die Tür nicht mehr bestimmungsgemäß gebraucht werden kann. Klara **zerstört** die Tür durch ihre Handlung.

Die Sachbeschädigung ist ein Erfolgsdelikt. Mit der Zerstörung der Tür ist der Erfolg eingetreten. Dieser muss der Tathandlung objektiv zugerechnet werden. Die Kausalität wird mit Hilfe der csqn-Formel festgestellt. Nimmt man an, Klara hätte die Tür nicht eingeschlagen, so wäre diese nicht zerbrochen und der Erfolg wäre nicht eingetreten. Klaras Verhalten war daher kausal für die Zerstörung der Tür. Die normative Zurechnung bereitet keine Probleme. Der Erfolg kann der Tathandlung **objektiv zugerechnet** werden. Der objektive Tatbestand ist erfüllt.

### bb) Subjektiver Tatbestand

Auf subjektiver Tatseite fordert § 125 StGB Eventualvorsatz auf alle objektiven Tatbestandsmerkmale.

Der Täter muss es zumindest ernstlich für möglich halten und sich damit abfinden, dass er eine fremde Sache beschädigt, zerstört, verunstaltet oder unbrauchbar macht. Als erwachsener Mensch ist sich Klara sicher, dass die Tür ein körperlicher Gegenstand ist und einen wirtschaftlichen Wert hat. Nachdem sie auch mit Sicherheit weiß, dass sie sich im Haus von Fabian befindet, ist sie sich gewiss, dass die Tür nicht in ihrem Alleineigentum steht. Klara will die Substanz der Tür beeinträchtigen, um sich aus der Gefangenschaft zu befreien. Daraus lässt sich aber noch nicht ableiten, dass es Klara auf die Zerstörung der Tür ankommt. Während die Absichtlichkeit zweifelhaft ist, handelt sie jedenfalls mit Eventualvorsatz: Sie hält es zumindest ernstlich für möglich, dass die Tür danach nicht mehr ordnungsgemäß gebraucht werden kann und findet sich auch damit ab, die Tür zu zerstören, da sie das Zimmer verlassen will und dies nur durch das Einschlagen der Tür möglich ist. Der subjektive Tatbestand ist erfüllt.

### c) Rechtswidrigkeit

Die Rechtswidrigkeit wird durch die Tatbestandsmäßigkeit indiziert. Es erfolgt eine Negativprüfung. Nur bei Vorliegen von Rechtfertigungsgründen ist ein tatbestandsmäßiges Verhalten nicht rechtswidrig.

Klara hat die Türe eingeschlagen und somit zerstört, weil sie sich aus dem Gästezimmer, in dem sie bereits seit mehreren Stunden eingesperrt war, befreien wollte. Es ist daher zu prüfen, ob Klara in **Notwehr** (§ 3 StGB) gehandelt hat.

Der Rechtfertigungsgrund der Notwehr setzt sich aus den Elementen Notwehrsituation, Notwehrhandlung und subjektivem Rechtfertigungselement zusammen.

Die Notwehrsituation ist ein gegenwärtiger oder unmittelbar drohender rechtswidriger Angriff auf ein notwehrfähiges Rechtsgut. Als Angriff gilt eine von einem

Menschen ausgehende Bedrohung für ein notwehrfähiges Rechtsgut. Ob ein solcher Angriff vorliegt wird nach objektiven Gesichtspunkten zum Zeitpunkt der Handlung beurteilt.[12]) Die notwehrfähigen Rechtsgüter sind in § 3 StGB taxativ aufgezählt und umfassen Leben, Gesundheit, körperliche Unversehrtheit, sexuelle Integrität und Selbstbestimmung, Freiheit und Vermögen. Weitere Voraussetzung für das Vorliegen einer Notwehrsituation ist, dass der Angriff unmittelbar droht oder gegenwärtig ist. Ein unmittelbar drohender Angriff liegt dann vor, wenn dieser in zeitlicher, örtlicher und funktioneller Hinsicht unmittelbar bevorsteht. Gegenwärtig ist der Angriff jedenfalls dann, wenn der Täter ein Verhalten setzt, das bereits zu einer Rechtsgutbeeinträchtigung führt. Solange diese Rechtsgutbeeinträchtigung andauert, gilt der Angriff als gegenwärtig. Darüber hinaus muss der Angriff auch rechtswidrig sein, dh der Angreifer muss gegen die Rechtsordnung verstoßen. Klara wurde von Fabian in einem fensterlosen Zimmer eingesperrt. Somit liegt zweifellos ein Angriff auf das Rechtsgut Freiheit vor, da Klara das Zimmer nicht verlassen kann. Die Freiheit ist gem § 3 StGB ein notwehrfähiges Rechtsgut. Da die Bedrohung von Fabian – also einem Menschen – ausgeht, liegt ein Angriff vor. Als Klara die Tür einschlägt, ist sie bereits seit mehreren Stunden eingesperrt. Ihre Freiheit ist seit jenem Zeitpunkt, zu dem sie von Fabian eingesperrt wurde, und somit seit mehreren Stunden, beeinträchtigt. Da sie das Zimmer nicht verlassen kann, dauert die Rechtsgutbeeinträchtigung auch weiterhin an. Es liegt somit ein gegenwärtiger Angriff vor. Der Angriff ist auch als rechtswidrig einzustufen, da das Gefangenhalten der Klara nicht gerechtfertigt ist. Somit liegt eine **Notwehrsituation** vor.

Als Notwehrhandlung darf die notwendige Verteidigung eingesetzt werden, dh jene Verteidigung, die erforderlich ist, um den Angriff verlässlich und endgültig abzuwehren. Dabei ist zu prüfen, welche Verteidigungsmaßnahmen dem Angegriffenen zur Verfügung stehen und welche dieser Mittel mit hinreichender Wahrscheinlichkeit geeignet sind, den Angriff verlässlich und endgültig abzuwehren. Von den zur Verfügung stehenden und geeigneten Maßnahmen ist jene zu wählen, welche den Angreifer am wenigsten schädigt. Diese Maßnahme ist die notwendige Verteidigung.[13]) Im vorliegenden Fall ist Klara in einem Zimmer ohne Fenster eingesperrt und hat auch kein Handy bei sich. Somit bleibt ihr als einzige Maßnahme, die versperrte Tür einzuschlagen. Das Einschlagen der Tür ist mit Sicherheit geeignet, den Angriff verlässlich und endgültig abzuwehren, da es ihr das Verlassen des Zimmers und somit die Wiedererlangung ihrer persönlichen Freiheit ermöglicht. Mangels Alternativen ist das Einschlagen der Tür auch jene Maßnahme, die Fabian am wenigsten schädigt. Klara hat sich daher der **notwendigen Verteidigung** bedient.

Als drittes Element der Notwehr kommt das subjektive Rechtfertigungselement hinzu. Der Angegriffene muss wissen, dass er sich in einer Notwehrsituation befindet. Klara weiß, dass sie von Fabian gefangen gehalten wird. Darüber hinaus ist ihr auch bewusst, dass Fabian das Haus verlassen hat und sie so bald nicht freilassen wird, weshalb sie die günstige Gelegenheit zur Flucht ergreifen will. Klara weiß daher, dass eine Notwehrsituation vorliegt. Das **subjektive Rechtfertigungselement** liegt vor. Die Voraussetzungen der Notwehr sind erfüllt. Somit handelt Klara nicht rechtswidrig und ist nicht strafbar.

---

[12]) *Lewisch* in WK² § 3 Rz 17.
[13]) *Fuchs/Zerbes*, AT I¹⁰ 17/31.

### d) Ergebnis

Klara hat den Tatbestand des § 125 StGB erfüllt. Da Klara in Notwehr und somit nicht rechtswidrig gehandelt hat, liegt keine strafbare Handlung gem § 125 StGB vor.

## 5. Gesamtergebnis

### a) Gesamtergebnis Fabian

Da Fabian eine fahrlässige Körperverletzung gem § 88 Abs 3 und Abs 4 Fall 2 StGB und eine Freiheitsentziehung gem § 99 Abs 1 StGB begangen hat, ist zu klären, in welchem Konkurrenzverhältnis die beiden Delikte stehen. Nachdem Fabian zuerst die fahrlässige Körperverletzung begangen hat und einige Zeit später die Freiheitsentziehung, wurden die Delikte durch mehrere verschiedene Tathandlungen verwirklicht. Die Delikte stehen in echter Realkonkurrenz; es ist daher ein gemeinsamer Strafrahmen zu bilden. Da die Delikte jeweils nur Freiheitsstrafen vorsehen, wird der gemeinsame Strafrahmen aus der höchsten Höchst- und der höchsten Mindeststrafdrohung gebildet. Fabian wird daher unter Anwendung des § 28 Abs 1 StGB nach § 99 Abs 1 StGB mit Freiheitsstrafe bis zu 3 Jahren zu bestrafen sein.

### b) Gesamtergebnis Klara

Klara ist durch Notwehr gerechtfertigt und somit nicht wegen Sachbeschädigung gem § 125 StGB zu bestrafen.

---

### Prozessuales

Aufgrund der Strafdrohung ist für die Hauptverhandlung nach den allgemeinen Zuständigkeitsregeln das Landesgericht als Einzelrichter sachlich zuständig (§ 31 Abs 4 Z 1 StPO).

Ein diversionelles Vorgehen ist aufgrund der Höchststrafdrohung von bis zu drei Jahren zulässig.

---

## C. Lösungsvorschlag

## 1. Fabian: Verletzen der Klara durch den Autounfall

### a) Vorüberlegungen

Fabian hatte nicht den Vorsatz, Klara zu verletzen, da er davon ausgegangen ist, dass sich niemand auf der Straße befindet und nichts passieren wird. Es ist daher zu prüfen, ob er durch sein Verhalten eine **fahrlässige Körperverletzung gem § 88 Abs 3 und Abs 4 Fall 2 StGB** an Klara begangen hat.

### b) Tatbestand

Eingangs muss geprüft werden, ob Fabian objektiv sorgfaltswidrig gehandelt hat. Dabei ist die letzte Handlung vor dem Eintritt des Erfolgs relevant. Es ist daher darauf abzustellen, dass Fabian vor der Kurve nicht rechtzeitig gebremst hat.

11

Als Rechtsnorm kann die StVO herangezogen werden: ein Fahrzeuglenker hat seine Geschwindigkeit den jeweiligen Straßenverhältnissen und der konkreten Situation anzupassen. Fabian hätte bei diesen Witterungsbedingungen vor der Kurve jedenfalls rechtzeitig bremsen müssen. Indem er zu spät bremst, verstößt er gegen eine Rechtsnorm, wodurch die objektive Sorgfaltswidrigkeit indiziert wird.

Weiters wird zur Bestimmung der objektiven Sorgfaltswidrigkeit der Vergleich mit dem Verhalten der differenzierten Maßfigur herangezogen. Die differenzierte Maßfigur ist im vorliegenden Fall ein einsichtiger und besonnener Autofahrer, der bei den im Sachverhalt geschilderten Umständen mit dem Auto fährt. Diese hätte bei schlechter Sicht, Regen, glatter Fahrbahn und kurviger Straße jedenfalls rechtzeitig vor der Kurve gebremst und sich somit anders verhalten als Fabian. Fabian hat **objektiv sorgfaltswidrig** gehandelt.

Aufgrund der im Sachverhalt beschriebenen Umstände ist das Vorliegen grober Fahrlässigkeit (§ 6 Abs 3 StGB) zu prüfen. Die Witterungsbedingungen (Regen und Nebel), die schlechte Sicht, die glatte Fahrbahn, der sehr kurvige Abschnitt der Landstraße, das Fahren mit Sommerreifen und das Überholen an einer unübersichtlichen Stelle kurz vor einem Schutzweg stellen zwar einzeln betrachtet keinen erheblichen Sorgfaltsverstoß dar. In Summe führen die einzelnen Sorgfaltsverstöße jedoch dazu, dass Fabian das **gebotene Maß an Sorgfalt erheblich unterschritten** hat.

Die Witterungsbedingungen (Regen und Nebel), die schlechte Sicht, die glatte Fahrbahn, der sehr kurvige Abschnitt der Landstraße, das Fahren mit Sommerreifen und das Überholen an einer unübersichtlichen Stelle kurz vor einem Schutzweg erhöhen jeweils die Wahrscheinlichkeit des Eintritts einer schweren Körperverletzung. Durch das Zusammenwirken der einzelnen gefahrerhöhenden Umstände ist bei einer ex ante Betrachtung der Eintritt einer schweren Körperverletzung als **geradezu wahrscheinlich** vorhersehbar einzustufen.

Das Verhalten von Fabian ist daher als **grob fahrlässig** einzustufen.

Klara erleidet ein gebrochenes Handgelenk, bei dem es sich unstrittigerweise um einen nicht unerheblichen Eingriff in die körperliche Integrität handelt. Es liegt daher eine typische **Körperverletzung** vor. Der Erfolg ist eingetreten.

Das gebrochene Handgelenk könnte eine an sich schwere Körperverletzung iSd § 84 Abs 1 Fall 3 StGB sein. Durch den Bruch eines Handgelenks wird nicht nur ein kleiner Knochen von geringer Bedeutung beeinträchtigt, sondern die Funktionsfähigkeit der Hand erheblich eingeschränkt. Der Bruch des Handgelenks ist daher eine **an sich schwere Körperverletzung.**

Der Erfolg muss der Tathandlung objektiv zugerechnet werden.

Hätte Fabian rechtzeitig gebremst, wäre er nicht ins Schleudern geraten und es wäre zu keinem Unfall gekommen, durch den in der Folge Klara schwer verletzt wurde. Fabians Verhalten ist daher kausal für die schwere Verletzung der Klara.

Es liegt auch nicht außerhalb jeglicher Lebenserfahrung, dass Fabian bei glatter Fahrbahn in einer Kurve ins Schleudern gerät, wenn er zu spät bremst und in Folge dessen jemand schwer verletzt wird. Die Adäquanz ist somit gegeben.

Für den Risikozusammenhang können im vorliegenden Fall die Normen der StVO sowie das Verhalten der differenzierten Maßfigur als Sorgfaltsmaßstab herangezogen werden. Das Gebot situationsangemessen zu fahren und die Geschwindigkeit der Straße und der Witterung anzupassen soll gerade verhindern, dass es zu Unfällen kommt, bei denen auch Fußgänger schwer verletzt werden. Die aus dem

Verhalten der differenzierten Maßfigur abgeleitete Sorgfaltspflicht hätte verhindern sollen, dass es zu Unfällen und zu Verletzungen kommt. Somit hat Fabian durch sein Verhalten genau jenes Risiko verwirklicht, dem die Schutznormen entgegenwirken wollten.

Hätte Fabian rechtzeitig gebremst und sich dadurch sorgfaltsgemäß verhalten, wäre das Risiko, dass er ins Schleudern gerät und einen Fußgänger schwer verletzt, deutlich geringer gewesen. Es hat sich deshalb das Risiko gegenüber dem rechtmäßigen Alternativverhalten zweifelsfrei erhöht. Der Erfolg ist Fabians Handlung **objektiv zurechenbar.** Der Tatbestand der fahrlässigen Körperverletzung gem § 88 Abs 3 und Abs 4 Fall 2 StGB ist erfüllt.

### c) Rechtswidrigkeit

Mangels gegenläufiger Hinweise hat sich Fabian rechtswidrig verhalten.

### d) Schuld

Schuldfähigkeit und Unrechtsbewusstsein sind beim Fahrlässigkeitsdelikt nur bei entsprechenden Hinweisen zu prüfen – die hier nicht vorliegen.

Fabian war es mit seinen geistigen und körperlichen Fähigkeiten zweifelsfrei möglich, den Umständen entsprechend zu fahren und rechtzeitig zu bremsen. Er hat **subjektiv sorgfaltswidrig** gehandelt.

Die **subjektive Vorhersehbarkeit** des Erfolgs ist mangels gegenläufiger Anhaltspunkte ebenfalls zu bejahen.

Sorgfaltsgemäßes Verhalten (den Umständen entsprechendes Fahren und rechtzeitiges Bremsen vor der Kurve) war Fabian auch **zumutbar,** da ein mit den rechtlich geschützten Werten verbundener Mensch, der mit den geistigen und körperlichen Fähigkeiten des Täters ausgestattet ist, an die Umstände angepasst gefahren und vor der Kurve rechtzeitig gebremst hätte.

Fabian hat schuldhaft gehandelt und ihm kann sein rechtswidriges Verhalten vorgeworfen werden.

### e) Sonstiges

Es gibt keine Anhaltspunkte, dass sonstige Strafbarkeitsvoraussetzungen fehlen.

### f) Ergebnis

Fabian hat eine fahrlässige Körperverletzung gem § 88 Abs 3 und Abs 4 Fall 2 StGB begangen und wird nach § 88 Abs 4 Fall 2 StGB mit Freiheitsstrafe bis zu zwei Jahren zu bestrafen sein.

## 2. Fabian: Einsperren der Klara

### a) Vorüberlegungen

Zu prüfen ist, ob sich Fabian wegen **Freiheitsentziehung nach § 99 Abs 1 StGB** strafbar gemacht hat, indem er Klara in sein Gästezimmer gesperrt hat.

### b) Tatbestand

#### aa) Objektiver Tatbestand

Klara ist zweifelsfrei taugliches **Tatobjekt** der Freiheitsentziehung, weil sie ein Mensch ist und bewusst ihren Aufenthaltsort verändern kann.

Als naheliegende Tathandlung kommt das Gefangenhalten in Betracht. Klara wird von Fabian in einem abgegrenzten, verhältnismäßig kleinen Zimmer ohne Fenster eingesperrt. Da die Tür abgesperrt ist, liegt ein ernstliches und gewichtiges Hindernis vor, wodurch sie den Raum nicht verlassen kann. Klara wird daher von Fabian **gefangen gehalten.**

Klara wurde als Bestrafung eingesperrt und ergreift bei der ersten Gelegenheit die Flucht. Sie war mit dem Einsperren **keinesfalls einverstanden.**

Die Freiheitsentziehung ist ein Erfolgsdelikt und erst mit Eintritt eines Freiheitsverlusts von nicht unerheblicher Dauer und Intensität vollendet. Im vorliegenden Fall bereiten **Dauer und Intensität** der Freiheitsentziehung keine Probleme, da Klara über mehrere Stunden gefangen gehalten wird (sie kann erst am nächsten Tag flüchten). Der Erfolg ist eingetreten. Da Klara ohne das Einsperren nicht über mehrere Stunden in Fabians Gästezimmer gefangen gewesen wäre, war Fabians Verhalten kausal für den Eintritt des Erfolgs. Der objektive Tatbestand ist erfüllt.

#### bb) Subjektiver Tatbestand

Fabian will Klara bestrafen, weshalb er sie absichtlich gegen ihren Willen einsperrt. Da sie sich längere Zeit in seinem Gästezimmer befindet und er auch das Haus verlässt, kommt es ihm gerade darauf an, Klara die Freiheit für einen Zeitraum von zumindest mehreren Stunden zu entziehen. Der subjektive Tatbestand ist erfüllt.

### c) Rechtswidrigkeit

Mangels gegenläufiger Hinweise hat sich Fabian rechtswidrig verhalten.

### d) Schuld

Da keine Indizien dagegensprechen, hat Fabian schuldhaft gehandelt.

### e) Sonstiges

Es gibt keine Anhaltspunkte, dass sonstige Strafbarkeitsvoraussetzungen fehlen.

### f) Ergebnis

Fabian hat eine Freiheitsentziehung gem § 99 Abs 1 StGB begangen und wird nach dieser Bestimmung mit Freiheitsstrafe bis zu drei Jahren zu bestrafen sein.

## 3. Klara: Einschlagen der Tür

### a) Vorüberlegungen

Zu prüfen ist, ob Klara mit dem Einschlagen der Tür eine Sachbeschädigung gem § 125 StGB begangen hat. Indem sie die Tür einschlägt, um sich aus ihrer Gefangenschaft zu befreien, könnte ein Rechtfertigungsgrund einschlägig sein.

### b) Tatbestand

### aa) Objektiver Tatbestand

Die Tür ist unumstritten ein körperlicher Gegenstand, der einen wirtschaftlichen Wert hat und am legalen Markt gehandelt werden kann. Da die Tür im Alleineigentum von Fabian steht, ist sie für Klara fremd. Die Tür ist folglich eine **fremde Sache** iSd § 125 StGB.

Durch das Einschlagen der Tür zerbricht diese. Die Substanz der Tür wird so stark angegriffen, dass diese nicht mehr bestimmungsgemäß gebraucht werden kann. Klara **zerstört** die Tür durch ihre Handlung.

Der tatbestandsmäßige Erfolg ist durch das Zerstören der Tür eingetreten. Ohne das Einschlagen der Tür wäre diese nicht zerbrochen und somit nicht zerstört worden. Klaras Verhalten war daher **kausal** für den Erfolg. Der objektive Tatbestand ist erfüllt.

### bb) Subjektiver Tatbestand

Klara ist sich als erwachsener Mensch sicher, dass die Tür ein körperlicher Gegenstand ist und einen wirtschaftlichen Wert hat. Klara befindet sich im Haus von Fabian und ist sich somit gewiss, dass die Tür nicht in ihrem Alleineigentum steht. Sie hält es zumindest ernstlich für möglich, dass die Tür danach nicht mehr ordnungsgemäß gebraucht werden kann und findet sich auch damit ab, die Tür zu zerstören, da sie das Zimmer verlassen will und dies nur durch das Einschlagen der Tür möglich ist. Der subjektive Tatbestand ist erfüllt.

### c) Rechtswidrigkeit

Da Klara die Tür eingeschlagen hat, um sich aus dem Gästezimmer zu befreien, könnte Klara in **Notwehr** (§ 3 StGB) gehandelt haben.

Die **Notwehrsituation** ist ein gegenwärtiger oder unmittelbar drohender, rechtswidriger Angriff auf ein notwehrfähiges Rechtsgut. Klara wurde von Fabian in einem fensterlosen Zimmer eingesperrt. Somit liegt zweifellos ein Angriff auf das notwehrfähige Rechtsgut Freiheit vor, der von Fabian ausgeht. Da sie das Zimmer nicht verlassen kann, dauert die Rechtsgutbeeinträchtigung auch weiterhin an, wodurch der Angriff gegenwärtig ist. Der Angriff ist auch rechtswidrig, da das Gefangenhalten der Klara nicht gerechtfertigt ist.

Als Notwehrhandlung darf die notwendige Verteidigung eingesetzt werden. Klara bleibt im fensterlosen Zimmer als einzige Maßnahme die versperrte Tür einzuschlagen, um ihre Freiheit wiederzuerlangen. Das Einschlagen der Tür ist mit Sicherheit geeignet, den Angriff verlässlich und endgültig abzuwehren, da es ihr das Verlassen des Zimmers und somit die Wiedererlangung ihrer persönlichen Freiheit ermöglicht. Mangels Alternativen ist es auch jene Maßnahme, die Fabian am wenigsten schädigt. Klara hat sich daher der **notwendigen Verteidigung** bedient.

Klara weiß, dass sie von Fabian gefangen gehalten wird. Darüber hinaus ist ihr auch bewusst, dass Fabian das Haus verlassen hat und sie so bald nicht freilassen wird, weshalb sie die günstige Gelegenheit zur Flucht ergreifen will. Klara weiß daher, dass eine Notwehrsituation vorliegt. Das **subjektive Rechtfertigungselement** liegt vor. Die Voraussetzungen der Notwehr sind erfüllt. Klara handelt nicht rechtswidrig.

### d) Ergebnis

Klara hat den Tatbestand des § 125 StGB erfüllt. Jedoch hat sie in Notwehr und somit nicht rechtswidrig gehandelt, weshalb keine strafbare Handlung gem § 125 StGB vorliegt.

## 4. Gesamtergebnis

### a) Gesamtergebnis Fabian

Fabian hat eine fahrlässige Körperverletzung gem § 88 Abs 3 und Abs 4 Fall 2 StGB und eine Freiheitsentziehung gem § 99 Abs 1 StGB begangen. Die Delikte stehen in echter Realkonkurrenz, da sie durch verschiedene Tathandlungen verwirklicht wurden. Fabian wird daher unter Anwendung des § 28 Abs 1 StGB nach § 99 Abs 1 StGB mit Freiheitsstrafe bis zu 3 Jahren zu bestrafen sein.

### b) Gesamtergebnis Klara

Klara ist durch Notwehr gerechtfertigt und somit nicht wegen Sachbeschädigung gem § 125 StGB zu bestrafen.

---

### Prozessuales

Aufgrund der Strafdrohung ist für die Hauptverhandlung nach den allgemeinen Zuständigkeitsregeln das Landesgericht als Einzelrichter sachlich zuständig (§ 31 Abs 4 Z 1 StPO).

Ein diversionelles Vorgehen ist aufgrund der Höchststrafdrohung von bis zu drei Jahren zulässig.

---

## II. GeFahrgemeinschaft

### A. Sachverhalt[14])

Der 24-jährige Armin ist schon mehrmals wegen Vermögensdelikten und Delikten gegen Leib und Leben vorbestraft. Da er jüngst aus der Justizanstalt entlassen wurde, beschließt er, mit seinem 17-jährigen Bruder Stephan die neu gewonnene Freiheit zu feiern und eine Poolparty zu besuchen. Stephan besitzt schon eine Lenkberechtigung (L-17) und fungiert mit seinem Auto als Fahrer. Am Ende der Party hat Armin einen Blutalkoholspiegel von einem Promille. Als Stephan und Armin gerade ins Auto steigen wollen, fragt der stark alkoholisierte Ferdinand, den beide nur flüchtig kennen, ob Stephan ihn mit dem Auto mitnehmen könne. Da Ferdinands Wohnung auf Stephans Weg liegt, nickt Stephan ihm zu und Ferdinand setzt sich auf den Rücksitz des Autos. Während der Fahrt spielt Ferdinand lautstark mit seinem brandneuen Handy, wodurch der leicht reizbare Armin immer mehr provoziert wird. Zu allem Überfluss übergibt sich Ferdinand auch noch ohne Vorwarnung mitten ins Auto, kurz bevor die drei Ferdinands Wohnung erreichen. Da platzt Armin der Kragen: Er beschließt, Ferdinand „abzustrafen" und die Gelegenheit gleich dazu zu nützen, ihn um sein brandneues Handy zu erleichtern, da sein eigenes Handy kaputt ist. Er deutet Stephan, hundert Meter vor Ferdinands Wohnung an den rechten Fahrbahnrand zu fahren, und befiehlt Ferdinand auszusteigen. Vor dem Auto zieht Armin eine Spritzpistole aus seiner Jacke. Diese ist einer echten Pistole nachgebildet und ein Geburtstagsgeschenk von Stephan. Mit vorgehaltener Spritzpistole droht er Ferdinand: „Gib mir sofort dein Handy, sonst mach ich dich kalt!" Im Dämmerlicht wirkt die Pistole auf Ferdinand echt und er händigt Armin in Todesangst das Handy (Wert € 350) aus. Stephan ist vom Verhalten seines Bruders völlig überrascht und der festen Überzeugung, dass dieser sich nur einen Spaß mit Ferdinand erlauben will. Deshalb sieht er dem Geschehen teilnahmslos zu, da er davon ausgeht, Armin werde den schlechten Scherz jede Sekunde auflösen. Jedoch steckt sich Armin mit einem breiten Grinsen Ferdinands Handy ein, verabschiedet sich bei seinem Bruder und macht sich zu Fuß zu seiner nahegelegenen Wohnung auf. Der bestürzte Stephan setzt sich ins Auto und fährt alleine zu sich nach Hause. Dort angekommen bemerkt er, dass Armin seine Lederjacke (Wert € 250) im Auto vergessen hat. Um sich für den nächtlichen Schreck zu entschädigen, nimmt Stephan diese aus dem Auto zu sich nach Hause mit, um sie sich zu behalten.

**Prüfen Sie die Strafbarkeit von Armin und Stephan! Nennen Sie den ihnen drohenden Strafrahmen!**

---

[14]) Sachverhalt angelehnt an OGH 14. 3. 1983, 11 Os 23/83.

# B. Kommentierter Lösungsvorschlag

## 1. Armin: Erzwingen der Herausgabe des Handys

### a) Vorüberlegungen

Zu prüfen ist, ob Armin einen **Raub gem § 142 Abs 1 StGB** begangen hat, indem er mittels einer verbalen Drohung sowie dem Vorhalten der Spritzpistole das Handy von Ferdinand an sich gebracht hat. Weiters muss geprüft werden, ob der Raub qualifiziert ist (Raub mit Waffe; § 143 Abs 1 Fall 2 StGB) und verneinendenfalls, ob es sich um einen minderschweren Raub (§ 142 Abs 2 StGB) handelt.

### b) Tatbestand

### aa) Objektiver Tatbestand

Das Tatobjekt des Raubes ist eine fremde bewegliche Sache. Der Täter bedient sich der Gewalt gegen eine fremde Person oder alternativ einer Drohung mit einer gegenwärtigen Gefahr für Leib oder Leben, um dem Opfer die fremde bewegliche Sache wegzunehmen oder abzunötigen. Hierdurch kommt es zu einem Gewahrsamswechsel, der den Deliktserfolg des Raubes konstituiert.

Sachen im strafrechtlichen Sinn sind körperliche (dh sinnlich wahrnehmbare) Gegenstände, denen ein wirtschaftlicher Wert innewohnt. An der sinnlichen Wahrnehmbarkeit und dem wirtschaftlichen Wert des Handys kann nicht gezweifelt werden. Da das Handy ohne Substanzverlust fortgeschafft werden kann, ist es auch beweglich. Alle Sachen sind fremd, die zumindest im Miteigentum einer vom Täter verschiedenen Person stehen. Da das Handy im Alleineigentum von Ferdinand steht, ist es für Armin fremd. Folglich handelt es sich bei dem Handy um eine **fremde bewegliche Sache.**

Armin übt keine Gewalt aus, sondern droht, um den Gewahrsamswechsel herbeizuführen. Der Täter muss sich einer Drohung bedienen, die über die gefährliche Drohung iSd § 74 Abs 1 Z 5 StGB noch hinausgeht, da sowohl eine Gefahr für Leib oder Leben in Aussicht gestellt werden muss, als auch die Gegenwärtigkeit der angedrohten Gefahr gefordert wird. Um dies klarzustellen, verweist § 142 StGB auf § 89 StGB.

Eine Drohung setzt sich aus drei Elementen zusammen, nämlich dem Androhen (Inaussichtstellen) eines Übels, der Vorgabe, auf den Eintritt des Übels Einfluss nehmen zu können und dem Setzen einer Ausführungsankündigung. Die Drohung kann auf ausdrücklichem oder konkludentem Weg erfolgen. Es reicht aus, wenn die Drohung ernst gemeint erscheint, selbst wenn der Täter die Drohung tatsächlich nicht realisieren kann oder will. Durch das Vorhalten der Spritzpistole und das Aussprechen der Phrase „Sonst mach ich dich kalt!" bringt Armin teils auf konkludentem, teils auf ausdrücklichem Wege unmissverständlich zum Ausdruck, dass Ferdinand ein Übel (der Tod oder zumindest eine Verletzung) widerfährt, wenn dieser nicht seinen Anweisungen folgt. Weiters ist offensichtlich, dass der Eintritt des Übels von Armins Willen abhängt, da er vorgibt, den Übelseintritt mittels seiner Waffe beeinflussen zu können. Armin setzt eine Ausführungsankündigung, da er den Eindruck erweckt, ohne Herausgabe des Handys die Tat auszuführen. Es liegt also eine **Drohung** vor.

Die Drohung richtet sich gegen das **Rechtsgut Leben,** weil Armin droht, Ferdinand umzubringen. Selbst wenn man das Androhen des „Kaltmachens" als eine übertriebene Äußerung ansieht, verbirgt sich in ihr doch jedenfalls eine Drohung mit der Gefahr einer nicht nur unerheblichen Beeinträchtigung der körperlichen Integrität.

Schließlich ist die angedrohte Gefahr auch **gegenwärtig,** da das sofortige „Kaltmachen" angedroht wird und nicht etwa ein Übel, das später eintreten soll.

Auch wenn sich nicht feststellen lässt, ob Armin wirklich willens gewesen wäre, seine Drohung zu realisieren, erweckt sie doch bei objektiver Betrachtung und unter Berücksichtigung der Verhältnisse von Ferdinand den Eindruck, **ernst gemeint** zu sein. Denn gerade im Dämmerlicht kann die Spritzpistole leicht den Eindruck einer echten Pistole erwecken, insb weil sie einer solchen nachgebildet ist. Auch ist Armin zornig, wodurch er die Drohung wohl entsprechend glaubhaft und ernst artikuliert. Zusammenfassend hat sich Armin jedenfalls einer tatbildlichen Drohung mit einer gegenwärtigen Gefahr für Ferdinands Leben bedient.

Als Tathandlung kommen (alternativ) zwei verschiedene Handlungen in Betracht. Wenn es nach dem Einsatz der Gewalt oder der Drohung durch eine Handlung des Täters zum Gewahrsamswechsel kommt, liegt eine Wegnahme vor. Hingegen ist die Tathandlungsalternative des Abnötigens einschlägig, wenn das Opfer selbst aufgrund der Gewalt oder der Drohung den Gewahrsamswechsel durchführt. Ferdinand übergibt aufgrund der Drohung sein Handy an Armin. Das Tatopfer gibt die Sache also selbst an den Täter heraus, weshalb die Tathandlung des **Abnötigens** zu bejahen ist.

Der Deliktserfolg besteht im Wechsel des Gewahrsams an der Sache vom Opfer zum Täter. Als Gewahrsam wird die vom natürlichen Herrschaftswillen getragene tatsächliche Sachherrschaft verstanden. Im Gewahrsam einer Person stehen etwa Sachen, die diese unmittelbar am Körper bzw in der Kleidung trägt, die also in einem unmittelbaren faktischen Naheverhältnis zu ihr stehen. Ferdinand hatte die Sache ursprünglich in seinem Gewahrsam, da er das Handy bei sich geführt hat. Aufgrund der Drohung gibt er dieses heraus. Armin steckt sich das Handy sofort ein und hat dieses ab diesem Zeitpunkt in seiner alleinigen Verfügungsmacht. Folglich hat Armin, der einen entsprechenden Herrschaftswillen bezüglich des Handys aufweist, Alleingewahrsam an der Sache begründet. Mit dem Einstecken hat der **Gewahrsamswechsel** stattgefunden.

Der Erfolg muss der Tathandlung objektiv zugerechnet werden. Die Prüfung der Kausalität erfolgt mittels der csqn-Formel. Denkt man sich das Abnötigen mittels Vorhalten der Spritzpistole sowie der verbalen Drohung weg, hätte Ferdinand nicht seine Sache an Armin übergeben und diese würde sich nicht in Armins Alleingewahrsam befinden. Damit ist Armins Verhalten als kausal für den Erfolg anzusehen.

Eine Besonderheit des § 142 Abs 1 StGB ist, dass beim Abnötigen ein enges zeitliches und räumliches Naheverhältnis zwischen dem Gewahrsamswechsel und der Nötigung bestehen muss (raubspezifischer Konnex).[15] Da der Gewahrsamsübergang nur wenige Augenblicke nach der Drohung erfolgt, ist am zeitlichen Naheverhältnis nicht zu zweifeln. Auch aus örtlicher Sicht besteht ein Konnex, da es direkt an Ort und Stelle zum Gewahrsamsübergang kommt. Folglich ist der notwendige **raubspezifische Konnex** vorhanden.

---

[15]) *Kienapfel/Schmoller,* BT II² § 142 Rz 45 ff.

Die normative Zurechnung bereitet keine Probleme. Der Erfolg kann der Tathandlung **objektiv zugerechnet** werden. Armin erfüllt den objektiven Tatbestand des § 142 Abs 1 StGB.

### bb) Subjektiver Tatbestand

Auf subjektiver Tatseite ist neben dem Tatbildvorsatz auch zu prüfen, ob der Täter den erweiterten Vorsatz hat, sich oder einen Dritten durch Zueignung unrechtmäßig zu bereichern, wobei jeweils Eventualvorsatz ausreicht.

Erforderlich ist daher, dass es Armin zumindest ernstlich für möglich hält und sich damit abfindet, einem anderen mittels Drohung mit einer gegenwärtigen Gefahr für Leib oder Leben eine fremde bewegliche Sache abzunötigen. Selbst wenn er den exakten Wert nicht beziffern kann, ist sich der volljährige Armin der Wertträgereigenschaft (und selbstverständlich auch der Beweglichkeit und der Körperlichkeit) des Handys gewiss. Auch ist er sich sicher, dass dieses nicht in seinem Alleineigentum, sondern im Eigentum von Ferdinand steht, es also für ihn fremd ist. Es kommt ihm gerade darauf an, Ferdinand ein Übel anzudrohen und mittels dieser Drohung Ferdinand dazu zu bewegen, das Handy herauszugeben, da er es sich behalten will, wobei er auch um den Bedeutungsgehalt seiner Drohung weiß.

Der erweiterte Vorsatz liegt vor, wenn der Täter es zumindest ernstlich für möglich hält und sich damit abfindet, dass er sich oder einen Dritten durch die Zueignung besser stellt und auf diese Besserstellung kein Anspruch besteht. Maßgeblich ist dabei die innere Vorstellung des Täters und nicht, ob die Tat tatsächlich zu einer Bereicherung geführt hat. Der Vorsatz umfasst die Zueignung, wenn der Täter zukünftig wie der rechtmäßige Eigentümer mit der Sache verfahren will oder er die Sache einem Dritten zueignen möchte. Auch wenn Armin sich über das Verhalten von Ferdinand ärgert und er ihm das Handy als Reaktion auf dieses abnötigt, weiß er doch, dass er keinerlei Anspruch auf das Handy hat. Er handelt gezielt, um sein eigenes Vermögen um den Wert von Ferdinands Handy zu vermehren. Weiters kommt es ihm darauf an, wie der rechtmäßige Eigentümer mit dem Handy zu verfahren, nämlich dieses selbst zu gebrauchen, da sein eigenes Handy kaputt ist. Der subjektive Tatbestand ist erfüllt.

### cc) Qualifikation und Privilegierung

Aufgrund des Vorhaltens der Spritzpistole ist ein Raub mit Waffen (§ 143 Abs 1 Fall 2 StGB) zu prüfen. Hierzu muss zum einen der für § 143 Abs 1 StGB maßgebliche Waffenbegriff erfüllt sein. Zum anderen muss die Waffe auch konkret für die Tat verwendet werden, da das bloße Mitführen der Waffe nicht ausreicht. Prinzipiell kann zwischen Waffen im technischen Sinn (iSd WaffenG) sowie Waffen im funktionalen Sinn unterschieden werden. Bei letzteren handelt es sich um körperliche Gegenstände, die aufgrund ihrer Beschaffenheit die Angriffs- und Abwehrfähigkeit von Menschen steigern und daher wie Waffen wirken, selbst wenn sie keine Waffen im technischen Sinn sind.[16] Armin begeht den Raub unter Verwendung der Spritzpistole, indem er sie Ferdinand vorhält. Jedoch handelt es sich bei einer Spritzpistole um eine sog **Scheinwaffe,** die nach hM weder unter den funktionalen noch

---

[16] *Eder-Rieder* in WK² § 143 Rz 18 ff; *Kienapfel/Schmoller*, BT II² § 129 Rz 88.

unter den technischen Waffenbegriff fällt.[17]) Denn von der Scheinwaffe geht keine gesteigerte tatsächliche Gefahr für das Opfer aus, auch wenn diese noch so echt aussieht. Außer Betracht bleibt damit die Sicht des Opfers, das sein Leben von einer Scheinwaffe genauso bedroht sieht wie von einer echten Waffe. Zusammenfassend ist die Qualifikation des § 143 Abs 1 Fall 2 StGB nicht einschlägig, da Armin für seinen Raub nur eine Scheinwaffe verwendet.

Da die Anwendbarkeit des § 143 StGB verneint wurde, ist näher zu untersuchen, ob es sich um einen **minderschweren Raub** (§ 142 Abs 2 StGB) handelt. Die Voraussetzungen hierfür sind die mangelnde Anwendung erheblicher Gewalt, das Abnötigen einer Sache geringen Werts, nur unbedeutende Folgen der Tat und schließlich die mangelnde Anwendbarkeit des § 143 StGB. Die erste und die vierte Voraussetzung sind erfüllt, da kein schwerer Raub vorliegt und sich Armin überhaupt keiner Gewalt, sondern einer Drohung bedient hat. Selbst die gravierendsten Drohungen (zB mit dem Tod) stehen der Privilegierung nicht im Wege. Hingegen liegt der Wert des Handys deutlich über dem Betrag von € 100, der noch als geringer Wert anerkannt wird.[18]) Weil Armin auch den Vorsatz hat, eine Sache im Wert von mehr als € 100 zu erbeuten, nämlich ein brandneues Handy, ist es in diesem Fall unerheblich, ob man den geringen Wert der Sache als objektive Bedingung der Strafbarkeit oder als objektives Tatbestandsmerkmal der Privilegierung ansieht.[19]) Folglich ist Armin **nicht** gem § 142 Abs 2 StGB **privilegiert.**

### c) Rechtswidrigkeit

Die Rechtswidrigkeit der Tat wird durch die Tatbestandsmäßigkeit indiziert. Es erfolgt eine Negativprüfung. Nur bei Vorliegen von Rechtfertigungsgründen ist ein tatbestandsmäßiges Verhalten nicht rechtswidrig. Im Sachverhalt finden sich keine Anhaltspunkte für das Vorliegen von Rechtfertigungsgründen. Armin hat rechtswidrig gehandelt.

### d) Schuld

Auf Ebene der Schuld ist zu prüfen, ob Armin sein rechtswidriges Verhalten strafrechtlich vorgeworfen werden kann. Dies ist der Fall, wenn er das Unrecht seiner Tat einsehen und nach dieser Einsicht handeln konnte (Schuldfähigkeit). Armin hat einen Blutalkoholspiegel von einem Promille. Ein solcher Blutalkoholspiegel mag das Bewusstsein beeinflussen und die Aggressivität erhöhen, führt bei einem Erwachsenen aber noch nicht zu einer tiefgreifenden, die Zurechnungsfähigkeit ausschließenden Bewusstseinsstörung iSd § 11 StGB. Von einer solchen wird idR erst ab einem Blutalkoholspiegel von etwa drei Promille ausgegangen.[20]) Damit ist mangels anderer Angaben seine Schuldfähigkeit anzunehmen.

Weiters muss er im Bewusstsein handeln, gegen die Rechtsordnung zu verstoßen (Unrechtsbewusstsein). Da schon potentielles Unrechtsbewusstsein ausreicht und keine gegenteiligen Hinweise vorliegen, ist auch davon auszugehen, dass er zum Tatzeitpunkt mit Unrechtsbewusstsein gehandelt hat. Schließlich liegen keine Hin-

---

[17]) *Fuchs/Reindl-Krauskopf,* BT I[7] 180; *Kienapfel/Schmoller,* BT II[2] § 143 Rz 18.
[18]) *Hintersteininger* in SbgK § 143 Rz 49.
[19]) Näher *Kienapfel/Schmoller,* BT II[2] § 142 Rz 93.
[20]) *Kienapfel/Höpfel/Kert,* AT[16] Rz 17.11.

weise auf Entschuldigungsgründe vor. Armin hat schuldhaft gehandelt und ihm kann sein rechtswidriges Verhalten vorgeworfen werden.

### e) Sonstiges

Im Sachverhalt finden sich keine Anhaltspunkte, dass sonstige Strafbarkeitsvoraussetzungen fehlen.

### f) Ergebnis

Armin hat einen Raub gem § 142 Abs 1 StGB begangen und wird nach dieser Bestimmung mit Freiheitsstrafe von einem bis zu zehn Jahren zu bestrafen sein.

## 2. Stephan: Beteiligung am Erzwingen der Herausgabe des Handys (durch Unterlassen)?

Eine Beteiligung am Raub durch aktives Handeln kommt nicht in Betracht. Für eine Bestimmungstäterschaft (§ 12 Fall 2 StGB) müsste Stephan den Handlungsentschluss von Armin ausgelöst bzw dies zumindest versucht haben. Davon kann jedoch keine Rede sein, da Armin seinen Handlungsentschluss autonom gefasst hat. Auch eine Täterschaft durch (aktives) Leisten eines sonstigen Beitrags (§ 12 Fall 3 StGB) liegt nicht vor. Stephan hat auf keine Weise die Tat von Armin aktiv gefördert oder versucht diese zu fördern. Erst als der Raub schon vollendet war, hat Stephan realisiert, dass Armin nicht gescherzt hat. Ab diesem Zeitpunkt hält er es also ernstlich für möglich, dass Armin eine strafbare Handlung begeht. Jedoch kann er sich aufgrund der Vollendung des Raubes nicht mehr nachträglich an diesem beteiligen.

Da Stephan den Täter und das Tatopfer zum Tatort gefahren und damit erst die Tatgelegenheit für Armin geschaffen hat, muss jedoch eine **Beteiligung am Raub durch Unterlassen** (§§ 2, 12 Fall 3, 142 Abs 1 StGB) in Betracht gezogen werden. Hierfür müssen die von § 2 StGB normierten Voraussetzungen erfüllt sein. Insb muss den Täter eine besondere Pflicht zur Erfolgsabwendung (Garantenstellung) treffen.

Eine **Garantenstellung** könnte sich hier aus einem gefahrbegründenden Vorverhalten (Ingerenz) ergeben. Eine solche Garantenstellung wird begründet, wenn der Täter durch sein objektiv pflichtwidriges Verhalten eine nahe Gefahr für fremde Rechtsgüter schafft.[21] Die Gefahr darf daher nicht abstrakt, vage oder fernliegend sein, sondern muss entsprechend konkret sein und nahe liegen. Armin ist mehrmals einschlägig vorbestraft, generell leicht reizbar und zusätzlich auch noch alkoholisiert, wodurch seine Hemmschwelle weiter gesenkt wird. Gerade im gereizten und alkoholisierten Zustand kann von ihm also eine Gefahr für seine Mitmenschen ausgehen. Demgegenüber ist Ferdinand stark alkoholisiert und somit ist seine Verteidigungsfähigkeit gemindert. Stephan bringt Ferdinand nicht nach Hause, sondern bleibt auf Armins Wink hin in einiger Entfernung vor Ferdinands Wohnung stehen, wodurch Ferdinand auch nicht sofort in seine Wohnung flüchten kann. All diese Umstände könnten nahelegen, dass Stephan, dem als Bruder die gewalttätige Natur Armins bekannt ist, durch das Stehenbleiben eine nahe Gefahr für Ferdinands Rechtsgüter, nämlich seine körperliche Unversehrtheit sowie sein Vermögen, herbeiführt.

---

[21] *Kienapfel/Höpfel/Kert,* AT[16] Rz 31.18.

Nichtsdestotrotz ist das Vorliegen einer Garantenstellung im Ergebnis zu verneinen. Denn das Ingerenzprinzip wird durch eigenverantwortliches Handeln Dritter eingeschränkt.[22]) Anders ausgedrückt: Wenn nur eine Tatgelegenheit geschaffen wird und eine dritte Person aufgrund ihres eigenen Entschlusses und unbeeinflusst durch den Verursacher der Tatgelegenheit diese Gelegenheit ausnutzt, ist dies nicht dem Verursacher der Tatgelegenheit zuzurechnen.[23]) Stephan ist aufgrund von Armins Deuten an den rechten Fahrbahnrand gefahren. Zu diesem Zeitpunkt wusste er weder von Armins Vorsatz, noch hat er in irgendeiner Form versucht, einen Handlungsentschluss bei Armin herbeizuführen. Auch hat er später in keiner Weise den von Armin autonom gefassten Handlungsentschluss bestärkt oder Armins Tathandlung gefördert. Zusammenfassend hat **Armin eigenverantwortlich gehandelt,** wodurch Stephans Haftung nach dem Ingerenzprinzip begrenzt ist. Stephan kommt demnach keine Garantenstellung kraft Ingerenz zu. Schließlich führt auch die (umstrittene) Garantenstellung durch enge natürliche Verbundenheit nicht zu Stephans Strafbarkeit. Denn Stephan wäre hierdurch nur verpflichtet, insb Gefahren für Leib und Leben seines Bruders abzuwehren, nicht aber Gefahren, die Armin als Erwachsener für andere Personen schafft.

Da Stephan keine Garantenstellung zukommt, hat er sich nicht durch Unterlassen an Armins Raub beteiligt. Auch liegt keine aktive Beteiligung vor. Somit ist Stephan **nicht wegen Beteiligung an Armins Raub** strafbar.

### 3. Stephan: Unterlassen des Verhinderns des Raubes?

#### a) Vorüberlegungen

Da sich Stephan nicht an Armins Raub beteiligt, muss geprüft werden, ob er sich wegen der **Unterlassung der Verhinderung einer mit Strafe bedrohten Handlung ($ 286 Abs 1 StGB)** strafbar gemacht hat, weil er während des Raubes untätig geblieben ist.

#### b) Tatbestand

##### aa) Objektiver Tatbestand

$ 286 StGB ist ein **echtes Unterlassungsdelikt** und kann daher nur dann einschlägig sein, wenn sich der Täter wegen dieses konkreten Verhaltens nicht schon durch die Beteiligung an einem unechten Unterlassungsdelikt (oder einem Begehungsdelikt) strafbar gemacht hat. Als objektive Tatbestandselemente müssen eine tatbildliche Situation, die Nichtvornahme des gebotenen Tuns sowie (als ungeschriebenes Tatbestandsmerkmal) eine tatsächliche Handlungsmöglichkeit geprüft werden. Eine tatbildmäßige Situation liegt vor, wenn die Ausführung einer mit Strafe bedrohten vorsätzlichen Handlung schon begonnen hat oder unmittelbar bevorsteht. Armin begeht vorsätzlich, rechtswidrig und schuldhaft einen Raub (s Punkt B.1.). Damit ist von einer **tatbildlichen Situation** auszugehen.

Dem gebotenen Tun, dessen Nichtvornahme strafbar ist, kann auf zwei Arten Genüge getan werden. Zum einen kann die mit Strafe bedrohte Handlung selbst verhindert werden. Zum anderen ist eine Verhinderung der Begehung auch durch

---

[22]) OGH 14. 3. 1983, 11 Os 23/83.
[23]) *Kienapfel/Höpfel/Kert,* AT[16] Rz 31.22.

Benachrichtigung der Behörden (iSd § 151 Abs 3 StGB) oder des von der strafbaren Handlung Bedrohten möglich. Die Benachrichtigung reicht jedoch nur dann aus, wenn sie rechtzeitig erfolgt und damit die Verhinderung der mit Strafe bedrohten Handlung tatsächlich möglich wird. Stephan hat weder den von der Straftat Bedrohten, noch die Behörden verständigt. Folglich ist er dem gebotenen Tun auf diesem Wege nicht nachgekommen.

Bei der direkten Verhinderung der Begehung kommt es nicht darauf an, ob die Handlung tatsächlich zur Verhinderung geführt hat. Vielmehr muss ex ante aus Sicht eines objektiven Dritten geprüft werden, ob die Handlung geeignet ist, den Taterfolg zu verhindern.[24]) Der abzuwendende Taterfolg liegt in diesem Fall im Gewahrsamswechsel des Handys. Welche Handlung zur Erfolgsabwendung notwendig gewesen wäre, kann nicht pauschal gesagt werden und ist stark von der Dynamik der konkreten Situation abhängig. Aus ex ante Sicht eines objektiven Beobachters wäre es jedenfalls notwendig gewesen, beschwichtigend auf Armin einzuwirken. Es wäre weiters wohl auch vonnöten gewesen, sich diesem zumindest in den Weg zu stellen und so dem Opfer eine Gelegenheit zur Flucht zu verschaffen. Ob darüber hinausgehend noch weitere Schritte (Festhalten usw) angebracht gewesen wären, lässt sich aus dem Sachverhalt schwer erschließen. Da von Stephan keinerlei Handlung zur Erfolgsabwendung gesetzt wurde, hat er aber mit Sicherheit **nicht das für die Erfolgsabwendung Notwendige** getan.

Als letzter Schritt ist auf Ebene des objektiven Tatbestands die **tatsächliche Handlungsmöglichkeit** zu prüfen. Eine rechtzeitige Benachrichtigung der Behörden war Stephan nicht möglich. Selbst wenn er nach dem Anhalten des Wagens Armins Plan erkannt hätte, wäre die Verständigung der Behörden zu spät gekommen. Berücksichtigt man die Anfahrtszeit zum Tatort, wäre die Behörde keinesfalls rechtzeitig in der Lage gewesen, die Tat zu verhindern. Auch die Benachrichtigung des Bedrohten wäre zu spät gekommen, weil dieser schon im Begriff war, ausgeraubt zu werden. Jedoch wäre es Stephan problemlos möglich gewesen, aktiv nach der Tatverhinderung zu trachten, insb indem er auf Armin beruhigend einredet oder versucht, sich zwischen Armin und Ferdinand zu stellen. Dass er sich seinem Bruder gegenüber ev moralisch verpflichtet fühlt, ändert nichts an seiner tatsächlichen Handlungsmöglichkeit. Stephan war also auch aus tatsächlicher Sicht zur Vornahme einer Handlung mit Erfolgsabwendungstendenz fähig. Damit ist der objektive Tatbestand erfüllt.[25])

### bb) Subjektiver Tatbestand

Neben dem Tatbildvorsatz muss der Täter nach § 286 StGB auch mit dem erweiterten Vorsatz handeln, dass vorsätzlich eine mit Strafe bedrohte Handlung begangen werde. Dabei ist Eventualvorsatz ausreichend.

Stephan muss es also zumindest ernstlich für möglich halten und sich damit abfinden, sich in einer tatbildmäßigen Situation zu befinden und trotz objektiver

---

[24]) *Hinterhofer* in SbgK § 286 Rz 21.

[25]) § 286 StGB kennt zwei objektive Bedingungen der Strafbarkeit, nämlich Mindeststadium und -schwere der zu verhindernden Straftat. Diese wären gegebenenfalls erst unter dem Punkt „Sonstiges" als zusätzliche Voraussetzungen der Strafbarkeit zu prüfen (und wären in diesem Fall auch unproblematisch).

Handlungsmöglichkeit nicht die Begehung der mit Strafe bedrohten Handlung zu verhindern. Stephan muss Armins Tat nicht juristisch korrekt als Raub iSd § 142 Abs 1 StGB einordnen. Es würde vielmehr genügen, wenn er die tatsächlichen Elemente richtig erfasst, die Armins Handlung zu einem Raub machen.[26] Stephan erkennt jedoch nicht einmal in laienhafter Weise, dass Armin eine vorsätzliche Straftat begeht, da er der festen Überzeugung ist, Armin wolle sich mit Ferdinand nur einen (schlechten) Scherz erlauben. Damit verkennt er, dass Armin vorsätzlich eine Straftat begeht. Er irrt also über zumindest ein faktisches Element, das einen Raub konstituiert.[27] Stephan unterliegt somit einem **Tatbildirrtum**, weil sein Vorsatz nicht das gesamte Tatbild des § 286 StGB umfasst. Da auch kein dem § 286 StGB nachgebildetes Fahrlässigkeitsdelikt existiert, kann Stephan für dieses Verhalten weder nach § 286 StGB noch nach einem anderen Unterlassungsdelikt bestraft werden.

### c) Ergebnis

Stephan hat aufgrund eines vorsatzausschließenden Tatbildirrtums keine Unterlassung der Verhinderung der Begehung einer mit Strafe bedrohten Handlung begangen.

## 4. Stephan: Mitnahme der Jacke aus dem Auto

### a) Vorüberlegungen

Zu prüfen ist, ob Stephan **eine Unterschlagung (§ 134 StGB)** begangen hat, indem er die Jacke behält, die sein Bruder im Auto vergessen hat. Weiters müssen das Alter von Stephan (JGG) sowie eine mögliche Begehung der Straftat im Familienkreis (§ 166 StGB) berücksichtigt werden.

### b) Tatbestand

#### aa) Objektiver Tatbestand

§ 134 StGB umfasst über zwei Absätze verteilt **drei verschiedene Formen** der Unterschlagung, nämlich die Fundunterschlagung (§ 134 Abs 1 Fall 1 StGB), die Gelegenheitsunterschlagung (Abs 1 Fall 2 und 3) sowie die Anschlussunterschlagung (Abs 2). Allen Formen der Unterschlagung ist gemein, dass sich das Tatobjekt (fremdes Gut) schon in der Sphäre des Täters befindet. Abgegrenzt werden die einzelnen Fälle durch die Art der Gewahrsamserlangung. Die Tathandlung besteht jeweils im Setzen einer Zueignungshandlung.

Der für § 134 StGB maßgebliche Gutsbegriff umfasst lt OGH neben beweglichen körperlichen Sachen mit Tauschwert auch unkörperliche Vermögenswerte.[28] In der Lehre trifft das Einbeziehen von unkörperlichen Vermögenswerten dagegen auf Ablehnung.[29] Dies unterscheidet den Gutsbegriff des § 134 von dem des § 133 StGB, da bei letzterem in der Lehre (zumindest tw) unkörperliche Vermögenswerte als Güter anerkannt werden. Jedoch ist der Meinungsstreit im vorliegenden Fall

---

[26]) *Hinterhofer* in SbgK § 286 Rz 30.

[27]) *Hinterhofer* in SbgK § 286 Rz 30 ff.

[28]) OGH 5. 3. 1985, 10 Os 206/84.

[29]) *Salimi* in WK² § 134 Rz 8; *Kienapfel/Schmoller*, BT II² § 134 Rz 6.

unbeachtlich, da die Jacke ein ohne Substanzverlust bewegbarer körperlicher Gegenstand ist. Weiters besitzt sie einen wirtschaftlichen Tauschwert von € 250. Damit ist die Jacke als Sache zu qualifizieren und fällt offenkundig nach beiden Ansichten unter den Gutsbegriff. Alle Gegenstände sind für den Täter fremd, die eine von ihm verschiedene Person in ihrem Mit- oder Alleineigentum hat. Da die Jacke im Alleineigentum von Armin steht, ist sie für Stephan fremd. Die Jacke ist also ein **fremdes Gut.**

Durch die Art der Gewahrsamsbegründung kann abgegrenzt werden, welche Variante der Unterschlagung einschlägig ist. Die Jacke war zu keinem Zeitpunkt gewahrsamsfrei, weshalb eine Fundunterschlagung ausscheidet. Auch liegt keine Anschlussunterschlagung vor, da Stephan das Gut nicht selbst in seinen Gewahrsam gebracht hat. Übrig bleibt damit die Gelegenheitsunterschlagung. Das Gut ist **ohne das Zutun von Stephan** in seinen Gewahrsam geraten (§ 134 Abs 1 Fall 3 StGB), da er aufgrund des Liegenlassens der Jacke durch Armin selbst Gewahrsam an dieser begründet hat, ohne in irgendeiner Form aktiv dazu beizutragen.

Unter dem strafrechtlichen Gewahrsamsbegriff wird die von einem Herrschaftswillen getragene tatsächliche Sachherrschaft verstanden. Armin hat nach dem Aussteigen aus dem Auto weder die tatsächliche Sachherrschaft über die Jacke noch befindet sie sich in einem von ihm beherrschten Raum. Wer sich von einem Gut entfernt, behält nur dann Gewahrsam, wenn er dieses auf eine Art zurücklässt, die der Verkehrsauffassung entspricht (zB Abstellen eines PKW auf einem Parkplatz). Armin hat die Jacke jedoch nicht der Verkehrsauffassung entsprechend zurückgelassen. Hingegen befindet sich der Wagen im Gewahrsam von Stephan und damit auch alle im Wagen befindlichen Sachen. Damit ist durch das Liegenlassen der Jacke der **Alleingewahrsam auf Stephan übergegangen.**

Die Tathandlung der Unterschlagung ist die Zueignung. Bloßes Nichtstun stellt keine Zueignung dar, vielmehr muss der Täter aktiv tätig werden. Dabei muss er das Gut in sein eigenes freies Vermögen (bzw das freie Vermögen eines Dritten) überführen. Stephan nimmt die Jacke aus seinem Auto und bringt diese zu sich nach Hause, um sie sich zu behalten. Er wird damit aktiv tätig und bringt zum Ausdruck, dass die Jacke nun Bestandteil seines eigenen freien Vermögens sein soll. Folglich **eignet er sich die Jacke zu.** Die Unterschlagung ist ein schlichtes Tätigkeitsdelikt, weshalb kein Erfolgseintritt geprüft werden muss. Der objektive Tatbestand ist erfüllt.

### bb) Subjektiver Tatbestand

Der Täter muss bei der Unterschlagung sowohl den Vorsatz auf alle objektiven Tatbestandsmerkale als auch den erweiterten Vorsatz auf unrechtmäßige Bereicherung haben, wobei jeweils Eventualvorsatz genügt.

Stephan muss es zumindest ernstlich für möglich halten und sich damit abfinden, sich ein fremdes in seinem Gewahrsam befindliches Gut zuzueignen. Er weiß, dass die Jacke ein körperlicher Gegenstand ist, dem ein gewisser Tauschwert zukommt (Wertträger), und der im Eigentum seines Bruders steht. Auch ist er sich seines Gewahrsams sowie der Art der Gewahrsamsbegründung gewiss, nachdem er sich sicher ist, dass Armin die Jacke vergessen hat und nunmehr nur er Zugriff auf diese hat. Stephan nimmt die Jacke ganz gezielt mit, um sie zu behalten. Er setzt die Tathandlung also absichtlich.

Für das Vorliegen des erweiterten Vorsatzes muss es der Täter zumindest ernstlich für möglich halten und sich damit abfinden, sich oder einen Dritten ohne entsprechenden Anspruch darauf besserzustellen. Stephan ist sich gewiss, durch die Zueignung der Jacke sein Vermögen um deren Wert zu vermehren. Überdies weiß er, dass ihm der Ärger über das Verhalten des Bruders keinen Anspruch auf die Jacke verschafft. Der subjektive Tatbestand ist erfüllt.

### c) Rechtswidrigkeit

Die Rechtswidrigkeit der Tat wird durch die Tatbestandsmäßigkeit indiziert. Es erfolgt eine Negativprüfung. Nur bei Vorliegen von Rechtfertigungsgründen ist ein tatbestandsmäßiges Verhalten nicht rechtswidrig. Im Sachverhalt finden sich keine Hinweise auf Rechtfertigungsgründe. Deshalb ist von der Rechtswidrigkeit von Stephans Handeln auszugehen.

### d) Schuld

Auf Ebene der Schuld ist zu prüfen, ob Stephan sein rechtswidriges Verhalten strafrechtlich vorgeworfen werden kann.[30] Stephan ist 17 Jahre alt, hat also sein 18. Lebensjahr noch nicht vollendet. Folglich ist er Jugendlicher iSd § 1 Z 2 JGG und begeht eine **Jugendstraftat** (§ 1 Z 3 JGG). Jugendliche, die wie Stephan das sechzehnte Lebensjahr beendet haben, sind gem § 4 Abs 2 Z 1 JGG nicht strafbar, wenn sie aus bestimmten Gründen noch nicht reif genug sind, das Unrecht der Tat einzusehen oder nach dieser Einsicht zu handeln, etwa bei Krankheiten oder schweren Erziehungsmängeln. Auf solche Gründe einer verzögerten Reife gibt es jedoch keine Hinweise. Die Lenkberechtigung spricht vielmehr dafür, dass kein Fall verzögerter Reife vorliegt und bis zur Volljährigkeit fehlt nur mehr (höchstens) ein Jahr. Daher ist mangels gegenläufiger Anzeichen von der Schuldfähigkeit Stephans auszugehen. Seine Jugendlichkeit ist jedoch bei der Bestimmung der Strafdrohung zu berücksichtigen (s Punkt B.4.f.). Da keine Indizien für mangelndes Unrechtsbewusstsein oder sonstige Entschuldigungsgründe sprechen, hat Stephan schuldhaft gehandelt und ihm kann sein rechtswidriges Verhalten vorgeworfen werden.

### e) Sonstiges

Bestimmte Vermögensdelikte sind gem § 166 StGB privilegiert, wenn sie im Familienkreis begangen werden. Zum einen wird die Strafdrohung herabgesetzt, zum anderen werden die Delikte von Offizial- zu Privatanklagedelikten (Abs 3). Die Unterschlagung gehört zu den in § 166 Abs 1 StGB genannten Delikten und kann daher gem § 166 StGB privilegiert sein. Für die Anwendbarkeit der Privilegierung ist nach dem OGH die objektive Sachlage entscheidend, weshalb der Vorsatz des Täters in diesem Zusammenhang unbeachtlich ist.[31] Auch nach der Gegenansicht wäre die Privilegierung anwendbar, da sich Stephan über deren Merkmale gewiss ist.

Als Stephans Bruder ist Armin ein naher Angehöriger iSd § 166 Abs 1 StGB. Daher muss das Vorliegen einer Hausgemeinschaft nicht geprüft werden. Die zen-

---

[30] Für Erläuterungen zur Bedeutung der Begriffe Schuldfähigkeit und Unrechtsbewusstsein s Punkt B.1.d.

[31] OGH 17. 6. 1980, 9 Os 33/80; *Kirchbacher* in WK² § 166 Rz 23; aA etwa *Bertel/Schwaighofer/Venier*, BT I¹⁵ § 166 Rz 8.

trale Voraussetzung für die Privilegierung ist, dass die Tat ausschließlich zum Nachteil des Angehörigen begangen wird. Durch die Unterschlagung wird einzig Armin benachteiligt, weil er der Alleineigentümer der Jacke ist. Da andere Betroffene nicht ersichtlich sind, wurde die Tat alleine zum Nachteil eines Angehörigen begangen und **die Privilegierung ist einschlägig.**

### f) Ergebnis

Stephan hat eine Unterschlagung im Familienkreis nach § 166 Abs 1 iVm § 134 Abs 1 Fall 3 StGB begangen. Die grds für die Unterschlagung vorgesehene Strafdrohung von Freiheitsstrafe bis zu sechs Monaten oder Geldstrafe bis zu 360 Tagessätzen wird durch das Anwenden der Privilegierung auf Freiheitsstrafe bis zu drei Monaten oder Geldstrafe bis zu 180 Tagessätzen abgesenkt. Außerdem würde das Offizialdelikt gem § 166 Abs 3 StGB zu einem Privatanklagedelikt werden. Jedoch ist aufgrund Stephans Alter auch das JGG anwendbar. Daher wird zum einen die Strafdrohung gem § 5 Z 4 und 5 JGG nochmals halbiert und beträgt nur mehr Freiheitsstrafe bis zu eineinhalb Monaten oder Geldstrafe bis zu 90 Tagessätzen. Zum anderen sind Privatanklagen wegen Jugendstraftaten unzulässig (§ 44 Abs 1 Satz 1 JGG). Eine Verfolgung kann nur mit Ermächtigung des Opfers durch die Staatsanwaltschaft erfolgen, wenn dies aus pädagogischen Gründen oder um berechtigter, über das Vergeltungsbedürfnis hinausgehender Interessen des Opfers willen geboten ist (§ 44 Abs 1 Satz 2 JGG). Zusammenfassend wird Armin daher unter Anwendung des § 5 Z 4 und 5 JGG nach § 166 Abs 1 iVm § 134 Abs 1 StGB mit Freiheitsstrafe bis zu eineinhalb Monaten oder Geldstrafe bis zu 90 Tagessätzen zu bestrafen sein.

## 5. Gesamtergebnis

### a) Armin

Armin hat einen Raub nach § 142 Abs 1 StGB begangen und wird nach dieser Bestimmung mit Freiheitsstrafe von einem bis zu zehn Jahren zu bestrafen sein.

### b) Stephan

Stephan hat sich weder wegen der Beteiligung am Raub noch wegen der Verhinderung der Begehung einer mit Strafe bedrohten Handlung strafbar gemacht. Er hat jedoch eine Unterschlagung im Familienkreis nach § 166 Abs 1 iVm § 134 Abs 1 Fall 3 StGB begangen und wird unter Anwendung des § 5 Z 4 und Z 5 JGG nach § 166 Abs 1 iVm § 134 Abs 1 StGB mit Freiheitsstrafe bis zu eineinhalb Monaten oder Geldstrafe bis zu 90 Tagessätzen zu bestrafen sein. Jedoch darf er nur ausnahmsweise verfolgt werden, sofern die Voraussetzungen des § 44 Abs 1 Satz 2 JGG gegeben sind.

---

### Prozessuales

Aufgrund der Strafdrohung ist für die Hauptverhandlung bei Armin nach den allgemeinen Zuständigkeitsregeln das Landesgericht als Schöffengericht (§ 31 Abs 3 Z 1 StPO) und bei Stephan das Bezirksgericht (§ 30 Abs 1 StPO) sachlich zuständig. Weil Stephan als Jugendlicher in den Anwendungsbereich des JGG fällt, wird das Hauptverfahren in dieser Konstellation regelmäßig nicht gemeinsam geführt werden, da die Strafsache gegen den erwachsenen Armin vor ein Gericht höherer Ordnung gehört und die Strafsachen nicht ausschließlich die Beteiligung an derselben Straftat betreffen (§ 34 Abs 2 Z 1 und 2 JGG). Sollte trotzdem eine gemeinsame Führung der Verfahren stattfinden, wäre das höherrangige Schöffengericht zuständig und die besonderen Besetzungsvorschriften des § 28 JGG wären zu beachten.

Ein diversionelles Vorgehen ist aufgrund der Höchststrafdrohung von bis zu zehn Jahren Freiheitsstrafe bei Armin ausgeschlossen, bei Stephan aufgrund der geringen Höchststrafdrohung von Freiheitsstrafe bis zu eineinhalb Monaten hingegen zulässig und indiziert (vgl auch die erweiterten Möglichkeiten zum Absehen und Rücktritt von der Verfolgung nach §§ 6 f JGG).

# C. Lösungsvorschlag

## 1. Armin: Erzwingen der Herausgabe des Handys

### a) Vorüberlegungen

Zu prüfen ist, ob Armin **einen Raub (§ 142 Abs 1 StGB)** begangen hat, indem er mittels Drohung das Handy von Ferdinand an sich gebracht hat. Weiters muss festgestellt werden, ob der Raub nach § 143 Abs 1 Fall 2 StGB qualifiziert oder alternativ nach § 142 Abs 2 StGB privilegiert ist.

### b) Tatbestand

#### aa) Objektiver Tatbestand

Das Handy ist als körperlicher Gegenstand sinnlich wahrnehmbar, hat einen Tauschwert (€ 350) und kann ohne Substanzverlust fortgeschafft werden. Auch ist es für Armin fremd, da es im Alleineigentum einer anderen Person (Ferdinand) steht. Zusammenfassend ist das Handy als **fremde bewegliche Sache** ein taugliches Tatobjekt.

Durch das Vorhalten der Spritzpistole und das Aussprechen des Satzes „Sonst mach ich dich kalt!" gibt Armin teils konkludent, teils ausdrücklich zu verstehen, dass Ferdinand ein Übel (der Tod oder zumindest eine Körperverletzung) widerfahren könnte. Der Eintritt des Übels hängt offensichtlich von Armins Willen ab, da er vorgibt, dessen Eintritt mittels seiner Waffe beeinflussen zu können. Weiters setzt Armin eine Ausführungsankündigung, da er vorgibt, zur Tat zu schreiten, falls Ferdinand nicht sein Handy herausgibt. Es liegt also eine **Drohung** vor.

Die Drohung richtet sich gegen das Rechtsgut Leben oder zumindest die körperliche Integrität und Unversehrtheit, weil Armin mit dem Umbringen des Ferdinands droht. Schließlich ist die angedrohte Gefahr auch **gegenwärtig,** da das sofortige „Kaltmachen" in Aussicht gestellt wird.

Außerdem erweckt die Drohung unter Berücksichtigung von Ferdinands Verhältnissen bei objektiver Betrachtung den Eindruck, **ernst gemeint** zu sein. Im Dämmerlicht ist die Spritzpistole schwer von einer echten Pistole zu unterscheiden und Armin wird aufgrund seines Zorns die Drohung entsprechend glaubhaft artikulieren. Zusammenfassend hat sich Armin einer tatbildlichen Drohung mit einer gegenwärtigen Gefahr für Ferdinands Leben bedient.

Ferdinand gibt die Sache aufgrund der Drohung selbst an Armin heraus. Es liegt also die Tathandlung des **Abnötigens** vor.

Ferdinand hatte das Handy in seinem Gewahrsam, da er es direkt bei sich geführt hat. Nach der Herausgabe befindet sich das Handy in einem unmittelbaren Naheverhältnis zu Armin, der durch das Einstecken nun alleinig die Sachherrschaft über dieses ausübt. Folglich hat Armin, der einen entsprechenden Herrschaftswillen bezüglich des Handys aufweist, mittels des Einsteckens Alleingewahrsam an der Sache begründet. Es hat ein **Gewahrsamswechsel** stattgefunden.

Denkt man sich das Verhalten von Armin, also das Abnötigen mittels Vorhalten der Spritzpistole sowie der verbalen Drohung weg, hätte Ferdinand nicht seine Sache an Armin übergeben und diese würde sich nicht in Armins Alleingewahrsam befinden. Damit ist Armins Verhalten kausal für den Erfolg.

Da der Gewahrsamsübergang nur wenige Augenblicke nach dem Aussprechen der Drohung an Ort und Stelle erfolgt, liegt ein enges zeitliches und räumliches Naheverhältnis zwischen Drohung und Gewahrsamswechsel vor (**raubspezifischer Konnex**). Armins Verhalten erfüllt den objektiven Tatbestand des § 142 Abs 1 StGB.

### bb) Subjektiver Tatbestand

Armin weiß als volljähriger Erwachsener um die Wertträgereigenschaft, die Beweglichkeit und die Körperlichkeit des Handys. Auch ist er sich sicher, dass das Handy im Eigentum von Ferdinand steht, für ihn also fremd ist. Es kommt ihm gerade darauf an, Ferdinand ein Übel anzudrohen und mittels dieser Drohung Ferdinand dazu zu bewegen, das Handy herauszugeben, wobei er auch um den Bedeutungsinhalt seiner Drohung weiß.

Zusätzlich zum Tatbildvorsatz ist der erweiterte Vorsatz zu prüfen. Armin ist sich gewiss, dass ihm sein Ärger keinerlei Anspruch auf das Handy verschafft. Er handelt gezielt, um sein eigenes Vermögen um den Wert von Ferdinands Handy zu vermehren, da er ein neues Handy benötigt. Weiters kommt es ihm darauf an, wie der rechtmäßige Eigentümer mit dem Handy zu verfahren, nämlich dieses selbst zu gebrauchen, weil sein eigenes Handy kaputt ist. Der subjektive Tatbestand ist erfüllt.

### cc) Qualifikation und Privilegierung

Von der Spritzpistole geht keine gesteigerte tatsächliche Gefahr für das Opfer aus; ihre Wirkung entspricht keiner Waffe iSd § 1 WaffG. Als sog **Scheinwaffe** erfüllt sie weder den funktionalen noch den technischen Waffenbegriff. Damit ist die Qualifikation des § 143 Satz 1 Fall 2 StGB nicht anwendbar.

Ebenfalls handelt es sich um keinen minderschweren Raub gem § 142 Abs 2 StGB. Hierzu dürfte nur eine Sache geringen Werts abgenötigt werden. Jedoch übersteigt der Wert des Handys mit € 350 deutlich den Betrag (€ 100), der noch als geringer Wert anerkannt wird. § 142 Abs 2 StGB ist daher nicht anwendbar.

### c) Rechtswidrigkeit

Mangels gegenläufiger Hinweise hat sich Armin rechtswidrig verhalten.

### d) Schuld

Armins Blutalkoholspiegel von einem Promille führt nicht zu einer tiefgreifenden, die Zurechnungsfähigkeit ausschließenden Bewusstseinsstörung iSd § 11 StGB. Er ist daher schuldfähig und mangels anderer Indizien ist von schuldhaftem Handeln auszugehen.

### e) Sonstiges

Es gibt keine Anhaltspunkte, dass sonstige Strafbarkeitsvoraussetzungen fehlen.

### f) Ergebnis

Armin hat einen Raub nach § 142 Abs 1 StGB begangen und wird nach dieser Bestimmung mit Freiheitsstrafe von einem bis zu zehn Jahren zu bestrafen sein.

## 2. Stephan: Beteiligung am Erzwingen der Herausgabe des Handys (durch Unterlassen)?

Stephan hat sich **nicht aktiv am Raub beteiligt.** Er hat weder Armins Handlungsentschluss ausgelöst (§ 12 Fall 2 StGB) noch den Raub durch einen sonstigen Beitrag gefördert (§ 12 Fall 3 StGB). Erst als der Raub schon vollendet war, hat Stephan realisiert, dass Armin nicht gescherzt hat. Ab diesem Zeitpunkt hält er es also ernstlich für möglich, dass Armin eine strafbare Handlung begeht. Aufgrund der Deliktsvollendung kann er sich dann jedoch nicht nachträglich am Raub beteiligen.

Eine Beteiligung durch Unterlassung gem § 2 StGB am Raub ist prinzipiell möglich. Grds könnte an eine Garantenstellung durch gefahrbegründendes Vorverhalten (Ingerenz) gedacht werden. Denn Stephan, dem als Bruder die gewalttätige Natur Armins bekannt ist, führt durch das Stehenbleiben in einiger Entfernung vor der Wohnung eine nahe Gefahr für Ferdinands Rechtsgüter herbei. Armin hat seinen Tatentschluss jedoch autonom und unbeeinflusst von Stephan gefasst und damit kann Armins Verhalten nicht dem Verursacher der Tatgelegenheit (Stephan) zugerechnet werden. Eine Garantenstellung kraft Ingerenz ist aufgrund Armins eigenverantwortlichen Handelns zu verneinen. Damit scheitert **mangels besonderer Erfolgsabwendungspflicht** eine Beteiligung durch Unterlassen.

## 3. Stephan: Unterlassen des Verhinderns des Raubes?

### a) Vorüberlegungen

Weil Stephan während des Raubes komplett untätig geblieben ist, muss geprüft werden, ob er eine **Unterlassung der Verhinderung einer mit Strafe bedrohten Handlung (§ 286 Abs 1 StGB)** begangen hat.

### b) Tatbestand

### aa) Objektiver Tatbestand

Als echtes Unterlassungsdelikt setzt § 286 Abs 1 StGB die bevorstehende oder schon begonnene Ausführung einer mit Strafe bedrohten Handlung durch einen anderen voraus. Da Armin vorsätzlich, rechtswidrig und schuldhaft einen Raub (s Punkt C.1.) begeht, liegt eine solche **tatbildliche Situation** vor.

Stephan hat weder den von der Straftat Bedrohten, noch die Behörden verständigt. Auch hat er keinerlei Schritte gesetzt, den Taterfolg selbst abzuwenden (zB indem er Armin zurückhält und Ferdinand so die Möglichkeit zur Flucht verschafft). Er ist daher dem ihm durch § 286 StGB gebotenen Tun auf keine Weise nachgekommen und hat **nicht das für die Erfolgsabwendung Notwendige** getan.

Schließlich war es Stephan problemlos möglich, aktiv die Tat zu verhindern, etwa durch beruhigendes Einreden auf seinen Bruder oder indem er sich diesem in den Weg stellt. Es war ihm daher **faktisch möglich,** eine Handlung mit Erfolgsabwendungstendenz zu setzen. Damit ist der objektive Tatbestand des § 286 StGB erfüllt.

### bb) Subjektiver Tatbestand

Stephan erkennt nicht einmal in laienhafter Weise die vorsätzlich begangene Straftat von Armin, da er von einem schlechten Scherz seines Bruders ausgeht. Er hält es also überhaupt nicht für möglich, dass Armin vorsätzlich eine Straftat begeht, sondern ist davon überzeugt, dass dieser Ferdinand nur erschrecken will. Deshalb fehlt Stephan der Vorsatz darauf, dass ein anderer vorsätzlich eine mit Strafe bedrohte Handlung begeht; er unterliegt einem vorsatzausschließenden **Tatbildirrtum.** Der subjektive Tatbestand ist nicht erfüllt.

### c) Ergebnis

Aufgrund eines Tatbildirrtums liegt keine strafbare Handlung nach § 286 Abs 1 StGB vor.

## 4. Stephan: Mitnahme der Jacke aus dem Auto

### a) Vorüberlegungen

Zu prüfen ist, ob Stephan das Delikt der **Unterschlagung (§ 134 StGB)** begangen hat, indem er die Jacke behält, die sein Bruder im Auto vergessen hat. Weiters müssen das Alter von Stephan (JGG) sowie eine mögliche Begehung der Straftat im Familienkreis (§ 166 StGB) berücksichtigt werden.

### b) Tatbestand

### aa) Objektiver Tatbestand

Die Jacke ist ein ohne Substanzverlust bewegbarer körperlicher Gegenstand und besitzt einen Tauschwert von € 250. Damit ist die Jacke als Sache zu qualifizieren und fällt unter den Gutsbegriff des § 134 StGB. Da sie im Alleineigentum von Armin steht, also einer vom Täter verschiedenen Person, ist sie für Stephan fremd. Die Jacke ist folglich ein **fremdes Gut.**

Das Gut ist **ohne Stephans Zutun** in seinen Gewahrsam geraten, da er aufgrund des Liegenlassens der Jacke zwangsläufig selbst Gewahrsam an dieser begründet hat, ohne in irgendeiner Form aktiv dazu beizutragen. Damit liegt ein Fall einer Gelegenheitsunterschlagung (§ 134 Abs 1 Fall 3 StGB) vor.

Armin hat die Jacke nicht in einer der Verkehrsauffassung entsprechenden Weise zurückgelassen, weshalb sie nicht mehr in seinem Gewahrsam steht. Demgegenüber steht der Wagen im Gewahrsam von Stephan und damit auch alle Güter, die sich in diesem befinden. Durch das Liegenlassen der Jacke ist der **Gewahrsam** an dieser auf Stephan übergegangen, da er nun mit entsprechendem Herrschaftswillen die tatsächliche Sachherrschaft über die Jacke ausübt.

Stephan wird durch die Mitnahme der Jacke aus dem Auto zu sich nach Hause, um sie sich zu behalten, aktiv tätig und bringt zum Ausdruck, dass die Jacke nun Bestandteil seines eigenen freien Vermögens sein soll. Er setzt also eine **Zueignungshandlung**. Der objektive Tatbestand ist erfüllt.

### bb) Subjektiver Tatbestand

Stephan weiß, dass die Jacke ein körperlicher Gegenstand ist, dem ein gewisser Wert zukommt und der im Eigentum seines Bruders steht. Auch ist er sich gewiss, die Jacke in seinem Herrschaftsbereich und alleinig Zugriff auf diese zu haben; er ist sich also zumindest auf laienhafte Weise seines Gewahrsams gewiss. Weiters nimmt er die Jacke gezielt mit, um sie zu behalten. Er setzt die Tathandlung also absichtlich.

Zusätzlich ist der erweiterte Vorsatz zu prüfen. Durch das Überführen der Jacke wird Stephans Vermögen um den Wert der Jacke vermehrt, wovon er auch weiß. Überdies ist er sich sicher, dass die Jacke im Eigentum von Armin steht und ihm auch sein Ärger über Armins kriminelles Verhalten keinen Anspruch auf diese verschafft. Der subjektive Tatbestand ist erfüllt.

### c) Rechtswidrigkeit

Mangels gegenläufiger Hinweise hat sich Stephan rechtswidrig verhalten.

### d) Schuld

Stephan hat sein 17., nicht aber sein 18. Lebensjahr vollendet und ist folglich **Jugendlicher** iSd § 1 Z 2 JGG. Es liegt kein Hinweis vor, der auf eine verzögerte Reife iSd § 4 Abs 2 Z 1 JGG hindeutet; die Lenkberechtigung sowie die Nähe zur Volljährigkeit sprechen vielmehr für seine geistige Reife. Sein Alter ist jedoch bei der Bestimmung der Strafdrohung zu berücksichtigen. Mangels Hinweisen auf fehlendes Unrechtsbewusstsein oder Entschuldigungsgründe ist von schuldhaftem Handeln auszugehen.

### e) Sonstiges

Die Unterschlagung gehört zu den in § 166 Abs 1 StGB genannten und damit privilegierten Delikten. Es reicht nach dem OGH aus, wenn die Merkmale der Privilegierung objektiv vorliegen. Als Stephans Bruder ist Armin ein direkt in § 166 Abs 1 StGB aufgezählter naher Angehöriger. Auch wurde die Tat einzig zum Nachteil eines Angehörigen von Stephan begangen, da Armin der Alleineigentümer der Jacke ist. Die Tat wird also iSd § 166 Abs 1 StGB **im Familienkreis begangen**.

35

### f) Ergebnis

Stephan hat eine Unterschlagung im Familienkreis gem § 166 Abs 1 iVm § 134 Abs 1 Fall 3 StGB begangen. Aufgrund der Anwendung der Privilegierung reduziert sich die Strafdrohung auf Freiheitsstrafe bis zu drei Monaten oder Geldstrafe bis zu 180 Tagessätzen. Durch die Anwendung von § 5 Z 4 und Z 5 JGG wird die Strafdrohung weiters auf Freiheitsstrafe bis zu eineinhalb Monaten oder Geldstrafe bis zu 90 Tagessätzen halbiert. Gem § 166 Abs 3 StGB würde das Delikt zu einem Privatanklagedelikt werden. Eine Privatanklage ist jedoch nach § 44 Abs 1 Satz 1 JGG unzulässig. Eine Verfolgung könnte gem § 44 Abs 1 Satz 2 JGG nur mit Ermächtigung des Opfers durch die Staatsanwaltschaft erfolgen, wenn dies aus pädagogischen Gründen oder um berechtigter, über das Vergeltungsbedürfnis hinausgehender Interessen des Opfers willen, geboten ist.

## 5. Gesamtergebnis

### a) Armin

Armin hat einen Raub gem § 142 Abs 1 StGB begangen und wird nach dieser Bestimmung mit Freiheitsstrafe von einem bis zu zehn Jahren zu bestrafen sein.

### b) Stephan

Stephan hat sich weder am Raub beteiligt, noch eine Verhinderung der Begehung einer mit Strafe bedrohten Handlung begangen. Wegen der Begehung der Unterschlagung im Familienkreis gem § 166 Abs 1 iVm § 134 Abs 1 Fall 3 StGB wird er unter Anwendung der § 5 Z 4 und Z 5 JGG mit Freiheitsstrafe bis zu eineinhalb Monaten oder Geldstrafe bis zu 90 Tagessätzen zu bestrafen sein. Die Verfolgung darf jedoch nur ausnahmsweise erfolgen, wenn die Voraussetzungen des § 44 Abs 1 JGG erfüllt sind.

---

### Prozessuales

Aufgrund der Strafdrohung ist für die Hauptverhandlung bei Armin nach den allgemeinen Zuständigkeitsregeln das Landesgericht als Schöffengericht (§ 31 Abs 3 Z 1 StPO) und bei Stephan das Bezirksgericht (§ 30 Abs 1 StPO) sachlich zuständig. Weil Stephan als Jugendlicher in den Anwendungsbereich des JGG fällt, wird das Hauptverfahren in dieser Konstellation regelmäßig nicht gemeinsam geführt werden, da die Strafsache gegen den erwachsenen Armin vor ein Gericht höherer Ordnung gehört und die Strafsachen nicht ausschließlich die Beteiligung an derselben Straftat betreffen (§ 34 Abs 2 Z 1 und 2 JGG). Sollte trotzdem eine gemeinsame Führung der Verfahren stattfinden, wäre das höherrangige Schöffengericht zuständig und die besonderen Besetzungsvorschriften des § 28 JGG wären zu beachten.

Ein diversionelles Vorgehen ist aufgrund der Höchststrafdrohung von bis zu zehn Jahren Freiheitsstrafe bei Armin ausgeschlossen, bei Stephan aufgrund der geringen Höchststrafdrohung von Freiheitsstrafe bis zu eineinhalb Monaten hingegen zulässig und indiziert (vgl auch die erweiterten Möglichkeiten zum Absehen und Rücktritt von der Verfolgung nach §§ 6 f JGG).

# III. Glitzerklunker

## A. Sachverhalt

Otto ist Leiter einer Filiale des Juweliers Glitzerklunker-GmbH. Als Filialleiter ist er nicht nur für den An- und Verkauf von Schmuck in seiner Filiale zuständig, sondern ist auch für die Lagerung des Schmucks verantwortlich und kontrolliert regelmäßig die anderen Mitarbeiter. Im gesicherten Lagerraum befindet sich ein teures Collier im Wert von € 30.000. Nachdem Otto seiner Frau zu ihrem Geburtstag eine besondere Freude machen will, er sich das Collier aber nicht leisten kann, nimmt er eines Abends bei einem Kontrollgang das Collier kurzerhand aus dem Lagerraum mit und bringt dieses auf schnellstem Weg in seine Wohnung. Eine Woche später wird eine Inventur durchgeführt und der dafür zuständige Mitarbeiter Helgo bemerkt das Fehlen des Colliers. Helgo setzt sofort handschriftlich ein von ihm unterfertigtes Schreiben an den Anwalt der GmbH auf, in dem er diesen mit dem Verfassen einer Strafanzeige wegen des verschwundenen Colliers beauftragt. Anschließend legt er das Schreiben ins Postausgangsfach im Sekretariat. Um das ihn belastende Schreiben zu zerstören, schleicht sich Otto ins Sekretariat. Als er gerade das in seiner Hand befindliche Schreiben in den Aktenvernichter werfen will, hört er laute Schritte näher kommen. Damit er nicht entdeckt wird, legt er das Schreiben ~~Versuch ?~~ schnell zurück ins Postausgangsfach und verlässt fluchtartig das Büro. Otto wird die Sache zu riskant und er beschließt, das Collier zu Geld zu machen. Nachdem er nun vorsichtiger geworden ist, fragt er seinen jüngeren Bruder Bertram um Rat, ob er sich durch den Verkauf des Colliers strafbar machen könnte. Bertram musste vor einiger Zeit das Bachelorstudium Wirtschaftsrecht abbrechen, weil er zu oft an der Strafrechtsprüfung gescheitert ist und arbeitet nun als Buchhalter. Bertram gibt Otto folgende Auskunft: „Ich bilde mir ein, in der Vorlesung in Strafrecht gehört zu haben, dass der ‚Stehler nie sein eigener Hehler' sein kann. Demnach müsste der Weiterverkauf des Colliers immer straffrei sein." Otto denkt sich, dass diese Auskunft logisch klingt und somit stimmen muss. Er nimmt sofort Kontakt zur reichen Witwe Roswitha auf. Die beiden treffen sich in einem Kaffeehaus und Otto bietet ihr das Collier zum Kauf um € 20.000 an. Roswitha wundert sich zuerst über die seltsamen Umstände. Um sie zum Kauf zu bewegen, versichert ihr Otto, dass das Collier seiner Frau gehört und es ihr einfach nicht mehr gefällt. Roswitha glaubt dieser Erklärung und kauft das Collier.

**Prüfen Sie die Strafbarkeit von Otto! Nennen Sie den ihm drohenden Strafrahmen!**

# B. Kommentierter Lösungsvorschlag

## 1. Mitnahme des Colliers

### a) Vorüberlegungen

Zu prüfen ist, ob Otto als Filialleiter, der auch für das Lager verantwortlich ist, eine **Veruntreuung gem § 133 Abs 1 StGB** begangen hat, indem er das Collier aus dem gesicherten Lagerraum mitgenommen hat. Da der Wert des Colliers € 30.000 beträgt, ist das Vorliegen einer Wertqualifikation (§ 133 Abs 2 Fall 1 StGB) indiziert.

### b) Tatbestand

#### aa) Objektiver Tatbestand

Beim Delikt der Veruntreuung sind als objektive Tatbestandsmerkmale zu prüfen, ob ein Gut vorliegt, ob dieses anvertraut wurde und ob der Täter eine Zueignungshandlung gesetzt hat.

Der Gutsbegriff des § 133 StGB umfasst nicht nur bewegliche körperliche Sachen mit Tauschwert, sondern nach hM auch unkörperliche Vermögenswerte (zB Bankguthaben).[32] Bei dem Collier handelt es sich um einen ohne Substanzverlust versetzbaren und mit den Sinnen wahrnehmbaren körperlichen Gegenstand. Auch hat es einen wirtschaftlichen Tauschwert, denn auf dem legalen Markt wären für dieses € 30.000 zu erzielen. Somit handelt es sich beim Collier um ein Gut iSd § 133 StGB.

Ein Gut gilt dann als anvertraut, wenn es der Täter einerseits in seinem exklusiven Gewahrsam hat. Andererseits muss eine Verpflichtung für den Täter bestehen, in bestimmter Weise in fremdem Interesse mit dem Gut zu verfahren, es also zB aufzubewahren oder weiterzuleiten.[33] Gewahrsam ist die vom Herrschaftswillen getragene tatsächliche Sachherrschaft. Als Filialleiter besitzt Otto an den im Lagerraum befindlichen Gegenständen übergeordneten Mitgewahrsam, weil er über diese ohne Kontrolle durch eine weitere Aufsichtsperson verfügen kann. Dieser Gewahrsam wurde Otto von den Verfügungsberechtigten der GmbH übertragen. Zusammenfassend kommt ihm exklusiver Gewahrsam zu. Der nachgeordnete Mitgewahrsam der anderen Mitarbeiter an den Gütern im Lager schadet dem exklusiven Gewahrsam nicht.[34] Weiters darf Otto nicht nach Belieben das Schicksal der Waren bestimmen. Vielmehr muss er auf bestimmte Weise mit diesen verfahren, etwa indem er für den Weiterverkauf der Waren sorgt. Als Teil des Lagerbestands ist Otto das Collier somit **anvertraut.**

Die Tathandlung der Veruntreuung besteht in der Zueignung des anvertrauten Guts durch den Täter an sich selbst oder an einen Dritten. Der Täter muss aktiv eine Zueignungshandlung vornehmen und das anvertraute Gut in das eigene oder fremde Vermögen überführen. Durch die Mitnahme des Colliers aus dem Lager in seine Wohnung überführt er dieses mittels einer faktischen Handlung in sein eigenes Vermögen. Folglich **eignet er sich dieses zu.** Dass er das Collier später seiner Frau schenken möchte, ist für die Zueignung unbeachtlich. Da er eine faktische Handlung

---

[32] *Salimi* in WK² § 133 Rz 9; *Wach* in SbgK § 133 Rz 15 ff.

[33] *Kienapfel/Schmoller,* BT II² § 133 Rz 25.

[34] *Kienapfel/Schmoller,* BT II² § 133 Rz 28.

setzt, scheidet eine Strafbarkeit wegen § 153 StGB (Untreue) aus, weil dieses Delikt eine rechtsgeschäftliche Vertretungshandlung voraussetzt. Nachdem es sich bei der Veruntreuung um ein schlichtes Tätigkeitsdelikt handelt, ist kein Eintritt eines Erfolgs zu prüfen. Der objektive Tatbestand ist damit erfüllt.

### bb) Subjektiver Tatbestand

Auf Ebene des subjektiven Tatbestands wird neben dem Tatbildvorsatz auch der erweiterte Vorsatz auf unrechtmäßige Bereicherung verlangt, wobei jeweils Eventualvorsatz ausreicht.

Der Täter muss es also zumindest ernstlich für möglich halten und sich damit abfinden, sich ein ihm anvertrautes Gut zuzueignen. Als Filialleiter weiß Otto, dass es sich beim Collier um einen beweglichen Gegenstand handelt, dem ein Tauschwert zukommt. Weiters ist er sich aufgrund seiner Funktion gewiss, alleine eine kontrollierende Funktion auszuüben und nicht völlig frei, sondern nur auf bestimmte Weise über die Gegenstände im Lager verfügen zu dürfen. Er weiß somit, dass ihm das Collier anvertraut wurde. Auch nimmt er das Collier gerade deshalb mit nach Hause, um es in sein Vermögen zu überführen; es kommt ihm also gerade auf die Zueignung des Colliers und damit auf das Setzen der Tathandlung an.

Ferner muss geprüft werden, ob Otto es zumindest ernstlich für möglich hält und sich damit abfindet, dass er sich oder einen Dritten durch seine Tat besser stellt und auf diese Besserstellung kein Anspruch besteht. Dabei kommt es nur auf die innere Vorstellung des Täters an, nicht aber, ob eine Bereicherung tatsächlich stattgefunden hat. Otto ist sich des Werts des Colliers und auch des Umstands sicher, durch das Überführen des Colliers in sein eigenes Vermögen dieses um den Wert des Colliers zu vermehren, ohne dafür eine Gegenleistung zu erbringen. Außerdem ist er sich gewiss, dass dieses der GmbH gehört und er das Collier von der GmbH wie jeder andere Kunde auch um den Kaufpreis erwerben müsste, er also keinen Anspruch auf dieses hat. Der subjektive Tatbestand ist damit erfüllt.

### cc) Qualifikation

Aufgrund des Werts des Colliers ist die erste Wertqualifikation (§ 133 Abs 2 Fall 1 StGB) einschlägig, da der Wert des veruntreuten Gutes € 5.000, nicht aber € 300.000 übersteigt. Die Wertqualifikation ist auch von Ottos Vorsatz umfasst. Denn als Filialleiter ist er sich des Werts des Colliers gewiss. Damit ist die **Qualifikation** erfüllt.

### c) Rechtswidrigkeit

Die Rechtswidrigkeit der Tat wird durch die Tatbestandsmäßigkeit indiziert. Es erfolgt eine Negativprüfung. Nur bei Vorliegen von Rechtfertigungsgründen ist ein tatbestandsmäßiges Verhalten nicht rechtswidrig. Im Sachverhalt finden sich keine Anhaltspunkte für das Vorliegen von Rechtfertigungsgründen. Otto hat rechtswidrig gehandelt.

### d) Schuld

Auf Ebene der Schuld wird festgestellt, ob Otto sein rechtswidriges Verhalten strafrechtlich vorgeworfen werden kann. Dem Täter kann sein Verhalten nur vorgeworfen werden, wenn er das Unrecht seiner Tat einsehen und nach dieser Einsicht handeln hat können (Schuldfähigkeit). Mangels Angaben im Sachverhalt kann seine Schuldfähigkeit zum Tatzeitpunkt angenommen werden. Weiters muss er im Bewusstsein handeln, gegen die Rechtsordnung zu verstoßen (Unrechtsbewusstsein). Da schon potentielles Unrechtsbewusstsein ausreicht und keine gegenteiligen Hinweise vorliegen, ist auch davon auszugehen, dass er zum Tatzeitpunkt mit Unrechtsbewusstsein gehandelt hat. Schließlich liegen keine Hinweise auf Entschuldigungsgründe vor. Otto hat schuldhaft gehandelt und ihm kann sein rechtswidriges Verhalten vorgeworfen werden.

### e) Sonstiges

Im Sachverhalt finden sich keine Anhaltspunkte, dass sonstige Strafbarkeitsvoraussetzungen fehlen.

### f) Ergebnis

Otto hat eine Veruntreuung nach § 133 Abs 1, Abs 2 Fall 1 StGB begangen und wird nach § 133 Abs 2 Fall 1 StGB mit Freiheitsstrafe bis zu drei Jahren zu bestrafen sein.

## 2. Versuchtes Vernichten des Briefes

### a) Vorüberlegungen

Zu prüfen ist, ob Otto sich der **versuchten Urkundenunterdrückung gem §§ 15, 229 Abs 1 StGB** strafbar gemacht hat, da er das Schreiben in den Aktenvernichter werfen wollte. Nachdem er das Schreiben wieder zurückgelegt hat, muss geprüft werden, ob er strafbefreiend vom Versuch zurückgetreten ist.

### b) Tatbestand

#### aa) Nichterfüllung des objektiven Tatbestands

Der objektive Tatbestand des Delikts der Urkundenunterdrückung ist erfüllt, wenn der Täter eine Urkunde, über die er nicht oder nicht alleine verfügen darf, vernichtet, beschädigt oder unterdrückt.

Was eine Urkunde iSd §§ 223 ff StGB ist, definiert § 74 Abs 1 Z 7 StGB. Es handelt sich bei einer Urkunde um eine schriftliche Gedankenerklärung mit autonomem geistigem Inhalt, die Rechtserheblichkeit besitzt und deren Aussteller erkennbar ist. Zu bejahen ist die Schriftlichkeit des Schreibens, das durch die handschriftliche Ausfertigung für andere Menschen lesbar ist. Auch enthält es einen autonomen geistigen Inhalt. Das Fehlen des Colliers wird zum Ausdruck gebracht und auf Basis dessen wird der Anwalt zum Verfassen einer Strafanzeige aufgefordert, wodurch es sich um eine Gedankenerklärung handelt. Das Schreiben wurde aufgesetzt, um den Anwalt konkret mit dem Verfassen einer Strafanzeige zu beauftragen, also sollte ein Rechtsverhältnis mit dem Anwalt begründet werden. Damit kommt dem Schreiben Rechtserheblichkeit zu. Schließlich ist auch der Aussteller der Urkunde erkennbar. Helgo hat sie unterfertigt und diese ist somit auf ihn zurückzuführen. Das Schreiben ist also eine **Urkunde.**

Nur wenn der Täter keine Alleinverfügungsbefugnis über die Urkunde hat, ist eine Urkundenunterdrückung möglich. Zu prüfen ist daher, ob einer vom Täter verschiedenen Person ein Beweisführungsrecht mit dieser zukommt.[35] Ein solches hat jedenfalls Helgo, der mittels der Urkunde auf das Fehlen des Colliers hinweisen will. Daher darf Otto jedenfalls **nicht alleine** über das Schreiben **verfügen**.

Als Tathandlung bezweckt Otto, die Urkunde zu vernichten. Dies setzt das gänzliche Beseitigen des Gedankeninhalts der Urkunde voraus.[36] Es ist jedoch zu **keinem Vernichten** gekommen. Der Gedankeninhalt der Urkunde wurde überhaupt nicht tangiert, denn sie kann wie zuvor zur Beweisführung verwendet werden. Daher kann auch nicht von einem Beschädigen der Urkunde ausgegangen werden. Ebenfalls wurde die Urkunde nicht unterdrückt. Niemand wurde um die Möglichkeit gebracht, sich der Urkunde zum Zwecke der Beweisführung zu bedienen.[37]

Da Otto das Schreiben nicht vernichtet hat, ist der objektive Tatbestand des § 229 StGB **nicht vollständig erfüllt**. Geprüft werden muss daher in weiterer Folge, ob Otto einen strafbaren Versuch der Urkundenunterdrückung begangen hat.

### bb) Voller Tatentschluss

Auf Ebene des Tatentschlusses ist neben dem Tatbildvorsatz auch zu prüfen, ob Otto den erweiterten Vorsatz hatte, zu verhindern, dass die Urkunde im Rechtsverkehr zum Beweis eines Rechts, eines Rechtsverhältnisses oder einer Tatsache gebraucht werde (erweiterter Vorsatz auf Gebrauchsverhinderung). Für beides genügt Eventualvorsatz.

Otto muss es zumindest ernstlich für möglich halten und sich damit abfinden, dass es sich bei dem Schreiben um eine Urkunde handelt, dass er nicht oder nicht alleine über diese verfügen darf und dass er diese vernichtet. Dabei wird keine exakte juristische Subsumtion durch den Täter verlangt. Es reicht aus, wenn er in laienhafter Weise den sozialen und rechtlichen Bedeutungsgehalt des jeweiligen Tatbestandsmerkmals erkennt (sog Parallelwertung in der Laiensphäre).[38] Otto ist sich sicher, dass das Schreiben das Fehlen des Colliers festhält und diese Feststellung mit einem konkreten Auftrag an den Empfänger verknüpft ist. Auch weiß er genau um den Aussteller sowie die Schriftlichkeit des Schreibens. Damit ist er sich – zumindest in laienhafter Weise – aller Umstände gewiss, die eine Urkunde iSd § 74 Abs 1 Z 7 StGB ausmachen. Ebenfalls ist sich Otto des Ausstellers des Schreibens und dessen Beweisführungsrecht sicher. Er weiß also, dass er nicht alleine über das Schreiben verfügen darf. Schließlich kommt es Otto gerade darauf an, die Urkunde durch das Einwerfen in den Aktenvernichter physisch zu vernichten, er will seine Tathandlung also absichtlich setzen.

Zusätzlich muss geprüft werden, ob es Otto auch zumindest ernstlich für möglich hält und sich damit abfindet, die Verwendung der Urkunde im Rechtsverkehr zum Beweis eines Rechts, eines Rechtsverhältnisses oder einer Tatsache zu verhindern. Otto strebt sogar danach, den Versand des Schreibens an den Anwalt zu ver-

---

[35]) *Kienapfel/Schroll* in WK² § 229 Rz 8.
[36]) *Hinterhofer/Rosbaud*, BT II⁶ § 229 Rz 6.
[37]) *Hinterhofer/Rosbaud*, BT II⁶ § 229 Rz 6a.
[38]) *Kienapfel/Höpfel/Kert*, AT¹⁶ Rz 11.11.

hindern, damit dieses zum einen nicht als Beweis des Fehlens des Colliers dienen kann und zum anderen auch keine rechtliche Anweisung an den Anwalt ergeht. Es **kommt ihm also gerade auf die Gebrauchsverhinderung an.** Damit liegt der volle Tatentschluss auf die Urkundenunterdrückung vor.

### cc) Betätigung des Tatentschlusses

Für einen strafbaren Versuch muss eine Ausführungshandlung oder zumindest eine ausführungsnahe Handlung vorliegen (§ 15 Abs 2 StGB).

Die Ausführungshandlung ist die im Gesetz umschriebene Tathandlung, also in diesem Fall das Vernichten der Urkunde. Nachdem Otto die Urkunde noch nicht in den Aktenvernichter geworfen hat, wurde von ihm keine Ausführungshandlung gesetzt. Er könnte aber eine ausführungsnahe Handlung getätigt haben, also eine Handlung, die aus ex ante Perspektive unter Berücksichtigung des Tatplans des Täters unmittelbar und ohne weitere Zwischenakte in die Ausführungshandlung übergehen soll.[39] Indizien für die Unmittelbarkeit sind die zeitliche, örtliche und aktionsmäßige Nähe zur Ausführungshandlung. Otto steht im Sekretariat und hat das Schreiben schon in der Hand, um es sogleich in den Aktenvernichter zu werfen. Damit sind weder aus räumlicher, aus zeitlicher noch aus aktionsmäßiger Sicht irgendwelche notwendigen Pausen oder Zwischenschritte bis zur Ausführungshandlung erkennbar. Er hat somit alles getan, um unmittelbar zum Vernichten der Urkunde (Ausführungshandlung) überzugehen. Damit hat Otto seinen Tatentschluss durch **eine ausführungsnahe Handlung** betätigt.

### dd) Tauglichkeitsproblematik

Die Untauglichkeit eines Versuches kann aus der Untauglichkeit des Tatsubjekts, der Tathandlung oder des Tatobjekts herrühren. Hingegen ist ein Versuch dann tauglich, wenn er nur aus zufälligen Gründen gescheitert ist. Es wäre leicht möglich gewesen mit dem Aktenvernichter die Urkunde zu vernichten, womit die Tauglichkeit der Handlung bejaht werden kann. Die Urkunde, über die Otto nicht alleine verfügen durfte, stellt wiederum ein taugliches Tatobjekt dar (s Punkt B.2.b.aa.). Otto ist auch taugliches Tatsubjekt, da er nicht alleine über die Urkunde verfügen darf. Zusammenfassend sind Tatsubjekt, Tathandlung und Tatobjekt **tauglich,** die Vollendung der Tat ist nur durch Zufall unterblieben, da Otto aufgrund des Hörens der Schritte das Schreiben zurückgelegt hat. Es ist daher von einem strafbaren tauglichen Versuch auszugehen.

### c) Rechtswidrigkeit

Die Rechtswidrigkeit der Tat wird durch die Tatbestandsmäßigkeit indiziert. Es erfolgt eine Negativprüfung. Nur bei Vorliegen von Rechtfertigungsgründen ist ein tatbestandsmäßiges Verhalten nicht rechtswidrig. Im Sachverhalt finden sich keine Anhaltspunkte für das Vorliegen von Rechtfertigungsgründen. Otto hat rechtswidrig gehandelt.

---

[39] *Kienapfel/Höpfel/Kert*, AT[16] Rz 22.19.

### d) Schuld

Auf Ebene der Schuld ist zu prüfen, ob Otto sein rechtswidriges Verhalten strafrechtlich vorgeworfen werden kann. Da keine Indizien dagegen sprechen, hat er schuldhaft gehandelt.[40])

### e) Rücktritt

Zu prüfen ist, ob Otto gem § 16 StGB strafbefreiend vom Versuch der Urkundenunterdrückung zurückgetreten ist, weil er das Schreiben ins Postausgangsfach zurückgelegt hat. Als unmittelbarer Alleintäter kommt für Otto ein Rücktritt nach **§ 16 Abs 1 Fall 1 StGB** in Betracht. Er hat die Ausführung der Tat (das Vernichten des Schreibens) aufgrund der lauten Schritte aufgegeben und somit nach seinen Vorstellungen zum Zeitpunkt des Abbruchs des Versuchs noch nicht alles Erforderliche für die Deliktsvollendung getan (unbeendeter Versuch). Voraussetzungen des Rücktritts vom unbeendeten Versuch sind die endgültige Aufgabe der Tatausführung sowie die Freiwilligkeit der Aufgabe.

Otto hat die Tatausführung endgültig aufgegeben, da er keine weiteren Schritte zum Vernichten der Urkunde plant oder setzt. Fraglich ist jedoch, ob die Aufgabe der Tatausführung auch freiwillig war. Die Tataufgabe gilt nicht mehr als freiwillig, wenn es im Sinne der Verbrechervernunft unklug wäre, die Tatausführung fortzusetzen, wenngleich der Täter die Tat ev noch für ausführbar hält bzw sie objektiv noch ausführbar ist.[41]) Genau ein solcher Fall liegt hier vor. Objektiv gesehen ist die Tatausführung noch möglich und auch Otto wird es noch für möglich halten, durch das Einwerfen in den Aktenvernichter das Schreiben zu vernichten. Jedoch erscheint es nach der Verbrechervernunft äußerst unklug, mit der Tatausführung fortzufahren. Aufgrund der Schritte muss nämlich angenommen werden, dass sich eine Person nähert und die Tat dadurch entdeckt werden könnte. Otto will sich durch das Zurücklegen nur einer möglichen Tatentdeckung entziehen und handelt somit genau im Einklang mit der Verbrechervernunft und damit **nicht freiwillig**. Mangels Freiwilligkeit wirkt die Aufgabe der Tatausführung nicht strafbefreiend.

### f) Sonstiges

Die Urkundenunterdrückung enthält in § 229 Abs 2 StGB eine eigene Bestimmung zur Übung tätiger Reue. Tätige Reue gem § 229 Abs 2 StGB kommt jedoch nicht in Betracht, da hierfür zum einen das Delikt vollendet sein müsste, zum anderen die hierfür notwendige Freiwilligkeit fehlen würde. Auch sonst finden sich keine Anhaltspunkte, dass Strafbarkeitsvoraussetzungen fehlen.

### g) Ergebnis

Otto hat eine versuchte Urkundenunterdrückung nach den §§ 15, 229 Abs 1 StGB begangen und wird nach § 229 Abs 1 StGB mit Freiheitsstrafe bis zu einem Jahr oder mit Geldstrafe bis zu 720 Tagessätzen zu bestrafen sein.

---

[40]) Für Erläuterungen zur Bedeutung der Begriffe Schuldfähigkeit und Unrechtsbewusstsein s Punkt B.1.d.

[41]) Sog *Roxin'sche Formel*, vgl *Kienapfel/Höpfel/Kert*, AT[16] Rz 24.15 mwN.

### 3. Verkauf des Colliers an Roswitha

*a) Vorüberlegungen*

Zu prüfen ist schließlich, ob Otto durch den Verkauf des Colliers an Roswitha über den Ursprung eines Vermögensbestandteils, der aus einer mit mehr als einjährigen Freiheitsstrafe bedrohten Handlung herrührt, falsche Angaben tätigt und er sich somit des Delikts der **Geldwäscherei (§ 165 Abs 1 StGB)** strafbar macht. Da ihm sein Bruder eine unrichtige Rechtsauskunft erteilt, muss ferner das Vorliegen eines Verbotsirrtums (§ 9 StGB) geprüft werden. Eine Strafbarkeit wegen Betrugs (§§ 146 ff StGB) ist nicht in Betracht zu ziehen, da es hierfür jedenfalls am objektiven Tatbestandsmerkmal des Vermögensschadens mangelt.

*b) Tatbestand*

aa) Objektiver Tatbestand

Von den drei in § 165 StGB enthaltenen Tatbeständen kommen mangels Hinweisen im Sachverhalt auf kriminelle Organisationen oder terroristische Vereinigungen nur die Abs 1 und 2 in Betracht. Bei diesen handelt es sich um sog Anschlussdelikte, also um Delikte, die nur im Anschluss an bestimmte Straftaten begangen werden können. Zu prüfen ist daher als erster Schritt, ob eine geldwäschereitaugliche Vortat vorliegt, wobei Abs 1 die geldwäschereitauglichen Vortaten auflistet. Bei der von Otto begangenen Veruntreuung handelt es sich um eine strafbare Handlung die mit bis zu dreijähriger, also mit mehr als einjähriger, Freiheitsstrafe bedroht ist. Die Vortat muss zumindest tatbestandsmäßig und rechtswidrig begangen worden sein,[42]) was schon oben (s Punkte B.1.b. und B.1.c.) bejaht wurde. Damit ist die Veruntreuung des Colliers eine **geldwäschereitaugliche Vortat.**

Während § 165 Abs 2 StGB auf Vermögensbestandteile abstellt, die aus der Straftat eines anderen herrühren, kann sich nach § 165 Abs 1 StGB auch der Täter der Vortat wegen Geldwäscherei strafbar machen (sog Eigengeldwäscherei). Eine Strafbarkeit Ottos nach § 165 Abs 2 StGB kommt nicht in Betracht, weil er selbst unmittelbarer Täter der Veruntreuung und damit der Vortat ist. Die noch zu prüfenden objektiven Tatbestandselemente des **§ 165 Abs 1 StGB** sind ein aus der Vortat herrührender Vermögensbestandteil sowie die Tathandlung.

§ 165 Abs 5 StGB definiert, dass jene Vermögensbestandteile aus einer strafbaren Handlung herrühren, die durch die Tat erlangt oder für ihre Begehung empfangen wurden oder die den Wert des ursprünglich erlangten oder empfangenen Vermögenswerts verkörpern. Das Collier rührt als Tatobjekt der Veruntreuung unmittelbar aus der strafbaren Handlung her, da es als Beute direkt durch die Tat erlangt wurde. Somit handelt es sich bei dem Collier um einen **Vermögensbestandteil** gem § 165 Abs 5 StGB.

Mögliche Tathandlungen sind das Verbergen und das Verschleiern der Herkunft des Vermögensbestandteils, wobei das Gesetz demonstrativ einige Handlungen aufzählt. Otto gibt vor, das Collier gehöre seiner Frau und erwähnt nicht, dass dieses aus einer strafbaren Vortat herrührt. Hierdurch macht er gegenüber Roswitha falsche Angaben über den Ursprung des Colliers und verschleiert so dessen Herkunft. Auch handelt Otto im Rechtsverkehr, da er den Abschluss eines Kaufvertrages mit Roswitha

---

[42]) *Kirchbacher* in WK² § 165 Rz 13.

anstrebt. Damit ist das Vorliegen einer **Tathandlung** zu bejahen und der objektive Tatbestand des § 165 Abs 1 StGB gegeben. Nachdem es sich bei § 165 Abs 1 StGB um ein schlichtes Tätigkeitsdelikt handelt, ist kein Eintritt eines Erfolgs zu prüfen.

### bb) Subjektiver Tatbestand

Auf Ebene des subjektiven Tatbestands verlangt § 165 Abs 1 StGB das Vorliegen des Tatbildvorsatzes, wobei durchwegs Eventualvorsatz ausreicht. Der Täter muss es also zumindest ernstlich für möglich halten und sich damit abfinden, dass er die Herkunft eines Vermögensbestandteils verschleiert, der aus einer geldwäschereitauglichen Vortat herrührt. Auch wenn Otto seine Vortat ev nicht juristisch korrekt einordnet (er also zB einen Diebstahl statt einer Veruntreuung annimmt), ist er sich doch gewiss, dass es sich bei der Mitnahme des Colliers um ein von der Rechts- und Sozialordnung nicht toleriertes und strafbares Verhalten handelt. Otto handelt in Bezug auf die Vortat wissentlich. Weiters ist er sich sicher, dass das Collier die Beute der Vortat darstellt, da er dieses ja selbst veruntreut hat. Schließlich tätigt er gezielt falsche Angaben gegenüber Roswitha, um diese über die Herkunft des Colliers zu täuschen und durch diese Täuschung den Verkauf noch zu ermöglichen. Es kommt ihm also gerade auf die Verschleierung der Herkunft des Colliers an. Der subjektive Tatbestand ist somit erfüllt.

### c) Rechtswidrigkeit

Die Rechtswidrigkeit der Tat wird durch die Tatbestandsmäßigkeit indiziert. Es erfolgt eine Negativprüfung. Nur bei Vorliegen von Rechtfertigungsgründen ist ein tatbestandsmäßiges Verhalten nicht rechtswidrig. Im Sachverhalt finden sich keine Anhaltspunkte für das Vorliegen von Rechtfertigungsgründen. Otto hat rechtswidrig gehandelt.

### d) Schuld

Auf Ebene der Schuld ist zu prüfen, ob Otto sein rechtswidriges Verhalten strafrechtlich vorgeworfen werden kann. Dem Täter kann sein Verhalten nur vorgeworfen werden, wenn er das Unrecht seiner Tat einsehen und nach dieser Einsicht handeln hat können (Schuldfähigkeit). Mangels Angaben im Sachverhalt kann seine Schuldfähigkeit zum Tatzeitpunkt angenommen werden.

Weiters muss er im Bewusstsein handeln, gegen die Rechtsordnung zu verstoßen (Unrechtsbewusstsein). Otto hat Zweifel, ob er sich durch den Weiterverkauf des Colliers strafbar machen könnte, denkt aber nach der Auskunft durch seinen Bruder, dass der Weiterverkauf nicht strafbar sei. Er verkennt also das Verbot des Einschleusens von aus Vortaten herrührenden Vermögensbestandteilen in den Rechtsverkehr und erkennt somit das von ihm verwirklichte Unrecht nicht. Damit liegt ein direkter Verbotsirrtum (Rechtsirrtum) vor, da sich Otto über die Existenz bzw die Grenzen einer Verbotsnorm (§ 165 StGB) irrt. Der Täter ist entschuldigt, wenn der Irrtum nicht vorwerfbar ist (§ 9 Abs 2 StGB). Otto hat Zweifel hinsichtlich der Rechtmäßigkeit seines Verhaltens, weshalb er sich mit den einschlägigen Vorschriften bekannt machen muss (§ 9 Abs 2 HS 2 StGB).[43]

Aufgrund seiner Zweifel erkundigt sich Otto zwar bei seinem Bruder Bertram, der ihm jedoch eine falsche Auskunft erteilt, weil Bertram die Anwendbarkeit von

---

[43]) *Höpfel* in WK² § 9 Rz 14.

§ 165 Abs 1 StGB auf den Sachverhalt übersieht. Das Handeln auf Basis einer falschen Auskunft führt dann zu keinem vorwerfbaren Irrtum, wenn die Auskunft
durch eine verlässliche und sachlich kompetente Stelle (zB eine Behörde) erfolgt.[44])
Bertram hat durch das wiederholte Scheitern bei der Strafrechtsprüfung bewiesen,
dass er gerade keine sachlich kompetente und verlässliche Stelle für eine solche Auskunft ist, vielmehr mangelt es ihm an grundlegendem strafrechtlichem Wissen.
Auch sein neuer Beruf als Buchhalter macht ihn zu keiner sachlich kompetenten
Stelle, Auskünfte über strafrechtliche Fragen zu erteilen. Nachdem sich Otto trotz
seiner Zweifel nur einer inkompetenten Auskunftsperson bedient hat, ist er seiner
Verpflichtung zur Einholung einer Auskunft nicht nachgekommen und der **direkte
Verbotsirrtum** ist somit gem § 9 Abs 2 HS 2 StGB vorwerfbar. Da der Irrtum vorwerfbar ist und Otto vorsätzlich gehandelt hat (s B.3.b.bb), ist gem § 9 Abs 3 StGB
die für die vorsätzliche Tat vorgesehene Strafdrohung anzuwenden.

Da der Sachverhalt sonst keine Hinweise auf andere Entschuldigungsgründe
enthält, kann Otto sein rechtswidriges Verhalten vorgeworfen werden. Otto hat
schuldhaft gehandelt.

### e) Sonstiges

Im Sachverhalt finden sich keine Anhaltspunkte, dass sonstige Strafbarkeitsvoraussetzungen fehlen.

### f) Ergebnis

Otto hat eine Geldwäscherei nach § 165 Abs 1 StGB begangen und wird nach
dieser Bestimmung mit Freiheitsstrafe bis zu drei Jahren zu bestrafen sein.

## 4. Gesamtergebnis

Da Otto eine Veruntreuung (§ 133 Abs 1 und Abs 2 Fall 1 StGB), eine versuchte Urkundenunterdrückung (§§ 15, 229 Abs 1 StGB) sowie eine Geldwäscherei
(§ 165 Abs 1 StGB) begangen hat, ist das Konkurrenzverhältnis zwischen den Delikten zu prüfen. Nachdem die Delikte auf unterschiedliche Tathandlungen gründen,
die von einem separaten Vorsatz getragen werden, stehen diese jeweils im Verhältnis
der echten Realkonkurrenz zueinander und es ist ein gemeinsamer Strafrahmen zu
bilden. Da die Delikte jeweils nur Freiheitsstrafen vorsehen, wird der Strafrahmen
aus der höchsten Höchst- und der höchsten Mindeststrafdrohung gebildet. Otto
wird daher unter Anwendung des § 28 Abs 1 StGB nach § 133 Abs 2 Fall 1 StGB mit
Freiheitsstrafe bis zu drei Jahren zu bestrafen sein.

---

### Prozessuales

Aufgrund der Strafdrohung ist für die Hauptverhandlung nach den allgemeinen Zuständigkeitsregeln der Einzelrichter des Landesgerichts sachlich zuständig
(§ 31 Abs 4 Z 1 StPO).

Ein diversionelles Vorgehen ist aufgrund der Höchststrafdrohung von bis zu
drei Jahren Freiheitsstrafe zulässig.

---

[44]) *Höpfel* in WK² § 9 Rz 14.

# C. Lösungsvorschlag

## 1. Mitnahme des Colliers

### a) Vorüberlegungen

Zu prüfen ist, ob Otto als Filialleiter, der auch für das Lager verantwortlich ist, eine **Veruntreuung gem § 133 Abs 1 StGB** begangen hat, indem er das Collier aus dem gesicherten Lagerraum mitgenommen hat. Aufgrund des Werts ist eine Qualifikation (§ 133 Abs 2 Fall 1 StGB) indiziert.

### b) Tatbestand

#### aa) Objektiver Tatbestand

Das Collier ist ein ohne Substanzverlust versetzbarer und mit den Sinnen wahrnehmbarer körperlicher Gegenstand. Es hat auch einen Tauschwert auf dem legalen Markt, nämlich € 30.000. Somit handelt es sich beim Collier um ein **Gut**.

Als Filialleiter besitzt Otto an den im Lagerraum befindlichen Gegenständen übergeordneten Mitgewahrsam, da er über diese ohne Kontrolle durch eine weitere Aufsichtsperson verfügen kann. Dieser Gewahrsam wurde Otto von den Verfügungsberechtigten der GmbH übertragen, wodurch ihm exklusiver Gewahrsam zukommt. Außerdem darf Otto nicht nach Belieben das Schicksal der Waren bestimmen, sondern muss auf bestimmte Weise mit diesen verfahren, etwa indem er die Waren lagert (aufbewahrt) und für deren Weiterverkauf sorgt. Als Teil des Lagerbestands ist Otto das Collier somit **anvertraut**.

Durch das Mitnehmen des Colliers aus dem Lager in die Wohnung überführt er dieses mittels einer faktischen Handlung in sein eigenes Vermögen und setzt folglich eine **Zueignungshandlung**. Der objektive Tatbestand ist erfüllt.

#### bb) Subjektiver Tatbestand

Als Filialleiter weiß Otto, dass es sich beim Collier um einen beweglichen Gegenstand handelt, dem ein Tauschwert zukommt. Auch ist er sich aufgrund seiner kontrollierenden Funktion im Unternehmen gewiss, nur auf bestimmte Weise über die Gegenstände im Lager verfügen zu dürfen. Schließlich nimmt er das Collier, um es in sein Vermögen zu überführen; es kommt ihm also gerade auf die Zueignung des Colliers an.

Neben dem Tatbildvorsatz muss auch der erweiterte Vorsatz auf unrechtmäßige Bereicherung geprüft werden. Otto ist sich gewiss, durch die Mitnahme des Colliers sein eigenes Vermögen zu vermehren, ohne eine Gegenleistung zu erbringen. Außerdem ist er sich sicher, dass dieses der GmbH gehört und er darauf keinen entsprechenden Anspruch hat. Der subjektive Tatbestand ist damit erfüllt.

#### cc) Qualifikation

Die erste **Wertqualifikation** (§ 133 Abs 2 Fall 1 StGB) ist einschlägig, da der Wert des Colliers € 5.000, nicht aber € 300.000 übersteigt. Die Wertqualifikation ist auch von Ottos Vorsatz umfasst, weil er sich als Filialleiter des Werts des Colliers sicher ist. Damit ist die Qualifikation erfüllt.

### c) Rechtswidrigkeit

Mangels gegenläufiger Hinweise hat sich Otto rechtswidrig verhalten.

### d) Schuld

Da keine Indizien dagegensprechen, hat Otto schuldhaft gehandelt.

### e) Sonstiges

Es gibt keine Anhaltspunkte, dass sonstige Strafbarkeitsvoraussetzungen fehlen.

### f) Ergebnis

Otto hat eine Veruntreuung gem § 133 Abs 1, Abs 2 Fall 1 StGB begangen und wird nach § 133 Abs 2 Fall 1 StGB mit Freiheitsstrafe bis zu drei Jahren zu bestrafen sein.

## 2. Versuchtes Vernichten des Briefes

### a) Vorüberlegungen

Geprüft werden muss, ob Otto sich der **versuchten Urkundenunterdrückung gem §§ 15, 229 Abs 1 StGB** strafbar gemacht hat, da er das Schreiben in den Aktenvernichter werfen wollte. Weil er das Schreiben wieder zurückgelegt hat, ist ein Rücktritt vom Versuch zu prüfen.

### b) Tatbestand

#### aa) Nichterfüllung des objektiven Tatbestands

Der Aussteller des Schreibens ist erkennbar, da Helgo dieses selbst unterfertigt hat. Auch enthält es einen eigenständigen geistigen Inhalt (Gedankenerklärung), denn das Fehlen des Colliers wird zum Ausdruck gebracht und der Anwalt wird zum Verfassen einer Strafanzeige aufgefordert. Weiters kommt dem Schreiben Rechtserheblichkeit zu, weil dem Anwalt ein konkreter Auftrag erteilt wird, also ein Rechtsverhältnis begründet werden soll. Schließlich ist es handgeschrieben und somit schriftlich. Folglich ist das Schreiben eine **Urkunde** iSd § 74 Abs 1 Z 7 StGB.

Helgo, der auf das Fehlen des Colliers hinweisen will, kommt ein Beweisführungsrecht mittels der Urkunde zu. Daher hat Otto jedenfalls **keine Alleinverfügungsbefugnis** über das Schreiben.

Es ist zu keinem Vernichten der Urkunde gekommen, da aufgrund des Zurücklegens ins Postausgangsfach ihr Gedankeninhalt überhaupt nicht tangiert wurde. Sie kann wie zuvor zur Beweisführung verwendet werden. Somit ist mangels Vernichtung (oder einer anderen Tathandlung) der objektive Tatbestand des § 229 StGB **nicht vollständig erfüllt**. Es ist jedoch eine Strafbarkeit wegen versuchter Urkundenunterdrückung (§§ 15, 229 Abs 1 StGB) in Betracht zu ziehen.

#### bb) Voller Tatentschluss

Otto ist sich sicher, dass das Schreiben das Fehlen des Colliers festhält und einen konkreten Auftrag an den Empfänger enthält. Auch weiß er genau um den Aussteller sowie die Schriftlichkeit des Schreibens. Damit ist er sich – zumindest in laienhafter Weise – aller Umstände gewiss, die eine Urkunde iSd § 74 Abs 1 Z 7 StGB ausmachen. Ebenfalls ist sich Otto gewiss, nicht alleine über das Schreiben verfügen zu dürfen, da er sich des Ausstellers des Schreibens und dessen Beweisführungsrechts sicher ist. Schließlich kommt es Otto gerade darauf an, die Urkunde durch das Einwerfen in den Aktenvernichter physisch zu vernichten.

Neben dem Tatbildvorsatz muss auch der erweiterte Vorsatz auf Gebrauchsverhinderung geprüft werden. Otto kommt es darauf an, zu verhindern, dass durch das Schreiben eine rechtliche Anweisung an den Anwalt ergeht. Er will also gezielt den Gebrauch der Urkunde im Rechtsverkehr verhindern. Damit liegt der **volle Tatentschluss** vor.

### cc) Betätigung des Tatentschlusses

Weder aus räumlicher, aus zeitlicher noch aus aktionsmäßiger Sicht sind irgendwelche notwendigen Pausen oder Zwischenschritte bis zur Ausführungshandlung erkennbar. Otto steht vor dem Aktenvernichter und hat damit alles getan, um unmittelbar zum Vernichten der Urkunde (Ausführungshandlung) überzugehen. Damit hat Otto seinen Tatentschluss durch **eine ausführungsnahe Handlung** betätigt.

### dd) Tauglichkeitsproblematik

Mangels Hinweisen sind Tatsubjekt, Tathandlung und Tatobjekt als **tauglich** anzusehen. Die Vollendung der Tat ist nur durch Zufall unterblieben, da Otto hinter sich Schritte gehört hat. Der Versuch ist daher tauglich.

### c) Rechtswidrigkeit

Mangels gegenläufiger Hinweise hat sich Otto rechtswidrig verhalten.

### d) Schuld

Da keine Indizien dagegensprechen, hat Otto schuldhaft gehandelt.

### e) Rücktritt

Otto hat nach seinen Vorstellungen zum Zeitpunkt des Abbruchs des Versuchs noch nicht alles Erforderliche für die Deliktsvollendung getan, weshalb ein unbeendeter Versuch vorliegt. Er hat durch das Zurücklegen des Schreibens die Tatausführung endgültig aufgegeben. Weil er sich durch das Zurücklegen nur einer möglichen Tatentdeckung entziehen will, handelt er genau im Einklang mit der Verbrechervernunft. Folglich tritt er nicht freiwillig iSd § 16 Abs 1 Fall 1 StGB vom Versuch zurück. Mangels Freiwilligkeit wirkt die Aufgabe der Tatausführung nicht strafbefreiend.

### f) Sonstiges

Es gibt keine Anhaltspunkte, dass sonstige Strafbarkeitsvoraussetzungen fehlen.

### g) Ergebnis

Otto hat eine versuchte Urkundenunterdrückung gem §§ 15, 229 Abs 1 StGB begangen und wird nach § 229 Abs 1 StGB mit Freiheitsstrafe bis zu einem Jahr oder mit Geldstrafe bis zu 720 Tagessätzen zu bestrafen sein.

## 3. Verkauf des Colliers an Roswitha

### a) Vorüberlegungen

Zu prüfen ist, ob sich Otto durch den Verkauf des aus einer strafbaren Handlung herrührenden Colliers **gem § 165 Abs 1 StGB der Geldwäscherei** strafbar macht. Da ihm sein Bruder eine unrichtige Rechtsauskunft erteilt, muss ferner das Vorliegen eines Verbotsirrtums geprüft werden.

### b) Tatbestand

#### aa) Objektiver Tatbestand

Durch die Veruntreuung des Colliers wurde nach § 133 Abs 1, Abs 2 Fall 1 StGB eine mit mehr als einjähriger Freiheitsstrafe bedrohte strafbare Handlung verwirklicht. Die Tat wurde auch tatbestandsmäßig und rechtswidrig begangen (s Punkte C.1.b. und C.1.c.) und ist damit eine geldwäschereitaugliche **Vortat.**

Das Collier rührt als Tatobjekt der Veruntreuung unmittelbar aus der strafbaren Handlung her, da es als Beute direkt durch die Tat erlangt wurde. Es ist daher ein **Vermögensbestandteil** gem § 165 Abs 5 StGB und taugliches Tatobjekt.

Otto gibt vor, das Collier gehöre seiner Frau und erwähnt dabei nicht, dass dieses aus einer strafbaren Vortat herrührt. Hierdurch tätigt er gegenüber Roswitha falsche Angaben über den Ursprung des Colliers und verschleiert so dessen Herkunft. Auch handelt Otto im Rechtsverkehr, da er den Abschluss eines Kaufvertrages mit Roswitha anstrebt. Damit ist das Vorliegen einer **Tathandlung** zu bejahen und der objektive Tatbestand des § 165 Abs 1 StGB gegeben.

#### bb) Subjektiver Tatbestand

Auch wenn Otto seine Vortat ev nicht juristisch korrekt einordnen kann, ist er sich doch gewiss, dass es sich bei der Mitnahme des Colliers um ein von der Rechts- und Sozialordnung nicht toleriertes und strafbares Verhalten handelt. Damit handelt Otto in Bezug auf die Vortat wissentlich. Auch weiß er, dass das Collier die Beute der Vortat darstellt, da er dieses ja selbst veruntreut hat. Schließlich tätigt er gezielt falsche Angaben, um Roswitha über die Herkunft des Colliers zu täuschen und durch diese Täuschung den Verkauf noch zu ermöglichen. Es kommt ihm also gerade auf die Verschleierung der Herkunft an. Der subjektive Tatbestand ist erfüllt.

### c) Rechtswidrigkeit

Mangels gegenläufiger Hinweise hat sich Otto rechtswidrig verhalten.

### d) Schuld

Otto geht aufgrund der falschen Auskunft durch seinen Bruder davon aus, dass das Einschleusen von aus Vortaten herrührenden Vermögensbestandteilen in den Rechtsverkehr nicht verboten ist. Er unterliegt somit einem **direkten Verbotsirrtum** (§ 9 StGB), weil er das von ihm verwirklichte Unrecht nicht erkennt. Jedoch ist Otto seiner Verpflichtung, im Zweifelsfall Auskunft bei einer verlässlichen und sachlich kompetenten Stelle einzuholen, nicht nachgekommen. Denn sein Bruder ist aufgrund seiner Tätigkeit als Buchhalter sowie dem mehrmaligen Scheitern an der Strafrechtsprüfung weder für solche Auskünfte befähigt noch verlässlich. Somit ist der Verbotsirrtum gem § 9 Abs 2 HS 2 StGB vorwerfbar. Da er auch vorsätzlich gehandelt hat (s C.3.b.bb), ist gem § 9 Abs 3 StGB die für die vorsätzliche Tat vorgesehene Strafdrohung anzuwenden. Otto hat schuldhaft gehandelt.

### e) Sonstiges

Es gibt keine Anhaltspunkte, dass sonstige Strafbarkeitsvoraussetzungen fehlen.

### f) Ergebnis

Otto hat eine Geldwäscherei gem § 165 Abs 1 StGB begangen und wird nach dieser Bestimmung mit Freiheitsstrafe bis zu drei Jahren zu bestrafen sein.

## 4. Gesamtergebnis

Otto hat eine Veruntreuung gem §§ 133 Abs 1, Abs 2 Fall 1 StGB, eine versuchte Urkundenunterdrückung gem §§ 15, 229 Abs 1 StGB sowie eine Geldwäscherei gem § 165 Abs 1 StGB begangen. Diese strafbaren Handlungen gründen auf unterschiedlichen Tathandlungen, die jeweils von einem separaten Vorsatz getragen werden, und stehen im Verhältnis der echten Realkonkurrenz zueinander. Es ist ein gemeinsamer Strafrahmen zu bilden. Otto wird daher unter Anwendung des § 28 Abs 1 StGB nach § 133 Abs 2 Fall 1 StGB mit Freiheitsstrafe bis zu drei Jahren zu bestrafen sein.

---

### Prozessuales

Aufgrund der Strafdrohung ist für die Hauptverhandlung nach den allgemeinen Zuständigkeitsregeln der Einzelrichter des Landesgerichts sachlich zuständig (§ 31 Abs 4 Z 1 StPO).

Ein diversionelles Vorgehen ist aufgrund der Höchststrafdrohung von bis zu drei Jahren Freiheitsstrafe zulässig.

---

# IV. Sport ist Mord

## A. Sachverhalt

Konrad hat erfahren, dass sein Fußballtrainer ausgerechnet seinen Erzfeind Sebastian zum Kapitän der Mannschaft ernannt hat. Rasend vor Wut möchte Konrad sich deshalb an seinem Konkurrenten rächen. Er entschließt sich, Sebastian nach dem abendlichen Fußballtraining mit einem Baseballschläger zu verletzen, um dessen Fußballkarriere zu beenden und selbst zum Kapitän ernannt zu werden. Als Konrad nach dem Training am Parkplatz eine Person sieht, die er für Sebastian hält, zieht er sich seine Kappe tief ins Gesicht. Er rennt auf die Person zu und schlägt mit einem Baseballschläger mit voller Wucht und gezielt auf das linke Schienbein der Person ein, um dieses zu brechen. Das Opfer fällt schmerzschreiend zu Boden, da dessen Schienbein durch den Schlag, wie von Konrad intendiert, gebrochen ist. Jetzt erst erkennt Konrad die folgenschwere Verwechslung: Es handelt sich nicht um Sebastian, sondern um dessen Bruder Christian, der ihm sehr ähnlich sieht.

Außerdem realisiert Konrad, dass während des Angriffs die Kappe von seinem Kopf geflogen ist. Konrad befürchtet, dass Christian ihn daher als Angreifer identifizieren kann. Da er Angst hat, für viele Jahre ins Gefängnis zu müssen, entschließt sich Konrad sein Opfer für immer zum Schweigen zu bringen. Er holt mit dem Baseballschläger aus, um so lange gezielt auf den Kopf von Christian einzuschlagen, bis dieser tot ist. Der Passant Lukas sieht Konrad mit dem Baseballschläger über Christian stehen und eilt so schnell es geht zum Tatort, um Konrad von seiner Attacke abzuhalten. Lukas kann Konrad in letzter Sekunde von Christian unsanft wegschieben. Konrad stolpert durch dieses Wegschieben, fällt rückwärts mit dem Kopf auf den Asphaltboden und bleibt bewusstlos liegen. Lukas verständigt umgehend die Rettung und leistet bei Konrad und Christian die erforderliche Erste Hilfe.

Konrad muss aufgrund eines Schädelbasisbruchs (als Folge des Sturzes) im Krankenhaus bleiben, welches er erst nach vier Wochen Behandlung wieder gesund verlassen kann. Weiters konnte Konrad ebenfalls aufgrund der großen Schmerzen seinem Beruf als Tischler nicht nachgehen.

Christian kann zwar seinen Beruf gleich wieder ausüben, er muss allerdings vier Wochen einen Gips tragen bis der Bruch verheilt ist. Doch auch nach der Heilung seines Schienbeins hinkt Christian mit diesem Bein beim Gehen auffällig. Nach der Prognose der Ärzte wird dieses Hinken aller Voraussicht nach bleibend sein.

**Prüfen Sie die Strafbarkeit von Konrad und Lukas! Nennen Sie den ihnen drohenden Strafrahmen!**

55

# B. Kommentierter Lösungsvorschlag

## 1. Konrad: Schlag mit dem Baseballschläger auf das Schienbein

### a) Vorüberlegungen

Konrad bricht mit einem Baseballschläger zielgerichtet das Schienbein einer anderen Person. Da es ihm offensichtlich darauf ankommt, einen für die Fortbewegung wichtigen Knochen zu brechen, ist **das Verbrechen der absichtlichen schweren Körperverletzung gem § 87 Abs 1 StGB** zu prüfen.[45] Weiters hinkt Christian seit dem Schienbeinbruch auffallend, weshalb uU eine **schwere Dauerfolge** gem § 85 Abs 1 StGB vorliegen und dadurch § 87 Abs 2 Fall 1 StGB einschlägig sein könnte.

### b) Tatbestand

#### aa) Objektiver Tatbestand

Der objektive Tatbestand des § 87 Abs 1 StGB setzt eine schwere Körperverletzung iSd § 84 Abs 1 StGB voraus. Es handelt sich um eine schwere Körperverletzung gem § 84 Abs 1 StGB, wenn die Verletzung am Körper oder die Gesundheitsschädigung (§ 83 Abs 1 StGB) eine länger als vierundzwanzig Tage dauernde Gesundheitsschädigung oder Berufsunfähigkeit zur Folge hat oder die Verletzung oder die Gesundheitsschädigung an sich schwer ist.

Eine Verletzung am Körper ist ein nicht ganz unerheblicher Eingriff in die körperliche Unversehrtheit. Durch den Bruch des Schienbeins wird in die körperliche Unversehrtheit erheblich eingegriffen, weshalb bei Christian jedenfalls eine **Verletzung am Körper** iSd § 83 Abs 1 StGB vorliegt.[46]

Beim Bruch des Schienbeins könnte es sich um eine an sich schwere Verletzung iSd § 84 Abs 1 Fall 3 StGB handeln. Zu prüfen ist dies anhand mehrerer Kriterien, nämlich der Wichtigkeit des betroffenen Organs oder Körperteils, der Intensität, dem Ausmaß und dem Gefährlichkeitsgrad der Verletzungen, den Chancen des Heilungsverlaufs sowie der konkreten Situation des Opfers. Mit gebrochenem Schienbein kann sich die verletzte Person nur mehr beschränkt fortbewegen und erleidet so eine wesentliche Beeinträchtigung ihres Bewegungsapparats. Daher ist der Bruch des Schienbeins (wie Knochenbrüche in aller Regel) eine **an sich schwere Verletzung.**[47]

Die Gesundheitsschädigung iSd § 84 Abs 1 Fall 1 StGB kann auch aus einer Verletzung resultieren und ist erst beendet, wenn die Krankheitserscheinungen abgeklungen sind. Als Gesundheitsschädigung wird die Herbeiführung einer körperlichen oder seelischen Funktionsstörung mit Krankheitswert im medizinischen Sinn verstanden. Da die Heilung von Christians Schienbein zumindest vier Wochen

---

[45] Da § 87 StGB das speziellere Delikt gegenüber den Körperverletzungsdelikten nach §§ 83–86 StGB ist, müssen diese nicht weiter geprüft werden, wenn die Strafbarkeit nach § 87 StGB bejaht wird, s *Kienapfel/Schroll*, BT I⁴ § 87 Rz 12.

[46] Eine weitere Prüfung, ob es sich auch um eine Gesundheitsschädigung iSd § 83 Abs 1 StGB handelt, ist für die Erfüllung des Grunddelikts nicht mehr notwendig, vgl *Burgstaller/Fabrizy* in WK² § 83 Rz 13.

[47] *Kienapfel/Schroll*, BT I⁴ § 84 Rz 12.

dauert,[48]) liegt auch eine länger als vierundzwanzig Tage dauernde **Gesundheits-schädigung** iSd § 84 Abs 1 Fall 1 StGB vor.

Weil Christian seinen Beruf nach der Verletzung gleich wieder ausüben kann, ist die länger als vierundzwanzig Tage dauernde Berufsunfähigkeit gem § 84 Abs 1 Fall 2 StGB nicht erfüllt.

Der Erfolg muss der Tathandlung objektiv zugerechnet werden. Die Kausalität wird mit Hilfe der csqn-Formel geprüft. Hätte Konrad nicht mit dem Baseballschläger auf Christians Schienbein eingeschlagen, so wäre dieses nicht gebrochen worden. Das Verhalten von Konrad war daher kausal für den Eintritt des Erfolgs. Die normative Zurechnung bereitet keine Probleme. Der Erfolg kann der Tathandlung **objektiv zugerechnet** werden. Folglich ist der objektive Tatbestand erfüllt, da eine länger als vierundzwanzig Tage dauernde Gesundheitsschädigung und eine an sich schwere Verletzung vorliegen.

### bb) Subjektiver Tatbestand

Der Tatbildvorsatz setzt **Absichtlichkeit** gem § 5 Abs 2 StGB voraus. Dh Konrad als Täter muss es darauf ankommen, einem anderen eine schwere Körperverletzung zuzufügen.

Es ist nicht ersichtlich, dass Konrad zielgerichtet die länger als vierundzwanzig Tage dauernde Gesundheitsschädigung herbeiführen wollte. Daher fehlt ihm in dieser Hinsicht die erforderliche Vorsatzform der Absichtlichkeit.

Konrad hat aber den Vorsatz, zielgerichtet einen wichtigen Knochen (das linke Schienbein) zu brechen. Dabei kommt es Konrad darauf an, einem anderen eine an sich schwere Körperverletzung (§ 84 Abs 1 Fall 3 StGB) zuzufügen. Dass Kontrad eigentlich Sebastians und nicht Christians Schienbein brechen will, ändert nichts an Konrads Strafbarkeit, weil er einem **unbeachtlichen Irrtum über das Tatobjekt** (error in persona) unterliegt. Schlussendlich kommt es Konrad auf die schwere Verletzung des Körpers „eines anderen" Menschen an, was für das Erfüllen des Vorsatzes ausreicht.[49]) Damit ist der subjektive Tatbestand des § 87 Abs 1 StGB erfüllt.

### cc) Eintritt und fahrlässige Herbeiführung der besonderen Folge

Im Anschluss an das Grunddelikt ist zu prüfen, ob die besondere Folge wenigstens fahrlässig herbeigeführt wurde. Christian hinkt seit dem Schienbeinbruch auffällig und lt seinen Ärzten wird dieses Hinken bleiben. Es ist der Eintritt einer **schweren Dauerfolge** (§ 85 Abs 1 StGB) nach § 87 Abs 2 Fall 1 StGB zu prüfen.

Bei § 87 Abs 2 StGB handelt es sich um eine **Erfolgsqualifikation,** dh der Erfolg muss nach § 7 Abs 2 StGB wenigstens fahrlässig herbeigeführt werden. Es ist davon auszugehen, dass die fahrlässige Herbeiführung der besonderen Folge idR durch die vorsätzliche Körperverletzung gegeben ist, weshalb die Prüfung der kausalen Herbeiführung des Erfolgs für die Erfüllung der Qualifikation meist ausreicht.[50])

Sinnesorgane iSd § 85 Abs 1 Z 1 StGB sind nicht betroffen. Da es im Sachverhalt auch keine Hinweise für ein schweres Leiden, für ein Siechtum oder für eine Berufsunfähigkeit gibt, ist die Z 3 nicht erfüllt. Eine erhebliche Verstümmelung iSd

---

[48]) *Kienapfel/Schroll,* BT I[4] § 84 Rz 35 f.
[49]) *Kienapfel/Höpfel/Kert,* AT[16] Rz 12.13 f.
[50]) *Kienapfel/Schroll,* BT I[4] § 87 Rz 17; *Messner* in SbgK § 87 Rz 35 ff.

§ 85 Abs 1 Z 2 StGB würde den Verlust eines Körperteils oder dessen deutliche Funktionsbeeinträchtigung bedeuten. Christian hat weder sein Bein verloren, noch geht aus dem Sachverhalt hervor, dass er sein Bein zukünftig deutlich eingeschränkter verwenden kann. Es liegt keine erhebliche Verstümmelung vor.

Das Hinken könnte jedoch eine auffallende Verunstaltung iSd § 85 Abs 1 Z 2 StGB sein. Diese schwere Dauerfolge liegt bei einer auffallend nachteiligen Veränderung des äußeren Erscheinungsbildes vor. Da Christians Hinken beim Gehen für seine Mitmenschen offensichtlich wahrnehmbar ist, hat sich sein äußeres Erscheinungsbild zweifelsfrei auffallend nachteilig verändert.[51]) Es liegt deshalb eine **auffallende Verunstaltung iSd Z 2** vor.

Eine schwere Dauerfolge iSd § 85 Abs 1 StGB muss für immer oder für lange Zeit vorliegen. Die Prognose der Dauer muss mit großer Wahrscheinlichkeit eintreten und ex ante zum Zeitpunkt des Urteils erstellt werden.[52]) Da das Hinken bei Christian nach der Prognose der Ärzte aller Voraussicht nach bleibend ist, gilt der Erfolg aus der ex ante Perspektive als **für immer eingetreten**. Die schwere Dauerfolge der auffallenden Verunstaltung gem § 85 Abs 1 Z 2 StGB ist erfüllt.

Die Kausalität wird mit Hilfe der csqn-Formel geprüft. Hätte Konrad nicht mit einem Baseballschläger auf Christians linkes Schienbein eingeschlagen und dieses dadurch gebrochen, würde Christian nicht bleibend mit seinem linken Bein beim Gehen hinken. Das Verhalten von Konrad war daher kausal für Christians auffallende Verunstaltung.

### dd) Normative Zurechnung der besonderen Folge

Da sich im Sachverhalt keine Auffälligkeiten hinsichtlich der normativen Zurechnung ergeben, kann die besondere Folge Konrads Tathandlung auch zugerechnet werden. Somit ist die besondere Folge durch die Tathandlung herbeigeführt worden.

### c) Rechtswidrigkeit

Die Rechtswidrigkeit der Tat wird durch die Tatbestandsmäßigkeit indiziert. Es erfolgt eine Negativprüfung. Nur bei Vorliegen von Rechtfertigungsgründen ist ein tatbestandsmäßiges Verhalten nicht rechtswidrig. Im Sachverhalt finden sich keine Anhaltspunkte für das Vorliegen von Rechtfertigungsgründen. Konrad hat rechtswidrig gehandelt.

### d) Schuld

Auf Ebene der Schuld ist zu prüfen, ob Konrad sein rechtswidriges Verhalten strafrechtlich vorgeworfen werden kann. Dem Täter kann sein Verhalten nur vorgeworfen werden, wenn er das Unrecht seiner Tat einsehen und nach dieser Einsicht handeln konnte (Schuldfähigkeit). Mangels Angaben im Sachverhalt kann seine Schuldfähigkeit zum Tatzeitpunkt angenommen werden. Die bei erfolgsqualifizierten Delikten zu beachtende **subjektive Vorhersehbarkeit des Erfolgs** ist mangels gegenläufiger Anhaltspunkte ebenfalls zu bejahen. Weiters muss er im Bewusstsein

---

[51]) OGH 7. 6. 1988, 15 Os 44/88.
[52]) *Kienapfel/Schroll*, BT I[4] § 85 Rz 4 f.

handeln, gegen die Rechtsordnung zu verstoßen (Unrechtsbewusstsein). Da schon potentielles Unrechtsbewusstsein ausreicht und keine gegenteiligen Hinweise vorliegen, ist auch davon auszugehen, dass er zum Tatzeitpunkt mit Unrechtsbewusstsein gehandelt hat. Schließlich liegen keine Hinweise auf Entschuldigungsgründe vor. Konrad hat schuldhaft gehandelt und ihm kann sein rechtswidriges Verhalten vorgeworfen werden.

### e) Sonstiges

Im Sachverhalt finden sich keine Anhaltspunkte, dass sonstige Strafbarkeitsvoraussetzungen fehlen.

### f) Ergebnis

Konrad hat eine absichtliche schwere Körperverletzung gem § 87 Abs 1, Abs 2 Fall 1 StGB begangen und wird nach § 87 Abs 2 Fall 1 StGB mit Freiheitsstrafe von einem bis zu fünfzehn Jahren zu bestrafen sein.

## 2. Konrad: Ausholen mit dem Baseballschläger, um Christian zu töten

### a) Vorüberlegungen

Konrad plant, Christian zu töten, indem er mit dem Baseballschläger auf dessen Kopf einschlägt. Da er im letzten Moment durch Lukas davon abgehalten wird, ist der Erfolg nicht eingetreten. Es ist ein **versuchter Mord gem §§ 15, 75 StGB** zu prüfen.

### b) Tatbestand

#### aa) Nichterfüllung des objektiven Tatbestands

Der objektive Tatbestand des § 75 StGB ist nicht erfüllt. Denn Christian überlebt, weshalb der Erfolg (Christians Tod) nicht eingetreten ist. Es ist daher ein versuchter Mord (§§ 15, 75 StGB) zu prüfen.

#### bb) Voller Tatentschluss

Der Täter muss den Vorsatz auf Vollendung des objektiven Tatbestands haben, dh er muss es zumindest ernstlich für möglich halten und sich damit abfinden, einen anderen Menschen zu töten. Konrad möchte gezielt Christians Tod durch das Einschlagen mit dem Baseballschläger auf dessen Kopf herbeiführen, wodurch es ihm geradezu auf die Herbeiführung des Erfolgs ankommt. Konrad hat somit den **vollen Tatentschluss** auf den Mord.

#### cc) Betätigung des Tatentschlusses

Für einen strafbaren Versuch muss eine Ausführungshandlung oder zumindest eine ausführungsnahe Handlung vorliegen (§ 15 Abs 2 StGB).

Konrad hat noch keine Ausführungshandlung gesetzt, da das Ausholen mit dem Baseballschläger nicht ausreicht, um ohne weitere Handlungen unmittelbar den Tod Christians herbeizuführen.[53]) Er könnte aber eine ausführungsnahe Handlung getätigt haben, also eine Handlung, die aus ex ante Perspektive unter Berücksichtigung des Tatplans des Täters unmittelbar und ohne weitere Zwischenakte in die Ausführungshandlung übergehen soll.[54]) Indizien für die Unmittelbarkeit sind die zeitliche, örtliche und aktionsmäßige Nähe zur Ausführungshandlung.

Konrads Tatplan umfasst nach dem Ausholen keine weiteren zeitlichen, örtlichen oder aktionsmäßigen Zwischenakte. Dem Tatplan zufolge ist nach dem Ausholen nur noch das Durchziehen des Baseballschlägers notwendig. Daher ist das Ausholen mit dem Baseballschläger eine **ausführungsnahe Handlung.**

### dd) Tauglichkeitsproblematik

Die Untauglichkeit eines Versuches kann aus der Untauglichkeit des Tatsubjekts, der Tathandlung oder des Tatobjekts herrühren. Hingegen gilt ein Versuch dann als tauglich, wenn er nur aus zufälligen Gründen gescheitert ist. Im Sachverhalt finden sich keine Hinweise, die Zweifel an der Tauglichkeit entstehen lassen. Der Erfolg ist zufällig nicht eingetreten, weil ein Passant eingegriffen hat. Der Versuch ist somit **tauglich.**

### c) Rechtswidrigkeit

Die Rechtswidrigkeit der Tat wird durch die Tatbestandsmäßigkeit indiziert. Es erfolgt eine Negativprüfung. Nur bei Vorliegen von Rechtfertigungsgründen ist ein tatbestandsmäßiges Verhalten nicht rechtswidrig. Im Sachverhalt finden sich keine Anhaltspunkte für das Vorliegen von Rechtfertigungsgründen. Konrad hat rechtswidrig gehandelt.

### d) Schuld

Auf Ebene der Schuld ist zu prüfen, ob Konrad sein rechtswidriges Verhalten strafrechtlich vorgeworfen werden kann. Da keine Indizien dagegensprechen, hat Konrad schuldhaft gehandelt.[55])

### e) Rücktritt

Für Konrad könnte ein Rücktritt vom versuchten Mord nach § 16 Abs 1 Fall 1 StGB in Betracht kommen. Konrad konnte die Tat nicht ausführen, da er von Lukas daran gehindert wurde und er spätestens im Krankenhaus auch erkennt, dass er den gewünschten Erfolg nicht herbeiführen kann. Sein Versuch ist daher **fehlgeschlagen** und ein Rücktritt vom Versuch ist nicht möglich.

### f) Sonstiges

Im Sachverhalt finden sich keine Anhaltspunkte, dass sonstige Strafbarkeitsvoraussetzungen fehlen.

---

[53]) *Fuchs/Zerbes,* AT I[10] 29/23.

[54]) *Kienapfel/Höpfel/Kert,* AT[16] Rz 22.19.

[55]) Für Erläuterungen zur Bedeutung der Begriffe Schuldfähigkeit und Unrechtsbewusstsein s Punkt B.1.d.

### g) Ergebnis

Konrad hat einen versuchten Mord gem §§ 15, 75 StGB begangen und wird nach § 75 StGB mit Freiheitsstrafe von zehn bis zu zwanzig Jahren oder lebenslanger Freiheitsstrafe zu bestrafen sein.

## 3. Lukas: Wegschieben von Konrad, um ihn vom Mord abzuhalten

### a) Vorüberlegungen

Lukas schiebt Konrad weg, wodurch dieser hinfällt und einen Schädelbasisbruch erleidet. Da Lukas Konrad nur unsanft wegschieben wollte und es keine Hinweise auf einen Vorsatz auf die Körperverletzung gibt, muss eine Körperverletzung, die durch eine Misshandlung entstanden ist, geprüft werden. Die vorsätzliche Misshandlung muss zu einer Körperverletzung führen. Es könnte durch den Schädelbasisbruch und seine Folgen sogar eine **schwere Körperverletzung gem § 84 Abs 1 StGB** erfüllt sein. Auf darüber hinausgehende Folgen (etwa § 85 Abs 1 StGB) gibt es keine Hinweise im Sachverhalt. Seit dem StRÄG 2015 handelt es sich bei § 84 Abs 1 StGB um eine selbstständige Qualifikation (eigenständiges Delikt), weshalb § 83 Abs 2 StGB als Grunddelikt nicht geprüft werden muss. Weiters hat Lukas durch das Wegschieben Konrad auch dazu gebracht, dass er den Schläger nicht durchziehen kann, weshalb eine **Nötigung gem § 105 Abs 1 StGB** zu prüfen ist. Da Lukas Konrad davon abhält, Christian zu töten, könnte er durch **Nothilfe** gem § 3 StGB gerechtfertigt sein.

### b) Schwere Körperverletzung gem § 84 Abs 1 StGB

#### aa) Tatbestand

(1) Objektiver Tatbestand

Als Tathandlung muss auf objektiver Tatbestandsebene eine Misshandlung vorliegen. Eine körperliche Misshandlung ist jede üble, unangemessene Behandlung, welche das körperliche Wohlbefinden nicht bloß unerheblich beeinträchtigt. Lukas hat Konrad unsanft weggeschoben und dadurch unangemessen und nicht unerheblich auf dessen körperliches Wohlbefinden eingewirkt.[56] Er hat Konrad am Körper **misshandelt.** Die Misshandlung muss eine der in Abs 1 genannten Folgen wenigstens fahrlässig herbeigeführt haben. Konrad erleidet einen Schädelbasisbruch und muss vier Wochen im Krankenhaus behandelt werden. Erst anschließend kann er wieder seinen Beruf als Tischler ausüben. Es ist der Eintritt einer **schweren Körperverletzung** gem § 84 Abs 1 StGB, nämlich einer länger als vierundzwanzig Tage dauernden Gesundheitsschädigung oder einer länger als vierundzwanzig Tage dauernden Berufsunfähigkeit oder einer an sich schweren Verletzung bzw Gesundheitsschädigung zu prüfen.[57]

Eine Gesundheitsschädigung iSd § 84 Abs 1 Fall 1 StGB ist eine körperliche oder seelische Funktionsstörung mit Krankheitswert, die auch aus einer Verletzung resultieren kann. Sie ist erst beendet, wenn die Krankheitserscheinungen abgeklun-

---

[56] *Kienapfel/Schroll*, BT I⁴ § 83 Rz 65.

[57] Es handelt sich hinsichtlich dieser drei Erfolge um ein kumulatives Mischdelikt, weshalb deren Vorliegen eigens geprüft werden muss, vgl *Burgstaller/Fabrizy* in WK² § 84 Rz 29.

gen sind. Die Krankheitserscheinungen von Konrad sind vier Wochen präsent, weshalb die Funktionsbeeinträchtigung seines Körpers länger als vierundzwanzig Tage dauert.[58]) Die **Gesundheitsschädigung** nach § 84 Abs 1 Fall 1 StGB ist gegeben.

Die Berufsunfähigkeit dauert so lange an, bis der Beruf wieder ohne Gefährdung der Heilung und ohne unzumutbare Erschwernisse ausgeführt werden kann. Konrad leidet unter großen Schmerzen und wird vier Wochen lang im Krankenhaus stationär behandelt, bis er dieses ohne Schmerzen verlassen und seiner Arbeit nachgehen kann.[59]) Deshalb liegt auch eine **Berufsunfähigkeit** nach § 84 Abs 1 Fall 2 StGB vor.

Eine Verletzung am Körper ist ein nicht ganz unerheblicher Eingriff in die körperliche Unversehrtheit. Der Schädelbasisbruch ist eindeutig ein solcher nicht unerheblicher Eingriff in die körperliche Integrität, weshalb eine Verletzung am Körper von Konrad vorliegt. Ein Schädelbasisbruch erfüllt auch die Definition einer an sich schweren Körperverletzung, da der Schädelknochen ein wichtiger Körperteil ist und dadurch eine hohe Gefahr ernster Komplikationen und wesentlicher Funktionsbeeinträchtigungen besteht.[60]) Es liegt somit eine **an sich schwere Körperverletzung** iSd § 84 Abs 1 Fall 3 StGB vor.[61])

Zusammenfassend sind eine länger als vierundzwanzig Tage dauernde Gesundheitsschädigung, eine länger als vierundzwanzig Tage dauernde Berufsunfähigkeit sowie eine an sich schwere Verletzung gegeben. Es liegt daher eine schwere Körperverletzung nach § 84 Abs 1 StGB vor.

Bei § 84 Abs 1 StGB handelt es sich um ein Vorsatz-Fahrlässigkeitsdelikt dh der Erfolg muss fahrlässig herbeigeführt werden. Es ist davon auszugehen, dass die fahrlässige Herbeiführung der besonderen Folgen idR durch die Misshandlung gegeben ist, weshalb die Prüfung der Zurechnung des Erfolgs für die Herbeiführung der Qualifikation ausreicht.[62])

Die Kausalität wird dabei mit Hilfe der csqn-Formel geprüft. Hätte Lukas Konrad nicht weggeschoben, so wäre dieser nicht gestürzt und hätte sich nicht den Schädel gebrochen. Daher war Lukas' Verhalten kausal für Konrads Kopfverletzung. Da sich im Sachverhalt keine Auffälligkeiten hinsichtlich der normativen Zurechnung ergeben, wird die besondere Folge Lukas' Tathandlung auch normativ zugerechnet. Der Erfolg kann der Tathandlung deshalb **objektiv zugerechnet** werden. Der objektive Tatbestand des § 84 Abs 1 StGB ist erfüllt.

### (2) Subjektiver Tatbestand

Um den Tatbildvorsatz zu erfüllen, muss der Täter es zumindest ernstlich für möglich halten und sich damit abfinden, einen anderen am Körper zu misshandeln. Lukas schiebt Konrad gezielt weg, wodurch es ihm auf das Zufügen des körperlichen Unwohlseins bei Konrad geradezu ankommt. Der Vorsatz auf die Misshandlung ist somit gegeben. Der subjektive Tatbestand ist erfüllt.

---

[58]) *Kienapfel/Schroll*, BT I⁴ § 84 Rz 35 ff.
[59]) *Kienapfel/Schroll*, BT I⁴ § 84 Rz 37 ff.
[60]) *Kienapfel/Schroll*, BT I⁴ § 84 Rz 12.
[61]) Eine weitere Prüfung, ob es sich auch um eine an sich schwere Gesundheitsschädigung handelt, ist bei Bejahen der an sich schweren Körperverletzung nicht mehr notwendig, vgl *Burgstaller/Fabrizy* in WK² § 84 Rz 18.
[62]) *Burgstaller/Fabrizy* in WK² § 84 Rz 32.

### bb) Rechtswidrigkeit

Die Rechtswidrigkeit der Tat wird durch die Tatbestandsmäßigkeit indiziert. Es erfolgt eine Negativprüfung. Nur bei Vorliegen von Rechtfertigungsgründen ist ein tatbestandsmäßiges Verhalten nicht rechtswidrig.

Lukas schützt Christian vor einem Angriff, nicht hingegen sich selbst. Es ist deshalb **Nothilfe gem § 3 StGB** zu prüfen.

Die Nothilfesituation liegt für einen Dritten dann vor, wenn sich der Angegriffene in einer Notwehrsituation befindet.[63] Die Notwehrsituation ist ein gegenwärtiger oder unmittelbar drohender rechtswidriger Angriff auf ein notwehrfähiges Rechtsgut. Als Angriff gilt eine von einem Menschen ausgehende Bedrohung für ein notwehrfähiges Rechtsgut. Ob ein solcher Angriff vorliegt, wird nach objektiven Gesichtspunkten zum Zeitpunkt der Handlung beurteilt.[64] Die notwehrfähigen Rechtsgüter sind in § 3 StGB taxativ aufgezählt und umfassen Leben, Gesundheit, körperliche Unversehrtheit, sexuelle Integrität und Selbstbestimmung, Freiheit und Vermögen. Weitere Voraussetzung ist, dass der Angriff unmittelbar droht oder gegenwärtig ist. Ein unmittelbar drohender Angriff liegt dann vor, wenn dieser in zeitlicher, örtlicher und funktioneller Hinsicht unmittelbar bevorsteht. Gegenwärtig ist der Angriff jedenfalls solange eine Rechtsgutbeeinträchtigung andauert und der Angriff nicht abgewehrt, aufgegeben oder abgeschlossen ist.[65] Darüber hinaus muss der Angriff auch rechtswidrig sein, dh der Angreifer muss gegen die Rechtsordnung verstoßen. Konrad möchte Christian mit einem Schlag auf dessen Kopf töten, wodurch ein menschliches Verhalten vorliegt, das eine Beeinträchtigung der Rechtsgüter Leben, Gesundheit und körperliche Unversehrtheit befürchten lässt. Der Angriff steht kurz vor seiner Ausführung, weshalb dieser zumindest unmittelbar drohend ist. Konrads Angriff ist mangels Angaben im Sachverhalt rechtswidrig. Es liegt daher eine Notwehrsituation für Christian und dadurch zugleich eine **Nothilfesituation für Lukas** vor.

Als Nothilfehandlung darf die notwendige Verteidigung eingesetzt werden. Das ist jene Verteidigung, die notwendig ist, um den Angriff verlässlich und endgültig abzuwehren. Dabei ist zu prüfen, welche Verteidigungsmaßnahmen dem Helfenden zur Verfügung stehen und welche dieser Mittel mit hinreichender Wahrscheinlichkeit geeignet sind, den Angriff verlässlich und endgültig abzuwehren. Von diesen Mitteln ist jenes zu wählen, das den Angreifer am wenigsten schädigt. Diese Maßnahme ist die notwendige Verteidigung.[66] Lukas hatte lt Sachverhalt keine Waffen oder sonstigen Hilfsmittel, um Konrad von seinem Angriff auf Christian abzuhalten. Er könnte daher durch verbales Einwirken auf Konrad oder unter Einsatz physischer Gewalt den Angriff abwehren. Der Einsatz von verbalen Mitteln wäre das schonendste. Allerdings wäre dieses ex ante nicht geeignet, den Angriff mit hinreichender Wahrscheinlichkeit sofort und endgültig abzuwehren. In diesem Fall wäre aus der ex ante Perspektive sogar der Einsatz massiver Gewalt das gelindeste Mittel, um den Angriff sofort und endgültig abzuwehren. Da das Wegschieben vom Opfer sogar ein schonenderes Mittel als dieses gelindeste Mittel darstellt, bewegt sich Lukas jeden-

---

[63] *Kienapfel/Höpfel/Kert*, AT[16] Rz 13.29.
[64] *Lewisch* in WK[2] § 3 Rz 17 und 131.
[65] *Kienapfel/Höpfel/Kert*, AT[16] Rz 13.9.
[66] *Fuchs/Zerbes*, AT I[10] 17/31.

falls im Rahmen der **notwendigen Verteidigung.** Auch wenn Konrad durch die Nothilfe schwer verletzt wird (Abwehrerfolg), war Lukas' Verteidigung gerechtfertigt, weil es nur auf die Zulässigkeit der Abwehrhandlung ankommt. Die abwehrtypischen Risiken gehen zu Lasten des Angreifers.[67])

Als drittes Element der Notwehr kommt das subjektive Rechtfertigungselement hinzu. Der Nothelfende muss wissen, dass er sich in einer Nothilfesituation befindet. Lukas hält es für gewiss (§ 5 Abs 3 StGB), dass Christian angegriffen wird und er daher in einer Nothilfesituation ist. Das **subjektive Rechtfertigungselement** liegt somit vor.

Die Voraussetzungen der Nothilfe nach § 3 StGB sind erfüllt. Lukas handelt nicht rechtswidrig und ist nicht strafbar.

### c) Nötigung gem § 105 Abs 1 StGB

#### aa) Tatbestand

##### (1) Objektiver Tatbestand

Der objektive Tatbestand der Nötigung verlangt die Anwendung von Gewalt oder einer gefährlichen Drohung, um einen anderen zu einer Handlung, Duldung oder Unterlassung zu nötigen.

Lukas könnte durch das unsanfte Wegschieben Gewalt anwenden. Gewalt wird als nicht ganz unerhebliche physische Kraft verstanden, die eingesetzt wird, um einen tatsächlichen oder erwarteten Widerstand zu überwinden.[68]) Das unsanfte Wegschieben ist ein Einsatz von physischer Kraft, die auf Konrads Körper einwirkt und wird eingesetzt, um einen möglichen Widerstand zu überwinden. Diese Kraft ist auch nicht unerheblich, da Lukas mit einer gewissen Intensität auf Konrad einwirkt, schließlich reicht dies aus, um einen erwachsenen, sportlichen Mann zur Seite zu schieben. Lukas setzt daher **Gewalt** ein.

Lukas setzt Gewalt ein, damit Konrad es unterlässt, auf Christian einzuschlagen. Die Tathandlung wird somit eingesetzt, um ein bestimmtes Verhalten herbeizuführen. Da Konrad nicht auf Christian einschlägt, tritt der **Erfolg (die Unterlassung) ein.**

Der Erfolg muss der Tathandlung objektiv zugerechnet werden. Die Kausalität wird mit Hilfe der csqn-Formel geprüft. Denkt man sich das Wegschieben durch Lukas weg, hätte Konrad mit an Sicherheit grenzender Wahrscheinlichkeit seinen Schläger durchgezogen. Daher ist die Gewalt kausal für die Unterlassung. Die normative Zurechnung bereitet keine Probleme. Der Erfolg kann der Tathandlung **objektiv zugerechnet** werden. Lukas hat den objektiven Tatbestand der Nötigung gem § 105 Abs 1 StGB erfüllt.

##### (2) Subjektiver Tatbestand

Der Täter muss es zumindest ernstlich für möglich halten und sich damit abfinden, dass er mit Gewalt auf den Körper eines anderen einwirkt und diesen dadurch zu einem Verhalten nötigt. Lukas ist sich gewiss, dass er mit seinem unsanften Weg-

---

[67]) *Kienapfel/Höpfel/Kert*, AT[16] Rz 13.14.
[68]) *Kienapfel/Schroll*, BT I[4] § 105 Rz 11.

schieben eine gewisse Kraft auf Konrads Körper ausübt. Er möchte dadurch gezielt die Unterlassung des Schlages durch Konrad herbeiführen, da es ihm gerade auf das Verhindern von Konrads Tatausführung ankommt. Der subjektive Tatbestand der Nötigung ist somit erfüllt.

### bb) Rechtswidrigkeit

Die Rechtswidrigkeit der Tat wird durch die Tatbestandsmäßigkeit indiziert. Es erfolgt eine Negativprüfung. Nur bei Vorliegen von Rechtfertigungsgründen ist ein tatbestandsmäßiges Verhalten nicht rechtswidrig.

Für die Nötigung gibt es in § 105 Abs 2 StGB einen eigenen Rechtfertigungsgrund. Dieser ist allerdings nur subsidiär anzuwenden, dh es ist zuerst zu prüfen, ob ein anderer Rechtfertigungsgrund in Frage kommt. Da bei der Rechtswidrigkeit für die Nötigung das gleiche wie für die Körperverletzung gilt, wird auf die Ausführung zur Nothilfe verwiesen (s Punkt B.3.b.bb.). Lukas ist daher **durch Nothilfe gem § 3 StGB gerechtfertigt.** § 105 Abs 2 StGB muss nicht geprüft werden.

### d) Ergebnis

Lukas hat die Tatbestände der schweren Körperverletzung gem § 84 Abs 1 Fall 1, 2 und 3 StGB und der Nötigung gem § 105 Abs 1 StGB erfüllt. Jedoch hat er in Nothilfe und somit nicht rechtswidrig gehandelt.

## 4. Lukas: Imstichlassen von Christian und Konrad?

Da Lukas sofort Erste Hilfe leistet und die Rettungskräfte verständigt, leistet er sowohl bei Konrad als auch bei Christian die erforderliche Hilfe. Daher erfüllt er weder den objektiven Tatbestand des § 94 StGB noch den des subsidiär zu prüfenden § 95 StGB.

## 5. Gesamtergebnis

### a) Gesamtergebnis Konrad

Konrad hat sowohl eine absichtliche schwere Körperverletzung nach § 87 Abs 1 und Abs 2 Fall 1 StGB als auch einen versuchten Mord nach §§ 15, 75 StGB begangen. Es ist daher das Konkurrenzverhältnis zwischen den Delikten zu prüfen. Weil die Delikte auf unterschiedlichen Tathandlungen gründen, die jeweils von einem separaten Vorsatz getragen werden, stehen diese im Verhältnis der echten Realkonkurrenz zueinander und es ist ein gemeinsamer Strafrahmen zu bilden. Da die Delikte jeweils nur Freiheitsstrafen vorsehen, wird der gemeinsame Strafrahmen aus der höchsten Höchst- und der höchsten Mindeststrafdrohung gebildet. Konrad wird unter Anwendung des § 28 Abs 1 StGB nach § 75 StGB mit Freiheitsstrafe von zehn bis zu zwanzig Jahren oder lebenslanger Freiheitsstrafe zu bestrafen sein.

### b) Gesamtergebnis Lukas

Lukas hat durch seine Handlung den Tatbestand der schweren Körperverletzung gem § 84 Abs 1 Fall 1, 2 und 3 StGB und den Tatbestand der Nötigung gem § 105 Abs 1 StGB erfüllt. Da er sowohl bei der Körperverletzung als auch bei der Nötigung durch Nothilfe gerechtfertigt ist, hat sich Lukas nicht strafbar gemacht.

---

*Prozessuales*

Das Ermittlungsverfahren wird von einer Staatsanwaltschaft gemeinsam geführt, da die strafbaren Handlungen in einem engen sachlichen Zusammenhang stehen (§ 26 Abs 1 StPO).

Aufgrund der Strafdrohung ist für die Hauptverhandlung bei Konrad nach den allgemeinen Zuständigkeitsregeln das Landesgericht als Geschworenengericht sachlich zuständig (§ 31 Abs 2 Z 1 StPO).

Ein diversionelles Vorgehen ist bei Konrad bereits aufgrund der Strafdrohung von zehn bis zu zwanzig Jahren oder lebenslanger Freiheitsstrafe nicht zulässig.

---

## C. Lösungsvorschlag

### 1. Konrad: Schlag mit dem Baseballschläger auf das Schienbein

#### a) Vorüberlegungen

Konrad bricht mit einem Baseballschläger zielgerichtet das Schienbein einer anderen Person. Da es ihm offensichtlich darauf ankommt, einen Knochen zu brechen, ist die **absichtliche schwere Körperverletzung gem § 87 Abs 1 StGB** zu prüfen. Weiters hinkt Christian seit dem Schienbeinbruch auffallend, weshalb § 87 Abs 2 Fall 1 StGB einschlägig sein könnte.

#### b) Tatbestand

##### aa) Objektiver Tatbestand

Christians körperliche Unversehrtheit wird durch den Bruch des Schienbeins eindeutig erheblich beeinträchtigt. Es handelt sich somit um eine **Verletzung am Körper.**

Mit gebrochenem Schienbein kann sich die verletzte Person nur mehr beschränkt fortbewegen und erleidet so eine deutliche Funktionseinbuße ihres Bewegungsapparats. Der Bruch des Schienbeins ist deshalb eine **an sich schwere Verletzung** (§ 84 Abs 1 Fall 3 StGB).

Da die Heilung von Christians Schienbein zumindest vier Wochen dauert, liegt auch eine länger als vierundzwanzig Tage dauernde körperliche Funktionsstörung und somit eine **Gesundheitsschädigung** iSd § 84 Abs 1 Fall 1 StGB vor.

Hätte Konrad nicht mit dem Baseballschläger auf Christians Schienbein eingeschlagen, wäre dieses nicht gebrochen. Konrads Schlag war kausal für die länger als vierundzwanzig Tage dauernde Gesundheitsschädigung und die an sich schwere Körperverletzung. Konrad hat den objektiven Tatbestand des § 87 Abs 1 StGB erfüllt, da er Christian eine schwere Körperverletzung zugefügt hat.

### bb) Subjektiver Tatbestand

Hinsichtlich der länger als vierundzwanzig Tage dauernden Gesundheitsschädigung geht aus dem Sachverhalt nicht hervor, dass Konrad diesen Erfolg absichtlich herbeiführen wollte.

Konrad will aber zielgerichtet einen für die Fortbewegung wichtigen Knochen brechen. Daher kommt es Konrad darauf an, einem anderen eine an sich schwere Körperverletzung zuzufügen (§ 5 Abs 2 StGB). Dass er eigentlich Sebastian verletzen will, ändert nichts an Konrads Strafbarkeit, da er einem **unbeachtlichen Irrtum über das Tatobjekt** unterliegt. Schlussendlich kommt es Konrad auf die schwere Verletzung des Körpers „eines anderen" Menschen an, was für den Vorsatz ausreicht. Damit ist der subjektive Tatbestand erfüllt.

### cc) Eintritt und fahrlässige Herbeiführung der besonderen Folge

Das Hinken könnte eine schwere Dauerfolgen gem § 87 Abs 2 Fall 1 StGB sein. Weil Christians Hinken beim Gehen für seine Mitmenschen wahrnehmbar ist, hat sich sein äußeres Erscheinungsbild zweifelsfrei nachteilig verändert. Es liegt deshalb eine **auffallende Verunstaltung** iSd § 85 Abs 1 Z 2 StGB vor.

Da die Ärzte prognostizieren, dass das Hinken bei Christian aller Voraussicht nach dauerhaft ist, gilt der Erfolg als **für immer** eingetreten. Die schwere Dauerfolge der auffallenden Verunstaltung gem § 85 Abs 1 Z 2 StGB ist erfüllt.

Hätte Konrad nicht Christians linkes Schienbein gebrochen, würde Christian nicht dauerhaft beim Gehen hinken. Das Verhalten von Konrad war daher kausal für Christians auffallende Verunstaltung.

### dd) Normative Zurechnung der besonderen Folge

Da sich im Sachverhalt keine Auffälligkeiten hinsichtlich der normativen Zurechnung ergeben, kann die besondere Folge Konrads Tathandlung auch normativ zugerechnet werden.

### c) Rechtswidrigkeit

Mangels gegenläufiger Hinweise hat Konrad rechtswidrig gehandelt.

### d) Schuld

Die subjektive Vorhersehbarkeit des Erfolgs ist mangels gegenläufiger Anhaltspunkte zu bejahen. Da auch sonst keine Indizien dagegen sprechen, hat Konrad schuldhaft gehandelt.

### e) Sonstiges

Es gibt keine Anhaltspunkte, dass sonstige Strafbarkeitsvoraussetzungen fehlen.

### f) Ergebnis

Konrad hat eine absichtliche schwere Körperverletzung gem § 87 Abs 1 und Abs 2 Fall 1 StGB begangen und wird nach § 87 Abs 2 Fall 1 StGB mit Freiheitsstrafe von einem bis zu fünfzehn Jahren zu bestrafen sein.

## 2. Konrad: Ausholen mit dem Baseballschläger, um Christian zu töten

### a) Vorüberlegungen

Konrad plant Christian mit dem Baseballschläger zu töten. Da Konrad im letzten Moment durch Lukas davon abgehalten wird, ist der Erfolg nicht eingetreten und ein **versuchter Mord gem §§ 15, 75 StGB** zu prüfen.

### b) Tatbestand

#### aa) Nichterfüllung des objektiven Tatbestands

Der objektive Tatbestand des § 75 StGB ist nicht erfüllt. Denn Christian überlebt und somit ist der Erfolg (Christians Tod) nicht eingetreten. Es ist daher versuchter Mord (§§ 15, 75 StGB) zu prüfen.

#### bb) Voller Tatentschluss

Konrad möchte gezielt Christians Tod durch Schläge auf dessen Kopf herbeiführen, wodurch es ihm geradezu auf die Herbeiführung des Erfolgs ankommt. Konrad hat den **vollen Tatentschluss.**

#### cc) Betätigung des Tatentschlusses

Konrad hat mit dem Ausholen des Baseballschlägers noch keine Ausführungshandlung gesetzt, da das Ausholen nicht unmittelbar Christians Tod herbeiführen würde. Konrads Tatplan umfasst nach dem Ausholen keine weiteren zeitlichen, örtlichen oder aktionsmäßigen Zwischenschritte. Nur noch das Durchziehen des Baseballschlägers fehlt. Daher ist das Ausholen mit dem Baseballschläger eine **ausführungsnahe Handlung.**

#### dd) Tauglichkeitsproblematik

Es gibt keine Hinweise, die Zweifel an der Tauglichkeit entstehen lassen. Der Erfolg ist **zufällig nicht eingetreten,** da Lukas eingegriffen hat. Daher liegt ein tauglicher Versuch vor.

### c) Rechtswidrigkeit

Mangels gegenläufiger Hinweise hat Konrad rechtswidrig gehandelt.

### d) Schuld

Da keine Indizien dagegen sprechen, hat Konrad schuldhaft gehandelt.

### e) Rücktritt

Konrad konnte die Tat nicht ausführen, da er daran gehindert wurde und außerdem spätestens im Krankenhaus erkennt, dass er den gewünschten Erfolg nicht herbeiführen kann. Sein Versuch ist daher **fehlgeschlagen** und ein Rücktritt vom Versuch ist nicht möglich.

### f) Sonstiges

Es gibt keine Anhaltspunkte, dass sonstige Strafbarkeitsvoraussetzungen fehlen.

### g) Ergebnis

Konrad hat einen versuchten Mord gem §§ 15, 75 StGB begangen und wird nach § 75 StGB mit Freiheitsstrafe von zehn bis zu zwanzig Jahren oder lebenslanger Freiheitsstrafe zu bestrafen sein.

## 3. Lukas: Wegschieben von Konrad, um ihn vom Mord abzuhalten

### a) Vorüberlegungen

Da Lukas Konrad nur unsanft wegschieben wollte und offensichtlich keinen Vorsatz auf die Körperverletzung hatte, wird eine Körperverletzung, die durch eine Misshandlung entstanden ist, geprüft. Durch den Schädelbasisbruch und seine Folgen könnte auch eine **schwere Körperverletzung iSd § 84 Abs 1 StGB** vorliegen. Da es sich um eine selbstständige Qualifikation handelt und mangels anderer Hinweise, ist sogleich § 84 Abs 1 StGB zu prüfen. Weiters hat Lukas durch das Wegschieben Konrad auch zu einem bestimmten Verhalten gebracht, weshalb eine **Nötigung gem § 105 Abs 1 StGB** zu prüfen ist. Lukas' Verhalten könnte durch **Nothilfe** gerechtfertigt sein.

### b) Schwere Körperverletzung gem § 84 Abs 1 StGB

#### aa) Tatbestand

#### (1) Objektiver Tatbestand

Lukas hat Konrad unsanft weggeschoben und dadurch unangemessen und nicht unerheblich auf dessen körperliches Wohlbefinden eingewirkt. Er hat Konrad am Körper **misshandelt.**

Diese Misshandlung muss zu einer der in Abs 1 genannten Folgen führen.

Ein Schädelbasisbruch ist eindeutig ein nicht unerheblicher Eingriff in die körperliche Integrität. Es liegt daher eine Verletzung am Körper von Konrad vor. Da mit dem Schädelknochen ein wichtiger Körperteil betroffen ist und eine hohe Gefahr von ernsten Komplikationen und wesentlichen Funktionsbeeinträchtigungen besteht, ist der Schädelbasisbruch auch eine **an sich schwere Körperverletzung** iSd § 84 Abs 1 Fall 3 StGB.

Die Krankheitserscheinungen von Konrad sind vier Wochen präsent, weshalb die Funktionsbeeinträchtigung seines Körpers (**Gesundheitsschädigung**) länger als vierundzwanzig Tage dauert. § 84 Abs 1 Fall 1 StGB ist erfüllt.

Konrad kann vier Wochen seinem Beruf als Tischler nicht nachgehen, da er die ganze Zeit unter großen Schmerzen leidet und stationär im Krankenhaus behandelt wird. Die **Berufsunfähigkeit** nach § 84 Abs 1 Fall 2 StGB liegt vor.

Hätte Lukas nicht auf Konrads Körper eingewirkt, wäre dieser nicht gestürzt und hätte sich nicht den Schädel gebrochen. Die Misshandlung durch Lukas war daher kausal für den Erfolg. Mangels gegenläufiger Angaben können die besonderen Folgen (§ 84 Abs 1 Fall 1, 2 und 3 StGB) Lukas' Tathandlung auch normativ zugerechnet werden. Der objektive Tatbestand ist erfüllt.

(2) Subjektiver Tatbestand

Lukas schiebt Konrad gezielt weg, wodurch es ihm auf das Zufügen des körperlichen Unwohlseins eines anderen geradezu ankommt. Der Vorsatz auf die Misshandlung ist somit gegeben.

### bb) Rechtswidrigkeit

Lukas hält Konrad von einem Angriff ab, weshalb **Nothilfe gem § 3 StGB** zu prüfen ist.

Konrad ist kurz davor Christian zu ermorden, wodurch ein menschliches Verhalten vorliegt, das Christians Leben, Gesundheit und körperliche Unversehrtheit gefährdet. Damit liegt ein Angriff auf notwehrfähige Güter vor. Konrads Angriff (s auch Punkt C.1.c.) ist rechtswidrig. Der Angriff steht kurz vor seiner Ausführung, weshalb dieser zumindest unmittelbar drohend ist. Es liegt daher eine Notwehrsituation für Christian und dadurch zugleich eine **Nothilfesituation für Lukas** vor.

Aus der ex ante Perspektive wäre der Einsatz massiver Gewalt das gelindeste Mittel, um den Angriff sofort und endgültig abzuwehren, weil verbale Mittel dies nicht garantieren können. Da das Wegschieben vom Opfer sogar ein schonenderes Mittel als dieses gelindeste Mittel darstellt, bewegt sich Lukas jedenfalls im Rahmen der **notwendigen Verteidigung.**

Lukas hält es für gewiss, dass Christian angegriffen wird und er daher in einer Nothilfesituation ist. Das **subjektive Rechtfertigungselement** liegt somit vor.

Die Voraussetzungen der Nothilfe nach § 3 StGB sind erfüllt, somit ist ein Rechtfertigungsgrund gegeben. Lukas handelt nicht rechtswidrig.

### c) Nötigung gem § 105 Abs 1 StGB

#### aa) Tatbestand

(1) Objektiver Tatbestand

Das unsanfte Wegschieben ist ein Einsatz von physischer Kraft, die auf Konrads Körper einwirkt und einen möglichen Widerstand überwinden soll. Diese Kraft ist auch nicht unerheblich, da Lukas mit einer gewissen Intensität auf Konrad einwirkt, schließlich reicht diese aus um einen erwachsenen sportlichen Mann zur Seite zu schieben. Lukas hat daher **Gewalt** eingesetzt.

Lukas setzt die Gewalt ein, **damit Konrad es unterlässt,** auf Christian einzuschlagen. Der Erfolg ist eingetreten, da Konrad nicht auf Christian eingeschlagen hat.

Hätte Lukas Konrad nicht weggeschoben, so hätte dieser mit an Sicherheit grenzender Wahrscheinlichkeit seinen Schläger durchgezogen. Daher ist die Gewalt kausal für die Unterlassung. Lukas hat den objektiven Tatbestand der Nötigung gem § 105 Abs 1 StGB erfüllt.

(2) Subjektiver Tatbestand

Lukas ist sich gewiss, dass er mit seinem unsanften Wegschieben eine gewisse Kraft auf Konrads Körper ausübt. Er möchte dadurch gezielt die Unterlassung des Schlages durch Konrad herbeiführen, da es ihm gerade auf das Verhindern von Konrads Tatausführung ankommt. Der subjektive Tatbestand der Nötigung ist somit erfüllt.

### bb) Rechtswidrigkeit

Da bei der Rechtswidrigkeit für die Nötigung das gleiche wie für die Körperverletzung gilt, wird auf die Ausführung zur Nothilfe verwiesen (s Punkt C.3.b.bb.). Lukas ist daher durch Nothilfe gem § 3 StGB gerechtfertigt.

### d) Ergebnis

Lukas kann nicht wegen Nötigung gem § 105 Abs 1 StGB und wegen schwerer Körperverletzung gem § 84 Abs 1 Fall 1, 2 und 3 StGB bestraft werden, da er durch Nothilfe gerechtfertigt ist.

## 4. Gesamtergebnis

### a) Gesamtergebnis Konrad

Konrad hat sowohl eine absichtliche schwere Körperverletzung nach § 87 Abs 1 und Abs 2 Fall 1 StGB als auch einen versuchten Mord nach §§ 15, 75 StGB begangen. Die Delikte stehen in echter Realkonkurrenz, da sie durch verschiedene Tathandlungen verwirklicht wurden, die jeweils von einem separaten Vorsatz getragen wurden. Konrad wird unter Anwendung des § 28 Abs 1 StGB nach § 75 StGB mit Freiheitsstrafe von zehn bis zu zwanzig Jahren oder lebenslanger Freiheitsstrafe zu bestrafen sein.

### b) Gesamtergebnis Lukas

Lukas hat durch seine Handlung den Tatbestand der schweren Körperverletzung und den Tatbestand der Nötigung erfüllt. Da er aber durch Nothilfe gerechtfertigt ist, hat sich Lukas nicht strafbar gemacht.

---

### Prozessuales

Das Ermittlungsverfahren wird von einer Staatsanwaltschaft gemeinsam geführt, da die strafbaren Handlungen in einem engen sachlichen Zusammenhang stehen (§ 26 Abs 1 StPO).

Aufgrund der Strafdrohung ist für die Hauptverhandlung bei Konrad nach den allgemeinen Zuständigkeitsregeln das Landesgericht als Geschworenengericht sachlich zuständig (§ 31 Abs 2 Z 1 StPO).

Ein diversionelles Vorgehen ist bei Konrad bereits aufgrund der Strafdrohung von zehn bis zu zwanzig Jahren oder lebenslanger Freiheitsstrafe nicht zulässig.

---

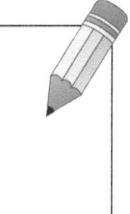

# V. Schnell-Bau-Günther

## A. Sachverhalt

Günther ist Alleingesellschafter und Geschäftsführer der Schnell-Bau-Günther GmbH. Seit einiger Zeit laufen die Geschäfte allerdings schlecht und er erkennt, dass sein Unternehmen spätestens im Sommer zahlungsunfähig sein wird. Eine Rettung hält er für ausgeschlossen. Auf der Suche nach Einnahmequellen kommt ihm der junge Bauherr Peter gerade recht. Dieser möchte aufgrund der günstigen Preise gerne sein Haus von der Schnell-Bau-Günther GmbH errichten lassen. Günther erkennt die Chance und vereinbart mit Peter, dass das Unternehmen ab nächster Woche tätig und sein Haus zum Jahresende fertig sein wird, obwohl er weiß, dass die GmbH aufgrund der finanziellen Situation nicht in der Lage sein wird, eine Leistung zu erbringen. Peter ist mit diesem Zeitplan zufrieden und freut sich, dass das Unternehmen seinem Namen alle Ehre macht. Er unterzeichnet den Vertrag und überweist eine Anzahlung iHv € 55.000 auf das Konto der GmbH.

Nachdem die Schnell-Bau-Günther-GmbH mehrere Wochen später noch keinen Handgriff getätigt hat und Günther Peter immer wieder vertröstet, platzt diesem der Kragen. Peter sucht Günther auf und droht ihm damit, dass er dessen Tochter entführen wird, wenn dieser nicht umgehend die Rücküberweisung der bereits gezahlten € 55.000 veranlasst, da die vereinbarte Leistung nicht erbracht wurde und ihm deshalb eine Rücküberweisung in voller Höhe zustehen würde. Günther zahlt nicht, sondern ruft sofort die Polizei. Bei der Vernehmung durch die Polizei gibt Peter an, dass er davon ausgegangen sei, eine solche heftige Drohung sei zur Durchsetzung seiner Ansprüche in Ordnung, wenn es um derart hohe Vermögenswerte gehe.

Da die Lage für die GmbH hoffnungslos bleibt, vertraut sich Günther seinem Freund Severin an und erzählt ihm, dass er zahlungsunfähig ist. Severin ist darüber völlig entsetzt. Er drängt Günther, vor dem Antrag beim Insolvenzgericht zumindest noch seine bei ihm offene Rechnung iHv € 10.000 zu bezahlen, da die Verteilungsquote angesichts der vielen Gläubiger sehr niedrig sein wird. Günther erweist Severin diesen Gefallen und überweist den offenen Rechnungsbetrag iHv € 10.000 an Severin. Anschließend stellt Günther den Antrag beim Insolvenzgericht.

**Prüfen Sie die Strafbarkeit von Günther und Peter! Nennen Sie den ihnen drohenden Strafrahmen!**

# B. Kommentierter Lösungsvorschlag

## 1. Günther: Vertragsabschluss und Annahme der Anzahlung für den Hausbau

### a) Vorüberlegungen

Zu prüfen ist, ob Günther einen Betrug begangen hat, indem er mit Peter einen Vertrag über den Bau eines Hauses abgeschlossen und eine Anzahlung erhalten hat, obwohl er von der bevorstehenden Zahlungsunfähigkeit der Schnell-Bau-Günther GmbH wusste. Da eine Anzahlung iHv € 55.000 geleistet wurde, ist eine Qualifikation zu prüfen. Günther könnte sich wegen **Betrugs gem §§ 146 und 147 Abs 2 StGB** strafbar gemacht haben.

### b) Tatbestand

#### aa) Objektiver Tatbestand

Der Betrug besteht aus vier objektiven Tatbestandsmerkmalen, die durch eine Kausalkette miteinander verbunden sein müssen: Eine Täuschung über Tatsachen, ein durch die Täuschung bedingter Irrtum, eine Vermögensverfügung durch den Getäuschten und ein Vermögensschaden. Dabei muss die Person, die getäuscht wurde, die Vermögensverfügung vornehmen. Eine darüber hinausgehende Personenidentität ist nicht erforderlich.[69]

Eine Täuschung ist jedes Verhalten des Täters, welches dazu bestimmt ist, beim Getäuschten einen Irrtum zu begründen oder einen bereits bestehenden Irrtum zu verstärken. Die Täuschung muss sich auf Tatsachen beziehen, dh auf beweisbare Umstände, und kann ausdrücklich oder konkludent erfolgen. Günther täuscht Peter, indem er ihm zusichert, das Haus bis Jahresende fertigzustellen, obwohl er weiß, dass das Unternehmen bereits davor zahlungsunfähig sein wird. Die Möglichkeit des Unternehmens das Haus zu bauen und auch die bevorstehende Zahlungsunfähigkeit stellen beweisbare Umstände dar und sind daher als Tatsachen zu qualifizieren. Die Fähigkeit das Haus (noch in diesem Jahr) zu bauen wird von Günther explizit zugesichert und mit Peter vereinbart und stellt somit eine ausdrückliche Täuschung dar. Bei der Täuschung über die Zahlungsfähigkeit und den Zustand des Unternehmens handelt es sich hingegen um eine konkludente Täuschung, die sich aus dem Verhalten von Günther ergibt. Somit liegt eine **Täuschung über Tatsachen** vor.

Beim Irrtum handelt es sich um eine Vorstellung, die nicht der Wirklichkeit entspricht. Peter unterliegt einem **Irrtum,** da er glaubt, dass sein Haus von der Schnell-Bau-Günther GmbH bis Jahresende gebaut wird, obwohl dies tatsächlich unmöglich ist.

Die Vermögensverfügung ist eine Handlung, Duldung oder Unterlassung des Getäuschten, die sich auf das Vermögen des Getäuschten selbst oder auf das Vermögen eines Dritten auswirkt. Peter überweist Günther € 55.000 als Anzahlung. Er wirkt durch eine Handlung auf sein eigenes Vermögen ein, wodurch eine **Vermögensverfügung** vorliegt.

---

[69] *Kirchbacher/Sadoghi* in WK² § 146 Rz 7 f.

Schlussendlich muss es auch zu einem Vermögensschaden kommen, wobei ein solcher entweder beim Getäuschten selbst oder bei einem Dritten eintreten kann. Als Vermögen gilt dabei unter Anwendung einer wirtschaftlichen Betrachtungsweise die Gesamtheit aller wirtschaftlichen Vermögenswerte einer Person.[70] Ein Schaden liegt vor, wenn ein effektiver Verlust an Vermögenssubstanz eingetreten ist, wobei die Feststellung des Schadens durch einen Vergleich der Vermögenslage des Opfers vor der Tat mit der Vermögenslage des Opfers nach der Tat erfolgt (saldierende Betrachtungsweise).[71] Hat sich das Vermögen des Opfers durch die Tat tatsächlich (zumindest vorübergehend) verkleinert, liegt ein Vermögensschaden vor. Erhält das Opfer für seine Leistung eine Gegenleistung, so ist die Differenz zwischen dem Wert der Leistung des Opfers und dem Wert der Gegenleistung als Vermögensschaden anzusehen. Peter hat der GmbH € 55.000 überwiesen und dafür keine Gegenleistung erhalten, wodurch sich sein Vermögen um diesen Betrag verringert hat. Es tritt ein **Vermögensschaden** iHv € 55.000 ein. Damit ist der Erfolg eingetreten und der Betrug vollendet.

Der Erfolg muss der Tathandlung objektiv zugerechnet werden. Die Kausalität wird mithilfe der csqn-Formel geprüft. Hätte Günther nicht ausdrücklich vorgegeben, dass die Schnell-Bau-Günther GmbH das Haus von Peter bis Jahresende bauen kann, und nicht konkludent vermittelt, dass die Schnell-Bau-Günther GmbH nicht zahlungsunfähig sein wird, entfällt auch der Vermögensschaden bei Peter, weil er den Vertrag nicht abgeschlossen und die Überweisung nicht getätigt hätte. Günthers Verhalten ist für den Erfolgseintritt kausal. Weiters muss zwischen den vier objektiven Tatbestandsmerkmalen eine Kausalkette bestehen. Die Täuschung des Günther über Tatsachen hat den Irrtum Peters bedingt. Dieser Irrtum war wiederum kausal für die Vermögensverfügung, die in weiterer Folge zu einem Vermögensschaden geführt hat. Die normative Zurechnung bereitet keine Probleme. Der Erfolg kann der Tathandlung **objektiv zugerechnet** werden. Der objektive Tatbestand ist erfüllt.

### bb) Subjektiver Tatbestand

§ 146 StGB verlangt auf subjektiver Tatseite neben dem Tatbildvorsatz auch den erweiterten Vorsatz auf unrechtmäßige Bereicherung, wobei jeweils Eventualvorsatz ausreicht.

Der Täter muss es beim Tatbildvorsatz zumindest ernstlich für möglich halten und sich damit abfinden, dass er über Tatsachen täuscht, dadurch einen Irrtum herbeiführt, der Irrende eine Vermögensverfügung vornimmt und entweder der Irrende selbst oder ein Dritter am Vermögen geschädigt wird. Günther kommt es gerade darauf an, dass er Peter über den Zustand und die Möglichkeit der Schnell-Bau-Günther GmbH, das Haus bis Jahresende zu bauen, täuscht, und Peter auch tatsächlich glaubt, dass sein Haus bis dahin von Günthers Unternehmen gebaut wird. Weiters will er, dass Peter eine Überweisung tätigt, damit die wirtschaftliche Lage seines Unternehmens verbessert wird. Er ist sich sicher, dass Peter dadurch einen Vermögensschaden erleidet, weil er um die bevorstehende Zahlungsunfähigkeit der Schnell-Bau-Günther GmbH weiß.

---

[70] OGH 11. 10. 1990, 13 Os 77/90.
[71] OGH 25. 8. 2011, 11 Os 68/11 a.

Zusätzlich muss er es zumindest ernstlich für möglich halten und sich damit abfinden, dass er sich oder einen Dritten durch seine Tat besser stellt und auf diese Besserstellung kein Anspruch besteht. Dabei kommt es nur auf die innere Vorstellung des Täters an, nicht aber, ob eine Bereicherung tatsächlich eintritt. Günther kommt es gerade darauf an, die GmbH zu bereichern, da er die günstige Gelegenheit ergreifen und der GmbH durch die Tat einen Vermögenszuwachs sichern will. Er ist sich zum Zeitpunkt des Vertragsabschlusses mit Peter auch gewiss, dass die Bereicherung unrechtmäßig ist, da das Unternehmen nie eine Gegenleistung erbringen wird. Zusätzlich erfordert der Betrug auch eine Stoffgleichheit, dh die beabsichtigte Bereicherung muss die Kehrseite des eingetretenen Vermögensschadens sein.[72] Dies kann problemlos bejaht werden, da Günthers Bereicherung genau dem Vermögensschaden entspricht, der bei Peter eingetreten ist. Der subjektive Tatbestand ist erfüllt.

### cc) Qualifikation

Die Wertqualifikation des § 147 Abs 2 StGB ist erfüllt, da der durch die Überweisung der Anzahlung eingetretene Vermögensschaden € 5.000, aber nicht € 300.000 (§ 147 Abs 3 StGB) übersteigt. Die Wertqualifikation muss auch vom Vorsatz des Täters umfasst sein. Da Günther € 55.000 als Anzahlung verlangt, ist er sich sicher, dass der Schaden mehr als € 5.000 betragen wird. Die **Qualifikation** des § 147 Abs 2 StGB ist erfüllt.

### c) Rechtswidrigkeit

Die Rechtswidrigkeit der Tat wird durch die Tatbestandsmäßigkeit indiziert. Es erfolgt eine Negativprüfung. Nur bei Vorliegen von Rechtfertigungsgründen ist ein tatbestandsmäßiges Verhalten nicht rechtswidrig.

Die wirtschaftliche Notlage von Günthers Unternehmen könnte eine Notstandssituation bilden und sein Verhalten ev durch einen **rechtfertigenden wirtschaftlichen Notstand** gerechtfertigt sein. Ein solcher wird jedoch aus prinzipiellen Gründen abgelehnt.[73] Mangels Vorliegen von Rechtfertigungsgründen hat Günther rechtswidrig gehandelt.

### d) Schuld

Auf Ebene der Schuld ist zu prüfen, ob Günther sein rechtswidriges Verhalten strafrechtlich vorgeworfen werden kann. Dem Täter kann sein Verhalten nur vorgeworfen werden, wenn er das Unrecht seiner Tat einsehen und nach dieser Einsicht handeln konnte (Schuldfähigkeit). Mangels Angaben im Sachverhalt kann seine Schuldfähigkeit zum Tatzeitpunkt angenommen werden. Weiters muss er im Bewusstsein handeln, gegen die Rechtsordnung zu verstoßen (Unrechtsbewusstsein). Da schon potentielles Unrechtsbewusstsein ausreicht und keine gegenteiligen Hinweise vorliegen, ist auch davon auszugehen, dass er zum Tatzeitpunkt mit Unrechtsbewusstsein gehandelt hat.

---

[72] *Kert* in SbgK § 146 Rz 333.
[73] OGH 17. 5. 1983, 12 Os 121/82; *Kienapfel/Höpfel/Kert,* AT[16] Rz 14.29; *E. Steininger* in SbgK Nachbem § 3 Rz 62.

Als Entschuldigungsgrund käme ein **entschuldigender wirtschaftlicher Notstand** in Frage. Wirtschaftliche Nachteile können grds einen unmittelbar drohenden, bedeutenden Nachteil darstellen. Jedoch wird bei drohenden wirtschaftlichen Nachteilen in der Praxis nur in wenigen Ausnahmefällen tatsächlich eine Notstandssituation angenommen.[74] Im vorliegenden Fall ist davon auszugehen, dass Schuldnern durch gesetzliche Regelungen keine gänzliche Vernichtung ihrer Existenz droht und somit keine Notstandssituation vorliegt.[75]

Mangels Vorliegen von Entschuldigungsgründen ist Günther sein rechtswidriges Verhalten vorzuwerfen und er hat schuldhaft gehandelt.

### e) Sonstiges

Im Sachverhalt finden sich keine Anhaltspunkte, dass sonstige Strafbarkeitsvoraussetzungen fehlen.

### f) Ergebnis

Günther hat einen schweren Betrug gem §§ 146 und 147 Abs 2 StGB begangen und wird nach § 147 Abs 2 StGB mit Freiheitsstrafe bis zu drei Jahren zu bestrafen sein.

## 2. Peter: Androhen der Entführung der Tochter, um € 55.000 überwiesen zu bekommen

### a) Vorüberlegungen

Peters Ankündigung könnte eine gefährliche Drohung sein, die er einsetzt, um Günther zur Überweisung von € 55.000 zu bewegen. Da Günther sofort die Polizei ruft und das Geld nicht überweist, ist ein Versuch zu prüfen. Weiters muss die Aussage bei der Polizei beachtet werden, Peter habe angenommen, sein Verhalten sei in Ordnung. Die Erpressung ist im Verhältnis zur Nötigung das speziellere Delikt.[76] Es ist zuerst das speziellere Delikt zu prüfen.

### b) Versuchte schwere Erpressung gem §§ 15, 144 Abs 1 und 145 Abs 1 Z 1 StGB

Durch die Rückzahlung würde Günther sein Vermögen schädigen, da ein Vermögensabfluss iHv € 55.000 entstehen würde. Daher könnte zumindest der objektive Tatbestand der Erpressung gem § 144 StGB erfüllt sein. Peter ist allerdings der Überzeugung, die von ihm bereits bezahlten € 55.000 vollständig wiedererlangen zu dürfen. Er geht daher davon aus, einen rechtlichen Anspruch auf diesen Vermögenswert zu haben. Es mangelt Peter daher offensichtlich am erweiterten Vorsatz auf unrechtmäßige Bereicherung, weshalb die (schwere) Erpressung zu verneinen ist. Da das spezielle Delikt (Erpressung) offensichtlich nicht erfüllt ist, kann in einem solchen Fall gleich das allgemeine Delikt (Nötigung) geprüft werden.

---

[74] *Kienapfel/Höpfel/Kert*, AT[16] Rz 21.11 f mwN.

[75] OGH 12. 1. 1984, 13 Os 210/83.

[76] *Kienapfel/Höpfel/Kert*, AT[16] Rz 38.22.

### c) Versuchte schwere Nötigung gem §§ 15, 105 Abs 1 und 106 Abs 1 Z 1 StGB

#### aa) Tatbestand

(1) Nichterfüllung des objektiven Tatbestands

Der objektive Tatbestand der Nötigung verlangt den Einsatz der Tatmittel der Gewalt oder der gefährlichen Drohung, um den Genötigten zu einer Handlung, Duldung oder Unterlassung zu bewegen.

Die Ankündigung, Günthers Tochter zu entführen, könnte eine gefährliche Drohung iSd § 74 Abs 1 Z 5 StGB sein.

Eine Drohung kann ausdrücklich oder konkludent erfolgen und umfasst die Androhung eines Übels, die Vorgabe, auf die Zufügung des Übels Einfluss nehmen zu können und eine Ausführungsankündigung.

Indem Peter die Ankündigung der Entführung ausspricht, liegt eine ausdrückliche Drohung vor. Eine Entführung würde das Rechtsgut der Freiheit der Tochter negativ beeinträchtigen und ist somit ein Übel. Dieses angedrohte Übel muss sich nicht zwingend gegen die Rechtsgüter des Genötigten, sondern kann sich auch gegen sog Sympathiepersonen richten. Da Peter mit der Entführung der Tochter von Günther droht, zielt die Drohung auf seine Tochter, die als sein Kind eine Angehörige iSd § 72 Abs 1 StGB ist. Das Übel richtet sich daher gegen eine Sympathieperson.

Es ist ausreichend, dass der Eindruck entsteht, der Täter könne auf das Übel Einfluss nehmen.[77] Peter gibt durch seine Äußerung vor, dass es von ihm abhängt, ob die Tochter auch tatsächlich entführt wird. Seine Ankündigung scheint daher ernst gemeint. Das angedrohte Übel muss in der Zukunft liegen, wobei eine sofortige Ausführung des Übels nicht erforderlich ist. Durch die Aussage, dass er sie entführen werde, liegt die Ausführungsankündigung vor. Da alle Voraussetzungen der Drohung gegeben sind, handelt es sich bei der Aussage von Peter um eine **Drohung.**

Weiters ist zu prüfen, ob die Drohung gefährlich iSd § 74 Abs 1 Z 5 StGB ist. Das Gesetz hält eine Drohung für gefährlich, wenn mit einer Verletzung an Körper, Freiheit, Ehre, Vermögen oder des höchstpersönlichen Lebensbereiches durch Zugänglichmachen, Bekanntgeben oder Veröffentlichen von Tatsachen oder Bildaufnahmen gedroht wird und die Drohung geeignet ist, dem Bedrohten mit Rücksicht auf die Verhältnisse und seine persönliche Beschaffenheit oder die Wichtigkeit des angedrohten Übels begründete Besorgnis einzuflößen.

Durch die Ankündigung der Entführung droht Peter, die Freiheit der Tochter zu verletzen, wodurch ein in § 74 Abs 1 Z 5 StGB aufgezähltes Rechtsgut berührt ist.

Die Drohung muss weiters geeignet sein, dem Bedrohten begründete Besorgnis einzuflößen, wobei auch auf dessen individuelle Umstände Rücksicht zu nehmen ist. Dabei ergibt sich, dass in dem vorherrschenden Milieu, in dem Peter und Günther verkehren, die Drohung mit der Entführung nicht sozial üblich ist. Da die Androhung der Entführung der Tochter einen schwerwiegenden Eingriff darstellt, konkret angekündigt wird und nach objektiver Betrachtung anzunehmen ist, Peter sei in der Lage und willens, die Entführung durchzuführen, ist die Drohung zur Auslösung begründeter Besorgnis geeignet. Sie ist somit **gefährlich.**

---

[77] *Schwaighofer* in WK² § 105 Rz 46.

Peter möchte durch seine Aussage Günther zu einer Handlung nötigen, nämlich zur Rücküberweisung von € 55.000. Die Nötigung ist erst vollendet, wenn der Genötigte das vom Täter verlangte Verhalten setzt. Da Günther die Polizei ruft, anstatt das Geld zu überweisen, ist das Tatbild der Nötigung mangels eingetretenen Erfolgs jedenfalls **nicht erfüllt.**

### (2) Voller Tatentschluss

Peter muss zum Zeitpunkt der Tathandlung zumindest Eventualvorsatz hinsichtlich des objektiven Tatbestands haben. Er muss es also zumindest ernstlich für möglich halten und sich damit abfinden, dass er eine gefährliche Drohung ausspricht, die zu einer Handlung des Opfers führen soll.

Peter hält es zumindest laienhaft für gewiss, dass er mit seiner Aussage die Ausübung eines zukünftigen Übels ankündigt, das eine Günther sehr nahestehende Person betrifft, die Ankündigung ernst zu nehmend wirkt, er die Ausführung ankündigt und insgesamt dazu dient, Günthers Willensfreiheit einzuschränken. Damit umfasst sein Vorsatz alle Merkmale, die eine gefährliche Drohung iSd § 74 Abs 1 Z 5 StGB ausmachen. Es kommt Peter auch darauf an, Günther durch die Aussage zur Rücküberweisung des Geldes und somit zu einem bestimmten Verhalten zu bewegen. Der **volle Tatentschluss** ist gegeben.

### (3) Betätigung des Tatentschlusses

Für einen strafbaren Versuch muss eine Ausführungshandlung oder zumindest eine ausführungsnahe Handlung vorliegen (§ 15 Abs 2 StGB). Peter setzt durch die Aussprache der gefährlichen Drohung eine der in § 105 StGB genannten Tathandlungen und damit eine **Ausführungshandlung.**

### (4) Qualifikation

Peter droht mit einer Entführung und erfüllt dadurch objektiv die Qualifikation des § 106 Abs 1 Z 1 StGB. Da es sich um eine Deliktsqualifikation handelt, muss es Peter zumindest ernstlich für möglich halten und sich damit abfinden, dass er die Nötigung durch die Drohung mit der Entführung begeht. Es kommt Peter sogar darauf an, durch die Drohung mit der Entführung von Günthers Tochter dessen Willensfreiheit stärker einzuschränken. Peter erfüllt somit die **Deliktsqualifikation** des § 106 Abs 1 Z 1 StGB.

### (5) Tauglichkeitsproblematik

Die Untauglichkeit eines Versuches kann aus der Untauglichkeit des Tatsubjekts, der Tathandlung oder des Tatobjekts herrühren. Hingegen ist ein Versuch dann tauglich, wenn er nur aus zufälligen Gründen scheitert. Der Versuch scheitert nicht aufgrund der Untauglichkeit der Drohung, sondern wegen der Weigerung des Opfers, den Wünschen des Täters zu entsprechen, und somit zufällig. Es handelt sich daher um einen strafbaren **tauglichen Versuch.**

### bb) Rechtswidrigkeit

Die Rechtswidrigkeit der Tat wird durch die Tatbestandsmäßigkeit indiziert. Es erfolgt eine Negativprüfung. Nur bei Vorliegen von Rechtfertigungsgründen ist ein tatbestandsmäßiges Verhalten nicht rechtswidrig. Für die Nötigung gibt es in **§ 105 Abs 2 StGB** einen eigenen Rechtfertigungsgrund, der subsidiär zu anderen Rechtfertigungsgründen anzuwenden ist. Da offensichtlich keine anderen Rechtfertigungsgründe einschlägig sind, wäre die Nötigung gem § 105 Abs 2 StGB gerechtfertigt, sofern die Anwendung der Gewalt oder Drohung als Mittel zu dem angestrebten Zweck nicht den guten Sitten widerstreitet. Es ist daher der Zweck, das Mittel und gegebenenfalls die Mittel-Zweck-Kombination zu prüfen.

Der von Peter erhoffte **Zweck der Nötigung** ist die Rückzahlung einer tatsächlich bestehenden Forderung, da Günther vertragswidrig nicht an Peter leistet. Es handelt sich dabei um einen von der Rechtsordnung anerkannten und mit den guten Sitten zu vereinbarenden Zweck.

Bei der Überprüfung des eingesetzten Mittels führen der Einsatz von Gewalt und die Drohung mit schweren Übeln an Körper, Freiheit und Vermögen idR dazu, dass das **eingesetzte Mittel als sittenwidrig** gewertet wird.[78] Die Drohung mit der Entführung eines Kindes ist sozial unverträglich, widerspricht deshalb den guten Sitten und führt folglich zum Ausschluss des Rechtfertigungsgrunds nach § 105 Abs 2 StGB, weshalb auch die Mittel-Zweck-Kombination nicht mehr geprüft werden muss. Peter hat somit rechtswidrig gehandelt.

### cc) Schuld

Auf Ebene der Schuld ist zu prüfen, ob Peter sein rechtswidriges Verhalten strafrechtlich vorgeworfen werden kann. Dem Täter kann sein Verhalten nur vorgeworfen werden, wenn er das Unrecht seiner Tat einsehen und nach dieser Einsicht handeln konnte (Schuldfähigkeit). Mangels Angaben im Sachverhalt kann seine Schuldfähigkeit zum Tatzeitpunkt angenommen werden. Weiters muss er im Bewusstsein handeln, gegen die Rechtsordnung zu verstoßen (Unrechtsbewusstsein). Peter macht bei der Einvernahme durch die Polizei geltend, dass er davon ausgegangen sei, eine solche heftige Drohung sei zur Durchsetzung seiner Ansprüche in Ordnung, wenn es um derart hohe Vermögensansprüche gehe. Er hat dadurch eine falsche Vorstellung von der Reichweite des Rechtfertigungsgrunds des § 105 Abs 2 StGB, da Peter davon ausgeht, die Androhung der Entführung sei auch in solchen Fällen gerechtfertigt. Seine Vorstellung steht jedoch im Widerspruch zum genannten Rechtfertigungsgrund: Das Mittel darf nicht den guten Sitten widersprechen, wobei die Drohung mit einer Entführung jedenfalls sittenwidrig ist. Peter irrt dadurch über die Rechtslage zum Zeitpunkt seiner Handlung. Es liegt ein **indirekter Verbotsirrtum** (Rechtsirrtum) vor, da Peter über die rechtlichen Grenzen des Rechtfertigungsgrunds irrt (§ 9 StGB), nicht hingegen über das Vorliegen einer Rechtfertigungssituation. Ein Verbotsirrtum entschuldigt den Täter dann, wenn ihm der Irrtum nicht vorzuwerfen ist (§ 9 Abs 2 StGB). In der Praxis wird der Verbotsirrtum sehr restriktiv gehandhabt. Es wird angenommen, dass der durchschnittliche erwachsene Österreicher erkennt, etwas Verbotenes zu tun, wenn er gegen ein Delikt im Kernbereich des Strafrechts verstößt.[79] Es ist für Peter wie für jedermann leicht erkennbar, dass eine gefährliche Drohung mit der Entführung der Tochter nicht durch die Rechtsordnung gedeckt sein kann. Somit ist der indirekte Verbots-

---

[78] *Schwaighofer* in WK² § 105 Rz 77 f.
[79] *Kienapfel/Höpfel/Kert*, AT¹⁶ Rz 19.7 f und 19.12 ff.

irrtum vorwerfbar. Da er auch vorsätzlich gehandelt hat, ist gem § 9 Abs 3 StGB die für die vorsätzliche Tat vorgesehene Strafdrohung anzuwenden.

Schließlich liegen keine Hinweise auf Entschuldigungsgründe vor. Peter hat schuldhaft gehandelt und ihm kann sein rechtswidriges Verhalten vorgeworfen werden.

### dd) Rücktritt

Für Peter kommt ein Rücktritt gem § 16 StGB nicht in Betracht. Er hat die Ausführung nicht aufgegeben, sondern ist gescheitert. Ein Rücktritt vom Versuch ist nicht möglich. *Fehlgeschlagen*

### ee) Sonstiges

Im Sachverhalt finden sich keine Anhaltspunkte, dass sonstige Strafbarkeitsvoraussetzungen fehlen.

### d) Ergebnis

Peter hat eine versuchte schwere Nötigung gem §§ 15, 105 Abs 1 und 106 Abs 1 Z 1 StGB begangen und wird nach § 106 Abs 1 Z 1 StGB mit Freiheitsstrafe von sechs Monaten bis zu fünf Jahren zu bestrafen sein.

## 3. Günther: Begleichen von Severins Forderung trotz Zahlungsunfähigkeit

### a) Vorüberlegungen

Zu prüfen ist, ob Günther durch das Begleichen der offenen Forderung eine betrügerische Krida gem § 156 StGB begangen hat. Wird § 156 StGB verneint, könnte eine Begünstigung eines Gläubigers gem § 158 Abs 1 StGB einschlägig sein, da er nach Eintritt der Zahlungsunfähigkeit eine offene Forderung des Severin zur Gänze beglichen hat.

### b) Betrügerische Krida gem § 156 Abs 1 StGB

Geprüft werden muss, ob Günther durch das Überweisen der € 10.000 an Severin eine betrügerische Krida nach § 156 Abs 1 StGB begeht. Da Günther eine tatsächlich bestehende Forderung begleicht, kommt es zu keiner Verringerung des Vermögens der Schnell-Bau-Günther GmbH, da die Aktiva und Passiva um den gleichen Betrag vermindert werden. Günther macht sich daher nicht wegen betrügerischer Krida strafbar.

### c) Begünstigung eines Gläubigers gem § 158 Abs 1 StGB

### aa) Tatbestand

#### (1) Objektiver Tatbestand

Das Delikt der Begünstigung eines Gläubigers begeht, wer als Schuldner mindestens dreier Gläubiger nach Eintritt seiner Zahlungsunfähigkeit einen Gläubiger bevorzugt befriedigt und dadurch die Befriedigung seiner anderen Gläubiger oder zumindest eines seiner anderen Gläubiger schmälert.

Unmittelbarer Täter des § 158 StGB kann nur sein, wer Schuldner zumindest dreier Gläubiger ist (Sonderdelikt). Dies ergibt sich aus dem Wortlaut des § 158 Abs 1 StGB, wonach der Täter einen Gläubiger begünstigt und dadurch die anderen Gläubiger oder wenigstens einen von ihnen (also von zumindest zwei) schädigt.[80] Schuldner ist im vorliegenden Fall eine juristische Person, nämlich die Schnell-Bau-Günther GmbH. § 161 Abs 1 StGB normiert für solche Fälle, dass sich auch leitende Angestellte (§ 74 Abs 3 StGB) einer juristischen Person nach § 158 StGB als unmittelbare Täter strafbar machen können. Beim Geschäftsführer einer GmbH handelt es sich gem § 74 Abs 3 Satz 2 StGB um einen leitenden Angestellten. Günther ist somit leitender Angestellter der juristischen Person Schnell-Bau-Günther GmbH und kommt als unmittelbarer Täter des § 158 Abs 1 StGB in Betracht. Die GmbH hat zweifellos **zumindest drei Gläubiger,** da neben Peter und Severin offensichtlich auch viele andere Gläubiger existieren (sonst müsste sich Severin keine Sorgen um eine bloß quotenmäßige Befriedigung seiner Forderung machen).

Das Delikt der Begünstigung eines Gläubigers kann erst nach Eintritt der Zahlungsunfähigkeit begangen werden. Zahlungsunfähigkeit liegt dann vor, wenn der Schuldner nicht mehr in der Lage ist, alle Forderungen nach Fälligkeit binnen angemessener Frist bei redlicher wirtschaftlicher Gebarung zu begleichen.[81] Lt Sachverhalt steht die **Zahlungsunfähigkeit** zum Zeitpunkt der Zahlung an Severin bereits fest.

Tathandlung des § 158 Abs 1 StGB ist die Begünstigung eines Gläubigers. Im Fall der Zahlungsunfähigkeit eines Unternehmens sind grds alle Gläubiger gleich zu behandeln, dh alle Gläubiger erhalten nur einen Anteil ihrer Forderung, der sich aus dem verbliebenen Vermögen berechnet. Günther begleicht eine tatsächlich bestehende Forderung des Severin iHv € 10.000. Da Severin einen Betrag erhält, der deutlich höher ist, als jener Anteil, der ihm aus dem Befriedigungsfonds zustehen würde, wird Severin gegenüber den anderen Gläubigern, die nur einen Anteil ihrer Forderungen erhalten, **begünstigt.**

§ 158 StGB ist vollendet, wenn außer Zweifel steht, dass es durch die Begünstigung eines Gläubigers zu einer Benachteiligung der anderen Gläubiger oder zumindest eines von ihnen gekommen ist. Dabei ist bereits ein tw Befriedigungsausfall tatbestandsmäßig.[82] Günther bezahlt die offene Forderung iHv € 10.000 an Severin und schmälert dadurch den Befriedigungsfonds um diesen Betrag. Dadurch erhalten die anderen Gläubiger aus dem geschmälerten Befriedigungsfonds nur einen geringeren Anteil. Bereits mit der Zahlung der € 10.000 an Severin **benachteiligt** Günther die anderen Gläubiger, wodurch der Erfolg eintritt.

Der Erfolg muss der Tathandlung objektiv zugerechnet werden. Die Kausalität wird mit Hilfe der csqn-Formel geprüft. Hätte Günther nicht die gesamte Forderung an Severin bezahlt und ihn dadurch begünstigt, wäre der Befriedigungsfonds nicht geschmälert und die anderen Gläubiger nicht benachteiligt worden. Günthers Verhalten war kausal für den Erfolg. Die normative Zurechnung bereitet keine Probleme. Der Erfolg ist der Tathandlung **objektiv zurechenbar.** Der objektive Tatbestand ist erfüllt.

---

[80]) Die hM lässt jedoch zwei Gläubiger genügen: *Birklbauer/Lehmkuhl/Tipold*, BT I[5] § 158 Rz 6 mwN.

[81]) OGH 27. 1. 2004, 14 Os 160/03; Leukauf/Steininger/*Flora*, StGB[4] § 159 Rz 5 f.

[82]) *Birklbauer/Lehmkuhl/Tipold*, BT I[5] § 158 Rz 11.

### (2) Subjektiver Tatbestand

Auf subjektiver Tatseite verlangt § 158 Abs 1 StGB Eventualvorsatz auf alle objektiven Tatbestandselemente. Günther muss es ernstlich für möglich halten und sich damit abfinden, dass die Schnell-Bau-Günther GmbH Schuldner mindestens dreier Gläubiger ist, die Zahlungsfähigkeit bereits eingetreten ist, er einen Gläubiger begünstigt und dadurch die anderen Gläubiger der GmbH oder zumindest einen von ihnen benachteiligt. Günther ist sich als Geschäftsführer gewiss, dass die GmbH mindestens drei Gläubiger hat. Er erzählt Severin von der bereits eingetretenen Zahlungsunfähigkeit und ist sich daher sicher, dass die GmbH zahlungsunfähig ist. Severin bittet Günther um Bezahlung der gesamten Forderung, um so der niedrigeren Verteilungsquote zu entgehen. Günther weiß somit, dass er Severin bevorzugt behandelt und ihm mehr bezahlt, als ihm aus dem Befriedigungsfonds zustehen würde. Günther ist sich auch gewiss, dass er durch die Zahlung den Befriedigungsfonds schmälert und die anderen Gläubiger der GmbH einen geringeren Anteil erhalten. Der subjektive Tatbestand ist erfüllt.

### bb) Rechtswidrigkeit

Die Rechtswidrigkeit der Tat wird durch die Tatbestandsmäßigkeit indiziert. Es erfolgt eine Negativprüfung. Nur bei Vorliegen von Rechtfertigungsgründen ist ein tatbestandsmäßiges Verhalten nicht rechtswidrig. Im Sachverhalt finden sich keine Anhaltspunkte für das Vorliegen von Rechtfertigungsgründen. Günther hat rechtswidrig gehandelt.

### cc) Schuld

Auf Ebene der Schuld ist zu prüfen, ob Günther sein rechtswidriges Verhalten strafrechtlich vorgeworfen werden kann. Da keine Indizien dagegensprechen, hat Günther schuldhaft gehandelt.[83]

### dd) Sonstiges

Im Sachverhalt finden sich keine Anhaltspunkte, dass sonstige Strafbarkeitsvoraussetzungen fehlen.

### d) Ergebnis

Günther hat eine Begünstigung eines Gläubigers gem § 158 Abs 1 StGB begangen und wird nach dieser Bestimmung mit Freiheitsstrafe bis zu zwei Jahren zu bestrafen sein.

## 4. Gesamtergebnis

### a) Gesamtergebnis Günther

Da Günther sowohl einen schweren Betrug gem §§ 146 und 147 Abs 2 StGB als auch eine Begünstigung eines Gläubigers gem § 158 Abs 1 StGB begangen hat, stellt sich die Frage nach dem Konkurrenzverhältnis der beiden Delikte. Günther hat zuerst einen Betrug an Peter und anschließend die Begünstigung eines Gläubigers

---

[83] Für Erläuterungen zur Bedeutung der Begriffe Schuldfähigkeit und Unrechtsbewusstsein s Punkt B.1.d.

begangen. Somit wurden die Delikte durch unterschiedliche Tathandlungen des Günther verwirklicht, für die jeweils ein separater Vorsatz gefasst wurde. Die Delikte stehen in echter Realkonkurrenz. Es ist daher ein gemeinsamer Strafrahmen zu bilden. Da die Delikte jeweils nur Freiheitsstrafen vorsehen, wird der gemeinsame Strafrahmen aus der höchsten Höchst- und der höchsten Mindeststrafdrohung gebildet. Günther wird unter Anwendung des § 28 Abs 1 StGB nach § 147 Abs 2 StGB mit Freiheitsstrafe bis zu drei Jahren zu bestrafen sein.

### b) Gesamtergebnis Peter

Peter hat eine versuchte schwere Nötigung gem §§ 15, 105 Abs 1 und 106 Abs 1 Z 1 StGB begangen und wird nach § 106 Abs 1 Z 1 StGB mit Freiheitsstrafe von sechs Monaten bis zu fünf Jahren zu bestrafen sein.

---

### Prozessuales

Das Ermittlungsverfahren gegen Günther wird gem § 26 Abs 1 StPO von einer Staatsanwaltschaft gemeinsam geführt, da Günther mehrerer strafbarer Handlungen verdächtig ist. Das Ermittlungsverfahren gegen Günther und jenes gegen Peter werden nicht gemeinsam geführt, weil die strafbaren Handlungen in keinem engen sachlichen Zusammenhang stehen (§ 26 StPO).

Für die Hauptverhandlung bei Günther ist aufgrund des Schadens iHv mehr als € 50.000 nach den Sonderzuständigkeitsregeln das Landesgericht als Schöffengericht sachlich zuständig (§ 31 Abs 3 Z 6a StPO). Aufgrund der Strafdrohung ist für die Hauptverhandlung bei Peter nach den allgemeinen Zuständigkeitsregeln der Einzelrichter des Landesgerichts sachlich zuständig (§ 31 Abs 4 Z 1 StPO).

Ein diversionelles Vorgehen ist bei Günther aufgrund der Höchststrafdrohung von bis zu drei Jahren Freiheitsstrafe zulässig. Auch bei Peter ist ein diversionelles Vorgehen aufgrund der Höchststrafdrohung von bis zu fünf Jahren zulässig.

---

## C. Lösungsvorschlag

### 1. Günther: Vertragsabschluss und Annahme der Anzahlung für den Hausbau

#### a) Vorüberlegungen

Zu prüfen ist, ob Günther einen Betrug begangen hat, indem er mit Peter einen Vertrag über den Bau eines Hauses abgeschlossen und eine Anzahlung erhalten hat, obwohl er von der bevorstehenden Zahlungsunfähigkeit der Schnell-Bau-Günther GmbH wusste. Da eine Anzahlung iHv € 55.000 geleistet wurde, sind die **§§ 146 und 147 Abs 2 StGB** zu prüfen.

#### b) Tatbestand

##### aa) Objektiver Tatbestand

Günther **täuscht Peter über Tatsachen,** indem er ihm zusichert, mit dem Bau nächste Woche anzufangen und das Haus bis Jahresende fertigzustellen, obwohl er weiß, dass das Unternehmen keine Leistung erbringen wird.

Peter unterliegt einer Fehlvorstellung von der Wirklichkeit, da er glaubt, dass sein Haus von der Schnell-Bau-Günther GmbH bis Jahresende gebaut wird. Es liegt somit bei Peter ein **Irrtum** vor.

Durch die Überweisung der € 55.000 wirkt Peter durch eine Handlung auf sein eigenes Vermögen ein und nimmt eine **Vermögensverfügung** vor.

Peter hat der GmbH € 55.000 überwiesen und dafür keine Gegenleistung erhalten, wodurch sich sein Vermögen um diesen Betrag verringert hat. Dadurch tritt ein **Vermögensschaden** iHv € 55.000 ein und der Betrug ist vollendet.

Hätte Günther nicht vorgegeben, dass die GmbH das Haus von Peter bauen wird, so würde auch der Vermögensschaden bei Peter entfallen, da es zu keinem Vertragsabschluss und auch zu keiner Überweisung gekommen wäre. Günthers Verhalten ist für den Erfolgseintritt kausal. Zwischen den vier objektiven Tatbestandsmerkmalen muss eine Kausalkette bestehen. Die Täuschung des Günther über Tatsachen hat den Irrtum Peters bedingt. Dieser Irrtum war wiederum kausal für dessen Vermögensverfügung, die in weiterer Folge zu einem Vermögensschaden geführt hat. Der objektive Tatbestand ist erfüllt.

### bb) Subjektiver Tatbestand

Günther kommt es gerade darauf an, dass er Peter über den Zustand und die Möglichkeit der Schnell-Bau-Günther GmbH, das Haus zu bauen, täuscht und Peter auch tatsächlich glaubt, dass sein Haus bis Jahresende von Günthers Unternehmen gebaut wird. Weiters will er, dass Peter eine Überweisung tätigt, damit die wirtschaftliche Lage des Unternehmens verbessert wird. Er ist sich sicher, Peter dadurch einen Vermögensschaden zuzufügen, weil er um die bevorstehende Zahlungsunfähigkeit der Schnell-Bau-Günther GmbH weiß und die GmbH nicht in der Lage sein wird, das Haus zu bauen.

Zusätzlich benötigt Günther auch den erweiterten Vorsatz: Günther kommt es gerade darauf an, die GmbH zu bereichern, da er die günstige Gelegenheit ergreifen und der GmbH durch die Tat einen Vermögenszuwachs sichern will. Er ist sich zum Zeitpunkt des Vertragsabschlusses mit Peter auch gewiss, dass die Bereicherung unrechtmäßig ist, da das Unternehmen keine Gegenleistung für die von Peter getätigte Anzahlung leisten wird und somit auch kein Anspruch auf die Anzahlung iHv € 55.000 besteht. Die Stoffgleichheit kann problemlos bejaht werden, da Günthers Bereicherung genau dem Vermögensschaden entspricht, der bei Peter eingetreten ist. Der subjektive Tatbestand ist damit erfüllt.

### cc) Qualifikation

Die Wertqualifikation des § 147 Abs 2 StGB ist erfüllt, da der eingetretene Vermögensschaden € 5.000, aber nicht € 300.000 übersteigt. Da Günther € 55.000 als Anzahlung verlangt, weiß er genau, dass der Schaden mehr als € 5.000 beträgt. Die **Qualifikation** des § 147 Abs 2 StGB ist erfüllt.

### c) Rechtswidrigkeit

Günthers Verhalten könnte durch einen rechtfertigenden wirtschaftlichen Notstand gerechtfertigt sein. Ein solcher wird jedoch aus prinzipiellen Gründen abgelehnt. Mangels Vorliegen von Rechtfertigungsgründen hat Günther rechtswidrig gehandelt.

### d) Schuld

Im Sachverhalt finden sich keine Anhaltspunkte dafür, dass die Schuldfähigkeit oder das Unrechtsbewusstsein auszuschließen sind. Als Entschuldigungsgrund käme ein entschuldigender wirtschaftlicher Notstand in Frage. Im vorliegenden Fall ist davon auszugehen, dass Schuldnern durch gesetzliche Regelungen keine gänzliche Vernichtung ihrer Existenz droht und somit keine Notstandssituation vorliegt. Günther hat schuldhaft gehandelt und ihm kann sein rechtswidriges Verhalten vorgeworfen werden.

### e) Sonstiges

Es gibt keine Anhaltspunkte, dass sonstige Strafbarkeitsvoraussetzungen fehlen.

### f) Ergebnis

Günther hat einen schweren Betrug gem §§ 146 und 147 Abs 2 StGB begangen und wird nach § 147 Abs 2 StGB mit Freiheitsstrafe von bis zu drei Jahren zu bestrafen sein.

## 2. Peter: Androhen der Entführung der Tochter, um € 55.000 überwiesen zu bekommen

### a) Vorüberlegungen

Peters Ankündigung könnte eine gefährliche Drohung sein, die er einsetzt, um Günther zur Überweisung von € 55.000 zu bringen. Da Günther das Geld nicht überweist, ist ein Versuch zu prüfen. Weiters muss die Aussage bei der Polizei beachtet werden, Peter habe angenommen, sein Verhalten sei in Ordnung. Die Erpressung ist im Verhältnis zur Nötigung das speziellere Delikt und daher zuerst zu prüfen.

### b) Versuchte schwere Erpressung gem §§ 15, 144 Abs 1 und 145 Abs 1 Z 1 StGB

Durch die Rückzahlung würde Günther durch einen Vermögensabfluss von € 55.000 an seinem Vermögen geschädigt, wodurch der objektive Tatbestand der Erpressung gem § 144 StGB erfüllt sein könnte. Peter ist aber der Überzeugung, einen rechtlichen Anspruch auf die € 55.000 zu haben. Es mangelt Peter daher offensichtlich am erweiterten Vorsatz auf unrechtmäßige Bereicherung. Da das spezielle Delikt (Erpressung) mangels Vorsatz nicht erfüllt ist, kann gleich das allgemeine Delikt (Nötigung) geprüft werden.

### c) Versuchte schwere Nötigung gem §§ 15, 105 Abs 1 und 106 Abs 1 Z 1 StGB

#### aa) Tatbestand

##### (1) Nichterfüllung des objektiven Tatbestands

Peter muss eine gefährliche Drohung gem § 74 Abs 1 Z 5 StGB aussprechen. Die Ankündigung einer Entführung stellt ein Übel dar, weil eine Entführung das Rechtsgut der Freiheit der Tochter negativ beeinträchtigen würde. Da Peter mit der Entführung der Tochter von Günther droht, richtet sich die Drohung gegen eine Angehörige iSd § 72 Abs 1 StGB und somit gegen eine Sympathieperson.

Peter gibt durch seine Äußerung ausdrücklich vor, dass es von ihm abhängt, ob die Tochter auch tatsächlich entführt wird, weshalb die Äußerung auch ernst gemeint scheint. Durch die Aussage, dass er die Tochter entführen werde, liegt eine Ausführungsankündigung vor.

Durch Ankündigung der Entführung droht er die Freiheit der Tochter zu verletzen. Somit ist ein in § 74 Abs 1 Z 5 StGB aufgezähltes Rechtsgut berührt. Die Drohung ist auch geeignet, Günther begründete Besorgnis einzuflößen, da die Entführung der Tochter ein schwerwiegendes Übel darstellen würde, konkret angekündigt wird und nach objektiver Betrachtung anzunehmen ist, dass Peter in der Lage und willens ist, die Entführung durchzusetzen. Die Aussage von Günther ist eine **gefährliche Drohung.**

Peter möchte durch seine Aussage Günther zu einer Handlung bewegen, nämlich zur Rücküberweisung von € 55.000. Da Günther die Polizei ruft, anstatt das Geld zu überweisen, ist das Tatbild der Nötigung mangels eingetretenen Erfolgs **nicht erfüllt.**

### (2) Voller Tatentschluss

Peter hält es für gewiss, dass er mit seiner Aussage ein zukünftiges Übel für eine Günther nahestehende Person ankündigt, die Ankündigung ernstzunehmend wirkt und insgesamt dazu dient, Günthers Willensfreiheit einzuschränken. Damit ist er sich zumindest in laienhafter Weise aller Merkmale einer gefährlichen Drohung gewiss. Es kommt Peter auch darauf an, Günther durch die Aussage zur Rücküberweisung des Geldes und somit zu einem bestimmten Verhalten zu bewegen. Der **volle Tatentschluss** ist somit gegeben.

### (3) Betätigung des Tatentschlusses

Die gefährliche Drohung ist eine der in § 105 Abs 1 StGB genannten Tathandlungen. Peter setzt somit eine **Ausführungshandlung.**

### (4) Qualifikation

Peter droht mit einer Entführung. Er erfüllt objektiv die Qualifikation des § 106 Abs 1 Z 1 StGB. Es kommt ihm auch darauf an, Günthers Willensfreiheit durch die Drohung mit der Entführung seiner Tochter einzuschränken. Somit ist die **Deliktsqualifikation** des § 106 Abs 1 Z 1 StGB erfüllt.

### (5) Tauglichkeitsproblematik

Dass der Erfolg nicht eintritt, liegt nicht an der Untauglichkeit der Tathandlung. Vielmehr scheitert der Versuch zufällig, weil das Opfer die beabsichtigte Handlung nicht vornimmt. Daher handelt es sich um einen **tauglichen Versuch.**

### bb) Rechtswidrigkeit

Da offensichtlich keine anderen Rechtfertigungsgründe einschlägig sind, könnte die Nötigung gem **§ 105 Abs 2 StGB** gerechtfertigt sein.

Peter bezweckt die Rückzahlung einer ihm tatsächlich zustehenden Forderung. Somit handelt es sich um einen von der Rechtsordnung anerkannten Zweck.

Das eingesetzte Mittel, nämlich die Drohung mit der Entführung eines Kindes, ist aber sozial unverträglich, widerspricht deshalb den guten Sitten und führt zum Ausschluss des Rechtfertigungsgrunds nach § 105 Abs 2 StGB. Peter hat somit rechtswidrig gehandelt.

### cc) Schuld

Peter macht bei der Einvernahme durch die Polizei geltend, dass er angenommen habe, eine solche Drohung sei in Ordnung, wenn es um die Durchsetzung derart hoher Vermögensansprüche gehe. Es liegt ein **indirekter Verbotsirrtum** (§ 9 StGB) vor, da Peter über die rechtlichen Grenzen des Rechtfertigungsgrunds nach § 105 Abs 2 StGB irrt. Für Peter ist aber wie für jedermann leicht erkennbar, dass die gefährliche Drohung mit einer Entführung in grobem Widerspruch zur Rechtsordnung steht und eindeutig den guten Sitten widerspricht. Somit ist der indirekte Verbotsirrtum nach § 9 Abs 2 StGB vorwerfbar. Da er auch vorsätzlich gehandelt hat, ist gem § 9 Abs 3 StGB die für die vorsätzliche Tat vorgesehene Strafdrohung anzuwenden. Peter hat schuldhaft gehandelt.

### dd) Rücktritt

Für Peter kommt **kein Rücktritt** in Betracht. Er hat die Ausführung nicht aufgegeben, sondern ist gescheitert. Ein Rücktritt vom Versuch ist nicht möglich.

### ee) Sonstiges

Es gibt keine Anhaltspunkte, dass sonstige Strafbarkeitsvoraussetzungen fehlen.

### d) Ergebnis

Peter hat eine versuchte schwere Nötigung gem §§ 15, 105 Abs 1 und 106 Abs 1 Z 1 StGB begangen und wird nach § 106 Abs 1 Z 1 StGB mit Freiheitsstrafe von sechs Monaten bis zu fünf Jahren zu bestrafen sein.

## 3. Günther: Begleichen von Severins Forderung trotz Zahlungsunfähigkeit

### a) Vorüberlegungen

Zu prüfen ist, ob Günther durch das Begleichen der offenen Forderung Severins eine betrügerische Krida gem § 156 Abs 1 StGB begangen hat. Ist die betrügerische Krida nicht einschlägig, könnte er eine Begünstigung eines Gläubigers gem § 158 Abs 1 StGB verwirklicht haben, da er nach Eintritt der Zahlungsunfähigkeit eine offene Forderung des Severin zur Gänze beglichen hat.

### b) Betrügerische Krida gem § 156 Abs 1 StGB

Geprüft werden muss, ob Günther durch das Überweisen der € 10.000 an Severin eine betrügerische Krida nach § 156 Abs 1 StGB begeht. Da Günther eine tatsächlich bestehende Forderung begleicht, kommt es zu keiner Verringerung des Vermögens der Schnell-Bau-Günther GmbH. Günther macht sich nicht wegen betrügerischer Krida strafbar.

### c) Begünstigung eines Gläubigers gem § 158 Abs 1 StGB

#### aa) Tatbestand

(1) Objektiver Tatbestand

Schuldner ist die GmbH als juristische Person. § 161 Abs 1 StGB normiert in solchen Fällen, dass auch leitende Angestellte einer juristischen Person als unmittelbare Täter des § 158 Abs 1 StGB in Betracht kommen. Als Geschäftsführer ist Günther gem § 74 Abs 3 Satz 2 StGB leitender Angestellter der GmbH und kann folglich unmittelbarer Täter sein. Die GmbH hat auch zweifellos **zumindest drei Gläubiger,** da neben Severin auch viele andere Gläubiger existieren.

Die **Zahlungsunfähigkeit** steht lt Sachverhalt bereits fest.

Günther begleicht eine tatsächlich bestehende Forderung des Severin iHv € 10.000. Severin erhält dadurch einen höheren Anteil, als ihm aus dem Befriedigungsfonds zustehen würde und wird somit **begünstigt.**

Durch die Bezahlung der € 10.000 an Severin wird der Befriedigungsfonds um diesen Betrag geschmälert, wodurch die anderen Gläubiger nur einen geringeren Anteil erhalten und **benachteiligt** werden. Mit der Benachteiligung der anderen Gläubiger ist der Deliktserfolg eingetreten.

Denkt man sich die Begünstigung von Severin weg, wäre es zu keiner Benachteiligung der anderen Gläubiger gekommen. Die Tathandlung war somit kausal für den Erfolg. Der objektive Tatbestand ist erfüllt.

(2) Subjektiver Tatbestand

Günther ist sich als Geschäftsführer gewiss, dass die GmbH mindestens drei Gläubiger hat. Er erzählt Severin von der bereits eingetretenen Zahlungsunfähigkeit und ist sich somit zu diesem Zeitpunkt sicher, dass die GmbH zahlungsunfähig ist. Severin bittet Günther um Bezahlung der gesamten Forderung, um so der niedrigeren Verteilungsquote zu entgehen. Günther weiß somit, dass er Severin bevorzugt behandelt und ihm mehr bezahlt, als ihm aus dem Befriedigungsfonds zustehen würde. Günther ist sich auch gewiss, dass er durch die Zahlung den Befriedigungsfonds schmälert und die anderen Gläubiger der GmbH einen geringeren Anteil erhalten. Auch der subjektive Tatbestand ist erfüllt.

#### bb) Rechtswidrigkeit

Mangels gegenläufiger Hinweise hat sich Günther rechtswidrig verhalten.

#### cc) Schuld

Da keine Indizien dagegensprechen, hat Günther schuldhaft gehandelt.

#### dd) Sonstiges

Es gibt keine Anhaltspunkte, dass sonstige Strafbarkeitsvoraussetzungen fehlen.

### d) Ergebnis

Günther hat eine Begünstigung eines Gläubigers gem § 158 Abs 1 StGB begangen und wird nach dieser Bestimmung mit Freiheitsstrafe bis zu zwei Jahren zu bestrafen sein.

## 4. Gesamtergebnis

### a) Gesamtergebnis Günther

Günther hat sowohl einen schweren Betrug gem §§ 146 und 147 Abs 2 StGB als auch eine Begünstigung eines Gläubigers gem § 158 Abs 1 StGB begangen. Diese Delikte gründen auf unterschiedlichen Tathandlungen, die jeweils von einem separaten Vorsatz getragen werden, und stehen im Verhältnis der echten Realkonkurrenz zueinander. Günther wird unter Anwendung des § 28 Abs 1 StGB nach § 147 Abs 2 StGB mit Freiheitsstrafe von bis zu drei Jahren zu bestrafen sein.

### b) Gesamtergebnis Peter

Peter hat eine versuchte schwere Nötigung gem §§ 15, 105 Abs 1 und 106 Abs 1 Z 1 StGB begangen und wird nach § 106 Abs 1 Z 1 StGB mit Freiheitsstrafe von sechs Monaten bis zu fünf Jahren zu bestrafen sein.

---

### Prozessuales

Das Ermittlungsverfahren gegen Günther wird gem § 26 Abs 1 StPO von einer Staatsanwaltschaft gemeinsam geführt, da Günther mehrerer strafbarer Handlungen verdächtigt ist. Das Ermittlungsverfahren gegen Günther und jenes gegen Peter werden nicht gemeinsam geführt, weil die strafbaren Handlungen in keinem engen sachlichen Zusammenhang stehen (§ 26 StPO).

Für die Hauptverhandlung bei Günther ist aufgrund des Schadens iHv mehr als € 50.000 nach den Sonderzuständigkeitsregeln das Landesgericht als Schöffengericht sachlich zuständig (§ 31 Abs 3 Z 6a StPO). Aufgrund der Strafdrohung ist für die Hauptverhandlung bei Peter nach den allgemeinen Zuständigkeitsregeln der Einzelrichter des Landesgerichts sachlich zuständig (§ 31 Abs 4 Z 1 StPO).

Ein diversionelles Vorgehen ist bei Günther aufgrund der Höchststrafdrohung von bis zu drei Jahren Freiheitsstrafe zulässig. Auch bei Peter ist ein diversionelles Vorgehen aufgrund der Höchststrafdrohung von bis zu fünf Jahren zulässig.

---

# VI. Zum freien Fall

## A. Sachverhalt

Gerald ist Gastwirt und Eigentümer des baufälligen Wirtshauses „Zum freien Fall" am Wiener Stadtrand. In den letzten Wochen hat Gerald bemerkt, dass der Holzboden vor der Damentoilette beginnt, morsch zu werden. Gerald führt dies auf einen Wasserrohrbruch zurück, der vor einigen Wochen passiert ist. Er ist aber von der stabilen Bauweise des Hauses überzeugt und der Meinung, dass seinen Gästen und ihm schon nichts passieren wird. Da er keinen unmittelbaren Handlungsbedarf sieht, vereinbart er mit einem Handwerker, den Boden erst in einigen Wochen reparieren zu lassen. Montagabend befindet sich außer Gerald nur ein Gast (Katrin) im Wirtshaus. Als Katrin sich auf den Weg zur Damentoilette macht, gibt der morsche Boden vor der Damentoilette unter der Last ihres Körpergewichts plötzlich mit einem lauten Knarren nach und Katrin stürzt durch den Boden in den Keller. Sie schlägt mit dem Kopf hart auf und bleibt bewusstlos mit einer Gehirnerschütterung liegen. Gerald hat den Lärm gehört und eilt schnell in den Keller um nachzusehen, was passiert sein könnte. Dort angekommen sieht er im dämmrigen Licht die regungslose Katrin in einer seltsam verdrehten Körperhaltung liegen. Gerald ist entsetzt und davon überzeugt, dass sie sich durch den wuchtigen Aufprall das Genick gebrochen habe und nun tot sei. Nachdem er seiner Meinung nach nichts mehr für Katrin tun kann und Angst bekommt, nun aufgrund der mangelnden Reparatur des Bodens wegen „Mordes" verurteilt zu werden, verlässt er fluchtartig das Wirtshaus und eilt mit dem Auto in seine nahegelegene Wohnung, um über die nächsten Schritte nachzudenken. Als er in seiner Wohnung angekommen ist, packen ihn jedoch ernste Zweifel, ob Katrin wirklich tot ist. Er kommt immer mehr zur Überzeugung, dass sie auch nur bewusstlos sein könnte, da er ja weder ihren Puls noch ihre Atmung kontrolliert hatte. Daraufhin verständigt er sofort mit seinem Handy die Rettung und schildert dieser ausführlich die Lage von Katrin. Im Anschluss setzt er sich unverzüglich ans Steuer seines Autos und fährt so schnell wie möglich zum Wirtshaus. Als er etwa zehn Minuten später beim Wirtshaus eintrifft, sieht er, dass die noch immer bewusstlose Katrin gerade von der schon erschienenen Rettung abtransportiert wird. Zu seinem Glück hat sich ihr Zustand nach dem Sturz nicht weiter verschlechtert und sie erlangt weitere zehn Minuten später im Spital wieder das Bewusstsein, kann sich an die letzten Stunden jedoch nicht erinnern. Katrin leidet die nächsten Tage an Schwindel, Konzentrationsstörungen und Kopfschmerzen, die erst nach achtzehn Tage abgeklungen sind, und kann erst nach drei Wochen wieder ihre Arbeit als Bibliothekarin aufnehmen.

**Prüfen Sie die Strafbarkeit von Gerald! Nennen Sie den ihm drohenden Strafrahmen!**

# B. Kommentierter Lösungsvorschlag

## 1. Herbeiführen der Verletzung von Katrin durch die mangelnde Reparatur des Bodens

### a) Vorüberlegungen

Geprüft werden muss, ob Gerald sich eines Delikts gegen Leib und Leben strafbar gemacht hat, da die unterlassene Reparatur des Bodens letztlich zu Katrins Gehirnerschütterung geführt hat. Ein Vorsatzdelikt ist nicht in Betracht zu ziehen. Eventualvorsatz setzt voraus, dass sich der Täter mit einem Sachverhalt abfindet, der einem gesetzlichen Tatbild entspricht. Gerald vertraut aber gerade darauf, dass seinen Gästen nichts passieren wird und findet sich folglich mit einer Verletzung seiner Gäste nicht ab. Zu prüfen bleibt daher, ob Gerald durch das Unterlassen der Reparatur des Bodens vor der Damentoilette gem §§ 2, 88 Abs 1 StGB fahrlässig den Sturz durch den morschen Boden verursacht und sich daher wegen einer **fahrlässigen Körperverletzung durch Unterlassung** strafbar gemacht hat. Weiters indizieren Katrins längere Bewusstlosigkeit sowie ihre sonstigen Symptome eine schwere Körperverletzung. Schließlich ist zu diskutieren, ob grobe Fahrlässigkeit iSd § 6 Abs 3 StGB vorliegt. Gerald könnte sich bei deren Vorliegen nämlich wegen fahrlässiger Körperverletzung gem § 88 Abs 3 und Abs 4 Fall 2 StGB strafbar gemacht haben.

### b) Tatbestand

Gerald wird nicht selbst aktiv. Vielmehr unterlässt er es zu handeln und verursacht so die Verletzung von Katrin. Obwohl der Wortlaut von § 88 StGB nur auf ein aktives Tun des Täters abstellt (Begehungsdelikt), können Begehungsdelikte nach Maßgabe des § 2 StGB auch durch Unterlassung begangen werden, sofern es sich um Erfolgsdelikte handelt und den Täter eine Erfolgsabwendungspflicht (Garantenstellung) trifft. Somit ist zu prüfen, ob sich Gerald nach §§ 2, 88 Abs 1 StGB wegen fahrlässiger Körperverletzung durch Unterlassung (**fahrlässiges unechtes Unterlassungsdelikt**) strafbar gemacht hat.

Die fahrlässige Körperverletzung ist ein Erfolgsdelikt. Voraussetzung der Strafbarkeit ist daher, dass ein tatbildlicher Erfolg in Gestalt einer Körperverletzung eintritt. Jeder nicht ganz unerhebliche Eingriff in die körperliche Integrität ist als Körperverletzung anzusehen. Durch die Gehirnerschütterung kommt es jedenfalls zu einer Beeinträchtigung von Katrins körperlicher Integrität in einem deutlichen Maß. Es handelt sich bei der Gehirnerschütterung sogar um ein geradezu typisches Beispiel einer Körperverletzung, wodurch das Vorliegen des **tatbildlichen Erfolgs** bejaht werden kann.

Aufgrund der zur Bewusstlosigkeit führenden Gehirnerschütterung könnte eine schwere Körperverletzung iSd § 84 Abs 1 StGB einschlägig sein. Eine solche liegt vor, wenn die Tat eine länger als vierundzwanzig Tage dauernde Gesundheitsschädigung oder Berufsunfähigkeit des Opfers zur Folge hat oder die Verletzung oder Gesundheitsschädigung an sich schwer ist. Da die Berufsunfähigkeit nicht länger als vierundzwanzig Tage dauert und die Beschwerden (Schmerzen usw) nach achtzehn Tagen abgeklungen sind, ist mangels anderer Angaben von keiner länger als vierundzwanzig Tage dauernden Gesundheitsschädigung oder Berufsunfähigkeit auszugehen. Es liegen jedoch Hinweise auf eine an sich schwere Körperverletzung vor. Zu prüfen ist dies anhand mehrerer Kriterien, nämlich der Wichtigkeit des betroffenen Organs oder Körperteils, der Intensität, dem Ausmaß und dem Gefährlichkeitsgrad der Verletzungen, den Chancen des Heilungsverlaufs sowie der konkreten Situation des Opfers. Bei einer zur Bewusstlosigkeit führenden Gehirnerschütterung ist strittig, ob diese schon als an sich schwere Körperverletzung zu qualifizieren ist. Während der OGH dies bejaht, verlangt ein Teil der Lehre für die Annahme einer an sich schweren Verletzung noch zusätzliche Beeinträchtigungen, wie etwa Gehirnprellungen oder -blutungen.[84] Bedenkt man die lange Dauer von Katrins Bewusstlosigkeit (zumindest eine halbe Stunde), spricht dies stark für eine schwere Beeinträchtigung des betroffenen Organs. Auch bringt die lange Dauer der Bewusstlosigkeit für sich genommen weitere Risiken für das Opfer mit sich, etwa die Gefahr, bei ungünstiger Körperlage zu ersticken. Da das Gehirn ein Organ von immenser Bedeutung ist und die lange Dauer der Bewusstlosigkeit auf eine schwere Beeinträchtigung hindeutet, kann daher im Einklang mit dem OGH von einer **an sich schweren Körperverletzung** iSd § 84 Abs 1 Fall 3 StGB ausgegangen werden.

Das tatbildliche Verhalten des fahrlässigen unechten Unterlassungsdelikts besteht in der fahrlässigen Nichtvornahme eines gebotenen Tuns. Zu prüfen ist daher, welches Tun geboten gewesen wäre, um den Erfolg möglichst rasch und sicher abzuwenden.[85] Im konkreten Fall bestand das gebotene Tun jedenfalls im entsprechenden Absperren und Ausschildern der Gefahrenstelle. Weiters hätte Gerald die notwendigen Reparaturarbeiten entweder selbst vornehmen oder zumindest die Reparatur zeitnah veranlassen müssen, um den Boden wieder für Gäste sicher zu machen. Nachdem Gerald keine baldige Reparatur veranlasst oder sonstige Maßnahmen ergriffen hat, ist er den gebotenen Handlungen jedenfalls nicht nachgekommen, maW hat er **das gebotene Tun unterlassen.**

Weiters muss es Gerald auch tatsächlich möglich sein, das gebotene Tun zu setzen. Eine entsprechende Ausschilderung und Absperrung der Gefahrenstelle bis zur Behebung des Mangels wäre ihm als Gastwirt jedenfalls leicht möglich gewesen, etwa indem er ein Absperrband verwendet und entsprechende Warnhinweise anbringt. Auch hätte Gerald genügend Zeit gehabt, die Reparatur schon früher zu veranlassen oder sich gegebenenfalls selbst an die Reparatur zu machen. Es war ihm also grds **möglich,** den ihn treffenden Handlungspflichten nachzukommen.

Ein Verhalten kann dann als objektiv sorgfaltswidrig qualifiziert werden, wenn der Täter eine ihn treffende Sorgfaltsnorm außer Acht lässt. Die Prüfung der objektiven Sorgfaltswidrigkeit hat jeweils für den Einzelfall zu erfolgen, wobei Rechtsnormen, Verkehrsnormen und das Verhalten einer differenzierten Maßfigur herangezogen werden können.

Verstöße gegen Rechtsnormen indizieren die objektive Sorgfaltswidrigkeit des Täterverhaltens. Als einschlägige Rechtsnorm kann § 90 Wr BauO herangezogen werden. Nach dieser Norm sind Holzdecken bei besonders für Feuchtigkeit anfälligen Räumen wie Toiletten, so abzudichten, dass ihre Tragfähigkeit nicht beeinträchtigt werden kann. Gerald hat als Eigentümer offensichtlich nicht für eine ausreichende Erhaltung des Bodens gesorgt und somit gegen eine einschlägige **Rechts-**

---

[84] *Messner* in SbgK § 84 Rz 56 mwN.
[85] *Kienapfel/Höpfel/Kert*, AT[16] Rz 30.3.

**norm** verstoßen. Dies kann als Indiz für die objektive Sorgfaltswidrigkeit seines Verhaltens angesehen werden.

Geralds Verhalten ist mit dem der differenzierten Maßfigur zu vergleichen. Als differenzierte Maßfigur ist dabei ein einsichtiger und besonnener Mensch aus dem Verkehrskreis des Täters heranzuziehen, der mit dessen Sonderwissen ausgestattet ist. Das Täterverhalten wird aus der ex ante Perspektive mit jenem Verhalten verglichen, das die differenzierte Maßfigur in der konkreten Situation gesetzt hätte. Ergibt sich bei diesem Vergleich, dass sich die differenzierte Maßfigur konträr zum Täter verhalten hätte, ist von objektiver Sorgfaltswidrigkeit auszugehen. Die differenzierte Maßfigur ist hier ein einsichtiger und besonnener Gastwirt und Eigentümer eines Wirtshauses, der den Mangel im Boden schon entdeckt hat. Ein solcher einsichtiger und besonnener Gastwirt hätte sofort dafür gesorgt, die mögliche Gefahr für seine Gäste zu minimieren. Er hätte jedenfalls das Ausmaß des Schadens untersucht und für eine entsprechende Absperrung der Gefahrenstelle gesorgt. Auch hätte sich dieser so schnell wie möglich um eine Reparatur des Bodens gekümmert. Gerald hat hingegen keine derartigen Schritte gesetzt. Mit seinem Unterlassen weicht er somit deutlich von dem Verhalten ab, das die differenzierte Maßfigur nach dem Entdecken des morschen Bodens gesetzt hätte. Aufgrund des klaren Abweichens von dem Verhalten, das die **differenzierte Maßfigur** gesetzt hätte, aber auch wegen dem Verstoß gegen einschlägige Rechtsnormen, ist sein Unterlassen als **objektiv sorgfaltswidrig** einzustufen.

Aufgrund der im Sachverhalt geschilderten Verhältnisse könnte **grobe Fahrlässigkeit** vorliegen. Nach § 6 Abs 3 StGB ist zu prüfen, ob der Täter ungewöhnlich und auffallend sorgfaltswidrig handelt, sodass der Eintritt eines dem gesetzlichen Tatbild entsprechenden Sachverhalts als geradezu wahrscheinlich vorhersehbar war. Auf objektiver Tatseite sind daher zwei Prüfungsschritte zu erörtern, nämlich einerseits ob das vom Täter gesetzte Verhalten das gebotene Maß an Sorgfalt erheblich unterschreitet und andererseits, ob eine gesteigerte Vorhersehbarkeit der Tatbestandsverwirklichung vorliegt.

Das gebotene Maß an Sorgfalt erheblich unterschreitet derjenige, dessen Verhalten ungewöhnlich und auffallend sorgfaltswidrig war, wobei das durchschnittliche Ausmaß an Sorgfaltswidrigkeit massiv überschritten werden muss. Ein derartig erheblicher Sorgfaltsverstoß kann aus einem einzigen krassen Sorgfaltsverstoß resultieren oder auch durch das Zusammentreffen mehrerer, für sich gesehen nicht massiver Sorgfaltsverstöße. Geralds Unterlassen stellt zwar zweifelsfrei einen deutlichen Sorgfaltsverstoß dar, da er bei der Terminvereinbarung für die Reparatur keine Eile an den Tag legt und auch sonst keine weiteren Schutzmaßnahmen ergreift, insbesondere nicht für eine Absperrung oder zumindest Ausschilderung der Gefahrenstelle sorgt. Allerdings ist sein Sorgfaltsverstoß noch nicht derart massiv, dass er als ungewöhnlich und auffallend angesehen werden kann. So ignoriert er die Gefahr nicht gänzlich, sondern kümmert sich darum, einen Handwerker zu organisieren. Auch setzt er kein weiteres gefahrenerhöhendes Verhalten. Sein Verhalten ist daher im Ergebnis **nicht als grob fahrlässig einzustufen.**

Fraglich ist schließlich, ob der eingetretene Erfolg dem Unterlassen objektiv zugerechnet werden kann.

Die hypothetische Kausalität des Unterlassens für den Erfolgseintritt wird geprüft, indem das gebotene Handeln hinzugedacht wird. Würde der eingetretene

Erfolg dann mit an Sicherheit grenzender Wahrscheinlichkeit entfallen,[86]) muss die hypothetische Kausalität bejaht werden. Denkt man sich das gebotene Tun hinzu, also die entsprechende Absperrung oder auch die Reparatur des Bodens, so entfällt der Erfolg in seiner konkreten Gestalt mit an Sicherheit grenzender Wahrscheinlichkeit. Denn Katrin wäre in diesem Fall nicht durch den Boden gestürzt und ohne Sturz wäre es zu keiner Verletzung gekommen. Somit ist die hypothetische Kausalität gegeben.

Durch die Prüfung der Adäquanz soll die Zurechnung gänzlich atypischer Kausalverläufe verhindert werden. In diesem Fall liegt zwar kein typischer, alltäglicher Kausalverlauf vor. Jedoch liegt dieser noch innerhalb der allgemeinen Lebenserfahrung: Unterlässt man die zeitnahe Reparatur eines morschen Holzbodens und sperrt die Stelle nicht entsprechend ab, obwohl der Boden vor der Toilette wohl stark frequentiert wird, kann dies nach allgemeinem Verständnis durchaus dazu führen, dass der Boden unter der Last eines Gasts nachgibt und der Gast abstürzt. Dass sich ein Gast wiederum durch einen Sturz mehrere Meter in die Tiefe schwer verletzen kann, liegt auf der Hand. Damit ist auch der Adäquanzzusammenhang zu bejahen.

Auf Ebene des Risikozusammenhangs wird ergründet, ob sich der Erfolg verwirklicht hat, dem die Schutznorm entgegenwirken will. Unabhängig davon, ob man für die Begründung der objektiven Sorgfaltswidrigkeit an den Verstoß gegen eine Rechtsnorm oder an den Vergleich mit dem Verhalten der differenzierten Maßfigur angeknüpft hat, wurde von Gerald genau das Risiko verwirklicht, dem entgegengewirkt werden sollte. Das Verhalten, das die differenzierte Maßfigur getätigt hätte (zB Absperrung, sofortige Reparatur), stellt eine den Täter im konkreten Fall treffende Sorgfaltspflicht und damit eine einschlägige Schutznorm dar, welche das zur Erfolgsabwendung notwendige Vorgehen vorgibt. Durch dieses Verhalten wird bezweckt, schwere Verletzungen und sogar den Tod einer Person, die durch den Boden stürzt, zu vermeiden. Folglich hat sich im Resultat genau jenes Risiko realisiert, dem entgegengewirkt werden sollte.

Als Besonderheit des Fallprüfungsschemas bei Fahrlässigkeitsdelikten muss die Risikoerhöhung gegenüber rechtmäßigem Alternativverhalten geprüft werden. Eine Erfolgszurechnung ist nur möglich, wenn es durch das objektiv sorgfaltswidrige Täterverhalten zu einer deutlichen Erhöhung des Risikos des Erfolgseintritts gekommen ist. Im konkreten Fall hat sich das Risiko des Erfolgseintritts enorm erhöht, da bei einer entsprechenden Absperrung oder gar einer Reparatur kaum eine Chance auf den Erfolgseintritt bestanden hätte. Der Erfolg ist Gerald somit **objektiv zurechenbar.**

Als unmittelbare Täter eines unechten Unterlassungsdelikts kommen nur Personen in Frage, die eine Erfolgsabwendungspflicht (Garantenpflicht) trifft. Gem § 2 StGB muss es sich um eine den Täter im Besonderen treffende Verpflichtung handeln. Eine solche Garantenpflicht kann sich aus einer Rechtsvorschrift, einer freiwilligen Pflichtenübernahme, einer Gefahrengemeinschaft, dem Setzen von gefahrbegründendem Vorverhalten und der Überwachung von Gefahrenquellen ergeben.[87])

---

[86]) *Kienapfel/Höpfel/Kert,* AT[16] Rz 30.11.

[87]) *Kienapfel/Höpfel/Kert,* AT[16] Rz 31.6; strittig (aber hier nicht relevant) ist die Garantenstellung aufgrund enger natürlicher Verbundenheit.

Nach dem OGH trifft den Eigentümer eines Hauses die Verpflichtung, für die sichere Benützung des Hauses Sorge zu tragen.[88]) Er ist also gegenüber den Benutzern für Gefahrenquellen in seinem Herrschaftsbereich verantwortlich. Nachdem Gerald Eigentümer des Wirtshauses ist, hat er dafür zu sorgen, dass vom Wirtshaus für seine Gäste keine Gefahr ausgeht und ihn trifft diesen gegenüber eine diesbezügliche **Garantenstellung.** Daher muss für die Prüfung der Garantenstellung auch nicht mehr auf konkrete Rechtsvorschriften zurückgegriffen werden.[89])

§ 88 StGB ist ein fahrlässiges (reines) Erfolgsverursachungsdelikt. Denn das Gesetz bedroht nur allgemein das fahrlässige Verursachen des Erfolges mit Strafe, ohne näher zu spezifizieren, mittels welcher Handlung bzw Handlungsmodalität der Erfolg herbeigeführt werden muss. Demnach muss nicht geprüft werden, ob die Unterlassung der Erfolgsabwendung einer Verwirklichung des Tatbilds durch Tun gleichzuhalten ist und die Prüfung des sog Gleichwertigkeitskorrektivs entfällt.[90])

### c) Rechtswidrigkeit

Die Rechtswidrigkeit der Tat wird durch die Tatbestandsmäßigkeit indiziert. Es erfolgt eine Negativprüfung. Nur bei Vorliegen von Rechtfertigungsgründen ist ein tatbestandsmäßiges Verhalten nicht rechtswidrig. Im Sachverhalt finden sich keine Anhaltspunkte für das Vorliegen von Rechtfertigungsgründen. Gerald hat rechtswidrig gehandelt.

### d) Schuld

Auf Ebene der Schuld muss geprüft werden, ob Gerald sein rechtswidriges Verhalten strafrechtlich vorgeworfen werden kann. Neben der Frage der Schuldfähigkeit sowie des Unrechtsbewusstseins von Gerald müssen beim Fahrlässigkeitsdelikt die subjektive Sorgfaltswidrigkeit des Verhaltens, die subjektive Vorhersehbarkeit des Erfolgs und die Zumutbarkeit des gebotenen sorgfaltsgemäßen Verhaltens untersucht werden.

Dem Täter kann sein Verhalten nur vorgeworfen werden, wenn er das Unrecht seiner Tat einsehen und nach dieser Einsicht handeln konnte (Schuldfähigkeit). Mangels Angaben im Sachverhalt kann Geralds **Schuldfähigkeit** zum Tatzeitpunkt angenommen werden.

Die Prüfung der subjektiven Sorgfaltswidrigkeit widmet sich der Frage, ob der Täter im Tatzeitpunkt nach seinen geistigen und körperlichen Fähigkeiten in der Lage gewesen wäre, die ihm gebotene Sorgfalt einzuhalten. Sie wird anhand eines begrenzt individuellen täterspezifischen Maßstabs festgestellt.[91]) Im konkreten Fall liegen keine Gründe vor, um am Vorliegen der subjektiven Sorgfaltswidrigkeit zu

---

[88]) OGH 21. 4. 1998, 11 Os 48/98.

[89]) Eine weitere Garantenstellung könnte sich mit Blick auf die Wr BauO kraft Rechtsvorschrift ergeben, wobei die Prüfung einer solchen Erfolgsabwendungspflicht eine schwierige Aufgabe darstellt, da ein Bauwerk schon vor langer Zeit errichtet worden sein kann und nicht alle aktuell in Geltung stehenden Vorschriften mit rückwirkend anwendbar sein müssen. Siehe zu dieser Problematik OGH 21. 4. 1998, 11 Os 48/98.

[90]) *Kienapfel/Höpfel/Kert,* AT[16] Rz 30.22; aA etwa OGH 14. 12. 1978, 13 Os 141/78.

[91]) *Kienapfel/Höpfel/Kert,* AT[16] Rz 26.22 ff.

zweifeln. Gerald wäre es mit seinen körperlichen und geistigen Fähigkeiten leicht möglich gewesen, sich in dieser Situation sorgfaltsgemäß zu verhalten. Er hätte mühelos für eine Absperrung sowie für eine raschere Reparatur des Bodens Sorge tragen können. Selbst wenn er die Reparatur nicht selbst hätte durchführen können, war er doch in der Lage, sich fachmännischer Hilfe zu bedienen. Sein Unterlassen war daher **subjektiv sorgfaltswidrig.**

Weiters muss für den Täter auch (zumindest in groben Zügen) der Erfolg und der Kausalverlauf subjektiv vorhersehbar sein. Jedoch enthält der Sachverhalt keine Hinweise, die darauf schließen lassen, dass Gerald geistig und körperlich nicht fähig war, den Erfolg und den Kausalverlauf in groben Zügen vorherzusehen. Es ist daher von der **Vorhersehbarkeit des Erfolgs und des Kausalverlaufs** auszugehen.

Ebenfalls muss ihm bewusst sein, gegen die Rechtsordnung zu verstoßen (Unrechtsbewusstsein). Da schon potentielles Unrechtsbewusstsein ausreicht und keine gegenteiligen Hinweise vorliegen, ist auch davon auszugehen, dass Gerald sich **mit Unrechtsbewusstsein** verhalten hat.

Zuletzt ist die Zumutbarkeit sorgfaltsgemäßen Verhaltens zu prüfen. Der Täter ist entschuldigt, wenn auch von einem maßgerechten Menschen in seiner Situation kein sorgfaltsgemäßes Verhalten erwartet werden konnte. Als Maßstab dient ein mit den rechtlich geschützten Werten verbundener Mensch, der mit den geistigen und körperlichen Fähigkeiten des Täters ausgestattet ist.[92] Von einem solchen Menschen hätte problemlos erwartet werden können, den Boden entsprechend abzusichern und für die zeitnahe Reparatur desselben zu sorgen. Damit war Gerald sorgfaltsgemäßes Verhalten **zumutbar.** Gerald hat sich schuldhaft verhalten und ihm kann sein rechtswidriges Verhalten vorgeworfen werden.

### e) Sonstiges

Die Straflosigkeitsgründe des § 88 Abs 2 StGB kommen nicht zum Tragen. Zwar handelt Gerald nicht grob fahrlässig. § 88 Abs 2 Z 1 StGB scheitert allerdings am mangelnden Angehörigenverhältnis zur verletzten Person. Auch § 88 Abs 2 Z 2 StGB greift nicht, da die Verletzung eine mehr als vierzehntägige Gesundheitsschädigung nach sich zieht: Als Gesundheitsschädigung wird die Herbeiführung einer körperlichen oder seelischen Funktionsstörung mit Krankheitswert im medizinischen Sinn verstanden.[93] Katrin hat für achtzehn Tage starke Kopfschmerzen, Schwindelgefühl und Konzentrationsschwierigkeiten und damit über einen länger als vierzehntägigen Zeitraum körperliche Funktionsstörungen mit Krankheitswert. Schließlich ist Gerald auch nicht Angehöriger eines gesetzlich geregelten Gesundheitsberufes.

### f) Ergebnis

Gerald hat eine fahrlässige Körperverletzung durch Unterlassung gem §§ 2, 88 Abs 1 und Abs 4 Fall 1 StGB begangen und wird nach § 88 Abs 4 Fall 1 StGB mit Freiheitsstrafe bis zu sechs Monaten oder mit Geldstrafe bis zu 360 Tagessätzen zu bestrafen sein.

---

[92] OGH 22. 9. 1981, 9 Os 115/81.
[93] *Kienapfel/Schroll*, BT I⁴ § 83 Rz 15 ff.

## 2. Liegenlassen der Katrin im Keller

### a) Vorüberlegungen

Zu prüfen ist, ob sich Gerald, weil er die Verletzung von Katrin verursacht hat, wegen **Imstichlassen eines Verletzten nach § 94 Abs 1 StGB** strafbar gemacht hat, da er jedwede Hilfestellung unterlassen und stattdessen fluchtartig den Keller verlassen hat.

### b) Tatbestand

#### aa) Objektiver Tatbestand

Beim Delikt des Imstichlassen eines Verletzten handelt es sich um ein **echtes Unterlassungsdelikt.** Daher muss bei der Fallprüfung nicht auf § 2 StGB zurückgegriffen werden. Zentrale Voraussetzung für die Strafbarkeit nach § 94 StGB (und auf Ebene des objektiven Tatbestands zu erörtern) ist die Verursachung der Körperverletzung eines anderen. Lässt sich dies nicht feststellen, kann § 95 StGB einschlägig sein. Weitere objektive Tatbestandsmerkmale des Delikts sind das Unterlassen der erforderlichen Hilfeleistung sowie als ungeschriebene Tatbestandsmerkmale die Hilfsbedürftigkeit des Opfers und die tatsächliche Möglichkeit zur Hilfeleistung. Da nur der Verursacher einer Verletzung als unmittelbarer Täter in Frage kommt, handelt es sich um ein Sonderdelikt.

Zur Frage, wann die Verursachung einer Verletzung iSd § 94 StGB anzunehmen ist, herrscht große Meinungsvielfalt. Die vertretenen Ansichten reichen vom Erfordernis der bloßen Mitkausalität (Äquivalenztheorie) bis hin zu stark strafbarkeitseinschränkenden Ansätzen, die sowohl auf ein objektiv sorgfaltswidriges als auch auf ein objektiv zurechenbares Vorverhalten abstellen.[94] Für diesen Fall ist jedoch unerheblich, welcher dieser Meinungen gefolgt wird. Gerald hat nämlich jedenfalls nach dem strengsten Ansatz und damit auch nach allen weniger strengen Ansichten **die Verletzung von Katrin verursacht.** Denn sein Unterlassen war objektiv sorgfaltswidrig (s Punkt B.1.b.) und die Verletzung ist ihm auch objektiv zurechenbar (s Punkt B.1.b.). Damit kommt Gerald als unmittelbarer Täter des § 94 StGB in Frage.

Der Prüfung des ungeschriebenen Tatbestandsmerkmals der Hilfsbedürftigkeit des Opfers kommt eine bedeutende strafbarkeitseinschränkende Funktion zu. Durch sie kann die Verantwortlichkeit nach § 94 StGB für Bagatellverletzungen oder bei einem wirksamen Verzicht des Opfers auf Hilfe entfallen. Abzustellen ist auf objektive Kriterien (zB äußerer Zustand, Verhalten und Alter des Opfers) und zwar aus Sicht eines gewissenhaften Beobachters, der umsichtig die Situation erkundet hat.[95] Ein solcher wäre angesichts der Tatsache, dass Katrin nach einem schweren Sturz regungslos und in einer verdrehten Körperhaltung am Boden liegt, von ihrer Hilfsbedürftigkeit ausgegangen. Unter solchen Umständen und unter Berücksichtigung des auch für einen gewissenhaften Beobachter offensichtlichen Sturzes kann keinesfalls von bloßen Bagatellverletzungen ausgegangen werden. Vielmehr müssen schwere Verletzungen befürchtet werden, weshalb Katrin **hilfsbedürftig** ist.

---

[94] *Jerabek/Ropper* in WK[2] § 94 Rz 5 ff.
[95] *Kienapfel/Schroll,* BT I[4] § 94 Rz 21.

Der nächste Schritt besteht im Prüfen des Unterlassens der erforderlichen Hilfeleistung. Die erforderliche Hilfe besteht darin, die Verletzungsfolgen soweit und so schnell wie möglich zu beseitigen sowie in der Verhinderung schwererer Folgen (zB von Folgeunfällen). Jedenfalls muss dabei die Lage des Opfers erleichtert werden.[96]) Umstritten ist, ob den Täter die Pflicht trifft, sich des Zustands des Verletzten zu vergewissern (Nachschaupflicht). Vom OGH und einem Teil der Lehre wird eine solche Verpflichtung angenommen.[97]) Gerald leistet überhaupt keine Hilfe und unterlässt jede Nachschau. Stattdessen verlässt er sofort fluchtartig das Wirtshaus, weshalb er **jedenfalls nicht die erforderliche Hilfe leistet.** Erforderlich wäre es (neben der Nachschau) gewesen, bei einem schweren Sturz umgehend fachkundige Rettungskräfte zu alarmieren. Weiters hätte er versuchen müssen, die Lage des Opfers zu verbessern, etwa indem er Katrin in die stabile Seitenlage bringt, er gegebenenfalls ihre Atemwege frei macht bzw die Atmung erleichtert und er die Unfallstelle absichert (falls noch Teile der Decke nach unten zu stürzen drohen).

Auch die Prüfung des ungeschriebenen Tatbestandsmerkmals der tatsächlichen Hilfeleistungsmöglichkeit dient strafbarkeitseinschränkenden Zwecken. Hat der Täter faktisch keine Möglichkeit zur Hilfeleistung, etwa weil er selbst schwer verletzt ist, erfüllt er durch die mangelnde Möglichkeit zur Hilfeleistung nicht den Tatbestand. Allerdings liefert der Sachverhalt hierfür keine Anhaltspunkte. Anhand der tatsächlichen Umstände wäre Gerald die **Hilfeleistung ohne weiteres möglich gewesen.**

Damit sind alle objektiven Tatbestandsmerkmale erfüllt. Weil das Grunddelikt (§ 94 Abs 1 StGB) ein schlichtes Unterlassungsdelikt ist, muss kein Erfolgseintritt geprüft werden. Dieser wäre nur im Fall einer Qualifikation (Abs 2) zu prüfen. Eine Qualifikation ist jedoch nicht einschlägig, da sich der Zustand von Katrin nach dem Sturz aufgrund des Unterlassens der Hilfeleistung nicht weiter verschlechtert hat.

### bb) Subjektiver Tatbestand

Der Vorsatz des Täters muss sich auf das gesamte Tatbild erstrecken, also auf die Verursachung der Verletzung, die Hilfsbedürftigkeit des Opfers, die tatsächliche Hilfeleistungsmöglichkeit sowie schließlich das Unterlassen der Hilfeleistung. Es reicht durchwegs Eventualvorsatz.

Gerald erkennt sofort den Zusammenhang zwischen dem Unterlassen der Reparatur des Bodens, dem daraus resultierenden Sturz und dessen Folgen und ist sich damit gewiss, dass sein Unterlassen Katrins Zustand verursacht hat. Weiters muss er Katrins Hilfsbedürftigkeit zumindest ernstlich für möglich halten und sich damit abfinden. Er ist jedoch der Überzeugung, dass Katrin schon tot sei und er nichts mehr für sie tun könne. Damit hält er die Hilfsbedürftigkeit von Katrin gerade nicht für möglich, sondern ist vom Gegenteil überzeugt, nämlich dass diese überhaupt keine Hilfe mehr benötigt. Er unterliegt also einem **vorsatzausschließenden Tatbildirrtum.** Dass ihn auf Ebene des objektiven Tatbestands ev eine Nachschaupflicht trifft, ändert nichts daran, dass er ihre Hilfsbedürftigkeit überhaupt nicht für möglich gehalten hat. Denn auch ein möglicherweise vorwerfbarer Tatbildirrtum

---

[96]) *Kienapfel/Schroll*, BT I⁴ § 94 Rz 26.
[97]) OGH 4. 9. 1980, 12 Os 87/90; *Jerabek/Ropper* in WK² § 94 Rz 27 f.

schließt den Vorsatz aus. Es könnte jedoch zur Strafbarkeit nach einem Fahrlässigkeitsdelikt kommen, sofern ein entsprechendes Fahrlässigkeitsdelikt existiert und die Unterlassung auf Fahrlässigkeit beruht. Jedoch fehlt es im StGB an einem solchen Fahrlässigkeitsdelikt. Ebenfalls ist unbeachtlich, dass er Katrins Hilfsbedürftigkeit zu einem späteren Zeitpunkt für möglich hält, nämlich als er zuhause realisiert, dass Katrin nur bewusstlos sein könnte. Ein solcher erst nach dem Zeitpunkt der Tat einsetzender Vorsatz (sog dolus subsequens)[98]) bleibt außer Betracht. Allerdings könnte er sich zu einem späteren Zeitpunkt wegen eines Unterlassungsdelikts strafbar gemacht haben (s Punkte B.3. und B.4.).

Nachdem Gerald jedenfalls der Vorsatz auf ein objektives Tatbestandselement fehlt, mangelt es ihm am notwendigen vollständigen Tatbildvorsatz. Eine weitere Prüfung des Vorsatzes kann unterbleiben.

### c) Ergebnis

Gerald hat sich aufgrund eines Tatbildirrtums nicht wegen Imstichlassen eines Verletzten gem § 94 Abs 1 StGB strafbar gemacht. Es verbleibt zu prüfen, ob er sich zu einem späteren Zeitpunkt nach § 94 Abs 1 StGB strafbar gemacht haben könnte.

## 3. Imstichlassen der Katrin nach Ankunft in der Wohnung?

Nachdem aufgrund eines Tatbildirrtums die Strafbarkeit wegen § 94 Abs 1 StGB für das Liegenlassen im Keller verneint wurde, ist weiters zu prüfen, ob sich Gerald zu einem späteren Zeitpunkt wegen Imstichlassen eines Verletzten strafbar gemacht haben könnte. In Frage kommt hier der Zeitpunkt, zu dem er realisiert, dass Katrin gar nicht tot, sondern nur verletzt sein könnte. Hinsichtlich der Verursachung der Verletzung kann auf oben verwiesen werden (s Punkt B.1.b.). Gerald hat in objektiv sorgfaltswidriger und objektiv zurechenbarer Weise die Verletzung von Katrin verursacht. Weiters ist Katrin zu jenem Zeitpunkt auch noch objektiv hilfsbedürftig, da sich ihr Zustand nicht verbessert hat.

Damit bleibt noch offen, ob Gerald die erforderliche Hilfe leistet und ob ihm das Leisten der erforderlichen Hilfe überhaupt faktisch möglich war. Hier gilt es zu bedenken, dass Gerald sich nun in seiner Wohnung, also in größerer räumlicher Distanz zu Katrin befindet. Damit sind seine unmittelbaren faktischen Hilfeleistungsmöglichkeiten drastisch eingeschränkt, insb kann er keine direkte Erste Hilfe leisten, selbst wenn dies uU erforderlich wäre. Möglich sind ihm dennoch zumindest zwei Schritte: Zum einen das Verständigen der Rettungskräfte und zum anderen eine schnellstmögliche Rückkehr zu Katrin, um dann persönlich weitere Schritte zu unternehmen. Die (umstrittene) Nachschaupflicht kann in einem solchen Fall zu einer Rückkehrpflicht umgedeutet werden.[99]) Im konkreten Fall hat Gerald **alle faktischen Möglichkeiten ausgeschöpft,** die ihm in der Wohnung zur Hilfe der Katrin zur Verfügung gestanden sind. Er hat die Rettung verständigt und ist sofort zurück ins Lokal zu Katrin gefahren. Damit ist der objektive Tatbestand des § 94 Abs 1 StGB nicht erfüllt, weil Gerald alle ihm zur Verfügung stehenden Hilfeleistungsmöglichkeiten ausgeschöpft hat.

---

[98]) *Kienapfel/Höpfel/Kert,* AT[16] Rz 11.20.
[99]) *Kienapfel/Schroll,* BT I[4] § 94 Rz 38.

### 4. Imstichlassen der Katrin nach Rückkehr zum Wirtshaus?

Zu prüfen ist schließlich, ob Gerald sich nach § 94 Abs 1 StGB strafbar gemacht hat, als er zum Wirtshaus zurückgekehrt ist und gesehen hat, dass Katrin gerade abtransportiert wird. Der Abtransport erfolgt durch die Wiener Berufsrettung, also durch Sanitäter, die aufgrund ihrer Ausbildung entsprechend zur Hilfeleistung befähigt sind. Es ist mangels anderer Angaben sogar davon auszugehen, dass die Wiener Berufsrettung zu einer wirksameren Hilfeleistung befähigt ist als Gerald. Weiters hat Gerald auch faktisch keine (vernünftige) Hilfeleistungsmöglichkeit mehr, da Katrin gerade abtransportiert wird. Damit erfüllt Gerald zum Zeitpunkt der Rückkehr zum Wirtshaus (und auch später) nicht den objektiven Tatbestand des § 94 Abs 1 StGB, da Katrin von Dritter Seite **wirksamer geholfen wird,** als es durch Gerald möglich wäre.

### 5. Gesamtergebnis

Gerald hat sich zu keinem Zeitpunkt wegen Imstichlassen eines Verletzten strafbar gemacht. Er hat jedoch eine fahrlässige Körperverletzung durch Unterlassung nach §§ 2, 88 Abs 1 und Abs 4 Fall 1 StGB begangen und wird nach § 88 Abs 4 Fall 1 StGB mit einer Freiheitsstrafe bis zu sechs Monaten oder einer Geldstrafe bis zu 360 Tagessätzen zu bestrafen sein.

---

*Prozessuales*

Aufgrund der Strafdrohung ist für die Hauptverhandlung nach den allgemeinen Zuständigkeitsregeln das Bezirksgericht sachlich zuständig (§ 30 Abs 1 StPO).

Ein diversionelles Vorgehen ist aufgrund der Höchststrafdrohung von bis zu sechs Monaten Freiheitsstrafe oder Geldstrafe bis zu 360 Tagessätzen zulässig und gerade bei derartigen Fahrlässigkeitsdelikten auch regelmäßig indiziert.

---

# C. Lösungsvorschlag

## 1. Herbeiführen der Verletzung von Katrin durch die mangelnde Reparatur des Bodens

### a) Vorüberlegungen

Strafbarkeit wegen eines Vorsatzdelikts kommt nicht in Betracht, weil Gerald darauf vertraut, dass schon nichts passieren wird. Er findet sich daher nicht mit einer Verletzung seiner Gäste ab. Durch das Unterlassen der Reparatur des Bodens könnte er jedoch fahrlässig durch Unterlassung (**§§ 2, 88 Abs 1 StGB**) Katrins Sturz und somit ihre Verletzung verursacht haben. Weiters legt Katrins Zustand eine schwere Körperverletzung nahe und es ist zu prüfen, ob sich Gerald grob fahrlässig verhalten hat. Gerald könnte sich nämlich wegen fahrlässiger Körperverletzung gem § 88 Abs 3 und Abs 4 Fall 2 StGB strafbar gemacht haben.

### b) Tatbestand

Begehungsdelikte wie § 88 StGB können nach Maßgabe des § 2 StGB auch durch Unterlassung begangen werden, sofern es sich um Erfolgsdelikte handelt und den Täter eine Erfolgsabwendungspflicht trifft. Die fahrlässige Körperverletzung ist ein Erfolgsdelikt, weshalb eine Strafbarkeit Geralds nach den §§ 2, 88 Abs 1 StGB untersucht werden kann. Durch die Gehirnerschütterung kommt es zu einer Beeinträchtigung von Katrins körperlicher Integrität in einem nicht nur unerheblichen Maß. Der tatbildliche Erfolg in Form einer **Körperverletzung** ist somit eingetreten.

Die zur Bewusstlosigkeit führende Gehirnerschütterung könnte an sich schwer iSd § 84 Abs 1 Fall 3 StGB sein. Das menschliche Gehirn ist ein lebensnotwendiges Organ. Berücksichtigt man die sehr lange Dauer der Bewusstlosigkeit (zumindest eine halbe Stunde), spricht dies stark für eine schwere Beeinträchtigung des betroffenen Organs, zumal die lange Bewusstlosigkeit weitere Risiken für das Opfer mit sich bringt. Aufgrund der immensen Bedeutung des Gehirns und der Dauer der Bewusstlosigkeit liegt eine **an sich schwere Körperverletzung** vor.

Das tatbildliche Verhalten besteht in der fahrlässigen Nichtvornahme eines gebotenen Tuns. Geboten waren das entsprechende Absperren und Ausschildern der Gefahrenstelle sowie die zeitnahe Reparatur des Bodens. Nachdem keine dieser Handlungen von Gerald gesetzt wurde, hat er das ihm **gebotene Tun unterlassen.**

Gerald hatte genügend Zeit, den Boden zu reparieren oder zumindest die gefährliche Stelle abzusperren und Warnhinweise anzubringen. Es ist ihm also **tatsächlich möglich gewesen,** den ihn treffenden Handlungspflichten nachzukommen.

Weiters ist die objektive Sorgfaltswidrigkeit zu untersuchen und hierzu Geralds Verhalten mit dem der differenzierten Maßfigur zu vergleichen. Die differenzierte Maßfigur ist hier ein einsichtiger und besonnener Gastwirt und Eigentümer eines Wirtshauses, der den Mangel im Boden schon entdeckt hat. Ein solcher einsichtiger und besonnener Gastwirt hätte sofort dafür gesorgt, die mögliche Gefahr für seine Gäste zu minimieren, etwa indem er die Gefahrenstelle näher untersucht und im Anschluss entsprechend abgesperrt oder zumindest darauf hingewiesen hätte. Da Gerald keine derartigen Schritte gesetzt hat, weicht sein Verhalten deutlich vom Verhalten ab, das die differenzierte Maßfigur nach Entdecken des morschen Bodens gesetzt hätte. Weiters ergibt sich die objektive Sorgfaltswidrigkeit seines Verhaltens auch durch einen Verstoß gegen eine einschlägige Rechtsnorm, nämlich § 90 Wr BauO. Nach dieser Norm sind Holzdecken bei besonders für Feuchtigkeit anfälligen Räumen wie Toiletten, so abzudichten, dass ihre Tragfähigkeit nicht beeinträchtigt werden kann. Gerald hat als Eigentümer offensichtlich nicht für eine ausreichende Erhaltung des Bodens gesorgt und somit gegen diese Bestimmung verstoßen. Geralds Verhalten war **objektiv sorgfaltswidrig.**

Da er – wenngleich verspätet – eine Reparatur des Bodens veranlasst hat, war sein Verhalten noch nicht ungewöhnlich und auffallend sorgfaltswidrig, da hierzu noch weitere gefahrenerhöhende Umstände hinzutreten hätten müssen. Mangels eines ungewöhnlichen und auffallenden Sorgfaltsverstoßes liegt **keine grobe Fahrlässigkeit iSd § 6 Abs 3 StGB** vor.

Wenn man sich das gebotene Tun hinzu denkt, also zumindest die entsprechende Absperrung, entfällt mit an Sicherheit grenzender Wahrscheinlichkeit der Erfolg in seiner konkreten Gestalt, da Katrin in diesem Fall nicht durch den Boden gestürzt und folglich nicht verletzt worden wäre. Die hypothetische Kausalität ist zu bejahen.

Es liegt innerhalb der allgemeinen Lebenserfahrung, dass die mangelnde Reparatur und Absperrung eines morschen Holzbodens dazu führen kann, dass dieser unter der Last eines Gasts nachgibt und durchbricht. Dass sich der Gast durch den daraus resultierenden Sturz schwer verletzen kann, ist naheliegend. Damit ist auch der Adäquanzzusammenhang zu bejahen.

Das Verhalten der differenzierten Maßfigur (zB Absperrung, zeitnahe Reparatur) stellt eine den Täter im konkreten Fall treffende Sorgfaltspflicht und damit eine einschlägige Schutznorm dar. Das Verhalten der differenzierten Maßfigur bezweckt, Stürze durch den Boden und daraus resultierende Verletzungen zu vermeiden. Im Ergebnis hat sich folglich genau jenes Risiko verwirklicht, dem entgegengewirkt werden sollte. Der Risikozusammenhang liegt damit vor.

Bei einer entsprechenden Absperrung oder gar einer Reparatur des Bodens wäre die Chance des Erfolgseintritts verschwindend gering gewesen. Damit hat sich das Risiko gegenüber dem rechtmäßigen Alternativverhalten enorm erhöht. Der Erfolg ist Gerald somit **objektiv zurechenbar.**

Gem § 2 StGB muss den Täter eine besondere Erfolgsabwendungspflicht treffen. Nach dem OGH hat der Eigentümer eines Hauses die Verpflichtung, für die sichere Benützung des Hauses zu sorgen. Als Gastwirt muss Gerald sicherstellen, dass bei der Benützung des Wirtshauses von diesem keine Gefahren für seine Gäste ausgehen, dieses also keine Gefahrenquelle für die Kunden darstellt. Ihn trifft gegenüber seinen Gästen eine **Garantenstellung.**

Da § 88 StGB ein fahrlässiges (reines) Erfolgsverursachungsdelikt ist, muss nicht geprüft werden, ob die Unterlassung der Erfolgsabwendung einer Verwirklichung des Tatbilds durch Tun gleichzuhalten ist (Gleichwertigkeitskorrektiv).

### c) Rechtswidrigkeit

Mangels gegenläufiger Hinweise hat sich Gerald rechtswidrig verhalten.

### d) Schuld

Schuldfähigkeit und Unrechtsbewusstsein sind beim Fahrlässigkeitsdelikt nur bei entsprechenden Hinweisen zu prüfen – die hier nicht vorliegen.

Gerald war es mit seinen geistigen und körperlichen Fähigkeiten problemlos möglich, für eine Absperrung des Bodens zu sorgen und diesen zu reparieren oder zumindest reparieren zu lassen. Er hat sich daher **subjektiv sorgfaltswidrig** verhalten.

Mangels gegenläufiger Anhaltspunkte ist die **subjektive Vorhersehbarkeit des Erfolgs** ebenfalls zu bejahen.

Ein mit den rechtlich geschützten Werten verbundener Mensch, der mit den geistigen und körperlichen Fähigkeiten des Täters ausgestattet ist, hätte den Boden entsprechend abgesichert und für dessen Reparatur gesorgt. Damit war Gerald ein sorgfaltsgemäßes Verhalten **zumutbar.** Er hat folglich schuldhaft gehandelt und ihm kann sein rechtswidriges Verhalten vorgeworfen werden.

### e) Sonstiges

§ 88 Abs 2 Z 2 StGB greift nicht, da die Verletzung eine mehr als vierzehntägige Gesundheitsschädigung nach sich zieht: Katrin hat für achtzehn Tage starke Kopfschmerzen, Schwindelgefühl und Konzentrationsschwierigkeiten und damit über einen länger als vierzehntägigen Zeitraum körperliche Funktionsstörungen mit Krankheitswert.

### f) Ergebnis

Gerald hat eine fahrlässige Körperverletzung durch Unterlassung gem §§ 2, 88 Abs 1 und Abs 4 Fall 1 StGB begangen und wird gem § 88 Abs 4 Fall 1 StGB mit Freiheitsstrafe bis zu sechs Monaten oder mit Geldstrafe bis zu 360 Tagessätzen zu bestrafen sein.

## 2. Liegenlassen der Katrin im Keller

### a) Vorüberlegungen

Zu prüfen ist, ob sich Gerald, nachdem er die Verletzung von Katrin verursacht hat, wegen **Imstichlassen eines Verletzten gem § 94 Abs 1 StGB** strafbar gemacht hat, da er sofort fluchtartig den Keller verlassen hat.

### b) Tatbestand

#### aa) Objektiver Tatbestand

Die Verletzung am Körper eines anderen muss vom Täter verursacht worden sein. Wann von einer solchen Verursachung ausgegangen werden kann, ist umstritten. Da sowohl ein objektiv sorgfaltswidriges Verhalten von Gerald vorliegt (s Punkt C.1.b.), als auch die Verletzung seinem Verhalten objektiv zugerechnet werden kann (s Punkt C.1.b.), hat Gerald nach jeder vertretenen Ansicht Katrins Verletzung iSd § 94 Abs 1 StGB **verursacht.**

Ein gewissenhafter Beobachter, der die Situation genau erkundet hat, wäre angesichts des offenkundigen Sturzes, der verdrehten Körperhaltung und der Regungslosigkeit von Katrins Hilfsbedürftigkeit ausgegangen. Es müssen sogar schwere Verletzungen befürchtet werden, wodurch Katrins **Hilfsbedürftigkeit** jedenfalls zu bejahen ist.

Bei einem schweren Sturz ist es erforderlich, umgehend fachkundige Rettungskräfte zu alarmieren, Erste Hilfe zu leisten sowie die Unfallstelle abzusichern. Gerald leistet überhaupt keine Hilfe und unterlässt auch jede Nachschau. Stattdessen verlässt er sofort fluchtartig das Wirtshaus, weshalb er jedenfalls **nicht die erforderliche Hilfe leistet.**

Unter den gegebenen Umständen wäre Gerald die Hilfeleistung auch ohne weiteres **möglich gewesen.** Nichts hat ihn am Hilfeleisten gehindert.

#### bb) Subjektiver Tatbestand

Gerald erkennt sofort den Zusammenhang zwischen dem Unterlassen der Reparatur des Bodens, dem daraus resultierenden Sturz und dessen Folgen und ist sich damit gewiss, dass sein Unterlassen Katrins Zustand verursacht hat. Er ist jedoch der Überzeugung, dass Katrin schon tot sei und er nichts mehr für sie tun könne. Damit hält er die Hilfsbedürftigkeit von Katrin gerade nicht für möglich, sondern ist vom Gegenteil überzeugt, nämlich dass diese überhaupt keine Hilfe mehr benötigt. Er unterliegt also einem **vorsatzausschließenden Tatbildirrtum.** Er könnte sich jedoch zu einem späteren Zeitpunkt wegen eines Unterlassungsdelikts strafbar gemacht haben (s Punkte C.3. und C.4.).

*c) Ergebnis*

Gerald hat sich aufgrund eines Tatbildirrtums nicht gem § 94 Abs 1 StGB strafbar gemacht.

### 3. Imstichlassen der Katrin nach Ankunft in der Wohnung?

Zu prüfen ist, ob sich Gerald wegen Imstichlassen eines Verletzten strafbar gemacht hat, als er in der Wohnung angekommen ist und Katrins Verletzung ernstlich für möglich gehalten hat. Gerald hat in objektiv sorgfaltswidriger und objektiv zurechenbarer Weise die Verletzung von Katrin verursacht. Weiters ist sie auch zu diesem Zeitpunkt noch objektiv hilfsbedürftig, da sich ihr Zustand nicht verbessert hat.

Nachdem er sich in seiner Wohnung aufhält, sind seine Hilfeleistungsmöglichkeiten aufgrund der großen räumlichen Distanz drastisch eingeschränkt. Faktisch möglich sind ihm nur das Verständigen der Rettungskräfte sowie die schnellstmögliche Rückkehr zu Katrin, um danach weitere Schritte zu setzen. Da Gerald die Rettung verständigt und sofort zu Katrin fährt, hat er alle ihm zur Verfügung stehenden **Hilfeleistungsmöglichkeiten ausgeschöpft.** Jede darüber hinausgehende Hilfeleistung wäre ihm nicht möglich gewesen, weshalb er nicht den Tatbestand des § 94 Abs 1 StGB erfüllt.

### 4. Imstichlassen der Katrin nach Rückkehr zum Wirtshaus?

Auch nach der Rückkehr zum Wirtshaus kommt eine Strafbarkeit nach § 94 Abs 1 StGB nicht in Betracht. Da Katrin gerade abtransportiert wird, besteht für Gerald keine (vernünftige) Hilfeleistungsmöglichkeit mehr. Selbst wenn er eine solche Möglichkeit noch hätte, würde Katrin durch die Rettung wirksamer und effektiver geholfen werden als durch Gerald. Damit erfüllt er wiederum nicht den objektiven Tatbestand des § 94 Abs 1 StGB.

### 5. Gesamtergebnis

Gerald hat sich zu keinem Zeitpunkt wegen Imstichlassen eines Verletzten strafbar gemacht. Er hat jedoch eine fahrlässige Körperverletzung durch Unterlassung nach §§ 2, 88 Abs 1 und Abs 4 Fall 1 StGB begangen und wird gem § 88 Abs 4 Fall 1 StGB mit Freiheitsstrafe bis zu sechs Monaten oder mit Geldstrafe bis zu 360 Tagessätzen zu bestrafen sein.

---

*Prozessuales*

Aufgrund der Strafdrohung ist für die Hauptverhandlung nach den allgemeinen Zuständigkeitsregeln das Bezirksgericht sachlich zuständig (§ 30 Abs 1 StPO).

Ein diversionelles Vorgehen ist aufgrund der Höchststrafdrohung von bis zu sechs Monaten Freiheitsstrafe oder Geldstrafe bis zu 360 Tagessätzen zulässig und gerade bei derartigen Fahrlässigkeitsdelikten auch regelmäßig indiziert.

---

# VII. Auf der Alm gibt's koa Sünd'

## A. Sachverhalt

Julia hat ein Grundstück in einem Almgebiet geerbt. Das Grundstück in dem Almgebiet ist allerdings nicht als Bauland gewidmet, weshalb ein absolutes Bauverbot besteht.

Julia weiß um das geltende Bauverbot, schätzt aber die Idylle auf der Alm und will unbedingt ihr neues Wohnhaus dort bauen. Sie kennt zum Glück aus ihrer Schulzeit Franz, den amtierenden Bürgermeister der Gemeinde. Diesen drängt sie dazu, ihr dennoch eine Baubewilligung für ein Wohnhaus auf dem Almgrundstück zu erteilen. Franz weiß, dass er als Baubehörde erster Instanz eine solche Bewilligung nicht erteilen darf. Franz hat aber mehr Bedenken wegen seines Rufes im Ort und den damit verbundenen Wählerstimmen. Schließlich findet Franz eine Lösung: Er bietet Julia an, dass sie € 100.000 an den „Verein zur Förderung des Gemeindelebens" spenden soll und er dafür trotz des absoluten Bauverbots die Baubewilligung erteilen wird. Julia überweist das Geld auf das Vereinskonto und erhält anschließend die von Franz erteilte Baubewilligung für das Wohnhaus.

Franz ist zugleich auch Obmann des „Vereins zur Förderung des Gemeindelebens" und für alle Vereinskonten zeichnungsberechtigt. Da die Vereinskonten in der Regel nur spärlich gefüllt sind, ist der Eingang der € 100.000 sehr erfreulich. Franz nutzt die Gelegenheit und begleicht über das Vereinskonto eine ausschließlich ihn persönlich treffende Rechnung iHv € 20.000, indem er die Vereinshausbank anweist, den Betrag zu überweisen. Er weiß allerdings, dass lt den Vereinsstatuten Ausgaben nur im Sinne des Vereinszwecks erfolgen dürfen.

**Prüfen Sie die Strafbarkeit von Franz und Julia! Nennen Sie den ihnen drohenden Strafrahmen!**

# B. Kommentierter Lösungsvorschlag

## 1. Franz: Erteilung der Baubewilligung

### a) Vorüberlegungen

Zu prüfen ist, ob der Bürgermeister Franz einen **Missbrauch der Amtsgewalt gem § 302 Abs 1 StGB** begangen hat, indem er Julia – trotz eines gesetzlichen Verbots – als Baubehörde erster Instanz eine Baubewilligung für ihr zukünftiges Wohnhaus erteilt hat. Aufgrund der besonderen Struktur des Falles wird abweichend von der chronologischen Reihenfolge zunächst eine mögliche unmittelbare Täterschaft von Franz und erst danach das Vorliegen einer Bestimmungstäterschaft Julias geprüft.

### b) Tatbestand

#### aa) Objektiver Tatbestand

Auf objektiver Tatbestandsebene muss ein Beamter die ihm kraft seines Amtes eingeräumte Befugnis missbrauchen. Der Missbrauch der Amtsgewalt ist ein Sonderdelikt, dh der unmittelbare Täter muss Beamter sein. Beamter gem § 74 Abs 1 Z 4 StGB ist ua jeder, der bestellt ist, im Namen einer Gemeinde als deren Organ allein oder gemeinsam mit einem anderen Rechtshandlungen vorzunehmen. Der Bürgermeister Franz ist als Organ der Verwaltung bestellt, die Gemeinde zu vertreten.[100] Er ist somit **Beamter.**

Es ist zu prüfen, ob Franz die Befugnis eingeräumt wurde, Amtsgeschäfte im Namen der Gemeinde in Vollziehung der Gesetze vorzunehmen. Amtsgeschäfte sind (jedenfalls) Rechtshandlungen im Zusammenhang mit den jeweiligen dem Beamten überantworteten amtsspezifischen Aufgaben. Das Erteilen der Baubewilligung ist eine typische Aufgabe eines Bürgermeisters, da dieser Baubehörde erster Instanz ist. Unzweifelhaft ist die Erteilung einer Baubewilligung eine Rechtshandlung, da durch sie eine Rechtsfolge hervorgerufen wird. Es handelt sich somit um ein **Amtsgeschäft.**

Weiters muss das Amtsgeschäft in Vollziehung der Gesetze erfolgen, also im Rahmen der Hoheitsverwaltung. Durch den Bürgermeister ausgestellte Baubewilligungen ergehen an den Antragswerber in Form eines Bescheids. Der Bürgermeister vollzieht dadurch die Bauordnung und handelt somit hoheitlich. Franz hat folglich die **Befugnis,** in Vollziehung der Gesetze Amtsgeschäfte im Namen der Gemeinde vorzunehmen.

Bei einem Befugnismissbrauch verstößt der Machthaber im Rahmen seines rechtlichen Könnens gegen das ihm eingeräumte rechtliche Dürfen. Wegen des absoluten Bauverbots darf er für das geplante Wohnhaus keine Baubewilligung erteilen, obwohl er grds zur Erteilung von Baubewilligungen befugt wäre. Durch das Erteilen dieser Genehmigung **missbraucht** er somit seine Befugnis. Ein Schadenseintritt ist für § 302 StGB nicht erforderlich.[101] Der objektive Tatbestand ist erfüllt.

---

[100]) *Hinterhofer/Rosbaud,* BT II[6] § 302 Rz 21.
[101]) Siehe etwa OGH 9. 9. 1999, 15 Os 71/99.

### bb) Subjektiver Tatbestand

§ 302 StGB verlangt auf subjektiver Tatseite neben dem Tatbildvorsatz auch den erweiterten Vorsatz, einen anderen an seinen Rechten zu schädigen. Während der Befugnismissbrauch wissentlich erfolgen muss, reicht für die Verwirklichung des restlichen Tatbildvorsatzes sowie des erweiterten Vorsatzes Eventualvorsatz aus.

Der Täter muss es zumindest ernstlich für möglich halten und sich damit abfinden, dass er als Bürgermeister tätig wird und die ihm eingeräumte Befugnis hoheitlich ausübt. Franz weiß, dass er als Bürgermeister handelt und die Vollziehung der Bauordnung in seinen Aufgabenbereich fällt. Weil er im Namen der Gemeinde einen Bescheid für eine Baubewilligung ausstellt, ist er sich sicher, in Vollziehung der Gesetze zu handeln.

Weitere Voraussetzung ist der wissentliche Befugnismissbrauch. Franz ist sich sicher (§ 5 Abs 3 StGB), dass er Julia keine Baubewilligung für den Bau ihres Hauses erteilen darf. **Er missbraucht seine Befugnis daher wissentlich.**

Auch muss der Täter es zumindest ernstlich für möglich halten und sich damit abfinden, dass er einen anderen an seinen Rechten schädigt. Der Begriff des „anderen" ist dabei weit zu verstehen und kann sich etwa auf Einzelpersonen, Personengruppen oder auch Gebietskörperschaften beziehen. Franz weiß um das absolute Bauverbot. Er hält es somit für gewiss, mit der Baubewilligung das Recht des Landes zu schädigen, dass Wohngebäude nur auf solchen Grundstücken errichtet werden dürfen, die im Flächenwidmungsplan als Bauland ausgewiesen sind.[102] Der subjektive Tatbestand ist erfüllt.

### c) Rechtswidrigkeit

Die Rechtswidrigkeit der Tat wird durch die Tatbestandsmäßigkeit indiziert. Es erfolgt eine Negativprüfung. Nur bei Vorliegen von Rechtfertigungsgründen ist ein tatbestandsmäßiges Verhalten nicht rechtswidrig. Im Sachverhalt finden sich keine Anhaltspunkte für das Vorliegen von Rechtfertigungsgründen. Franz hat rechtswidrig gehandelt.

### d) Schuld

Auf Ebene der Schuld ist zu prüfen, ob Franz sein rechtswidriges Verhalten strafrechtlich vorgeworfen werden kann. Dem Täter kann sein Verhalten nur vorgeworfen werden, wenn er das Unrecht seiner Tat einsehen und nach dieser Einsicht handeln konnte (Schuldfähigkeit). Mangels Angaben im Sachverhalt kann seine Schuldfähigkeit zum Tatzeitpunkt angenommen werden. Weiters muss er im Bewusstsein handeln, gegen die Rechtsordnung zu verstoßen (Unrechtsbewusstsein). Da schon potentielles Unrechtsbewusstsein ausreicht und keine gegenteiligen Hinweise vorliegen, ist auch davon auszugehen, dass er zum Tatzeitpunkt mit Unrechtsbewusstsein gehandelt hat. Schließlich liegen keine Hinweise auf Entschuldigungsgründe vor. Franz hat schuldhaft gehandelt und ihm kann sein rechtswidriges Verhalten vorgeworfen werden.

---

[102] Siehe etwa OGH 4. 4. 1996, 11 Os 44/96.

### e) Sonstiges

Im Sachverhalt finden sich keine Anhaltspunkte, dass sonstige Strafbarkeitsvoraussetzungen fehlen.

### f) Ergebnis

Franz hat einen Missbrauch der Amtsgewalt nach § 302 Abs 1 StGB begangen und wird nach dieser Bestimmung mit Freiheitsstrafe von sechs Monaten bis zu fünf Jahren zu bestrafen sein.

## 2. Julia: Anstiften des Franz zum Erteilen der Baubewilligung

### a) Vorüberlegungen

§ 302 StGB ist ein unrechtsgeprägtes Sonderdelikt, dh nur der Befugnisträger (Intraneus) kann sich als unmittelbarer Täter strafbar machen. Andere Personen, die sich am Missbrauch der Amtsgewalt beteiligen (Extraneus), können nur Bestimmungstäter oder Täter durch sonstigen Beitrag sein. Julia kann sich demnach nicht als unmittelbare Täterin des § 302 StGB strafbar machen. Da Franz bisher noch keinen Tatentschluss zum **Missbrauch der Amtsgewalt** hatte, ist zu prüfen, ob Julia ihn dazu **bestimmt** hat (§§ 12 Fall 2, 14 Abs 1 Satz 2, 302 Abs 1 StGB).

### b) Tatbestand

#### aa) Vornahme einer Bestimmungshandlung

Als Bestimmungshandlung kommt jedes Verhalten in Betracht, welches bei einem anderen den Handlungsentschluss zu einer konkreten Straftat weckt, wobei die Straftat hinsichtlich des zu verwirklichenden Unrechts ausreichend bestimmt sein muss.[103] Julia drängt Franz, ihr trotz des Bauverbots eine Baubewilligung zu erteilen. Sie gibt Franz dadurch den Anstoß zur Tatausführung und setzt damit eine **Bestimmungshandlung.**

#### bb) Tatausführung durch den unmittelbaren Täter

Der Missbrauch der Amtsgewalt ist ein Sonderdelikt, weshalb § 14 StGB zu berücksichtigen ist. Man unterscheidet unrechtsgeprägte (§ 14 Abs 1 StGB) und schuldgeprägte Sonderdelikte (§ 14 Abs 2 StGB). Während sich an ersteren jedermann beteiligen kann, ist bei letzteren nur eine Beteiligung möglich, wenn die geforderten Schuldmerkmale auch beim Beteiligten vorliegen. § 302 StGB ist ein **unrechtsgeprägtes Sonderdelikt,** weshalb eine Beteiligung grds für jedermann möglich ist. § 302 StGB ist darüber hinaus ein Sonderpflichtdelikt, weil das Unrecht erst durch den Missbrauch einer besonderen Pflichtenstellung entsteht.[104] Bei diesen Delikten verlangt § 14 Abs 1 Satz 2 Fall 2 StGB für eine Strafbarkeit des Extraneus, dass der Intraneus in bestimmter Weise an der Tat mitwirkt.

Der Intraneus muss – je nach Ansicht – seine Befugnis

- wissentlich missbrauchen,
- mit Eventualvorsatz missbrauchen oder
- objektiv pflichtwidrig gebrauchen.

---

[103] *Kienapfel/Höpfel/Kert,* AT[16] Rz 34.9 ff.
[104] *Kienapfel/Höpfel/Kert,* AT[16] Rz 37.32 ff.

Nach dem OGH (und den Autoren) muss der Intraneus zumindest mit Eventualvorsatz seine Befugnis missbrauchen.[105]) Es ist allerdings für die Strafbarkeit des Extraneus nicht notwendig, dass der Intraneus darüber hinaus auch einen Schädigungsvorsatz hat.[106]) Franz hat seine Befugnis nicht nur mit Eventualvorsatz, sondern wissentlich missbraucht (s Punkt B.1.b.bb.). Daher hat Franz als Intraneus nach jeder vertretenen Ansicht **in bestimmter Weise an der Tat mitgewirkt**. Damit kann sich Julia als Extraneus grds am Missbrauch der Amtsgewalt beteiligen.

### cc) Subjektiver Tatbestand

Der Bestimmungstäter muss einen anderen vorsätzlich zur Vollendung einer strafbaren Handlung anstiften. Dabei muss er auch den deliktsspezifischen Vorsatz jenes Delikts haben, zu dem er den Ausführenden bestimmt.

Julia muss zumindest in laienhafter Weise erkennen, dass Franz als Bürgermeister Beamter ist und die Befugnis hat, Amtsgeschäfte als Organ der Gemeinde in Vollziehung der Gesetze vorzunehmen. Sie weiß, dass Franz Bürgermeister und somit ein in Vollziehung der Gesetze tätiges Organ der Gemeinde ist. Auch ist sie sich sicher, dass der Bürgermeister die zuständige Instanz für die Erteilung von Baubewilligungen ist und es sich hierbei um eine hoheitliche Tätigkeit handelt.

Das Wesensmerkmal des § 302 StGB ist der **wissentliche Missbrauch der Befugnis**. Daher muss auch der Bestimmungstäter in Bezug auf den Befugnismissbrauch wissentlich handeln. Umstritten ist allerdings, was der Bestimmungstäter für gewiss iSd § 5 Abs 3 StGB halten muss:[107])

- Der OGH verlangt, dass der Bestimmungstäter es für gewiss (§ 5 Abs 3 StGB) hält, dass der Ausführende zumindest mit Eventualvorsatz seine Befugnis missbraucht.
- Die von den Autoren bevorzugte Lösung setzt die Gewissheit des Bestimmungstäters voraus (§ 5 Abs 3 StGB), dass der Ausführende zumindest objektiv pflichtwidrig seine Befugnis gebraucht.

Beide Ansätze führen in diesem Fall zum selben Ergebnis: Aufgrund ihrer Kenntnis der Bauordnung ist sich Julia gewiss (§ 5 Abs 3 StGB), dass Franz die Baubewilligung nicht erteilen darf. Auch weiß sie aufgrund der Aussage von Franz, dass sich dieser sicher ist, eigentlich keine Baubewilligung erteilen zu dürfen. Da Julia weiß, dass Franz seine Befugnis wissentlich missbraucht, hat sie jedenfalls nach beiden Ansichten den erforderlichen Vorsatz auf den Befugnismissbrauch.

Außerdem muss Julia es ernstlich für möglich halten und sich damit abfinden, einen anderen an seinen Rechten zu schädigen (erweiterter Vorsatz). Julia weiß zumindest in laienhafter Weise, dass durch die Erteilung der Baubewilligung ein Recht des Landes verletzt wird, nämlich das Recht, Wohngebäude nur auf als Bauland ausgewiesenen Grundstücken zu errichten. Der subjektive Tatbestand ist erfüllt.

---

[105]) OGH 6. 10. 1987, 15 Os 131/87.
[106]) *Kienapfel/Höpfel/Kert*, AT[16] Rz 37.34.
[107]) Näher dazu *Kienapfel/Höpfel/Kert*, AT[16] Rz 37.38 f.

### c) Rechtswidrigkeit

Die Rechtswidrigkeit der Tat wird durch die Tatbestandsmäßigkeit indiziert. Es erfolgt eine Negativprüfung. Nur bei Vorliegen von Rechtfertigungsgründen ist ein tatbestandsmäßiges Verhalten nicht rechtswidrig. Im Sachverhalt finden sich keine Anhaltspunkte für das Vorliegen von Rechtfertigungsgründen. Julia hat rechtswidrig gehandelt.

### d) Schuld

Auf Ebene der Schuld ist zu prüfen, ob Julia ihr rechtswidriges Verhalten strafrechtlich vorgeworfen werden kann. Da keine Indizien dagegensprechen, hat Julia schuldhaft gehandelt.[108]

### e) Sonstiges

Im Sachverhalt finden sich keine Anhaltspunkte, dass sonstige Strafbarkeitsvoraussetzungen fehlen.

### f) Ergebnis

Julia hat eine Bestimmung zum Missbrauch der Amtsgewalt gem §§ 12 Fall 2, 14 Abs 1 Satz 2, 302 Abs 1 StGB begangen und wird nach § 302 Abs 1 StGB mit Freiheitsstrafe von sechs Monaten bis zu fünf Jahren zu bestrafen sein.

## 3. Franz: Verlangen einer „Spende" für die Erteilung der Baubewilligung

### a) Vorüberlegungen

Zu prüfen ist, ob sich Franz wegen **Bestechlichkeit gem § 304 Abs 1 und Abs 2 Fall 2 StGB** strafbar macht, weil er von Julia für die Erteilung der Baubewilligung € 100.000 für den Verein fordert.

### b) Tatbestand

#### aa) Objektiver Tatbestand

Bei der Bestechlichkeit handelt es sich um ein Sonderdelikt: Der unmittelbare Täter muss Amtsträger sein. Franz ist **Amtsträger** gem § 74 Abs 1 Z 4a lit b StGB, weil er als Bürgermeister für die Gemeinde als deren Organ Aufgaben der Verwaltung wahrnimmt, etwa die der Baubehörde erster Instanz.

Ein Vorteil ist jede materielle oder immaterielle Zuwendung, die den Täter (bzw einen Dritten) in seiner wirtschaftlichen, rechtlichen, gesellschaftlichen oder beruflichen Stellung besser stellt, ohne dass er einen Anspruch auf diese Zuwendung hätte. Der Betrag von € 100.000 ist eine materielle Zuwendung, auf die weder Franz noch der Verein einen rechtmäßigen Anspruch haben, und daher ein **Vorteil.**

---

[108] Für Erläuterungen zur Bedeutung der Begriffe Schuldfähigkeit und Unrechtsbewusstsein s Punkt B.1.d.

Mögliche Tathandlungen sind das Fordern, Annehmen oder Sich-Versprechen-Lassen eines Vorteils. Fordern bedeutet ein einseitiges Verlangen des Vorteils. Franz **fordert** den Vorteil, weil er die Zuwendung des Vorteils von Julia verlangt.

Das Fordern muss in einem Konnex zur pflichtwidrigen Vornahme oder Unterlassung eines Amtsgeschäfts stehen, also genau dafür erfolgen. Ob das Amtsgeschäft tatsächlich stattfindet, ist für die Verwirklichung des objektiven Tatbestands unbeachtlich. Bei der Erteilung der Baubewilligung handelt es sich um ein Amtsgeschäft (s dazu Punkt B.1.b.aa.). Generell ist die Vornahme oder Unterlassung eines solchen Amtsgeschäfts dann als pflichtwidrig zu qualifizieren, wenn bei der Vornahme oder Unterlassung gegen Amts- oder Dienstpflichten verstoßen wird. Da der Vorteil genau für die Vornahme eines spezifizierten Amtsgeschäfts (die Erteilung der Baubewilligung) entgegen einer konkreten rechtlichen Vorschrift (absolutes Bauverbot) gefordert wird, liegt ein **ursächlicher Zusammenhang (Konnex)** zwischen der Forderung und der pflichtwidrigen Vornahme eines Amtsgeschäfts vor.

Unerheblich ist in diesem Fall, dass die Zuwendung an den Verein und somit an eine vom Amtsträger verschiedene (juristische) Person geleistet wird **(Drittvorteil)**. Denn der Vorteil wird für den Verein für die pflichtwidrige Vornahme des Amtsgeschäfts – und somit in ursächlichem Zusammenhang – gefordert: Franz macht die Geldzahlung zur Bedingung für die Erteilung der Baubewilligung.

Bei der Bestechlichkeit handelt es sich um ein schlichtes Tätigkeitsdelikt, das bereits durch das Setzen der Tathandlung vollendet ist. Der objektive Tatbestand ist erfüllt.

### bb) Subjektiver Tatbestand

§ 304 StGB verlangt auf subjektiver Tatseite zumindest Eventualvorsatz hinsichtlich aller objektiven Tatbestandsmerkmale. Der Täter muss es daher zumindest ernstlich für möglich halten und sich damit abfinden, dass er als Amtsträger für die pflichtwidrige Vornahme eines Amtsgeschäfts einen Vorteil für einen Dritten fordert.

Franz ist sich als Bürgermeister gewiss, dass er für die Gemeinde als deren Organ tätig wird und erkennt somit zumindest in laienhafter Weise seine Amtsträgereigenschaft. Es kommt ihm darauf an, für den Verein eine materielle Zuwendung zu verlangen. Auch weiß er, dass kein rechtlicher Anspruch auf diese Besserstellung besteht. Somit ist er sich in laienhafter Weise aller Merkmale bewusst, die einen Vorteil ausmachen. Weiters weiß er, dass die Vollziehung der Bauordnung in seinen Aufgabenbereich als Bürgermeister fällt. Ebenfalls ist er sich sicher, dass bei einem absoluten Bauverbot die Erteilung der Baubewilligung pflichtwidrig wäre. Er zielt darauf ab, die Zuwendung genau für die Erteilung der Baubewilligung, also für die pflichtwidrige Vornahme eines Amtsgeschäfts, zu erhalten. Der subjektive Tatbestand ist erfüllt.

### cc) Qualifikation

Zu prüfen ist, ob durch den Vorteil iHv € 100.000 auch die Wertqualifikation des § 304 Abs 2 Fall 2 StGB erfüllt ist. Dies ist unstrittig zu bejahen, da die Summe € 50.000 übersteigt. Es kommt Franz auch gerade darauf an, diesen Betrag für den Verein zu lukrieren. Die **Qualifikation** ist erfüllt.

### c) Rechtswidrigkeit

Die Rechtswidrigkeit der Tat wird durch die Tatbestandsmäßigkeit indiziert. Es erfolgt eine Negativprüfung. Nur bei Vorliegen von Rechtfertigungsgründen ist ein tatbestandsmäßiges Verhalten nicht rechtswidrig. Im Sachverhalt finden sich keine Anhaltspunkte für das Vorliegen von Rechtfertigungsgründen. Franz hat rechtswidrig gehandelt.

### d) Schuld

Auf Ebene der Schuld ist zu prüfen, ob Franz sein rechtswidriges Verhalten strafrechtlich vorgeworfen werden kann. Da keine Indizien dagegensprechen, hat Franz schuldhaft gehandelt.[109]

### e) Sonstiges

Im Sachverhalt finden sich keine Anhaltspunkte, dass sonstige Strafbarkeitsvoraussetzungen fehlen.

### f) Ergebnis

Franz hat eine Bestechlichkeit nach § 304 Abs 1 und Abs 2 Fall 2 StGB begangen und wird nach § 304 Abs 2 Fall 2 StGB mit Freiheitsstrafe von einem bis zu zehn Jahren zu bestrafen sein.

## 4. Julia: Überweisung von € 100.000 an den Verein

### a) Vorüberlegungen

Zu prüfen ist, ob sich Julia wegen **Bestechung gem § 307 Abs 1 und Abs 2 Fall 2 StGB** strafbar macht, da sie dem Verein € 100.000 überweist, um die von ihr gewünschte Baubewilligung zu erlangen.

### b) Tatbestand

#### aa) Objektiver Tatbestand

Bei der Bestechung handelt es sich im Gegensatz zu der Bestechlichkeit um ein **Allgemeindelikt,** das von jedermann begangen werden kann. Es ist zu prüfen, ob Julia einem Amtsträger für die pflichtwidrige Vornahme oder Unterlassung eines Amtsgeschäfts einen Vorteil für ihn oder einen Dritten angeboten, versprochen oder gewährt hat.

Franz ist **Amtsträger** (s Punkt B.3.b.aa.). Der Geldbetrag stellt einen Vorteil dar (s Punkt B.3.b.aa.). Spiegelbildlich zu den Tathandlungen der Bestechlichkeit sind die Tathandlungen der Bestechung das Anbieten, Versprechen oder Gewähren eines Vorteils. Gewähren eines Vorteils bedeutet, diesen tatsächlich zuzuwenden. Julia überweist dem Verein € 100.000 und **gewährt dadurch einen Vorteil.**

Julia überweist genau deshalb dem Verein die € 100.000, da Franz entgegen den rechtlichen Vorschriften die Baubewilligung erteilen und somit pflichtwidrig

---

[109] Für Erläuterungen zur Bedeutung der Begriffe Schuldfähigkeit und Unrechtsbewusstsein s Punkt B.1.d.

ein Amtsgeschäft (s Punkt B.3.b.aa.) vornehmen soll. Es liegt ein ursächlicher Zusammenhang zwischen dem Gewähren des Vorteils und der pflichtwidrigen Vornahme eines Amtsgeschäfts vor. Die Zuwendung erfolgt an einen Dritten (s Punkt B.3.b.aa.) und weist ebenfalls den erforderlichen Konnex auf, da Julia dem Verein den Vorteil genau **für die pflichtwidrige Erteilung** der Baubewilligung durch Franz überweist.

Da es sich bei der Bestechung um ein schlichtes Tätigkeitsdelikt handelt, ist kein Eintritt eines Erfolgs zu prüfen. Der objektive Tatbestand ist erfüllt.

### bb) Subjektiver Tatbestand

Der Täter muss es zumindest ernstlich für möglich halten und sich damit abfinden, dass er einem Amtsträger für die pflichtwidrige Vornahme eines Amtsgeschäfts einen Vorteil für einen Dritten gewährt.

Julia weiß, dass Franz Bürgermeister und somit ein in Vollziehung der Gesetze tätiges Organ der Gemeinde ist und erkennt somit in laienhafter Weise, dass Franz Amtsträger ist. Selbstverständlich weiß sie auch, dass sie für Franz dem Verein und somit einem Dritten einen Geldbetrag zuwendet und damit einen Vorteil gewährt. Ihr kommt es darauf an, dass durch die Vorteilsgewährung an den Verein Franz in seiner Funktion als Baubehörde entgegen den Bauvorschriften eine Baubewilligung erteilen soll. Der subjektive Tatbestand ist erfüllt.

### cc) Qualifikationen

Zu prüfen ist, ob durch den Vorteil iHv € 100.000 auch die Wertqualifikation des § 307 Abs 2 Fall 2 StGB erfüllt ist. Die Summe übersteigt € 50.000 und erfüllt somit objektiv die Qualifikation. Auch weiß Julia um die Höhe des überwiesenen Betrags. Die **Qualifikation** ist erfüllt.

### c) Rechtswidrigkeit

Die Rechtswidrigkeit der Tat wird durch die Tatbestandsmäßigkeit indiziert. Es erfolgt eine Negativprüfung. Nur bei Vorliegen von Rechtfertigungsgründen ist ein tatbestandsmäßiges Verhalten nicht rechtswidrig. Im Sachverhalt finden sich keine Anhaltspunkte für das Vorliegen von Rechtfertigungsgründen. Julia hat rechtswidrig gehandelt.

### d) Schuld

Auf Ebene der Schuld ist zu prüfen, ob Julia ihr rechtswidriges Verhalten strafrechtlich vorgeworfen werden kann. Da keine Indizien dagegensprechen, hat Julia schuldhaft gehandelt.[110]

### e) Sonstiges

Im Sachverhalt finden sich keine Anhaltspunkte, dass sonstige Strafbarkeitsvoraussetzungen fehlen.

---

[110] Für Erläuterungen zur Bedeutung der Begriffe Schuldfähigkeit und Unrechtsbewusstsein s Punkt B.1.d.

### f) Ergebnis

Julia hat eine Bestechung nach § 307 Abs 1 und Abs 2 Fall 2 StGB begangen und wird gem § 307 Abs 2 Fall 2 StGB mit Freiheitsstrafe von einem bis zu zehn Jahren zu bestrafen sein.

## 5. Franz: Anweisung, die Privatrechnung vom Vereinskonto zu bezahlen

### a) Vorüberlegungen

Zu prüfen ist, ob Franz eine **Untreue gem § 153 Abs 1 und Abs 3 Fall 1 StGB** begeht, indem er die Hausbank anweist, eine nur ihn persönlich treffende Verbindlichkeit iHv € 20.000 zu begleichen.

### b) Tatbestand

#### aa) Objektiver Tatbestand

Der objektive Tatbestand der Untreue verlangt, dass ein Machthaber im Rahmen einer rechtlichen Vertretungshandlung seine Befugnis missbraucht und dadurch seinem Machtgeber einen Vermögensschaden (Erfolg) zufügt.

Der unmittelbare Täter der Untreue muss befugt sein, über fremdes Vermögen zu verfügen oder einen anderen zu verpflichten. Dadurch wird dieser zum Machthaber über das Vermögen des Machtgebers. Franz hat als Obmann des Vereins die **eingeräumte Befugnis** über das Vermögen des Vereins zu verfügen und ist somit dessen Machthaber.

Franz setzt durch die Anweisung an die Vereinshausbank, eine Überweisung durchzuführen, eine Handlung mit rechtlichem Charakter. Es handelt sich dabei um eine **rechtliche Vertretungshandlung.**

Der Machthaber missbraucht dabei seine Befugnis, wenn diese Vertretungshandlung in unvertretbarer Weise gegen solche Regeln verstößt, die dem Vermögensschutz des wirtschaftlich Berechtigten dienen (§ 153 Abs 2 StGB).

Die Vereinsstatuten legen fest, dass Ausgaben nur im Sinne des Vereinszwecks erfolgen dürfen. Die Vereinsstatuten sind hierbei auch Regeln, die dem Vermögensschutz des Machtgebers dienen, weil dadurch der Vermögensbestand des Machtgebers gewahrt und sichergestellt wird, dass der Machthaber immer im Sinne des Vereinszwecks handeln muss und auch Ausgaben nur zur Erfüllung des Vereinszwecks zulässig sind. Der Verein ist dabei nicht nur Machtgeber, sondern zugleich auch wirtschaftlich Berechtigter des Vereinsvermögens. Deshalb handelt es sich bei den Vereinsstatuten um Regeln iSd § 153 Abs 2 StGB.

Indem Franz eine Anweisung zur Überweisung der nur ihn persönlich und nicht den Verein betreffenden Rechnung iHv € 20.000 tätigt, verstößt er gegen die Vereinsstatuten, die nur Ausgaben im Sinne und zur Erfüllung des Vereinszwecks erlauben. Somit setzt er sich über Beschränkungen im Innenverhältnis hinweg und verstößt dabei in unvertretbarer Weise gegen die Vereinsstatuten, die jedenfalls auch dem Vermögensschutz des Vereins dienen.

Franz missbraucht daher seine Befugnis als Machthaber, da er jedenfalls **gegen die Vorgaben seines Machtgebers** handelt und somit in unvertretbarer Weise gegen solche Regeln verstößt, die dem Vermögensschutz des wirtschaftlich Berechtigten dienen.[111]) Der Missbrauch der Befugnis muss zu einem Vermögensschaden führen. Ob ein Vermögensschaden vorliegt, wird in einer saldierenden Betrachtungsweise festgestellt. Dabei wird das Vermögen vor und nach der Tathandlung miteinander verglichen und auch hinzugekommene Vermögenswerte werden berücksichtigt. In diesem Fall ist der Vermögensstand des Vereins nach der missbräuchlichen Anweisung der Überweisung durch Franz um € 20.000 niedriger. Es erfolgt dafür auch keine Gegenleistung. Damit liegt ein **Vermögensschaden** vor.

Der Erfolg muss der Tathandlung objektiv zugerechnet werden. Die Kausalität wird mit Hilfe der csqn-Formel geprüft. Denkt man sich die Anweisung zur Überweisung weg, wäre das Vereinskonto nicht einseitig belastet worden, wodurch der Vermögensschaden nicht eingetreten wäre. Die normative Zurechnung bereitet keine Probleme. Der Erfolg kann der Tathandlung **objektiv zugerechnet** werden. Der objektive Tatbestand ist erfüllt.

### bb) Subjektiver Tatbestand

Der Täter benötigt zum Zeitpunkt der Tathandlung zumindest Eventualvorsatz, dass er die Befugnis hat, den Machtgeber rechtlich zu verpflichten. Der Täter muss weiters seine **Befugnis wissentlich missbrauchen**. Darüber hinaus muss der Täter Eventualvorsatz auf die Zufügung eines Vermögensschadens haben.

Franz weiß zum Zeitpunkt der Anweisung der Überweisung, dass er als zeichnungsberechtigter Vereinsobmann über das Vereinskonto verfügen kann. Franz ist sich weiters sicher, dass die Anweisung der Überweisung der € 20.000 nicht iSd Vereinszwecks erfolgt und hält es deshalb für gewiss (§ 5 Abs 3 StGB), dass er diese Handlung nicht setzen darf. Er weiß folglich auch, dass er gegen interne Beschränkungen verstößt, die dem Schutz des Vereinsvermögens und damit dem Vermögensschutz des Vereins dienen. Daher missbraucht er seine Befugnis wissentlich. Er ist sich sicher, dass dem Verein ein Vermögensschaden entsteht, weil der Verein keinen Nutzen aus der Begleichung der privaten Verbindlichkeit zieht. Der subjektive Tatbestand ist erfüllt.

### cc) Qualifikation

Weiters ist die Wertqualifikation des § 153 Abs 3 Fall 1 StGB zu prüfen. Objektiv liegt ein Vermögensschaden iHv € 20.000 vor, der somit € 5.000 übersteigt. Franz kommt es durch die Anweisung der Überweisung gerade darauf an, dass ein Betrag in dieser Höhe vom Konto überwiesen wird. Die **Qualifikation** ist erfüllt.

### c) Rechtswidrigkeit

Die Rechtswidrigkeit der Tat wird durch die Tatbestandsmäßigkeit indiziert. Es erfolgt eine Negativprüfung. Nur bei Vorliegen von Rechtfertigungsgründen ist ein tatbestandsmäßiges Verhalten nicht rechtswidrig. Im Sachverhalt finden sich keine Anhaltspunkte für das Vorliegen von Rechtfertigungsgründen. Franz hat rechtswidrig gehandelt.

---

[111]) OGH 11. 10. 2017, 13 Os 55/17 p.

### d) Schuld

Auf Ebene der Schuld ist zu prüfen, ob Franz sein rechtswidriges Verhalten strafrechtlich vorgeworfen werden kann. Da keine Indizien dagegensprechen, hat Franz schuldhaft gehandelt.[112])

### e) Sonstiges

Schließlich gilt es noch zu prüfen, ob Franz die Untreue als Beamter unter Ausnützung der ihm durch seine Amtstätigkeit gebotenen Gelegenheit begangen hat (§ 153 Abs 1 und Abs 3 Fall 1 iVm § 313 StGB). Die Anweisung des Betrages von € 20.000 tätigt er aber nicht in seiner Funktion als Bürgermeister (und damit als Beamter), sondern als Obmann des Vereins. Aus diesem Grund kommt die Anwendung von § 313 StGB nicht in Betracht.

### f) Ergebnis

Franz hat eine Untreue nach § 153 Abs 1 und Abs 3 Fall 1 StGB begangen und wird gem § 153 Abs 3 Fall 1 StGB mit Freiheitsstrafe bis zu drei Jahren zu bestrafen sein.

## 6. Gesamtergebnis

### a) Gesamtergebnis Franz

Franz hat einen Missbrauch der Amtsgewalt nach § 302 Abs 1 StGB, eine Bestechlichkeit nach § 304 Abs 1 und Abs 2 Fall 2 StGB und eine Untreue nach § 153 Abs 1 und Abs 3 Fall 1 StGB begangen. Nachdem die Delikte auf unterschiedlichen Tathandlungen gründen, die jeweils von einem separaten Vorsatz getragen werden, stehen diese im Verhältnis der echten Realkonkurrenz und es ist ein gemeinsamer Strafrahmen zu bilden. Da die Delikte jeweils nur Freiheitsstrafen vorsehen, wird der gemeinsame Strafrahmen aus der höchsten Höchst- und der höchsten Mindeststrafdrohung gebildet. Franz wird daher unter Anwendung des § 28 Abs 1 StGB nach § 304 Abs 2 Fall 2 StGB mit Freiheitsstrafe von einem bis zu zehn Jahren zu bestrafen sein.

### b) Gesamtergebnis Julia

Julia hat eine Bestimmung zum Missbrauch der Amtsgewalt nach §§ 12 Fall 2, 14 Abs 1 Satz 2, 302 Abs 1 StGB und eine Bestechung nach § 307 Abs 1 und Abs 2 Fall 2 StGB begangen. Nachdem die Delikte auf unterschiedlichen Tathandlungen gründen, die jeweils von einem separaten Vorsatz getragen werden, stehen diese im Verhältnis der echten Realkonkurrenz und es ist ein gemeinsamer Strafrahmen zu bilden. Da die Delikte jeweils nur Freiheitsstrafen vorsehen, wird der gemeinsame Strafrahmen aus der höchsten Höchst- und der höchsten Mindeststrafdrohung gebildet. Julia wird daher unter Anwendung des § 28 Abs 1 StGB nach § 307 Abs 2 Fall 2 StGB mit Freiheitsstrafe von einem bis zu zehn Jahren zu bestrafen sein.

---

[112]) Für Erläuterungen zur Bedeutung der Begriffe Schuldfähigkeit und Unrechtsbewusstsein s Punkt B.1.d.

*Prozessuales*

Das Ermittlungsverfahren gegen Franz und Julia ist von derselben Staatsanwaltschaft gemeinsam zu führen, da mehrere Personen an derselben strafbaren Handlungen beteiligt sind (§ 26 Abs 1 StPO). Für das Ermittlungsverfahren gegen Franz und Julia ist gem § 20a Abs 1 Z 5 StPO die zentrale Staatsanwaltschaft zur Verfolgung von Wirtschaftsstrafsachen und Korruption (WKStA) zuständig, weil die Tat nach § 304 StGB bzw § 307 StGB jeweils in Bezug auf einen € 3.000 übersteigenden Wert des Vorteils begangen wurde.

Aufgrund der Strafdrohung ist für die Hauptverhandlung nach den allgemeinen Zuständigkeitsregeln das Landesgericht als Schöffengericht sachlich zuständig (§ 31 Abs 3 Z 1 StPO). Dieses muss gem § 32 Abs 1a Z 5 StPO nicht zwingend aus zwei Richtern und zwei Schöffen bestehen, weil die Tat nach § 304 StGB bzw § 307 StGB jeweils nicht in Bezug auf einen € 100.000 übersteigenden Vorteil begangen wurde (hat die Staatsanwaltschaft in der Anklageschrift oder der Angeklagte innerhalb der Einspruchsfrist eine solche Besetzung verlangt, ist das Landesgericht als Schöffengericht gem § 32 Abs 1b StPO allerdings unabhängig von den Voraussetzungen des § 32 Abs 1a StPO mit zwei Richtern und zwei Schöffen zu besetzen).

Ein diversionelles Vorgehen ist bereits aufgrund der Höchststrafdrohung von Freiheitsstrafe bis zu zehn Jahren nicht zulässig.

# C. Lösungsvorschlag

## 1. Franz: Erteilung der Baubewilligung

### a) Vorüberlegungen

Zu prüfen ist, ob Franz einen **Missbrauch der Amtsgewalt gem § 302 Abs 1 StGB** begeht, indem er Julia trotz gesetzlichen Verbots als Baubehörde erster Instanz eine Baubewilligung erteilt.

### b) Tatbestand

#### aa) Objektiver Tatbestand

Der Bürgermeister Franz ist als Organ der Verwaltung bestellt, die Gemeinde zu vertreten. Er ist somit **Beamter** iSd § 74 Abs 1 Z 4 StGB.

Das Erteilen der Baubewilligung ist eine typische Aufgabe eines Bürgermeisters, da dieser Baubehörde erster Instanz ist. Unzweifelhaft ist die Erteilung einer Baubewilligung eine Rechtshandlung, da durch sie eine Rechtsfolge hervorgerufen wird. Es handelt sich somit um ein **Amtsgeschäft.**

Durch den Bürgermeister ausgestellte Baubewilligungen ergehen als Bescheid. Der Bürgermeister vollzieht dadurch die Bauordnung und handelt somit hoheitlich. Franz hat folglich die **Befugnis,** in Vollziehung der Gesetze Amtsgeschäfte im Namen der Gemeinde vorzunehmen.

Wegen des absoluten Bauverbots darf er für das Haus keine Baubewilligung erteilen, obwohl er grds zur Erteilung von Baubewilligungen befugt wäre. Durch das Erteilen dieser Genehmigung **missbraucht** er somit seine Befugnis. Der objektive Tatbestand ist erfüllt.

### bb) Subjektiver Tatbestand

Franz weiß, dass er als Bürgermeister handelt und als Baubehörde erster Instanz für die Vollziehung der Bauordnung zuständig ist. Weil er im Namen der Gemeinde einen Bescheid für eine Baubewilligung ausstellt, ist er sich sicher, in Vollziehung der Gesetze zu handeln.

Franz ist sich sicher (§ 5 Abs 3 StGB), dass er Julia keine Baubewilligung für den Bau ihres Hauses erteilen darf. Er **missbraucht seine Befugnis daher wissentlich.**

Franz weiß um das absolute Bauverbot. Er hält es somit für gewiss, mit der Baubewilligung das Recht des Landes zu schädigen, dass Wohngebäude nur auf solchen Grundstücken errichtet werden dürfen, die im Flächenwidmungsplan als Bauland ausgewiesen sind. Der subjektive Tatbestand ist erfüllt.

### c) Rechtswidrigkeit

Mangels gegenläufiger Hinweise hat sich Franz rechtswidrig verhalten.

### d) Schuld

Da keine Indizien dagegensprechen, hat Franz schuldhaft gehandelt.

### e) Sonstiges

Es gibt keine Anhaltspunkte, dass sonstige Strafbarkeitsvoraussetzungen fehlen.

### f) Ergebnis

Franz hat einen Missbrauch der Amtsgewalt nach § 302 Abs 1 StGB begangen und wird nach dieser Bestimmung mit Freiheitsstrafe von sechs Monaten bis zu fünf Jahren zu bestrafen sein.

## 2. Julia: Anstiften des Franz zum Erteilen der Baubewilligung

### a) Vorüberlegungen

Julia kann sich nicht als unmittelbare Täterin des § 302 StGB strafbar machen, da § 302 StGB ein unrechtsgeprägtes Sonderdelikt ist. Da Franz bisher noch keinen Tatentschluss zum **Missbrauch der Amtsgewalt** hatte, ist zu prüfen, ob Julia ihn dazu **bestimmt** hat (§§ 12 Fall 2, 14 Abs 1 Satz 2, 302 Abs 1 StGB).

### b) Tatbestand

#### aa) Vornahme einer Bestimmungshandlung

Julia drängt Franz, ihr trotz des Bauverbots eine Baubewilligung zu erteilen. Sie gibt Franz dadurch den Anstoß zur Tatausführung und setzt damit eine **Bestimmungshandlung.**

#### bb) Tatausführung durch den unmittelbaren Täter

Franz hat seine Befugnis nicht nur mit Eventualvorsatz, sondern wissentlich missbraucht (s Punkt C.1.b.bb.). Der unmittelbare Täter muss für die Strafbarkeit eines Bestimmungstäters in bestimmter Weise an der Tat mitwirken. Es gibt dazu mehrere Ansichten (bei § 302 StGB: wissentlicher Befugnismissbrauch oder mit Eventualvorsatz oder objektiv pflichtwidriger Befugnisgebrauch). Franz wirkt nach allen Varianten **in bestimmter Weise an der Tat** mit, da er wissentlich seine Befugnis missbraucht. Daher kann sich Julia grds als Extraneus am Missbrauch der Amtsgewalt beteiligen.

### cc) Subjektiver Tatbestand

Julia weiß, dass Franz Bürgermeister ist und somit die Gemeinde vertritt. Auch ist sie sich sicher, dass der Bürgermeister für die Erteilung von Baubewilligungen zuständig ist und es sich hierbei um eine hoheitliche Tätigkeit handelt. Damit erkennt sie zumindest in laienhafter Weise, dass Franz Beamter ist und die notwendige Befugnis für das Erteilen von Baubewilligungen hat.

Aufgrund ihrer Kenntnis der Bauordnung ist Julia sich gewiss (§ 5 Abs 3 StGB), dass Franz die Baubewilligung nicht erteilen darf. Auch weiß sie wegen der Aussage von Franz, dass sich dieser sicher ist, eigentlich keine Baubewilligung erteilen zu dürfen. Sie hat daher jedenfalls den erforderlichen Vorsatz hinsichtlich des Befugnismissbrauchs.

Julia weiß zumindest in laienhafter Weise, dass durch die Erteilung der Baubewilligung ein Recht des Landes verletzt wird, nämlich das Recht, Wohngebäude nur auf als Bauland ausgewiesenen Grundstücken zu errichten. Der subjektive Tatbestand ist erfüllt.

### c) Rechtswidrigkeit

Mangels gegenläufiger Hinweise hat sich Julia rechtswidrig verhalten.

### d) Schuld

Da keine Indizien dagegensprechen, hat Julia schuldhaft gehandelt.

### e) Sonstiges

Es gibt keine Anhaltspunkte, dass sonstige Strafbarkeitsvoraussetzungen fehlen.

### f) Ergebnis

Julia hat eine Bestimmung zum Missbrauch der Amtsgewalt nach §§ 12 Fall 2, 14 Abs 1 Satz 2, 302 Abs 1 StGB begangen und wird nach § 302 Abs 1 StGB mit Freiheitsstrafe von sechs Monaten bis zu fünf Jahren zu bestrafen sein.

## 3. Franz: Verlangen einer „Spende" für die Erteilung der Baubewilligung

### a) Vorüberlegungen

Zu prüfen ist, ob sich Franz wegen **Bestechlichkeit gem § 304 Abs 1 und Abs 2 Fall 2 StGB** strafbar macht, weil er von Julia für die Erteilung der Baubewilligung € 100.000 für den Verein fordert.

## b) Tatbestand

### aa) Objektiver Tatbestand

Franz ist **Amtsträger** gem § 74 Abs 1 Z 4 a lit b StGB, da er als Bürgermeister für die Gemeinde als deren Organ Aufgaben der Verwaltung wahrnimmt, etwa die der Baubehörde erster Instanz.

Der Betrag von € 100.000 ist eine materielle Zuwendung, auf die weder Franz noch der Verein einen rechtmäßigen Anspruch haben, und somit ein Vorteil.

Franz **fordert den Vorteil,** weil er dessen Zuwendung von Julia verlangt.

Bei der Erteilung der Baubewilligung handelt es sich um ein Amtsgeschäft (s dazu Punkt C.1.b.aa.). Da der Vorteil genau für die Vornahme eines spezifizierten Amtsgeschäfts (die Erteilung der Baubewilligung) entgegen einer konkreten rechtlichen Vorschrift (absolutes Bauverbot) gefordert wird, liegt ein **ursächlicher Zusammenhang** zwischen der Forderung und der pflichtwidrigen Vornahme eines Amtsgeschäfts vor.

Unerheblich ist in diesem Fall, dass die Zuwendung an den Verein (einen Dritten) geleistet wird. Denn der Vorteil wird für den Verein für die pflichtwidrige Vornahme des Amtsgeschäfts – und somit in ursächlichem Zusammenhang – gefordert: Franz macht die Geldzahlung zur Bedingung für die Erteilung der Baubewilligung. Der objektive Tatbestand ist erfüllt.

### bb) Subjektiver Tatbestand

Franz ist sich als Bürgermeister gewiss, dass er für die Gemeinde als deren Organ tätig wird und erkennt somit zumindest in laienhafter Weise seine Amtsträgereigenschaft. Es kommt ihm darauf an, für den Verein eine materielle Zuwendung zu verlangen, also einen Vorteil zu fordern. Weiters weiß er, dass die Vollziehung der Bauordnung in seinen Aufgabenbereich als Bürgermeister fällt. Ebenfalls ist er sich sicher, dass bei einem absoluten Bauverbot die Erteilung der Baubewilligung pflichtwidrig wäre. Er zielt darauf ab, die Zuwendung genau für die Erteilung der Baubewilligung, also für die pflichtwidrige Vornahme eines Amtsgeschäfts, zu erhalten. Der subjektive Tatbestand ist erfüllt.

### cc) Qualifikationen

Zu prüfen ist, ob durch den Vorteil iHv € 100.000 auch die Wertqualifikation des § 304 Abs 2 Fall 2 StGB erfüllt ist. Dies ist unstrittig zu bejahen, da die Summe € 50.000 übersteigt. Es kommt Franz auch gerade darauf an, diesen Betrag für den Verein zu lukrieren. Die **Qualifikation** ist erfüllt.

## c) Rechtswidrigkeit

Mangels gegenläufiger Hinweise hat sich Franz rechtswidrig verhalten.

## d) Schuld

Da keine Indizien dagegensprechen, hat Franz schuldhaft gehandelt.

## e) Sonstiges

Es gibt keine Anhaltspunkte, dass sonstige Strafbarkeitsvoraussetzungen fehlen.

### f) Ergebnis

Franz hat eine Bestechlichkeit nach § 304 Abs 1 und Abs 2 Fall 2 StGB begangen und wird gem § 304 Abs 2 Fall 2 StGB mit Freiheitsstrafe von einem bis zu zehn Jahren zu bestrafen sein.

## 4. Julia: Überweisung von € 100.000 an den Verein

### a) Vorüberlegungen

Zu prüfen ist, ob sich Julia wegen **Bestechung gem § 307 Abs 1 und Abs 2 Fall 2 StGB** strafbar macht, da sie dem Verein € 100.000 überweist, um die von ihr gewünschte Baubewilligung zu erlangen.

### b) Tatbestand

### aa) Objektiver Tatbestand

Franz ist **Amtsträger** (s Punkt C.3.b.aa.). Der Geldbetrag stellt einen Vorteil dar (s Punkt C.3.b.aa.). Julia überweist dem Verein € 100.000 und **gewährt dadurch einen Vorteil.**

Julia überweist genau deshalb die € 100.000 an den Verein, da Franz entgegen dem Bauverbot die Baubewilligung erteilen und somit pflichtwidrig ein Amtsgeschäft vornehmen soll. Es liegt ein **ursächlicher Zusammenhang** zwischen dem Gewähren des Vorteils und der pflichtwidrigen Vornahme des Amtsgeschäfts vor. Die Zuwendung erfolgt an einen **Dritten** (s Punkt C.3.b.aa.) und weist ebenfalls den erforderlichen Konnex auf, da Julia dem Verein den Vorteil genau für die pflichtwidrige Erteilung der Baubewilligung durch Franz überweist. Der objektive Tatbestand ist erfüllt.

### bb) Subjektiver Tatbestand

Julia weiß, dass Franz Bürgermeister und somit ein in Vollziehung der Gesetze tätiges Organ der Gemeinde ist und erkennt damit zumindest in laienhafter Weise, dass Franz Amtsträger ist.

Weiters weiß sie auch, dass sie für Franz dem Verein und somit einem Dritten einen Geldbetrag zuwendet und damit einen Vorteil gewährt. Ihr kommt es darauf an, dass Franz in seiner Funktion als Baubehörde durch die Vorteilsgewährung an den Verein entgegen den Bauvorschriften eine Baubewilligung erteilen soll. Der subjektive Tatbestand ist erfüllt.

### cc) Qualifikationen

Zu prüfen ist, ob durch den Vorteil iHv € 100.000 auch die Wertqualifikation des § 307 Abs 2 Fall 2 StGB erfüllt ist. Die Summe übersteigt € 50.000 und erfüllt somit objektiv die Qualifikation. Auch weiß Julia um die Höhe des überwiesenen Betrags. Die **Qualifikation** ist erfüllt.

### c) Rechtswidrigkeit

Mangels gegenläufiger Hinweise hat sich Julia rechtswidrig verhalten.

### d) Schuld

Da keine Indizien dagegensprechen, hat Julia schuldhaft gehandelt.

### e) Sonstiges

Es gibt keine Anhaltspunkte, dass sonstige Strafbarkeitsvoraussetzungen fehlen.

### f) Ergebnis

Julia hat eine Bestechung nach § 307 Abs 1 und Abs 2 Fall 2 StGB begangen und wird nach § 307 Abs 2 Fall 2 StGB mit Freiheitsstrafe von einem bis zu zehn Jahren zu bestrafen sein.

## 5. Franz: Anweisung, die Privatrechnung vom Vereinskonto zu bezahlen

### a) Vorüberlegungen

Zu prüfen ist, ob Franz eine **Untreue gem § 153 Abs 1 und Abs 3 Fall 1 StGB** begeht, indem er die Hausbank anweist, eine nur ihn persönlich treffende Verbindlichkeit iHv € 20.000 zu begleichen.

### b) Tatbestand

#### aa) Objektiver Tatbestand

Franz hat als Obmann des Vereins die **eingeräumte Befugnis** über das Vermögen des Vereins zu verfügen und ist somit deren Machthaber.

Er setzt durch die Anweisung der Vereinshausbank, eine Überweisung durchzuführen, eine Handlung mit rechtlichem Charakter.

Franz verfügt über das Vereinsvermögen und verpflichtet den Verein zur Zahlung der ausschließlich ihn persönlich treffenden Forderung iHv € 20.000. Franz **missbraucht** dadurch seine **Befugnis als Machthaber,** indem er in unvertretbarer Weise gegen solche Regeln verstößt, die dem Vermögensschutz des wirtschaftlich Berechtigten dienen, weil er lt den Vereinsstatuten keine Ausgaben tätigen darf, die nicht im Sinne des Vereinszwecks liegen. Weiters dienen die Vereinsstatuten durch die Einschränkung von Ausgaben auf solche im Sinne des Vereinszwecks auch dem Vermögensschutz des wirtschaftlich Berechtigten (nämlich des Vereins).

Der Vermögensstand des Vereins ist nach der missbräuchlichen Anweisung der Überweisung durch Franz um € 20.000 niedriger. Es erfolgt auch keine Gegenleistung. Damit liegt ein **Vermögensschaden** vor.

Denkt man sich die Anweisung der Überweisung weg, wäre das Vereinskonto nicht einseitig belastet worden und in weiterer Folge der Vermögensschaden nicht eingetreten. Das Verhalten des Franz war kausal für den Erfolgseintritt. Der objektive Tatbestand ist erfüllt.

#### bb) Subjektiver Tatbestand

Franz weiß zum Zeitpunkt der Anweisung der Überweisung, dass er als zeichnungsberechtigter Obmann über das Vereinskonto verfügen kann. Franz ist sich weiters sicher (§ 5 Abs 3 StGB), dass die Anweisung der Überweisung einer privaten

Rechnung eindeutig gegen die Vereinsstatuten verstößt und die Vereinsstatuten auch dem Vermögensschutz des Vereins dienen. Dadurch missbraucht er seine Befugnis wissentlich. Er ist sich auch sicher, dass dem Verein ein Vermögensschaden entsteht, weil der Verein keinen Nutzen aus der Begleichung der privaten Verbindlichkeit zieht. Der subjektive Tatbestand ist erfüllt.

### cc) Qualifikationen

Weiters ist die Wertqualifikation des § 153 Abs 3 Fall 1 StGB zu prüfen. Objektiv liegt ein Vermögensschaden iHv € 20.000 vor, der somit € 5.000 übersteigt. Franz kommt es durch die Anweisung der Überweisung gerade darauf an, dass ein Betrag in dieser Höhe vom Konto überwiesen wird. Die **Qualifikation** ist erfüllt.

### c) Rechtswidrigkeit

Mangels gegenläufiger Hinweise hat sich Franz rechtswidrig verhalten.

### d) Schuld

Da keine Indizien dagegensprechen, hat Franz schuldhaft gehandelt.

### e) Sonstiges

Franz begeht die Untreue nicht unter Ausnützung der ihm durch seine Amtstätigkeit gebotenen Gelegenheit sondern als Vereinsobmann, weshalb die Anwendung von § 313 StGB nicht in Betracht kommt.

### f) Ergebnis

Franz hat eine Untreue nach § 153 Abs 1, Abs 3 Fall 1 StGB begangen und wird gem § 153 Abs 3 Fall 1 StGB mit Freiheitsstrafe bis zu drei Jahren zu bestrafen sein.

## 6. Gesamtergebnis

### a) Gesamtergebnis Franz

Franz hat einen Missbrauch der Amtsgewalt nach § 302 Abs 1 StGB, eine Bestechlichkeit nach § 304 Abs 1 und Abs 2 Fall 2 StGB und eine Untreue nach § 153 Abs 1 und Abs 3 Fall 1 StGB begangen. Diese Delikte gründen auf unterschiedlichen Tathandlungen, die jeweils von einem separaten Vorsatz getragen werden, und stehen im Verhältnis der echten Realkonkurrenz zueinander. Franz wird daher unter Anwendung des § 28 Abs 1 StGB nach § 304 Abs 2 Fall 2 StGB mit Freiheitsstrafe von einem bis zu zehn Jahren zu bestrafen sein.

### b) Gesamtergebnis Julia

Julia hat eine Bestimmung zum Missbrauch der Amtsgewalt nach §§ 12 Fall 2, 14 Abs 1 Satz 2, 302 Abs 1 StGB und eine Bestechung nach § 307 Abs 1 und Abs 2 Fall 2 StGB begangen. Diese Delikte gründen auf unterschiedlichen Tathandlungen, die jeweils von einem separaten Vorsatz getragen werden, und stehen im Verhältnis der echten Realkonkurrenz zueinander. Julia wird daher unter Anwendung des § 28 Abs 1 StGB nach § 307 Abs 2 Fall 2 StGB mit Freiheitsstrafe von einem bis zu zehn Jahren zu bestrafen sein.

*Prozessuales*

Das Ermittlungsverfahren gegen Franz und Julia ist von derselben Staatsanwaltschaft gemeinsam zu führen, da mehrere Personen an derselben strafbaren Handlungen beteiligt sind (§ 26 Abs 1 StPO). Für das Ermittlungsverfahren gegen Franz und Julia ist gem § 20a Abs 1 Z 5 StPO die zentrale Staatsanwaltschaft zur Verfolgung von Wirtschaftsstrafsachen und Korruption (WKStA) zuständig, weil die Tat nach § 304 StGB bzw § 307 StGB jeweils in Bezug auf einen € 3.000 übersteigenden Wert des Vorteils begangen wurde.

Aufgrund der Strafdrohung ist für die Hauptverhandlung nach den allgemeinen Zuständigkeitsregeln das Landesgericht als Schöffengericht sachlich zuständig (§ 31 Abs 3 Z 1 StPO). Dieses muss gem § 32 Abs 1a Z 5 StPO nicht zwingend aus zwei Richtern und zwei Schöffen bestehen, weil die Tat nach § 304 StGB bzw § 307 StGB jeweils nicht in Bezug auf einen € 100.000 übersteigenden Vorteil begangen wurde (hat die Staatsanwaltschaft in der Anklageschrift oder der Angeklagte innerhalb der Einspruchsfrist eine solche Besetzung verlangt, ist das Landesgericht als Schöffengericht gem § 32 Abs 1b StPO allerdings unabhängig von den Voraussetzungen des § 32 Abs 1a StPO mit zwei Richtern und zwei Schöffen zu besetzen).

Ein diversionelles Vorgehen ist bereits aufgrund der Höchststrafdrohung von Freiheitsstrafe bis zu zehn Jahren nicht zulässig.

# VIII. Heriberts Werkstatt

## A. Sachverhalt

Heribert, der bereits vor sechs Monaten wegen Betrugs rechtskräftig verurteilt wurde, hat sich mit seinem Einzelunternehmen auf den Weiterverkauf von älteren Gebrauchtwägen spezialisiert, jedoch laufen die Geschäfte schlecht. Schließlich kommt ihm eine Idee, wie er seine finanzielle Lage verbessern könnte. Er beschließt, künftig bei alten Gebrauchtwägen, die schon einen sehr hohen Kilometerstand aufweisen, den Kilometerzähler zurückzudrehen, sodass er die Wägen teurer verkaufen kann. Durch diese Vorgehensweise will er im Verlauf des gesamten Jahres sein Einkommen um zumindest € 10.000 aufbessern. Sofort manipuliert er bei einem Kleinwagen den Kilometerzähler von 250.000 Kilometer auf 65.000 Kilometer. Seine Gedanken drehen sich während der Manipulation einzig um das Geld, das er durch den Verkauf der manipulierten Autos verschaffen will. Wenig später interessiert sich Klaus für den Kleinwagen. Heribert preist vor allem den niedrigen Kilometerstand des Wagens an und überzeugt damit Klaus, der den Wagen um € 8.500 kauft. Klaus ahnt nicht, dass der Wagen in Wahrheit einen Kilometerstand von 250.000 Kilometern aufweist und deshalb nur € 3.500 wert ist. Heribert ist begeistert und will auch bei anderen Autos die Kilometerzähler manipulieren. Letztlich kann er seine finanzielle Situation zwar kurzfristig verbessern, muss sich aber nach einigen Monaten eingestehen, dass er innerhalb des nächsten halben Jahres zahlungsunfähig sein wird. Um seinen Sohn finanziell abzusichern, entscheidet sich Heribert dazu, diesem das in seinem Alleineigentum befindliche Grundstück (Wert € 47.000) zu schenken, auf dem sich das Unternehmen befindet. Er freut sich über diesen Einfall, da er so auch verhindern kann, dass die Gläubiger im Konkursfall auf das Grundstück zugreifen können. Heribert lässt die Schenkung umgehend notariell beglaubigen und sein Sohn wird im Grundbuch eingetragen. Zwei Monate später kann Heribert seine Lieferanten nicht mehr bezahlen und muss tatsächlich Konkurs anmelden. Als das Insolvenzverfahren anhängig ist und das verbleibende Vermögen anhand der festgesetzten Quote an die Gläubiger verteilt wird, bekommt Heribert Angst, dass der Masseverwalter die Schenkung entdecken könnte. Er begibt sich deshalb auf schnellstem Wege zu seinem reichen Onkel und bittet ihn, ihm € 47.000 zu leihen, damit er den Gläubigern den Wert des Grundstücks ersetzen kann. Zu Heriberts Schrecken weigert sich sein Onkel. Panisch versucht Heribert, auf andere Art und Weise an das Geld zu kommen und sucht bei mehreren Banken vergeblich um einen Kredit an. Sein reicher Onkel hat jedoch am nächsten Tag Mitleid mit seinem Neffen. Er erzählt dem Masseverwalter von Heriberts Tat und übergibt ihm die € 47.000, die der Quote entsprechend an die Gläubiger verteilt werden.

**Prüfen Sie die Strafbarkeit von Heribert! Nennen Sie den ihm drohenden Strafrahmen!**

# B. Kommentierter Lösungsvorschlag

## 1. Manipulation des Kilometerzählers

### a) Vorüberlegungen

Zu prüfen ist, ob sich Heribert wegen der **Fälschung eines Beweismittels gem § 293 Abs 1 StGB** strafbar gemacht hat, indem er den Kilometerzähler des Gebrauchtwagens manipuliert hat, sodass dieser einen wesentlich niedrigeren Kilometerstand aufweist.

### b) Tatbestand

#### aa) Objektiver Tatbestand

Auf objektiver Tatbestandsebene ist zu prüfen, ob Heribert ein falsches Beweismittel hergestellt oder ein echtes Beweismittel verfälscht hat. Da der Kilometerzähler nicht durch Heribert neu geschaffen wird, sondern er nur den bestehenden Kilometerzähler verändert, kommt im vorliegenden Fall nur die Verfälschung eines echten Beweismittels in Betracht.

Ein Beweismittel ist alles, was zu Beweiszwecken herangezogen werden kann, dh alles, was geeignet ist, die Wahrheit zu ermitteln. Der Beweismittelbegriff wird demnach sehr weit ausgelegt. Die Einordnung eines Kilometerzählers als **Beweismittel** ist unproblematisch.[113]

Ein echtes Beweismittel wird nach Ansicht des OGH und eines Teils der Lehre verfälscht, wenn ein bereits bestehendes Beweismittel so abgeändert wird, dass dadurch die aus dem Beweismittel gezogenen Schlussfolgerungen in eine falsche Richtung deuten.[114] Eine andere Ansicht geht davon aus, dass ein echtes Beweismittel dann verfälscht wird, wenn durch die Veränderung der Anschein erweckt wird, dass das Beweismittel auf eine bestimmte, nicht dem ursprünglichen Zustandekommen entsprechende Art und Weise entstanden ist. Der Umstand, wie das Beweismittel zustande gekommen ist, muss beweisrelevant sein.[115] Heribert ändert den Kilometerstand bei einem bereits bestehenden Kilometerzähler. Dadurch ist dieser geeignet, die aus ihm zu ziehenden Schlussfolgerungen in eine falsche Richtung zu lenken, nämlich, dass das Auto lediglich 65.000 Kilometer gefahren wurde. In Wirklichkeit zeigt der Kilometerzähler aber nur aufgrund der Manipulation einen Kilometerstand von 65.000 an. Ebenfalls ist das Zustandekommen beweisrelevant, da der Kilometerstand die tatsächlich gefahrenen Kilometer belegen soll. Durch das Manipulieren des bereits bestehenden Kilometerzählers wird nach beiden Ansichten ein **echtes Beweismittel verfälscht.** Der objektive Tatbestand ist erfüllt.

#### bb) Subjektiver Tatbestand

§ 293 Abs 1 StGB erfordert auf subjektiver Tatseite neben dem Tatbildvorsatz auch einen erweiterten Vorsatz auf Gebrauch des Beweismittels in einem gericht-

---

[113] OGH 16. 10. 2010, 11 Os 133/10 h; Leukauf/Steininger/*Zöchbauer/Bauer,* StGB[4] § 293 Rz 3; *Plöchl/Seidl* in WK[2] § 293 Rz 13.

[114] OGH 13. 9. 2006, 13 Os 59/06k; Leukauf/Steininger/*Zöchbauer/Bauer,* StGB[4] § 293 Rz 6; *Plöchl/Seidl* in WK[2] § 293 Rz 22.

[115] *Hinterhofer/Rosbaud,* BT II[6] §§ 293, 294 Rz 11 mwN; *Tipold* in SbgK § 293 Rz 30 verzichtet hingegen auf die Beweisrelevanz.

lichen oder verwaltungsbehördlichen Verfahren. Es genügt jeweils Eventualvorsatz.

Der Täter muss es zumindest ernstlich für möglich halten und sich damit abfinden, dass ein Kilometerzähler ein Beweismittel darstellt und dieses durch die Manipulation verfälscht wird. Da Heribert tagtäglich mit Autos zu tun hat, ist er sich zumindest in laienhafter Art sicher, dass ein Kilometerzähler dazu dienen kann, die Wahrheit zu ermitteln. Dadurch ist er sich aller Merkmale gewiss, die ein Beweismittel ausmachen. Hinsichtlich des Verfälschens handelt Heribert absichtlich, da es ihm geradezu darauf ankommt, dass andere glauben, das Auto sei tatsächlich erst 65.000 Kilometer gefahren. Nur aus diesem Grund manipuliert er den Kilometerzähler.

Zusätzlich muss es der Täter zumindest ernstlich für möglich halten und sich damit abfinden, dass der manipulierte Kilometerzähler in einem gerichtlichen oder verwaltungsbehördlichen Verfahren gebraucht wird. In Frage käme hier zB die jährliche Begutachtung des Wagens („Pickerl") als ein verwaltungsbehördliches Verfahren, bei dem auch der Kilometerzähler betrachtet wird. Während er den Kilometerzähler manipuliert, denkt Heribert aber ausschließlich daran, dass er durch den Verkauf des Wagens zusätzliches Geld verdient. Dass der manipulierte Kilometerzähler in einem Verfahren vor einem Gericht oder einer Verwaltungsbehörde verwendet wird, kommt ihm nicht in den Sinn. Heribert handelt **nicht mit dem erforderlichen erweiterten Vorsatz** und der subjektive Tatbestand ist nicht erfüllt.

### c) Ergebnis

Heribert handelt nicht mit dem erweiterten Vorsatz auf Gebrauch des Beweismittels, somit liegt keine strafbare Handlung gem § 293 Abs 1 StGB vor.

## 2. Verkauf des Wagens an Klaus

### a) Vorüberlegungen

Zu prüfen ist, ob Heribert einen Betrug nach § 146 StGB begangen hat, indem er Klaus den Wagen mit dem manipulierten Kilometerzähler um € 8.500 verkauft hat, obwohl dieser in Wahrheit einen Kilometerstand von 250.000 Kilometern aufweist und deshalb nur € 3.500 wert ist. Da er dazu ein verfälschtes Beweismittel verwendet hat, ist die Qualifikation nach § 147 Abs 1 Z 1 Fall 5 StGB zu prüfen. Er will auch bei anderen Gebrauchtwägen die Kilometerzähler abändern, um die Wägen teurer verkaufen zu können und könnte sich daher wegen **gewerbsmäßigem schwerem Betrug nach §§ 146, 147 Abs 1 Z 1 Fall 5 und 148 Fall 2 StGB** strafbar gemacht haben.

### b) Tatbestand

#### aa) Objektiver Tatbestand

Der Betrug besteht aus vier objektiven Tatbestandsmerkmalen, die durch eine Kausalkette verbunden sein müssen. Diese sind eine Täuschung über Tatsachen, ein durch die Täuschung bedingter Irrtum, eine Vermögensverfügung durch den Getäuschten und ein Vermögensschaden. Dabei muss die getäuschte Person die Vermögensverfügung vornehmen. Eine darüber hinausgehende Personenidentität ist nicht notwendig.[116])

Eine Täuschung ist ein Verhalten des Täters, das dazu bestimmt ist, beim Getäuschten einen Irrtum zu begründen oder einen bereits bestehenden Irrtum zu verstärken. Die Täuschung muss sich auf Tatsachen, dh auf beweisbare Umstände, beziehen und kann ausdrücklich oder konkludent erfolgen. Heribert **täuscht** Klaus, indem er vorgibt, das Auto sei nur 65.000 Kilometer gefahren worden und daher € 8.500 wert. Der Kilometerstand des Wagens und auch der Wert sind beweisbare Umstände und daher unstrittig Tatsachen. Da Heribert den niedrigen Kilometerstand explizit anpreist, täuscht er Klaus ausdrücklich. Die Täuschung über den Preis erfolgt hingegen konkludent, da Heribert als Autohändler € 8.500 verlangt und somit durch sein gesamtes Verhalten vorgibt, der Wagen sei auch tatsächlich diesen Betrag wert.

Beim Irrtum handelt es sich um eine Vorstellung, die nicht der Wirklichkeit entspricht. Klaus glaubt, dass das Auto lediglich einen Kilometerstand von 65.000 Kilometern aufweist und € 8.500 wert ist. Er ahnt nicht, dass der Kilometerstand in Wahrheit 250.000 Kilometer beträgt und das Auto nur einen Wert von € 3.500 hat. Klaus unterliegt somit einem **Irrtum.**

Die Vermögensverfügung ist eine Handlung, Duldung oder Unterlassung des Getäuschten, die sich entweder auf das Vermögen des Getäuschten selbst oder aber auf das Vermögen eines Dritten auswirkt. Klaus zahlt Heribert für den Wagen € 8.500. Er nimmt dadurch eine Handlung vor, die sich auf sein eigenes Vermögen auswirkt, wodurch die **Vermögensverfügung** zu bejahen ist.

Schlussendlich muss es beim Getäuschten selbst oder bei einem Dritten zu einem Vermögensschaden kommen. Als Vermögen gilt dabei unter Anwendung einer wirtschaftlichen Betrachtungsweise die Gesamtheit aller wirtschaftlichen Vermögenswerte einer Person.[117]) Ein Schaden ist dann eingetreten, wenn ein effektiver Verlust an Vermögenssubstanz vorliegt. Dieser wird durch einen Vergleich der Vermögenslage des Opfers vor der Tat mit der Vermögenslage des Opfers nach der Tat festgestellt (saldierende Betrachtungsweise).[118]) Hat sich das Vermögen des Opfers durch die Tat tatsächlich zumindest vorübergehend verringert, so ist ein Vermögensschaden eingetreten. Erhält das Opfer für seine Leistung eine Gegenleistung, ist die Differenz zwischen dem Wert der Leistung des Opfers und dem Wert der Gegenleistung als Vermögensschaden anzusehen. Klaus hat Heribert € 8.500 gezahlt. Als Gegenleistung hat er den Wagen im Wert von € 3.500 erhalten. Der **Vermögensschaden** liegt in der Differenz zwischen dem von Klaus bezahlten Kaufpreis und dem tatsächlichen Wert des Autos und beträgt € 5.000.

Beim Betrug handelt es sich um ein Erfolgsdelikt, das mit Eintritt des Vermögensschadens vollendet ist. Der Erfolg muss der Tathandlung objektiv zugerechnet werden. Die Kausalität wird mit der csqn-Formel geprüft. Hätte Heribert nie vorgegeben, dass das Auto bloß einen Kilometerstand von 65.000 Kilometern aufweist und deshalb € 8.500 wert ist, so hätte Klaus den Kaufvertrag nicht abgeschlossen und auch den Kaufpreis nicht bezahlt, wodurch der Vermögensschaden nicht eingetreten wäre. Heriberts Verhalten war für den Erfolgseintritt kausal. Weiters muss

---

[116]) *Kirchbacher/Sadoghi* in WK² § 146 Rz 7 f.
[117]) OGH 11. 10. 1990, 13 Os 77/90.
[118]) OGH 25. 8. 2011, 11 Os 68/11 a.

zwischen den vier objektiven Tatbestandsmerkmalen eine Kausalkette bestehen. Die Täuschung des Heribert über Tatsachen hat den Irrtum des Klaus bedingt. Dieser Irrtum war wiederum der Auslöser für die Vermögensverfügung, die in weiterer Folge einen Vermögensschaden bedingt hat. Die normative Zurechnung bereitet keine Probleme. Der Erfolg ist der Tathandlung **objektiv zurechenbar**. Der objektive Tatbestand ist erfüllt.

### bb) Subjektiver Tatbestand

Betrug verlangt auf subjektiver Tatseite neben dem Tatbildvorsatz auch den erweiterten Vorsatz auf unrechtmäßige Bereicherung. In beiden Fällen genügt Eventualvorsatz.

Der Täter muss es zumindest ernstlich für möglich halten und sich damit abfinden, dass er über Tatsachen täuscht, dadurch einen Irrtum herbeiführt, der Irrende eine Vermögensverfügung vornimmt und entweder der Irrende selbst oder ein Dritter am Vermögen geschädigt wird. Heribert ist sich sicher, dass er Klaus über den tatsächlichen Kilometerstand und somit auch über den wahren Wert des Wagens täuscht, da er sich durch die Manipulation gewiss ist, dass der Kilometerstand nicht stimmt. Auch kommt es ihm darauf an, dass Klaus einem Irrtum unterliegt und eine Vermögensverfügung vornimmt. Er zielt darauf ab, Klaus glauben zu lassen, das Auto sei erst 65.000 Kilometer gefahren und € 8.500 wert, damit dieser in weiterer Folge den geforderten Preis bezahlt. Er ist sich gewiss, dass das Auto nur € 3.500 wert ist und Klaus durch die Bezahlung des Kaufpreises einen Schaden in Höhe der Differenz zum tatsächlichen Wert (€ 5.000) erleidet.

Zusätzlich muss es der Täter zumindest ernstlich für möglich halten und sich damit abfinden, dass er sich oder einen Dritten durch seine Tat besser stellt und auf diese Besserstellung kein Anspruch besteht. Dabei kommt es nur auf die innere Vorstellung des Täters an, nicht aber, ob eine Bereicherung tatsächlich eingetreten ist. Heribert kommt es gerade darauf an, den Wagen zu einem Preis zu verkaufen, der deutlich über dem tatsächlichen Wert liegt und sich dadurch besserzustellen. Auch weiß Heribert zum Zeitpunkt des Verkaufs, dass der Wagen nur € 3.500 wert ist und er somit auch keinen Anspruch auf eine höhere Zahlung hat. Zusätzlich erfordert der Betrug auch eine Stoffgleichheit, dh die beabsichtigte Bereicherung muss die Kehrseite des eingetretenen Vermögensschadens sein.[119] Im vorliegenden Fall ist dies problemlos zu bejahen, da die Bereicherung Heriberts genau dem Vermögensschaden des Klaus entspricht. Der subjektive Tatbestand ist erfüllt.

### cc) Qualifikationen

Da Heribert vor dem Verkauf des Autos an Klaus den Kilometerzähler des Wagens verändert hat, um so über den tatsächlichen Kilometerstand des Wagens zu täuschen, ist die Qualifikation nach § 147 Abs 1 Z 1 Fall 5 StGB zu prüfen. Der im Gesetz verwendete Begriff „anderes solches Beweismittel" wird vom OGH dahingehend ausgelegt, dass hiervon Beweismittel umfasst sind, die als falsch oder verfälscht iSd § 293 StGB gelten.[120] Beim manipulierten Kilometerzähler handelt es sich um ein verfälschtes Beweismittel iSd § 293 StGB (s Punkt B.1.b.aa.). Für die

---

[119]) *Kert* in SbgK § 146 Rz 333.
[120]) OGH 5. 10. 1994, 13 Os 81/93.

Erfüllung der Qualifikation muss der Täter dieses Beweismittel zur Täuschung benützen. Dem Getäuschten muss es durch den Täter ermöglicht werden, das verfälschte Beweismittel zur Kenntnis zu nehmen. Nicht erforderlich ist, dass der Getäuschte das verfälschte Beweismittel auch tatsächlich beachtet oder sogar der Irrtum des Getäuschten durch das verfälschte Beweismittel entsteht.[121]) Heribert **benützt das verfälschte Beweismittel zur Täuschung,** da er Klaus explizit auf den niedrigen Kilometerstand hinweist und der Kilometerzähler unumstritten dazu dient, seine Aussage zu untermauern. Heribert hat daher den objektiven Tatbestand der Qualifikation erfüllt.

Die Benützung des verfälschten Beweismittels zur Täuschung über Tatsachen muss auch vom Vorsatz umfasst sein. Der Täter muss es zumindest ernstlich für möglich halten und sich damit abfinden, dass es sich um ein verfälschtes Beweismittel handelt und er dieses zur Täuschung über Tatsachen verwendet. Heribert ist sich zumindest in seiner Laiensphäre sicher, dass es sich bei einem Kilometerzähler um ein Beweismittel handelt, das er verfälscht hat (s Punkt B.1.b.bb.). Auch ist sich Heribert gewiss, dass er zur Täuschung den manipulierten Kilometerzähler verwendet, da er diesen ja selbst manipuliert hat. Der subjektive Tatbestand der Qualifikation ist erfüllt. Die Qualifikation nach § 147 Abs 1 Z 1 Fall 5 StGB ist zu bejahen.

Da Heribert plant, künftig bei alten Gebrauchtwägen, die schon einen sehr hohen Kilometerstand aufweisen, den Kilometerzähler zurückzudrehen, um die Autos teurer verkaufen zu können, ist die **Qualifikation des gewerbsmäßigen schweren Betrugs nach § 148 Fall 2 StGB** zu prüfen.

Die Gewerbsmäßigkeit ist in § 70 StGB legaldefiniert und setzt sich aus objektiven und subjektiven Komponenten zusammen.

Auf objektiver Seite verlangt § 148 Fall 2 StGB zunächst, dass der Täter zumindest einen schweren Betrug begangen bzw versucht hat. Nicht zwingend erforderlich ist, dass der Täter bereits mehrere Taten begangen hat. Heribert hat einen schweren Betrug nach §§ 146 und 147 Abs 1 Z 1 Fall 5 StGB begangen, sodass dieses Kriterium erfüllt ist.

Als weiteres objektives Kriterium muss der Täter die Tat gem § 70 Abs 1 StGB unter Einsatz besonderer Fähigkeiten oder Mittel begehen, die eine wiederkehrende Begehung nahelegen (Z 1), oder zwei weitere solche Taten schon im Einzelnen geplant haben (Z 2) oder bereits zwei solche Taten begangen haben oder wegen einer solchen Tat verurteilt worden sein (Z 3). Die Kriterien sind als Alternativen zu verstehen. Heribert wurde vor sechs Monaten wegen Betrugs rechtskräftig verurteilt, weshalb seit der Verurteilung nicht mehr als ein Jahr vergangen ist (§ 70 Abs 3 StGB). Er ist daher bereits wegen einer solchen Tat verurteilt worden und hat damit die Alternative der Z 3 erfüllt. Heribert erfüllt somit die objektiven Kriterien des gewerbsmäßigen schweren Betrugs.

Auf subjektiver Seite verlangt gewerbsmäßiger schwerer Betrug zunächst den vollen Vorsatz des schweren Betrugs, dh den Vorsatz auf alle objektiven Tatbestandsmerkmale des schweren Betrugs und den erweiterten Vorsatz auf unrechtmäßige Bereicherung. Dieser wurde bereits bejaht (s Punkt B.2.b.bb.).

Darüber hinaus ist zu prüfen, ob der Täter in der Absicht (§ 5 Abs 2 StGB) gehandelt hat, sich **durch die wiederkehrende Begehung von weiteren Delikten**

---

[121]) *Kienapfel/Schmoller,* BT II² § 147 Rz 23 f, 90; *Kirchbacher/Sadoghi* in WK² § 147 Rz 41 f.

**nach §§ 146 und 147 StGB über längere Zeit hindurch ein nicht bloß geringfügiges fortlaufendes Einkommen zu verschaffen.** Dieses Erfordernis wird nach dem Gesamtverhalten des Täters vor, bei und nach der Tat beurteilt.[122]

Dem Täter muss es gerade darauf ankommen, dass er über einen längeren Zeitraum immer wieder und nicht bloß fallweise oder gelegentlich einen schweren Betrug begehen will.[123] Heribert will künftig bei alten Gebrauchtwägen, die schon einen sehr hohen Kilometerstand aufweisen, den Kilometerzähler zurückzudrehen, um die Autos teurer verkaufen zu können. Dadurch will er sein Einkommen im Verlauf des Jahres um zumindest € 10.000 aufbessern. Klar ist somit, dass Heribert gezielt über einen längeren Zeitraum durch Manipulationen von Kilometerzählern immer wieder Autos zu überhöhten Preisen verkaufen will. Er beabsichtigt daher die **wiederkehrende Begehung** weiterer Delikte nach §§ 146 und 147 Abs 1 Z 1 Fall 5 StGB.

Auch muss der Täter in der Absicht handeln, sich dadurch über einen längeren Zeitraum ein nicht bloß geringfügiges Einkommen zu verschaffen. Als nicht bloß geringfügiges Einkommen gilt gem § 70 Abs 2 StGB ein Einkommen, das nach einer jährlichen Durchschnittsbetrachtung monatlich den Betrag von € 400 übersteigt. Laut Sachverhalt möchte Heribert im Verlauf des nächsten Jahres durch seine Manipulationen zumindest € 10.000 verdienen. Der von ihm anvisierte Zeitraum beträgt damit ein Jahr und kann ohne Probleme als **längerer Zeitraum** eingestuft werden. Hinsichtlich der Höhe des von ihm beabsichtigten Zusatzeinkommens ist dem Sachverhalt zu entnehmen, dass er im Verlauf des Jahres zumindest € 10.000 erzielen will. Dies ergibt ein beabsichtigtes, **nicht bloß geringfügiges Einkommen** von ca € 833 monatlich. Heribert erfüllt somit alle subjektiven Merkmale des gewerbsmäßigen schweren Betrugs. Die Gewerbsmäßigkeit ist zu bejahen. Der Tatbestand des **gewerbsmäßigen schweren Betrugs** nach §§ 146, 147 Abs 1 Z 1 Fall 5 und 148 Fall 2 StGB ist erfüllt.

### c) Rechtswidrigkeit

Die Rechtswidrigkeit der Tat wird durch die Tatbestandsmäßigkeit indiziert. Es erfolgt eine Negativprüfung. Nur bei Vorliegen von Rechtfertigungsgründen ist ein tatbestandsmäßiges Verhalten nicht rechtswidrig. Im Sachverhalt finden sich keine Anhaltspunkte für das Vorliegen von Rechtfertigungsgründen. Heribert hat rechtswidrig gehandelt.

### d) Schuld

Auf Ebene der Schuld ist zu prüfen, ob Heribert sein rechtswidriges Verhalten strafrechtlich vorgeworfen werden kann. Dem Täter kann sein Verhalten nur vorgeworfen werden, wenn er das Unrecht seiner Tat einsehen und nach dieser Einsicht handeln hat können (Schuldfähigkeit). Mangels Angaben im Sachverhalt kann seine Schuldfähigkeit zum Tatzeitpunkt angenommen werden. Weiters muss er im Bewusstsein handeln, gegen die Rechtsordnung zu verstoßen (Unrechtsbewusstsein). Da schon potentielles Unrechtsbewusstsein ausreicht und keine gegenteiligen Hinweise vorliegen, ist auch davon auszugehen, dass er zum Tatzeitpunkt mit Unrechts-

---

[122] OGH 18. 10. 2005, 14 Os 101/05t.
[123] *Jerabek/Ropper* in WK² § 70 Rz 2; *Rainer* in SbgK § 70 Rz 12 ff.

bewusstsein gehandelt hat. Schließlich liegen keine Hinweise auf Entschuldigungsgründe vor. Heribert hat schuldhaft gehandelt und ihm kann sein rechtswidriges Verhalten vorgeworfen werden.

### e) Sonstiges

Im Sachverhalt finden sich keine Anhaltspunkte, dass sonstige Strafbarkeitsvoraussetzungen fehlen.

### f) Ergebnis

Heribert hat einen gewerbsmäßigen schweren Betrug gem §§ 146, 147 Abs 1 Z 1 Fall 5 und 148 Fall 2 StGB begangen und wird unter Anwendung dieser Bestimmungen mit Freiheitsstrafe von sechs Monaten bis zu fünf Jahren zu bestrafen sein.

## 3. Schenkung des Grundstücks an den Sohn

### a) Vorüberlegungen

Zu prüfen ist, ob sich Heribert wegen **betrügerischer Krida gem § 156 StGB** strafbar gemacht hat, indem er seinem Sohn zur Absicherung das Grundstück, auf dem sich das Unternehmen befindet, trotz der finanziellen Probleme geschenkt hat. Da sein Onkel die € 47.000 an den Masseverwalter übergibt, ist eine tätige Reue zu prüfen.

### b) Tatbestand

#### aa) Objektiver Tatbestand

Täter einer betrügerischen Krida kann nur sein, wer Schuldner zumindest zweier Gläubiger ist (unrechtsgeprägtes Sonderpflichtdelikt). Dieser muss einen Bestandteil seines Vermögens verheimlichen, beiseiteschaffen, veräußern, beschädigen, eine nicht bestehende Verbindlichkeit vorschützen oder anerkennen oder sonst sein Vermögen wirklich oder zum Schein verringern und dadurch die Befriedigung von zumindest einem Gläubiger gänzlich vereiteln oder schmälern.

Heribert ist Schuldner aller Gläubiger des Einzelunternehmens. Er kann mehrere Lieferanten nicht bezahlen, wodurch er jedenfalls **Schuldner von zumindest zwei Gläubigern** ist.

Zum Vermögen iSd § 156 StGB zählt alles, worauf die Gläubiger durch Zwangsvollstreckung zugreifen könnten.[124] Da bei einem Einzelunternehmer nicht zwischen Privatvermögen und Betriebsvermögen differenziert wird, sind auch Bestandteile des Privatvermögens von Heribert als Vermögen iSd § 156 StGB anzusehen. Das Grundstück weist einen wirtschaftlichen Wert auf, steht im Alleineigentum von Heribert und kann im Fall der Insolvenz verwertet werden, um die Gläubiger zu befriedigen. Somit ist das Grundstück jedenfalls ein **Vermögensbestandteil.**

Als Tathandlung kommt jede Handlung in Betracht, die das Vermögen des Schuldners wirklich oder zum Schein verringert. Eine wirkliche Vermögensverringerung liegt vor, wenn entweder die Aktiva verringert oder die Passiva erhöht werden

---

[124] OGH 5. 3. 1996, 14 Os 170/95.

und somit das Vermögen tatsächlich reduziert wird. Eine scheinbare Vermögensverringerung ist hingegen dann einschlägig, wenn das Vermögen zwar nicht tatsächlich vermindert wird, die Chancen auf Befriedigung der Gläubiger aber geringer dargestellt werden. Heribert schenkt seinem Sohn ein Grundstück. Da das Grundstück anschließend im Eigentum seines Sohnes steht, ist es dem Zugriff der Gläubiger entzogen und somit nicht mehr Bestandteil des Vermögens des Einzelunternehmers Heribert. Heribert hat sein Vermögen somit **tatsächlich verringert**.

§ 156 StGB ist ein Erfolgsdelikt, das vollendet ist, wenn außer Zweifel steht, dass zumindest einer der Gläubiger einen gänzlichen oder tw tatsächlichen Befriedigungsausfall erlitten hat. Das Vermögen des Einzelunternehmers Heribert und somit auch die Befriedigungsmasse, die den Gläubigern zur Verfügung steht, ist durch die Schenkung des Grundstücks um den Wert dieses Grundstücks, dh um € 47.000, verringert worden. Das Grundstück steht den Gläubigern nicht mehr zur Verfügung und sie erhalten bei der Verteilung des verbleibenden Vermögens einen Anteil, der geringer ist, als jener Anteil, den sie erhalten hätten, wenn Heribert das Grundstück nicht seinem Sohn geschenkt hätte. Damit ist bei den Gläubigern zumindest ein partieller **Befriedigungsausfall** eingetreten.

Der Erfolg muss der Tathandlung objektiv zugerechnet werden. Die Kausalität wird mit Hilfe der csqn-Formel geprüft. Nimmt man an, Heribert hätte seinem Sohn das Grundstück nicht geschenkt, wäre die Befriedigungsmasse nicht verringert worden und Heriberts Gläubiger hätten keinen Befriedigungsausfall erlitten. Heriberts Verhalten war kausal für den Erfolg. Die normative Zurechnung bereitet keine Probleme. Folglich ist der Erfolg der Tathandlung **objektiv zurechenbar**. Der objektive Tatbestand ist erfüllt.

### bb) Subjektiver Tatbestand

Betrügerische Krida verlangt auf subjektiver Tatseite Eventualvorsatz auf alle objektiven Tatbestandsmerkmale. Heribert muss es zumindest ernstlich für möglich halten und sich damit abfinden, dass er als Einzelunternehmer Schuldner von zumindest zwei Gläubigern ist, das Grundstück einen Teil seines Vermögens darstellt, er durch die Schenkung dieses Vermögen verringert und dadurch zumindest einer seiner Gläubiger einen gänzlichen oder tw Befriedigungsausfall erleidet. Heribert ist sich sicher, dass er als Einzelunternehmer mehrere Lieferanten hat und somit Schuldner zumindest zweier Gläubiger ist. Auch ist er sich gewiss, dass das Grundstück einen wirtschaftlichen Wert hat und Teil seines Vermögens ist, da er seinen Sohn damit finanziell absichern will. Er ist sich auch sicher, dass das Grundstück grds den Gläubigern zur Befriedigung zur Verfügung stünde und er durch seine Handlung sein Vermögen verringert, da er sich freut, dass er das Grundstück durch die Schenkung vor dem Zugriff der Gläubiger retten kann. Dass die Gläubiger dadurch bei Verteilung des verbleibenden Vermögens einen geringeren Anteil bekommen, weil sie auf das Grundstück nicht mehr zugreifen können, hält er zumindest ernstlich für möglich und findet sich damit ab, da er sich freut, dass die Gläubiger darauf nicht zugreifen können. Der subjektive Tatbestand ist erfüllt.

### c) Rechtswidrigkeit

Die Rechtswidrigkeit der Tat wird durch die Tatbestandsmäßigkeit indiziert. Es erfolgt eine Negativprüfung. Nur bei Vorliegen von Rechtfertigungsgründen ist ein tatbestandsmäßiges Verhalten nicht rechtswidrig. Im Sachverhalt finden sich keine Anhaltspunkte für das Vorliegen von Rechtfertigungsgründen. Heribert hat rechtswidrig gehandelt.

### d) Schuld

Auf Ebene der Schuld ist zu prüfen, ob Heribert sein rechtswidriges Verhalten strafrechtlich vorgeworfen werden kann. Da keine Indizien dagegensprechen, hat Heribert schuldhaft gehandelt.[125]

### e) Sonstiges

Nach Vollendung der betrügerischen Krida versucht Heribert, den Gläubigern den Wert des Grundstücks, das er an seinen Sohn verschenkt hat, zu ersetzen. Zwar gelingt es ihm nicht, das Geld aufzutreiben, jedoch hat sein Onkel Mitleid und übergibt dem Masseverwalter die € 47.000, der diese wiederum entsprechend der Quote an die Gläubiger verteilt. Da sein Onkel dem Masseverwalter den Betrag übergibt, kommt **tätige Reue** nach § 167 Abs 4 StGB in Betracht.

Die betrügerische Krida findet sich in der Liste der **reuefähigen** Delikte in § 167 Abs 1 StGB und ist somit der tätigen Reue zugänglich.

Bei Schadensgutmachung durch einen Dritten müssen grds dieselben Voraussetzungen erfüllt sein, wie bei tätiger Reue durch den Täter selbst. Gem § 167 Abs 4 iVm Abs 2 StGB muss der Schaden rechtzeitig, freiwillig und vollständig gutgemacht werden. Der Dritte muss dabei im Namen des Täters handeln. Zusätzlich muss sich der Täter gem § 167 Abs 4 StGB ernstlich um die Schadensgutmachung bemühen.

Heriberts Onkel erzählt dem Masseverwalter von Heriberts Tat und übergibt ihm als Wiedergutmachung einen Betrag, der genau dem Wert des Grundstücks entspricht. Er handelt unstrittig **im Namen von Heribert.**

Die tätige Reue ist rechtzeitig, wenn diese geleistet wird, bevor eine Strafverfolgungsbehörde iSd § 151 Abs 3 StGB vom Verschulden des Täters erfahren hat. Die Behörde hat vom Verschulden erfahren, wenn sie bereits konkrete Hinweise auf die Straftat des jeweiligen Täters hat. Zwar ist bereits bei einem Insolvenzgericht das Konkursverfahren anhängig, jedoch handelt es sich dabei nicht um eine zur Strafverfolgung berufene Behörde iSd § 151 Abs 3 StGB. Die Schadensgutmachung durch Heriberts Onkel erfolgt daher **rechtzeitig.**

Die tätige Reue muss darüber hinaus freiwillig erfolgen. Dabei genügt es, dass der Schaden auf Andringen des Verletzten gutgemacht wird. Erfolgt die Schadensgutmachung jedoch aufgrund von Zwang, gilt die Reue nicht mehr als freiwillig. Heriberts Onkel handelt ohne jeden Zweifel aus eigenem Antrieb, da er Mitleid mit seinem Neffen hat. Daher erfolgt die Reuehandlung **freiwillig.**

Die Schadensgutmachung ist vollständig, wenn der gesamte aus der Straftat entstandene Schaden gutgemacht wird. Heriberts Onkel hat dem Masseverwalter und – da der Betrag entsprechend der festgesetzten Quote an die Gläubiger verteilt wird – den geschädigten Gläubigern den gesamten durch die betrügerische Krida entstandenen Schaden iHv € 47.000 zurückgegeben. Damit ist auch das Erfordernis der **Vollständigkeit** erfüllt.

---

[125] Für Erläuterungen zur Bedeutung der Begriffe Schuldfähigkeit und Unrechtsbewusstsein s oben Punkt B.2.d.

Da der Schaden durch einen Dritten gutgemacht wird, muss sich Heribert ernstlich um die Schadensgutmachung bemüht haben. Wird der Schaden hingegen durch einen Dritten ersetzt und bleibt der Täter bloß untätig, so kommt ihm die tätige Reue nicht zu Gute.[126] Lt Sachverhalt versucht Heribert zuerst, sich das Geld von seinem Onkel zu leihen. Als dieser ablehnt, bemüht er sich weiter und versucht alles, das Geld auf andere Weise aufzutreiben. Er geht sogar zu mehreren Banken und versucht, einen Kredit aufzunehmen. Heribert setzt aktiv alles daran, das Geld zu beschaffen und den Schaden zu ersetzen. Daher **bemüht er sich ernstlich um die Schadensgutmachung.** Es sind sämtliche Voraussetzungen der tätigen Reue erfüllt und Heriberts Strafbarkeit wird aufgehoben.

### f) Ergebnis

Heribert hat das Delikt der betrügerischen Krida zwar vollendet, jedoch kommt ihm der Strafaufhebungsgrund der tätigen Reue zugute. Er ist daher nicht nach § 156 StGB zu bestrafen.

## 4. Gesamtergebnis

Heribert hat einen gewerbsmäßigen schweren Betrug gem §§ 146, 147 Abs 1 Z 1 Fall 5 und 148 Fall 2 StGB begangen und wird unter Anwendung dieser Bestimmungen mit Freiheitsstrafe von sechs Monaten bis zu fünf Jahren zu bestrafen sein.

---

### Prozessuales

Aufgrund der Strafdrohung ist für die Hauptverhandlung nach den allgemeinen Zuständigkeitsregeln das Landesgericht als Einzelrichter sachlich zuständig (§ 31 Abs 4 Z 1 StPO).

Ein diversionelles Vorgehen ist aufgrund der Höchststrafdrohung von bis zu fünf Jahren zulässig.

---

## C. Lösungsvorschlag

### 1. Manipulation des Kilometerzählers

#### a) Vorüberlegungen

Zu prüfen ist, ob Heribert ein echtes Beweismittel verfälscht und sich wegen der **Fälschung eines Beweismittels gem § 293 Abs 1 StGB** strafbar gemacht hat, indem er den bestehenden Kilometerzähler des Gebrauchtwagens manipuliert hat, sodass dieser einen wesentlich niedrigeren Kilometerstand aufweist.

#### b) Tatbestand

##### aa) Objektiver Tatbestand

Die Einordnung eines Kilometerzählers als Beweismittel ist unproblematisch, da dieser unzweifelhaft zu Beweiszwecken herangezogen werden kann.

---

[126] OGH 12. 4. 1994, 14 Os 197/93.

141

Heribert ändert den Kilometerstand bei einem bereits bestehenden Kilometerzähler. Dadurch ist dieser (der Ansicht des OGH und einem Teil der Lehre folgend) geeignet, die daraus zu ziehenden Schlussfolgerungen in eine falsche Richtung zu lenken, nämlich dass das Auto lediglich einen Kilometerstand von 65.000 Kilometer aufweist. Es wird aber auch (der Gegenansicht entsprechend) der Anschein erweckt, das Auto weise diesen Kilometerstand auf, weil dieser den tatsächlich gefahrenen Kilometern entspricht. Das Zustandekommen des Kilometerstands ist beweisrelevant, da die tatsächlich gefahrenen Kilometer angezeigt werden sollen. Durch das Manipulieren des Kilometerzählers wird jedenfalls ein **echtes Beweismittel verfälscht**. Der objektive Tatbestand ist erfüllt.

### bb) Subjektiver Tatbestand

Da Heribert tagtäglich mit Autos zu tun hat, ist er sich zumindest laienhaft sicher, dass ein Kilometerzähler dazu dienen kann, die Wahrheit zu ermitteln. Dadurch ist er sich aller Merkmale gewiss, die ein Beweismittel ausmachen. Hinsichtlich des Verfälschens handelt Heribert absichtlich, da es ihm geradezu darauf ankommt, dass andere glauben, das Auto sei tatsächlich erst 65.000 Kilometer gefahren.

Zusätzlich ist der erweiterte Vorsatz zu prüfen: Beim Manipulieren des Kilometerzählers denkt Heribert ausschließlich daran, dass er durch den Verkauf des Wagens zusätzliches Geld verdient. Es kommt ihm nicht in den Sinn, dass der manipulierte Kilometerzähler zB bei der jährlichen Begutachtung des Wagens („Pickerl") in einem verwaltungsbehördlichen Verfahren verwendet wird. Heribert handelt **nicht mit dem erforderlichen erweiterten Vorsatz** und der subjektive Tatbestand ist nicht erfüllt.

### c) Ergebnis

Heribert handelt nicht mit dem erweiterten Vorsatz auf Gebrauch des Beweismittels. Es liegt somit keine strafbare Handlung gem § 293 Abs 1 StGB vor.

## 2. Verkauf des Wagens an Klaus

### a) Vorüberlegungen

Zu prüfen ist, ob Heribert einen Betrug nach § 146 StGB begangen hat, indem er Klaus den Wagen mit dem manipulierten Kilometerzähler um € 8.500 verkauft hat, obwohl dieser in Wahrheit einen tatsächlichen Kilometerstand von 250.000 Kilometern aufweist und nur € 3.500 wert ist. Da er dazu ein verfälschtes Beweismittel verwendet hat, ist die Qualifikation nach § 147 Abs 1 Z 1 Fall 5 StGB zu prüfen. Er will auch bei anderen Gebrauchtwägen die Kilometerzähler abändern, um die Wägen teurer verkaufen zu können und könnte sich daher wegen **gewerbsmäßigem schwerem Betrug nach §§ 146, 147 Abs 1 Z 1 Fall 5 und 148 Fall 2 StGB** strafbar gemacht haben.

### b) Tatbestand

#### aa) Objektiver Tatbestand

Heribert gibt ausdrücklich vor, das Auto sei nur 65.000 Kilometer gefahren worden, obwohl der Kilometerstand 250.000 Kilometer beträgt. Zusätzlich täuscht

142

er durch sein Verhalten vor, das Auto habe einen Wert von € 8.500, obwohl dieser nur € 3.500 beträgt. Somit liegt eine **Täuschung über Tatsachen** vor.

Klaus glaubt, dass das Auto tatsächlich einen Kilometerstand von 65.000 Kilometern aufweist und € 8.500 wert ist und unterliegt somit einem **Irrtum.**

Durch die Zahlung des Kaufpreises wirkt Klaus auf sein eigenes Vermögen ein und nimmt eine **Vermögensverfügung** vor.

Da Klaus Heribert € 8.500 gezahlt hat, als Gegenleistung aber bloß den Wagen im Wert von € 3.500 erhalten hat, ist der Erfolg in Form eines **Vermögensschadens** iHv € 5.000 eingetreten und der Betrug vollendet.

Hätte Heribert nicht vorgegeben, das Auto weise einen Kilometerstand von 65.000 Kilometern auf und sei € 8.500 wert, hätte Klaus den Kaufvertrag nicht abgeschlossen und den Kaufpreis nicht bezahlt, wodurch der Vermögensschaden nicht eingetreten wäre. Heriberts Verhalten war für den Erfolgseintritt kausal. Die Täuschung durch Heribert über Tatsachen hat den Irrtum des Klaus bedingt. Dieser Irrtum war wiederum kausal für die Vermögensverfügung, die in weiterer Folge einen Vermögensschaden bedingt hat. Der objektive Tatbestand ist erfüllt.

### bb) Subjektiver Tatbestand

Heribert ist sich sicher, dass er Klaus über den tatsächlichen Kilometerstand und somit auch über den wahren Wert des Wagens täuscht, da er selbst den Kilometerzähler manipuliert hat und sich somit gewiss ist, dass der Kilometerstand und der Wert des Autos nicht stimmt. Auch kommt es ihm darauf an, dass Klaus einem Irrtum unterliegt und eine Vermögensverfügung vornimmt. Er zielt darauf ab, Klaus glauben zu lassen, das Auto sei erst 65.000 Kilometer gefahren und € 8.500 wert, damit sein Opfer in weiterer Folge den geforderten Preis bezahlt. Heribert ist sich gewiss, dass das Auto nur € 3.500 wert ist und Klaus durch die Bezahlung des Kaufpreises einen Schaden in Höhe der Differenz zum tatsächlichen Wert erleidet.

Zusätzlich ist der erweiterte Vorsatz zu prüfen: Heribert kommt es gerade darauf an, den Wagen zu einem Preis zu verkaufen, der deutlich über dem tatsächlichen Wert liegt und sich dadurch besserzustellen. Auch weiß Heribert zum Zeitpunkt des Verkaufs, dass der Wagen nur € 3.500 wert ist und er somit auch keinen Anspruch auf eine höhere Zahlung hat. Die Stoffgleichheit liegt vor, da die Bereicherung Heriberts genau dem Vermögensschaden des Klaus entspricht. Der subjektive Tatbestand ist erfüllt.

### cc) Qualifikationen

Aufgrund der Manipulation des Kilometerzählers ist die Qualifikation nach § 147 Abs 1 Z 1 Fall 5 StGB zu prüfen. Beim manipulierten Kilometerzähler handelt es sich um ein verfälschtes Beweismittel iSd § 293 StGB (s Punkt C.1.b.aa.). Heribert **benützt das verfälschte Beweismittel zur Täuschung,** da er Klaus explizit auf den niedrigen Kilometerstand hinweist und der Kilometerzähler unumstritten dazu dient, seine Aussage zu untermauern. Die Qualifikation ist objektiv erfüllt.

Heribert ist sich zumindest in seiner Laiensphäre sicher, dass es sich bei einem Kilometerzähler um ein Beweismittel handelt, das er verfälscht hat (s Punkt C.1.b.bb.). Auch ist sich Heribert gewiss, dass er zur Täuschung den manipulierten Kilometerzähler verwendet, da er diesen ja selbst manipuliert hat. Der subjektive Tatbestand der Qualifikation ist daher erfüllt. Die Qualifikation nach § 147 Abs 1 Z 1 Fall 5 StGB ist zu bejahen.

Aufgrund seines Vorhabens, künftig bei alten Gebrauchtwägen, die schon einen sehr hohen Kilometerstand aufweisen, den Kilometerzähler zurückzudrehen, um die Autos teurer verkaufen zu können, ist die Qualifikation des gewerbsmäßigen schweren Betrugs nach § 148 Fall 2 StGB zu prüfen.

Gewerbsmäßiger schwerer Betrug nach § 148 Fall 2 StGB setzt zunächst voraus, dass der Täter zumindest einen schweren Betrug begangen bzw versucht hat. Heribert hat einen schweren Betrug nach §§ 146 und 147 Abs 1 Z 1 Fall 5 StGB begangen.

Als weiteres objektives Kriterium setzt § 148 Fall 2 StGB voraus, dass der Täter eines der Kriterien des § 70 Abs 1 Z 1 – 3 StGB erfüllt. Heribert ist vor sechs Monaten wegen Betrugs rechtskräftig verurteilt worden und hat damit die Alternative der Z 3 erfüllt. Heribert erfüllt somit die objektiven Kriterien des gewerbsmäßigen schweren Betrugs.

Der volle Vorsatz des schweren Betrugs wurde bereits bejaht (s Punkt C.2.b.bb.).

Heribert will künftig bei alten Gebrauchtwägen, die schon einen sehr hohen Kilometerstand aufweisen, den Kilometerzähler zurückdrehen, um die Autos teurer verkaufen zu können. Dadurch will er sein Einkommen im Verlauf des Jahres um zumindest € 10.000 aufbessern. Klar ist somit, dass Heribert gezielt über einen längeren Zeitraum durch Manipulationen von Kilometerzählern immer wieder Autos zu überhöhten Preisen verkaufen will. Er beabsichtigt daher die wiederkehrende Begehung weiterer Delikte nach §§ 146 und 147 Abs 1 Z 1 Fall 5 StGB und will ein Zusatzeinkommen von zumindest € 10.000 pro Jahr erzielen. Dies ergibt auf ein Jahr verteilt ein beabsichtigtes, nicht bloß geringfügiges Einkommen von ca € 833 monatlich. Er hat daher auch die Absicht, sich das nicht bloß geringfügige Einkommen über einen längeren Zeitraum zu verschaffen. Die erforderliche Absicht, sich durch die wiederkehrende Begehung von weiteren Delikten nach §§ 146 und 147 StGB über längere Zeit hindurch ein nicht bloß geringfügiges fortlaufendes Einkommen zu verschaffen, ist daher zu bejahen.

Der Tatbestand des **gewerbsmäßigen schweren Betrugs** gem §§ 146, 147 Abs 1 Z 1 Fall 5 und 148 Fall 2 StGB ist erfüllt.

### c) Rechtswidrigkeit

Mangels gegenläufiger Hinweise hat sich Heribert rechtswidrig verhalten.

### d) Schuld

Da keine Indizien dagegensprechen, hat Heribert schuldhaft gehandelt.

### e) Sonstiges

Es gibt keine Anhaltspunkte, dass sonstige Strafbarkeitsvoraussetzungen fehlen.

### f) Ergebnis

Heribert hat einen gewerbsmäßigen schweren Betrug gem §§ 146, 147 Abs 1 Z 1 Fall 5 und 148 Fall 2 StGB begangen und wird unter Anwendung dieser Bestimmungen mit Freiheitsstrafe von sechs Monaten bis zu fünf Jahren zu bestrafen sein.

## 3. Schenkung des Grundstücks an den Sohn

### a) Vorüberlegungen

Zu prüfen ist, ob sich Heribert wegen **betrügerischer Krida gem § 156 StGB** strafbar gemacht hat, indem er seinem Sohn zur Absicherung das Grundstück, auf dem sich das Unternehmen befindet, trotz finanzieller Schwierigkeiten geschenkt hat. Da sein Onkel die € 47.000 an den Masseverwalter übergibt, ist außerdem eine tätige Reue zu prüfen.

### b) Tatbestand

### aa) Objektiver Tatbestand

Heribert kann mehrere Lieferanten nicht bezahlen, wodurch er jedenfalls **Schuldner von zumindest zwei Gläubigern** ist.

Das Grundstück weist einen wirtschaftlichen Wert auf, steht im Alleineigentum von Heribert und kann im Fall des Konkurses verwertet werden, um die Gläubiger zu befriedigen. Somit ist das Grundstück jedenfalls ein **Vermögensbestandteil.**

Heribert schenkt seinem Sohn das Grundstück, wodurch dieses im Eigentum des Sohnes steht und dem Zugriff der Gläubiger entzogen wird. Heribert hat sein Vermögen **tatsächlich verringert.**

Da das Grundstück den Gläubigern nicht mehr zur Verfügung steht, erhalten sie aus der Befriedigungsmasse einen geringeren Anteil. Damit ist bei den Gläubigern zumindest ein partieller **Befriedigungsausfall** und der Erfolg eingetreten.

Denkt man sich die Schenkung des Grundstücks an den Sohn weg, wäre die Befriedigungsmasse nicht verringert und in weiterer Folge die Befriedigung der Gläubiger nicht geschmälert worden. Heriberts Verhalten war kausal für den Erfolg. Der objektive Tatbestand ist vollendet.

### bb) Subjektiver Tatbestand

Heribert ist sich sicher, dass er als Einzelunternehmer mehrere Lieferanten hat und somit Schuldner zumindest zweier Gläubiger ist. Auch weiß er, dass das Grundstück einen wirtschaftlichen Wert hat und Teil seines Vermögens ist, da er seinen Sohn damit finanziell absichern will. Er ist sich auch sicher, dass das Grundstück grds den Gläubigern zur Befriedigung zur Verfügung stünde und er durch seine Handlung sein Vermögen verringert, da er sich freut, dass er das Grundstück durch die Schenkung vor dem Zugriff der Gläubiger retten kann. Dass die Gläubiger dadurch bei Verteilung des verbleibenden Vermögens einen geringeren Anteil bekommen, hält er zumindest ernstlich für möglich und findet sich damit ab, da er sich freut, dass die Gläubiger darauf nicht zugreifen können. Der subjektive Tatbestand ist erfüllt.

### c) Rechtswidrigkeit

Mangels gegenläufiger Hinweise hat Heribert rechtswidrig gehandelt.

### d) Schuld

Da keine Indizien dagegensprechen, hat Heribert schuldhaft gehandelt.

### e) Sonstiges

Da Heriberts Onkel die € 47.000 dem Masseverwalter übergibt, ist die **tätige Reue** nach § 167 Abs 1 und Abs 4 StGB zu prüfen.

Die betrügerische Krida findet sich in der Liste der **reuefähigen Delikte** in § 167 Abs 1 StGB und ist somit der tätigen Reue zugänglich.

Heriberts Onkel erzählt dem Masseverwalter von Heriberts Tat und übergibt ihm als Wiedergutmachung einen Betrag, der genau dem Wert des Grundstücks entspricht. Er handelt unstrittig **im Namen von Heribert.**

Die tätige Reue ist **rechtzeitig,** da es sich bei einem Insolvenzgericht nicht um eine zur Strafverfolgung berufene Behörde iSd § 151 Abs 3 StGB handelt und somit noch keine Behörde von Heriberts Verschulden erfahren hat.

Heriberts Onkel handelt aus Mitleid und somit einzig aus eigenem Antrieb. Daher erfolgt die Reuehandlung **freiwillig.**

Heriberts Onkel übergibt dem Masseverwalter und damit den geschädigten Gläubigern den gesamten durch die betrügerische Krida entstandenen Schaden iHv € 47.000. Damit ist auch das Erfordernis der **Vollständigkeit** erfüllt.

Heribert versucht, sich das Geld von seinem Onkel zu leihen. Als dieser ablehnt, versucht er weiter, das Geld aufzutreiben und geht sogar zu mehreren Banken, um einen Kredit aufzunehmen. Da er aktiv alles daran setzt, den Schaden zu ersetzen, **bemüht er sich ernstlich um die Schadensgutmachung.**

Es sind daher sämtliche Voraussetzungen der tätigen Reue erfüllt und Heriberts Strafbarkeit ist aufgehoben.

### f) Ergebnis

Heribert hat das Delikt der betrügerischen Krida zwar vollendet, jedoch kommt ihm der Strafaufhebungsgrund der tätigen Reue zugute. Es liegt daher keine strafbare Handlung gem § 156 StGB vor.

## 4. Gesamtergebnis

Heribert hat einen gewerbsmäßigen schweren Betrug gem §§ 146, 147 Abs 1 Z 1 Fall 5 und 148 Fall 2 StGB begangen und wird unter Anwendung dieser Bestimmungen mit Freiheitsstrafe von sechs Monaten bis zu fünf Jahren zu bestrafen sein.

---

### Prozessuales

Aufgrund der Strafdrohung ist für die Hauptverhandlung nach den allgemeinen Zuständigkeitsregeln das Landesgericht als Einzelrichter sachlich zuständig (§ 31 Abs 4 Z 1 StPO).

Ein diversionelles Vorgehen ist aufgrund der Höchststrafdrohung von bis zu fünf Jahren zulässig.

---

# IX. Jagd auf den gelben Rochen

## A. Sachverhalt

Toni hat ein Lederwarengeschäft in der Wiener Innenstadt. Eines Tages besucht ihn sein alter Schulfreund Xaver. Dieser erzählt Toni, dass er eine Handtasche aus gelbem Rochenleder gestohlen hat und bietet sie Toni zum Kauf an. Toni kauft Xaver die Handtasche um den Marktpreis von € 1.000 ab und geht davon aus, dass er durch das Zahlen des Kaufpreises deren rechtmäßiger Eigentümer geworden ist.

Einige Tage später kommt die große, blonde Jessica in Tonis Geschäft. Sie möchte ihrer Schwester, der ihre Handtasche gestohlen wurde, eine neue Handtasche kaufen. Als Jessica die gelbe Rochenlederhandtasche sieht, erkennt sie diese sofort wieder, denn es handelt sich um die gestohlene Handtasche ihrer Schwester. Toni freut sich über die anwesende Kundin und beschließt, aus dem Hinterzimmer Teile einer neuen Kollektion zu holen, damit seine Kundin sich auch neue Ware ansehen kann. Jessica nutzt die Gelegenheit, nimmt die gelbe Rochenlederhandtasche an sich, um ihrer Schwester unbürokratisch die Handtasche wieder zu verschaffen, und verlässt schnell das Geschäft.

Nach einer Minute kommt Toni mit Neuwaren aus dem Hinterzimmer zurück und bemerkt das Fehlen der gelben Rochenlederhandtasche. Er geht von einem Diebstahl derselben durch Jessica aus, da sie vorhin die einzige Kundin in seinem Geschäft war. In diesem Moment sieht er eine Frau am Schaufenster mit einer gelben Handtasche vorbeigehen und nimmt an, dass es sich dabei um die Handtaschendiebin Jessica handelt. In Wirklichkeit ist es aber die zierliche, dunkelhaarige Milena, die mit ihrer gelben Stoffhandtasche unterwegs ist, die sie auf ihrer Schulter trägt und mit einer Hand festhält. Toni läuft wutentbrannt aus dem Geschäft und Milena hinterher, um ihr „seine" Tasche wegzunehmen.

Als er sie erreicht, hält er sie grob am Arm fest und ergreift die gelbe Handtasche. Da Milena durch das grobe Festhalten einen Überfall annimmt, lässt sie die Handtasche los und Toni gewähren. Als Toni die Tasche schließlich in Händen hält, läuft er weg. Erst nach einigen Metern erkennt er, dass es sich nicht um die Rochenlederhandtasche, sondern um eine Stoffhandtasche handelt, und erinnert sich, dass seine letzte Kundin im Geschäft groß und blond und nicht zierlich und dunkelhaarig war. Milena ärgert sich zwar im ersten Moment, dass ihre Tasche weggenommen wurde, ist aber auch froh, dass sie nicht verletzt wurde.

**Prüfen Sie die Strafbarkeit von Jessica und Toni! Nennen Sie den ihnen drohenden Strafrahmen!**

# B. Kommentierter Lösungsvorschlag

## 1. Toni: Kauf der Handtasche vom Dieb Xaver

### a) Vorüberlegungen

Zu prüfen ist, ob Toni durch den Kauf der gestohlenen Handtasche von Xaver eine **Hehlerei gem § 164 Abs 1 oder Abs 2 StGB** begeht. Eine Strafbarkeit wegen Geldwäscherei gem § 165 StGB kommt nicht in Frage, da der Diebstahl der Handtasche keine geldwäschereitaugliche Vortat ist. Der Diebstahl einer Sache im Wert von € 1.000 stellt nämlich weder eine mit mehr als einjähriger Freiheitsstrafe bedrohte Handlung noch eines der in § 165 Abs 1 StGB aufgelisteten Vergehen dar.

### b) Tatbestand

#### aa) Objektiver Tatbestand

Der objektive Tatbestand der Hehlerei verlangt als Tatobjekt eine hehlereitaugliche Sache. Diese muss aus einer mit Strafe bedrohten Handlung gegen fremdes Vermögen stammen (Vortat).

Abs 1 verlangt eine Unterstützungshandlung für einen Täter der Vortat, nämlich die Hilfe beim Verheimlichen oder Verwerten einer Sache. Nach Abs 2 wird ein Hehler auch bestraft, wenn er die Sache kauft, sonst an sich bringt oder einem Dritten verschafft. Toni **kauft** Xaver die Handtasche ab, weshalb Abs 2 zu prüfen ist.

Eine Hehlerei kann erst dann verwirklicht werden, wenn die Vortat bereits vollendet ist. Als Vortat kommt Diebstahl in Betracht. Da sich § 127 StGB im sechsten Abschnitt des BT des StGB befindet, handelt es sich um eine mit Strafe bedrohte Handlung gegen fremdes Vermögen. Mangels Angaben im Sachverhalt ist davon auszugehen, dass Xaver die Tat zumindest tatbestandsmäßig und rechtswidrig begangen hat. Da Xaver das Diebstahlsobjekt in seinen Händen hält, ist der Diebstahl vollendet. Die **hehlereitaugliche Vortat** liegt vor.

Weiters darf der Täter der Hehlerei nicht Täter der Vortat sein. Toni hat sich lt Sachverhalt nicht am Diebstahl beteiligt und ist somit **tauglicher Täter der Hehlerei.**

Bei der hehlereitauglichen Sache muss es sich um einen körperlichen Gegenstand mit Tauschwert handeln, der mit dem durch die Vortat erlangten Objekt ident ist. Bei der Handtasche handelt es sich unzweifelhaft um einen körperlichen, dh mit den Sinnen wahrnehmbaren, Gegenstand. Die Handtasche hat weiters einen Marktwert von € 1.000. Daher ist die Handtasche als **Sache** zu qualifizieren. Sie ist auch ident mit der Sache, die aus Xavers Diebstahl stammt, und damit eine **hehlereitaugliche Sache.**

Toni kauft Xaver die hehlereitaugliche Handtasche um € 1.000 ab, da er sie gegen Zahlung an sich bringt, und setzt damit eine Tathandlung iSd § 164 Abs 2 StGB.

Da es sich bei der Hehlerei um ein schlichtes Tätigkeitsdelikt handelt, ist kein Eintritt eines Erfolgs zu prüfen. Der **objektive Tatbestand ist erfüllt.**

#### bb) Subjektiver Tatbestand

Der subjektive Tatbestand des § 164 Abs 2 StGB verlangt Eventualvorsatz hinsichtlich aller objektiven Tatbestandsmerkmale. Der Täter muss es zumindest ernstlich für möglich halten und sich damit abfinden, dass er eine Sache kauft, die aus einer mit Strafe bedrohten Handlung gegen fremdes Vermögen stammt.

Toni ist sich als Betreiber eines Lederwarengeschäfts gewiss, dass es sich bei der Handtasche um einen körperlichen Gegenstand handelt und diese einen Marktpreis hat, weshalb er zumindest in laienhafter Weise erkennt, dass die Tasche eine Sache ist. Da er sie im Austausch gegen Geld erwirbt, ist er sich sicher, dass er sie kauft. Zum Zeitpunkt des Kaufs ist er sich auch sicher, dass die Handtasche aus einer mit Strafe bedrohten Handlung gegen fremdes Vermögen stammt, da Xaver ihm berichtet, dass er diese gestohlen hat, weshalb Toni auch weiß, dass zwischen dem Diebstahlsobjekt und dem Hehlereiobjekt Sachidentität besteht. Der **subjektive Tatbestand ist erfüllt.**

### cc) Privilegierung

Es ist näher zu untersuchen, ob die Privilegierungen der § 164 Abs 5–7 StGB erfüllt sind. Voraussetzung für die Privilegierungen nach Abs 6–7 ist hierbei der Eintritt der Privilegierung nach Abs 5. Dabei ist Abs 5 der Privilegierung des § 141 StGB nachgebildet und stellt auf eine Tatbegehung des § 164 Abs 1 oder Abs 2 aus Not, aus Unbesonnenheit oder zur Befriedigung eines Gelüstes in Bezug auf eine Sache geringen Wertes ab. Als geringer Wert wird dabei ein Betrag von ca € 100 angenommen.[127] Im vorliegenden Fall hat Toni dem Xaver eine gestohlene Handtasche im Wert von € 1.000 abgekauft, wodurch der Wert der hehlereibefangenen Sache deutlich über dem Betrag von € 100 liegt, der noch als geringer Wert anerkannt werden würde. Folglich ist Toni nicht gem § 164 Abs 5 StGB privilegiert und eine Prüfung der Abs 6–7 kann unterbleiben.

### c) Rechtswidrigkeit

Die Rechtswidrigkeit der Tat wird durch die Tatbestandsmäßigkeit indiziert. Es erfolgt eine Negativprüfung. Nur bei Vorliegen von Rechtfertigungsgründen ist ein tatbestandsmäßiges Verhalten nicht rechtswidrig. Im Sachverhalt finden sich keine Anhaltspunkte für das Vorliegen von Rechtfertigungsgründen. Toni hat rechtswidrig gehandelt.

### d) Schuld

Auf Ebene der Schuld ist zu prüfen, ob Toni sein rechtswidriges Verhalten strafrechtlich vorgeworfen werden kann. Dem Täter kann sein Verhalten nur vorgeworfen werden, wenn er das Unrecht seiner Tat einsehen und nach dieser Einsicht handeln konnte (Schuldfähigkeit). Mangels Angaben im Sachverhalt kann seine Schuldfähigkeit zum Tatzeitpunkt angenommen werden. Weiters muss er im Bewusstsein handeln, gegen die Rechtsordnung zu verstoßen (Unrechtsbewusstsein). Da schon potentielles Unrechtsbewusstsein ausreicht und keine gegenteiligen Hinweise vorliegen, ist auch davon auszugehen, dass er zum Tatzeitpunkt mit Unrechtsbewusstsein gehandelt hat. Schließlich liegen keine Hinweise auf Entschuldigungsgründe vor. Toni hat schuldhaft gehandelt und ihm kann sein rechtswidriges Verhalten vorgeworfen werden.

---

[127] *Salimi* in WK² § 141 Rz 21 f.

### e) Sonstiges

Im Sachverhalt finden sich keine Anhaltspunkte, dass sonstige Strafbarkeitsvoraussetzungen fehlen.

### f) Ergebnis

Toni hat eine Hehlerei nach § 164 Abs 2 StGB begangen und wird nach dieser Bestimmung mit Freiheitsstrafe bis zu sechs Monaten oder mit Geldstrafe bis zu 360 Tagessätzen zu bestrafen sein.

## 2. Jessica: Ergreifen der Handtasche und Verlassen des Geschäfts

### a) Vorüberlegungen

Jessica könnte einen **Diebstahl** gem § 127 StGB begangen haben, indem sie in Tonis Geschäft die gelbe Handtasche, die ihrer Schwester gestohlen worden ist, an sich genommen und danach schnell das Geschäft verlassen hat.

### b) Tatbestand

#### aa) Objektiver Tatbestand

Beim Diebstahl ist auf objektiver Tatbestandsebene zu prüfen, ob der Täter eine fremde bewegliche Sache einem anderen wegnimmt.

Eine Sache im strafrechtlichen Sinn ist ein körperlicher Gegenstand mit Tauschwert. Bei der gelben Rochenlederhandtasche handelt es sich unzweifelhaft um eine **Sache** (s Punkt B.1.b.aa.).

Diebstahlstauglich sind nur bewegliche Sachen. Da die Handtasche ohne Substanzverlust fortgeschafft werden kann, ist sie **beweglich.**

Darüber hinaus muss die Sache fremd sein, dh sie muss im Allein- oder Miteigentum einer vom Täter verschiedenen Person stehen. Eigentümer der Handtasche ist jedenfalls nicht Jessica. Die Handtasche ist für Jessica daher **fremd.**

Die Tathandlung des § 127 StGB besteht in der Wegnahme der fremden beweglichen Sache. Der Täter muss den bisherigen Gewahrsam brechen und neuen Gewahrsam begründen. Als Gewahrsam gilt jede tatsächliche Sachherrschaft, die von einem Herrschaftswillen getragen ist. Ein solcher Gewahrsam ergibt sich im gegenständlichen Fall schon aus dem unmittelbaren, tatsächlichen Naheverhältnis, da Toni die Handtasche im Geschäft in seinem Nahebereich hat, und aus dem Herrschaftswillen, den er mit der tatsächlichen Sachherrschaft nur gegen den angeschriebenen Kaufpreis aufgeben möchte. Als Jessica daher ohne zu bezahlen mit der Handtasche das Geschäft verlässt, **bricht** sie den **Gewahrsam** von Toni. Gleichzeitig begründet sie eigenen Gewahrsam an der Handtasche, da sie durch das Ansichnehmen ein unmittelbares, tatsächliches Naheverhältnis schafft.

Der Erfolg (die Begründung eines neuen Gewahrsams)[128] muss der Tathandlung objektiv zugerechnet werden. Die Kausalität wird mit Hilfe der csqn-Formel geprüft. Hätte Jessica nicht mit der Handtasche das Geschäft verlassen, wäre es zu keiner Begründung des Alleingewahrsams durch Jessica an der Handtasche gekom-

---

[128]) *Kienapfel/Schmoller,* BT II² § 127 Rz 61 f.

men. Das Verhalten von Jessica war daher kausal für den Eintritt des Erfolgs. Die normative Zurechnung bereitet keine Probleme. Der Erfolg kann der Tathandlung objektiv zugerechnet werden. Damit ist der **objektive Tatbestand erfüllt.**

### bb) Subjektiver Tatbestand

Das Delikt des Diebstahls verlangt auf subjektiver Tatseite neben dem Tatbildvorsatz auch den erweiterten Vorsatz auf unrechtmäßige Bereicherung durch Zueignung, wobei jeweils Eventualvorsatz ausreicht.

Der Täter muss es somit zumindest ernstlich für möglich halten und sich damit abfinden, dass er einem anderen eine fremde bewegliche Sache wegnimmt. Jessica ist sich gewiss, dass es sich bei der Handtasche um einen körperlichen Gegenstand handelt, da sie ihn mit den Sinnen erfasst. Außerdem hält sie es für sicher, dass die Handtasche beweglich ist, da sie weiß, dass sie diese ohne Substanzverlust aus dem Lederwarengeschäft bringen kann. Nachdem Jessica den Verkaufspreis für die gelbe Rochenlederhandtasche sieht, hält sie es auch für gewiss, dass die Handtasche einen wirtschaftlichen Wert hat. Sie ist sich subjektiv sicher, dass die Handtasche ihrer Schwester gehört und dadurch für sie fremd ist. Schließlich kommt es ihr auch geradezu darauf an, Tonis Gewahrsam an der Handtasche durch das Verlassen des Geschäfts ohne dessen Einverständnis zu brechen. Gleichzeitig möchte sie die Handtasche in ihren Alleingewahrsam bringen, um die Handtasche ihrer Schwester zurückzugeben.

Zusätzlich muss es der Täter zumindest ernstlich für möglich halten und sich damit abfinden, dass er sich oder einem Dritten die Sache zueignet, sich oder einen Dritten dadurch vermögensmäßig besser stellt und auf diese Besserstellung kein Anspruch besteht. Jessica hat keinen Vorsatz, sich oder einen Dritten durch Zueignung unrechtmäßig zu bereichern. Vielmehr möchte sie unbürokratisch ihrer Schwester deren Eigentum wieder zurückgeben. Somit geht sie davon aus, dass ihre Schwester weiterhin Anspruch auf die Tasche hat und die Wegnahme nur einen Weg zur schnellen Rechtsdurchsetzung darstellt. Folglich hält sie einen fehlenden Anspruch nicht für möglich. Jessica handelt **nicht mit dem erweiterten Vorsatz,** weshalb der subjektive Tatbestand nicht erfüllt ist.

### c) Ergebnis

Jessica hat sich nicht wegen Diebstahls nach § 127 StGB strafbar gemacht.

## 3. Toni: Festhalten der Milena, um die Handtasche wiederzuerlangen

### a) Vorüberlegungen

Zu prüfen ist, ob Toni durch das Festhalten Milenas und das Herunterreißen ihrer Handtasche einen **Raub gem § 142 Abs 1 StGB,** eine **Erpressung gem § 144 Abs 1 StGB,** eine **Nötigung gem § 105 Abs 1 StGB** oder einen **Diebstahl gem § 127 StGB** begangen hat. Da Toni Milena festhält und ihr die Handtasche entreißt, um „seine" Handtasche wiederzuerlangen, könnte sein Verhalten **gerechtfertigt** sein.

### b) Raub gem § 142 Abs 1 StGB

Zu überlegen ist, ob Toni einen Raub begangen hat, indem er Milena festgehalten und ihr die Handtasche von der Schulter genommen hat. Zwar ist die gegenständliche Handtasche (die gelbe Stoffhandtasche) für Toni eine fremde Sache, weil sie sich im Alleineigentum von Milena befindet. Toni hat aber nicht den Vorsatz eine fremde Handtasche zu erlangen, sondern denkt, dass es sich dabei um seine Handtasche handelt. Toni unterliegt daher einem Tatbildirrtum, da er eine objektiv fremde Sache für seine eigene hält. Da es sich bei dem Delikt des Raubes um ein spezielleres Delikt zur Erpressung und zur Nötigung handelt und der Raub offensichtlich nicht erfüllt ist, muss dieser nicht ausführlich geprüft werden, sondern es kann sogleich die Prüfung der allgemeineren Delikte erfolgen.

### c) Erpressung gem § 144 Abs 1 StGB

Zu prüfen ist weiters, ob Toni eine Erpressung begangen hat, als er Milena festgehalten und ihr die Handtasche von der Schulter genommen hat. Toni geht davon aus, dass er durch den Kauf der Handtasche von Xaver auch deren Eigentümer geworden ist. Als Jessica ihm die Handtasche stiehlt, möchte er sich sein Eigentum zurückholen und geht davon aus, einen rechtlichen Anspruch auf diesen Vermögenswert zu haben. Es mangelt Toni daher jedenfalls am erweiterten Vorsatz, sich unrechtmäßig zu bereichern, weshalb die subjektive Tatbestandsmäßigkeit zu verneinen ist. Da auch hier das spezielle Delikt offensichtlich nicht erfüllt ist, kann gleich das allgemeine Delikt geprüft werden.

### d) Nötigung gem § 105 Abs 1 StGB

#### aa) Tatbestand

#### (1) Objektiver Tatbestand

Der objektive Tatbestand der Nötigung verlangt den Einsatz der Tatmittel Gewalt oder gefährliche Drohung, um den Genötigten zu einer Handlung, Duldung oder Unterlassung zu bewegen.

Gewalt wird als Einsatz nicht unerheblicher physischer Kraft zur Überwindung eines wirklichen oder erwarteten Widerstands verstanden.[129] Die eingesetzte Kraft darf dabei nicht ganz unerheblich sein. Toni hält Milena grob am Arm fest, damit er ihr die Tasche abnehmen kann. Durch das Umklammern ihres Armes wirkt Toni mit physischer Kraft auf Milenas Körper ein. Da er grob gegen die zierliche Milena vorgeht, ist die Kraft auch nicht unerheblich.[130] Er hält Milena am Arm fest, um möglichen Widerstand bei der Wegnahme der Handtasche zu überwinden. **Toni wendet daher Gewalt an.**

Die Tathandlung muss weiters eingesetzt werden, um ein bestimmtes Verhalten herbeizuführen. Milena soll es dulden, dass ihr entgegen ihres Willens die Handtasche abgenommen wird. Da sie durch den festgehaltenen Arm davon ausgeht, überfallen zu werden, **duldet sie die Wegnahme der Tasche** durch Toni. Der Erfolg der Nötigung ist eingetreten.

---

[129] *Kienapfel/Schroll*, BT I⁴ § 105 Rz 11 mwN.
[130] Vgl OGH 14. 3. 2014, 13 Os 8/14x.

Der Erfolg muss der Tathandlung objektiv zugerechnet werden. Die Kausalität wird mit Hilfe der csqn-Formel geprüft. Hätte Toni Milena nicht festgehalten, hätte sie die Wegnahme ihrer Tasche nicht geduldet. Das Verhalten von Toni war daher kausal für den Eintritt des Erfolgs. Die normative Zurechnung bereitet keine Probleme. Der Erfolg kann der Tathandlung objektiv zugerechnet werden. Toni hat den **objektiven Tatbestand erfüllt.**

### (2) Subjektiver Tatbestand

Der subjektive Tatbestand der Nötigung gem § 105 Abs 1 StGB verlangt Eventualvorsatz hinsichtlich aller objektiven Tatbestandsmerkmale. Der Täter muss es also zumindest ernstlich für möglich halten und sich damit abfinden, dass er Gewalt einsetzt, die zu einem bestimmten Verhalten des Opfers führen soll. Toni ist sich gewiss, dass er durch das grobe Festhalten von Milenas Arm mit nicht unerheblicher körperlicher Kraft auf Milena einwirkt. Er erkennt daher zumindest in laienhafter Weise, dass er Gewalt einsetzt. Es kommt ihm dabei darauf an, dass sich Milena die Tasche ohne Gegenwehr abnehmen lässt. Der **subjektive Tatbestand ist erfüllt.**

### bb) Rechtswidrigkeit

Die Rechtswidrigkeit der Tat wird durch die Tatbestandsmäßigkeit indiziert. Es erfolgt eine Negativprüfung. Nur bei Vorliegen von Rechtfertigungsgründen ist ein tatbestandsmäßiges Verhalten nicht rechtswidrig.

Toni möchte seine vor Kurzem gestohlene Tasche zurückholen, indem er diese der vermeintlichen Diebin wegnimmt. Dabei kommt es jedoch zu einer Verwechslung und er hält die unbeteiligte Milena fest und nimmt ihr die Handtasche ab. Zu prüfen ist, ob er bei der Rückerlangung durch Notwehr gerechtfertigt ist. Dies ist zu verneinen, da eine Notwehrsituation objektiv vorliegen muss.[131]) Milena hat keinen Angriff auf Tonis Vermögen getätigt, weshalb **keine Notwehrsituation** bzgl Milena vorliegt.

Zu überlegen ist, ob Toni durch das Anhalterecht Privater nach § 80 Abs 2 StPO gerechtfertigt sein könnte. Es liegt aber keine Anhaltesituation vor, da Milena keine strafbare Handlung begangen hat und ein objektiver Beobachter aus der ex ante Perspektive aus dem bloßen Umstand, dass eine Frau mit einer gelben Handtasche an einem Geschäft vorbeigeht, in dem eine gelbe Handtasche gestohlen wurde, nicht darauf schließen würde, diese Frau hätte eine strafbare Handlung begangen. Aus diesen Gründen ist Toni **nicht durch § 80 Abs 2 StPO gerechtfertigt.**

Auch eine Rechtfertigung durch das Selbsthilferecht Privater, das aus §§ 19, 344 ABGB abgeleitet wird, kommt nicht in Betracht, da Toni keinen privatrechtlichen Anspruch gegenüber Milena hat.

§ 105 Abs 2 StGB normiert einen eigenen Rechtfertigungsgrund für die Nötigung, der subsidiär zu anderen Rechtfertigungsgründen anzuwenden ist. Da offensichtlich keine anderen Rechtfertigungsgründe einschlägig sind, wäre die Nötigung gem § 105 Abs 2 StGB gerechtfertigt, wenn die Anwendung der Gewalt oder Drohung als Mittel zu dem angestrebten Zweck nicht den guten Sitten widerstreitet. Der angestrebte Zweck kann in der Situation tatsächlich nicht erfüllt werden, weil Toni

---

[131]) *Lewisch* in WK² § 3 Rz 17.

objektiv keinen Anspruch auf die Erlangung von Milenas Handtasche hat.[132]) Tonis Nötigung ist **nicht durch § 105 Abs 2 StGB gerechtfertigt.**

Auf Rechtfertigungsebene[133]) ist schlussendlich zu prüfen, ob Toni irrtümlich einen rechtfertigenden Sachverhalt (§ 8 StGB) – nämlich das Vorliegen einer Notwehrsituation – annimmt und daher in **Putativnotwehr** handelt. Der Irrtum iSd § 8 StGB bezieht sich auf das Vorliegen einer objektiv nicht bestehenden Notwehrsituation, da Milena keinen Angriff auf Tonis Vermögen tätigt. Es muss daher geprüft werden, ob Tonis Vorstellung der Wirklichkeit einer Notwehrsituation entspräche (hypothetische Prüfung der Notwehrsituation).[134]) Eine Notwehrsituation würde einen gegenwärtigen oder unmittelbar drohenden rechtswidrigen Angriff auf ein notwehrfähiges Rechtsgut erfordern. Als Angriff gilt eine von einem Menschen ausgehende Bedrohung für ein notwehrfähiges Rechtsgut. Die notwehrfähigen Rechtsgüter sind in § 3 StGB taxativ aufgezählt und umfassen Leben, Gesundheit, körperliche Unversehrtheit, sexuelle Integrität und Selbstbestimmung, Freiheit und Vermögen. Weitere Voraussetzung ist, dass der Angriff unmittelbar droht oder gegenwärtig ist. Ein unmittelbar drohender Angriff liegt dann vor, wenn dieser in zeitlicher, örtlicher und funktioneller Hinsicht unmittelbar bevorsteht. Gegenwärtig ist der Angriff jedenfalls, solange eine Rechtsgutbeeinträchtigung andauert und der Angriff nicht abgewehrt, aufgegeben oder abgeschlossen ist.[135]) Darüber hinaus muss der Angriff auch rechtswidrig sein, dh der Angreifer muss gegen die Rechtsordnung verstoßen. Toni nimmt an, dass Milena seine Handtasche weggenommen und damit ein Verhalten gesetzt hat. Durch die Flucht mit der Beute würde die Rechtsgutbeeinträchtigung weiter intensiviert und da sich Milena noch in unmittelbarer Nähe zu seinem Geschäft aufhält, läge immer noch ein gegenwärtiger Angriff vor.[136]) Dieser gegenwärtige Angriff bezöge sich auch auf das notwehrfähige Rechtsgut Vermögen, da die Handtasche Teil seiner Vermögenssphäre war. Außerdem wäre der Angriff aus Tonis Sicht rechtswidrig, weil er davon ausgeht, dass jemand sein rechtmäßig erworbenes Eigentum gestohlen hat. Seine Vorstellung entspräche daher einem rechtswidrigen, gegenwärtigen Angriff auf sein Vermögen. Damit liegt eine **Putativnotwehrsituation** vor.

Als Putativnotwehrhandlung darf nur die notwendige Verteidigung iSd § 3 StGB eingesetzt werden, dh jene Verteidigung, die notwendig ist, um den Angriff verlässlich und endgültig abzuwehren. Dabei ist zu prüfen, welche Verteidigungsmaßnahmen dem Angegriffenen zur Verfügung stehen und mit hinreichender Wahrscheinlichkeit geeignet sind, den Angriff verlässlich und endgültig abzuwehren, würde ein solcher Angriff tatsächlich vorliegen. Von diesen möglichen Maßnahmen ist jene zu wählen, die den Angreifer am wenigsten schädigt.[137]) Toni geht davon aus,

---

[132]) *Seiler* in SbgK § 105 Rz 67.

[133]) Abweichend von den im Anhang abgedruckten Fallprüfungsschemata, die von *Kienapfel/Höpfel/Kert,* AT[16] stammen, wird von den Autoren dieses Buches § 8 StGB auf Ebene der Rechtswidrigkeit und nicht – wie dort abgebildet – auf Ebene der Schuld geprüft. Die unterschiedliche Einordnung zieht andere Rechtsfolgen nach sich, selbstverständlich sind beide Ansichten vertretbar.

[134]) *Kienapfel/Höpfel/Kert,* AT[16] Rz 20.7.

[135]) *Kienapfel/Höpfel/Kert,* AT[16] Rz 13.9.

[136]) *Fuchs/Zerbes,* AT I[10] 17/18.

[137]) *Fuchs/Zerbes,* AT I[10] 17/31 ff.

dass ihm seine Handtasche gestohlen wurde. Er könnte daher durch verbales Einwirken auf Milena oder unter Einsatz physischer Gewalt den Angriff abwehren. Der Einsatz von verbalen Mitteln wäre das schonendste. Allerdings wäre dieses ex ante nicht geeignet, den Angriff mit hinreichender Wahrscheinlichkeit sofort und endgültig abzuwehren. Vielmehr darf er sich zu diesem Zweck auch eingriffsintensiverer Maßnahmen bedienen, da nur diese verlässlich und endgültig den Angriff abwehren und somit das gelindeste Mittel darstellen. Daher ist der Einsatz von Gewalt in Form des groben Festhaltens der Verdächtigen im Hinblick darauf, dass er unter diesen Umständen sogar intensiver auf ihren Körper hätte einwirken dürfen, ein schonenderes Mittel als das gelindeste Mittel, weshalb er sich jedenfalls der notwendigen Verteidigung bedient. Toni setzt somit eine **Putativnotwehrhandlung.**

Schließlich ist noch das subjektive Rechtfertigungselement zu prüfen. Der Angegriffene muss im Rahmen der Putativnotwehr glauben, dass er sich in einer Notwehrsituation befindet. Toni geht davon aus, dass er von Milena bestohlen wurde und somit ein gegenwärtiger rechtswidriger Angriff auf sein Vermögen vorliegt. Das geforderte **subjektive Rechtfertigungselement** ist somit gegeben.

Es kommt durch Putativnotwehr zu einem Ausschluss des spezifischen Vorsatzunrechts und eine Strafbarkeit wegen vorsätzlicher Begehung entfällt.[138] Gem § 8 Satz 2 StGB ist der Täter wegen fahrlässiger Begehung zu bestrafen, wenn zwei Voraussetzungen erfüllt sind: Erstens ist zu prüfen, ob der Irrtum auf Fahrlässigkeit beruht und zweitens, ob die fahrlässige Begehung mit Strafe bedroht ist. Die Irrtumsprüfung des § 8 Satz 2 StGB erfolgt dabei wie die Fahrlässigkeitsprüfung eines schlichten Tätigkeitsdelikts.[139] Es ist zu prüfen, ob der Irrtum auf Fahrlässigkeit beruht; also ob der Täter objektiv und subjektiv sorgfaltswidrig in diesen Irrtum geraten ist. Bejahendenfalls beruht der Irrtum auf Fahrlässigkeit.

Auf Ebene der objektiven Sorgfaltswidrigkeit wird das Verhalten des Täters mit dem Verhalten der differenzierten Maßfigur aus der ex ante Perspektive verglichen. Die differenzierte Maßfigur ist ein einsichtiger und besonnener Mensch aus dem Verkehrskreis des Täters, der mit dessen Sonderwissen ausgestattet ist. Hätte sich die differenzierte Maßfigur in der konkreten Situation anders verhalten als der Täter, so hat dieser objektiv sorgfaltswidrig gehandelt. Im vorliegenden Fall ist die differenzierte Maßfigur ein einsichtiger und besonnener Geschäftsinhaber, dem eine gelbe Handtasche gestohlen wurde und der nun eine Frau mit einer gelben Handtasche vor dem Geschäft sieht. Ein solcher Geschäftsinhaber hätte zwar auch die Verfolgung der Taschendiebin aufgenommen. Er hätte aber genauer geschaut und dadurch leicht erkannt, dass es sich bei Milena nicht um die Diebin handeln kann. Zum einen hat Milena im Gegensatz zur blonden Jessica schwarze Haare und ist im Vergleich zur großen Jessica von zierlicher Statur. Dies fällt auch dann leicht auf, wenn man eine Person nur von hinten sieht. Zum anderen unterscheidet sich eine Stoffhandtasche von einer Lederhandtasche aufgrund des unterschiedlichen Materials erheblich. Dies wäre der differenzierten Maßfigur jedenfalls aufgefallen, da sie einen genaueren Blick auf die Person und die Handtasche geworfen hätte. Der Vergleich mit einem einsichtigen und besonnenen Geschäftsinhaber in der Situation des Toni zeigt, dass die differenzierte Maßfigur sich anders verhalten hätte. Toni hat sich daher **objektiv sorgfaltswidrig** verhalten.

---

[138]) *Fuchs/Zerbes,* AT I[10] 20/12.
[139]) *E. Steininger* in SbgK § 8 Rz 48.

Im Rahmen der subjektiven Sorgfaltswidrigkeit wird geprüft, ob der Täter aufgrund seiner geistigen und körperlichen Fähigkeiten in der konkreten Situation in der Lage gewesen wäre, die gebotene Sorgfalt zu beachten. Es wird dabei ein individueller täterspezifischer Maßstab angelegt.[140]) Toni war mit seinen geistigen und körperlichen Fähigkeiten sehr wohl in der Lage, die Situation (unterschiedlicher Körperbau und unterschiedliche Haarfarbe der beiden Frauen, unterschiedliches Material der Handtaschen) genauer zu betrachten und zu erkennen, dass es sich um eine andere Frau und um eine andere Handtasche handelt. Toni hat sich daher auch **subjektiv sorgfaltswidrig** verhalten.

Die Zumutbarkeit sorgfaltsgemäßen Verhaltens ist dann zu bejahen, wenn von einem maßgerechten Menschen in der Situation des Täters die Einhaltung der gebotenen Sorgfalt erwartet werden kann. Als maßgerechter Mensch ist ein mit den rechtlich geschützten Werten verbundener Mensch heranzuziehen, der mit den geistigen und körperlichen Fähigkeiten des Täters ausgestattet ist.[141]) Von einem mit den rechtlich geschützten Werten verbundenen Menschen, der Tonis geistige und körperliche Fähigkeiten besitzt, hätte jedenfalls erwartet werden können, dass er objektiv sorgfaltsgemäß handelt, dh die Person und die Tasche genauer ansieht. Sorgfaltsgemäßes Verhalten wäre Toni **zumutbar** gewesen.

Toni hätte daher den **Irrtum erkennen müssen und können**. Daher beruht der Irrtum auf Fahrlässigkeit. Die Rechtsfolge der Strafbarkeit wegen fahrlässiger Begehung kommt dennoch nicht in Betracht, da kein der Nötigung entsprechendes Fahrlässigkeitsdelikt existiert und somit die zweite Voraussetzung des § 8 Satz 2 StGB nicht gegeben ist. Toni bleibt deshalb **straflos.**

### e) Diebstahl gem § 127 StGB

#### aa) Tatbestand

(1) Objektiver Tatbestand

Beim Diebstahl ist auf objektiver Tatbestandsebene zu prüfen, ob der Täter eine fremde bewegliche Sache einem anderen wegnimmt.

Eine Sache im strafrechtlichen Sinn ist ein körperlicher Gegenstand mit Tauschwert. Bei Milenas Handtasche handelt es sich unzweifelhaft um einen körperlichen, dh mit den Sinnen wahrnehmbaren, Gegenstand. Die Handtasche kann verkauft werden und besitzt daher einen Tauschwert. Sie ist somit als **Sache** zu qualifizieren.

Diebstahlstauglich sind nur bewegliche Sachen. Da die Handtasche ohne Substanzverlust fortgeschafft werden kann, ist sie **beweglich.**

Darüber hinaus muss die Sache fremd sein, dh sie muss im Allein- oder Miteigentum einer vom Täter verschiedenen Person stehen. Eigentümer der Handtasche ist Milena, weshalb die Handtasche für Toni **fremd** ist.

Die Tathandlung des § 127 StGB besteht in der Wegnahme der fremden beweglichen Sache. Der Täter muss den bisherigen Gewahrsam brechen und neuen Gewahrsam begründen. Als Gewahrsam gilt jede tatsächliche Sachherrschaft, die von einem Herrschaftswillen getragen ist. Ein solcher Gewahrsam ergibt sich im gegen-

---

[140]) *Kienapfel/Höpfel/Kert,* AT[16] Rz 26.22 ff.
[141]) OGH 22. 9. 1981, 9 Os 115/81.

ständlichen Fall schon aus dem unmittelbaren, tatsächlichen Naheverhältnis und Milenas Herrschaftswillen an der Handtasche, die sie auf ihrer Schulter nah am Körper trägt und nicht hergeben möchte. Als Toni daher Milena die Handtasche von der Schulter abnimmt, **bricht** er den **Gewahrsam** von Milena. Gleichzeitig begründet er durch das Abnehmen und Weglaufen eigenen Gewahrsam an der Handtasche, da er dadurch ein unmittelbares, tatsächliches Naheverhältnis schafft.

Der Erfolg (die Begründung eines neuen Gewahrsams)[142]) muss der Tathandlung objektiv zugerechnet werden. Die Kausalität wird mit Hilfe der csqn-Formel geprüft. Hätte Toni Milena nicht die Handtasche abgenommen und wäre damit weggelaufen, wäre es zu keiner Begründung des Alleingewahrsams von Toni an der Handtasche gekommen. Das Verhalten von Toni war daher kausal für den Eintritt des Erfolgs. Die normative Zurechnung bereitet keine Probleme. Der Erfolg kann der Tathandlung objektiv zugerechnet werden. Damit ist der **objektive Tatbestand erfüllt.**

### (2) Subjektiver Tatbestand

§ 127 StGB verlangt auf subjektiver Tatseite neben dem Tatbildvorsatz auch den erweiterten Vorsatz auf unrechtmäßige Bereicherung durch Zueignung, wobei jeweils Eventualvorsatz ausreicht.

Der Täter muss es somit zumindest ernstlich für möglich halten und sich damit abfinden, dass er einem Dritten eine fremde bewegliche Sache wegnimmt. Toni handelt offensichtlich nicht mit dem Vorsatz, eine fremde Sache wegzunehmen, da er davon ausgeht, rechtmäßiger Eigentümer der Handtasche zu sein. Toni unterliegt einem Tatbildirrtum, da er eine objektiv fremde Sache subjektiv für seine eigene hält, wodurch der **subjektive Tatbestand nicht erfüllt** ist und die Strafbarkeit für vorsätzliches Handeln entfällt. Es tritt durch den Tatbildirrtum keine Rechtsfolge ein, da es kein dem Diebstahl entsprechendes Fahrlässigkeitsdelikt gibt.

### f) Ergebnis

Toni hat weder den Tatbestand des Raubes, noch der Erpressung, noch des Diebstahls erfüllt. Auch wegen Nötigung gem § 105 Abs 1 StGB hat er sich nicht strafbar gemacht, da Putativnotwehr vorliegt und sein Handeln deshalb nicht rechtswidrig ist.

## 4. Gesamtergebnis

### a) Gesamtergebnis Jessica

Jessica hat sich nicht wegen Diebstahls gem § 127 StGB strafbar gemacht.

### b) Gesamtergebnis Toni

Toni hat eine Hehlerei nach § 164 Abs 2 StGB begangen und wird nach dieser Bestimmung mit Freiheitsstrafe bis zu sechs Monaten oder mit Geldstrafe bis zu 360 Tagessätzen zu bestrafen sein.

---

[142]) *Kienapfel/Schmoller*, BT II² § 127 Rz 61 f.

---

*Prozessuales*

Aufgrund der Strafdrohung ist für die Hauptverhandlung bei Toni nach den allgemeinen Zuständigkeitsregeln das Bezirksgericht sachlich zuständig (§ 30 Abs 1 StPO).

Ein diversionelles Vorgehen ist bei Toni aufgrund der Höchststrafdrohung von Freiheitsstrafe bis zu sechs Monaten oder Geldstrafe bis zu 360 Tagessätzen zulässig.

---

## C. Lösungsvorschlag

### 1. Toni: Kauf der Handtasche vom Dieb Xaver

#### a) Vorüberlegungen

Zu prüfen ist, ob Toni durch den Kauf der gestohlenen Handtasche von Xaver eine **Hehlerei** gem **§ 164 Abs 2 StGB** begeht. Eine Strafbarkeit wegen Geldwäscherei gem § 165 StGB kommt nicht in Frage, da der Diebstahl der Handtasche keine geldwäschereitaugliche Vortat ist.

#### b) Tatbestand

##### aa) Objektiver Tatbestand

Toni ist ein tauglicher Täter der Hehlerei, weil er nicht an Xavers Diebstahl beteiligt war. Der Diebstahl ist eine mit Strafe bedrohte Handlung gegen fremdes Vermögen (sechster Abschnitt des BT des StGB) und deshalb eine hehlereitaugliche Vortat. Die Handtasche ist ein körperlicher Gegenstand, da sie mit den Sinnen wahrnehmbar ist. Weiters hat die Handtasche einen Marktpreis iHv € 1.000 und somit einen Tauschwert. Die Handtasche ist folglich eine Sache. Die Handtasche ist auch ein hehlereitaugliches Objekt, weil sie als Tatobjekt des Diebstahls aus dieser Vortat stammt. Toni **kauft diese hehlereitaugliche Handtasche** Xaver um € 1.000 ab, da er sie gegen Zahlung an sich bringt, setzt damit eine Tathandlung und verwirklicht den objektiven Tatbestand des § 164 Abs 2 StGB.

##### bb) Subjektiver Tatbestand

Toni ist sich als Betreiber eines Lederwarengeschäfts gewiss, dass es sich bei der Handtasche um einen körperlichen Gegenstand handelt und diese einen Marktpreis hat, weshalb er in laienhafter Weise erkennt, dass die Tasche eine Sache ist. Da er sie im Austausch gegen Geld erwirbt, ist er sich sicher, dass er sie kauft. Zum Zeitpunkt des Kaufs ist er sich auch gewiss, dass die Handtasche aus einer mit Strafe bedrohten Handlung gegen fremdes Vermögen stammt, da Xaver ihm berichtet, dass er diese gestohlen hat. Toni weiß auch, dass zwischen dem Diebstahlsobjekt und dem Hehlereiobjekt Sachidentität besteht. Der subjektive Tatbestand ist erfüllt.

##### cc) Privilegierung

Toni ist nicht gem § 164 Abs 5–7 StGB privilegiert, weil die Handtasche dafür nur einen geringen Wert haben dürfte. Der Wert der Handtasche übersteigt mit € 1.000 deutlich den Betrag (€ 100), der noch als geringer Wert anerkannt wird, weshalb § 164 Abs 5–7 StGB nicht anwendbar sind.

### c) Rechtswidrigkeit

Mangels gegenläufiger Hinweise hat sich Toni rechtswidrig verhalten.

### d) Schuld

Da keine Indizien dagegensprechen, hat Toni schuldhaft gehandelt.

### e) Sonstiges

Es gibt keine Anhaltspunkte, dass sonstige Strafbarkeitsvoraussetzungen fehlen.

### f) Ergebnis

Toni hat eine Hehlerei nach § 164 Abs 2 StGB begangen und wird nach dieser Bestimmung mit Freiheitsstrafe bis zu sechs Monaten oder mit Geldstrafe bis zu 360 Tagessätzen zu bestrafen sein.

## 2. Jessica: Ergreifen der Handtasche und Verlassen des Geschäfts

### a) Vorüberlegungen

Jessica könnte einen **Diebstahl** gem § 127 StGB begangen haben, indem sie in Tonis Geschäft die gelbe Handtasche, die ihrer Schwester gestohlen worden ist, an sich genommen und danach schnell das Geschäft verlassen hat.

### b) Tatbestand

#### aa) Objektiver Tatbestand

Die Handtasche ist ein körperlicher Gegenstand, da sie mit den Sinnen wahrnehmbar ist, und hat einen Wert von € 1.000, wodurch ihr zweifelsfrei ein Tauschwert zukommt. Da die Handtasche ohne Substanzverlust fortgeschafft werden kann, ist sie beweglich. Sie ist für Jessica fremd, da sie im Alleineigentum einer anderen Person steht. Die Handtasche ist somit eine **fremde bewegliche Sache.**

Toni hat die Handtasche im Geschäft in seinem tatsächlichen Nahebereich und somit in seinem Gewahrsam. Er will diesen nur gegen den angeschriebenen Kaufpreis aufgeben. Als Jessica daher ohne zu bezahlen mit der Handtasche das Geschäft verlässt, bricht sie den Gewahrsam von Toni. Gleichzeitig begründet sie dadurch **eigenen Gewahrsam an der Handtasche,** da sie durch das Ansichnehmen ein unmittelbares, tatsächliches Naheverhältnis schafft.

Hätte Jessica nicht mit der Handtasche das Geschäft verlassen, wäre es zu keiner Begründung des Alleingewahrsams durch Jessica an der Handtasche gekommen. Jessicas Handlung war **kausal** für den Eintritt des Erfolgs. Der objektive Tatbestand ist erfüllt.

#### bb) Subjektiver Tatbestand

Jessica ist sich gewiss, dass es sich bei der Handtasche um einen körperlichen Gegenstand handelt, da sie ihn mit den Sinnen erfasst. Außerdem ist sie sich sicher, dass die Handtasche beweglich ist, da sie weiß, dass sie diese ohne Substanzverlust aus dem Lederwarengeschäft bringen kann. Nachdem Jessica den Verkaufspreis für die gelbe Rochenlederhandtasche sieht, hält sie es auch für gewiss, dass die Handtasche einen wirtschaftlichen Wert hat. Sie ist sich sicher, dass die Handtasche ihrer Schwester gehört und dadurch für sie fremd ist. Schließlich kommt es ihr auch geradezu darauf an, Tonis Gewahrsam an der Handtasche durch das Verlassen des Geschäfts ohne dessen Einverständnis zu brechen. Gleichzeitig möchte sie die Handtasche in ihren Alleingewahrsam bringen, um sie ihrer Schwester zurückzugeben.

Zusätzlich muss Jessica mit erweitertem Vorsatz handeln: Jessica hat aber keinen Vorsatz, sich oder einen Dritten durch Zueignung unrechtmäßig zu bereichern. Vielmehr möchte sie unbürokratisch ihrer Schwester deren Eigentum wieder zurückgeben. Somit geht sie davon aus, dass ihre Schwester weiterhin Anspruch auf die Tasche hat und die Wegnahme nur einen Weg zur schnellen Rechtsdurchsetzung darstellt. Jessica handelt nicht mit dem erweiterten Vorsatz und der **subjektive Tatbestand ist somit nicht erfüllt.**

### c) Ergebnis

Jessica hat sich nicht wegen Diebstahls nach § 127 StGB strafbar gemacht.

## 3. Toni: Festhalten der Milena, um die Handtasche wiederzuerlangen

### a) Vorüberlegungen

Zu prüfen ist, ob Toni durch das Festhalten Milenas und das Herunterreißen ihrer Handtasche einen **Raub gem § 142 Abs 1 StGB**, eine **Erpressung gem § 144 Abs 1 StGB,** eine **Nötigung gem § 105 Abs 1 StGB** oder einen **Diebstahl gem § 127 StGB** begangen hat. Da Toni Milena festhält und ihr die Handtasche entreißt, um „seine" Handtasche wiederzuerlangen, könnte sein Verhalten **gerechtfertigt** sein.

### b) Raub gem § 142 Abs 1 StGB

Für Toni ist die Handtasche (die gelbe Stoffhandtasche) eine fremde Sache, weil sie sich im Alleineigentum von Milena befindet. Er hat aber keinesfalls den Vorsatz, eine fremde Handtasche zu erlangen, sondern will bloß seine eigene wieder zurückholen. Er unterliegt einem Tatbildirrtum und verwirklicht daher keinen Raub.

### c) Erpressung gem § 144 Abs 1 StGB

Toni möchte sich sein Eigentum zurückholen und geht davon aus, einen rechtlichen Anspruch auf die Tasche zu haben. Es mangelt Toni daher offensichtlich am erweiterten Vorsatz, sich unrechtmäßig zu bereichern, weshalb die subjektive Tatbestandsmäßigkeit zu verneinen ist.

### d) Nötigung gem § 105 Abs 1 StGB

#### aa) Tatbestand

(1) Objektiver Tatbestand

Durch das Umklammern ihres Armes wirkt Toni mit physischer Kraft auf Milenas Körper ein. Da er grob gegen die zierliche Milena vorgeht, ist die Kraft auch nicht unerheblich. Er hält Milena am Arm fest, um möglichen Widerstand bei der Wegnahme der Handtasche zu überwinden. **Toni wendet daher Gewalt an.**

Milena soll es dulden, dass ihr entgegen ihres Willens die Handtasche abgenommen wird. Da sie durch den festgehaltenen Arm davon ausgeht, überfallen zu werden, **duldet sie die Wegnahme der Tasche** durch Toni.

Hätte Toni Milena nicht festgehalten, hätte sie die Wegnahme ihrer Tasche nicht geduldet. Der Einsatz der Gewalt durch Toni war daher **kausal** für den Eintritt des Erfolgs. Der objektive Tatbestand ist erfüllt.

### (2) Subjektiver Tatbestand

Toni ist sich gewiss, dass er durch das grobe Festhalten von Milenas Arm mit nicht unerheblicher körperlicher Kraft auf Milena einwirkt. Er erkennt daher zumindest in laienhafter Weise, dass er Gewalt einsetzt. Es kommt ihm dabei darauf an, dass sich Milena die Tasche ohne Gegenwehr abnehmen lässt. Der subjektive Tatbestand ist erfüllt.

### bb) Rechtswidrigkeit

Toni handelt nicht in Notwehr, da Milena keinen Angriff auf Tonis Vermögen getätigt hat und deshalb keine Notwehrsituation bzgl Milena vorliegt. Auch andere Rechtfertigungsgründe liegen nicht vor. Der spezielle Rechtfertigungsgrund der Nötigung in § 105 Abs 2 StGB ist ebenfalls nicht einschlägig, da objektiv kein rechtfertigender Zweck vorliegt.

Toni nimmt aber irrtümlich einen rechtfertigenden Sachverhalt (§ 8 StGB) – nämlich das Vorliegen einer Notwehrsituation – an. Es ist Putativnotwehr zu prüfen. Toni geht davon aus, dass Milena seine Handtasche weggenommen und damit ein menschliches Verhalten gesetzt hat. Durch die Flucht mit der Beute würde die Rechtsgutbeeinträchtigung weiter intensiviert und da sich Milena noch in unmittelbarer Nähe zu seinem Geschäft aufhält, läge immer noch ein gegenwärtiger Angriff vor. Dieser gegenwärtige Angriff bezöge sich auch auf das notwehrfähige Rechtsgut Vermögen, da die Handtasche Teil seiner Vermögenssphäre war. Außerdem wäre der Angriff rechtswidrig, weil er davon ausgeht, dass jemand sein rechtmäßig erworbenes Eigentum gestohlen hat. Seine Vorstellung entspräche daher einem rechtswidrigen, gegenwärtigen Angriff auf sein Vermögen. Damit liegt eine **Putativnotwehrsituation** vor.

Der Einsatz von Gewalt in Form des groben Festhaltens der Verdächtigen ist im Hinblick darauf, dass er unter diesen Umständen sogar intensiver auf ihren Körper hätte einwirken dürfen, ein schonenderes Mittel als das gelindeste Mittel, weshalb Toni sich jedenfalls der notwendigen Verteidigung bedient. Toni setzt somit eine **Putativnotwehrhandlung.**

Das **subjektive Rechtfertigungselement** ist ebenfalls gegeben, da Toni glaubt, dass er sich in einer Notwehrsituation befindet.

Toni handelt in **Putativnotwehr.** Es ist nun zu prüfen, ob die Rechtsfolge des § 8 Satz 2 StGB eintritt. Da es jedoch kein der Nötigung entsprechendes Fahrlässigkeitsdelikt gibt, kann eine umfassende Prüfung unterbleiben.[143]) Toni bleibt straflos.

---

[143]) Aus prüfungsökonomischen Gründen wird hier im Gegensatz zum kommentierten Lösungsvorschlag nicht zuerst überprüft, ob der Irrtum auf Fahrlässigkeit beruht. Da kein entsprechendes Fahrlässigkeitsdelikt existiert und es somit keine Rechtsfolge für Toni geben kann, ist die Prüfung, ob der Irrtum auf Fahrlässigkeit beruht, nicht erforderlich.

### e) Diebstahl gem § 127 StGB

#### aa) Tatbestand

(1) Objektiver Tatbestand

Bei Milenas Handtasche handelt es sich unzweifelhaft um einen körperlichen, dh mit den Sinnen wahrnehmbaren, Gegenstand. Die Handtasche kann verkauft werden und besitzt daher einen Tauschwert. Da die Handtasche ohne Substanzverlust fortgeschafft werden kann, ist sie beweglich. Milena ist Alleineigentümerin, weshalb die Tasche für Toni fremd ist. Die Handtasche ist somit eine **fremde bewegliche Sache.**

Milenas Gewahrsam ergibt sich aus dem unmittelbaren, tatsächlichen Naheverhältnis und dem Herrschaftswillen an der Handtasche, da Milena sie auf ihrer Schulter nah am Körper trägt und nicht hergeben möchte. Als Toni daher Milena die Handtasche von der Schulter abnimmt, bricht er den **Gewahrsam** von Milena. Gleichzeitig begründet er durch das Abnehmen und Weglaufen eigenen Gewahrsam an der Handtasche, da er dadurch ein unmittelbares, tatsächliches Naheverhältnis schafft.

Hätte Toni Milena nicht die Handtasche abgenommen und wäre damit weggelaufen, wäre es zu keiner Begründung des Alleingewahrsams von Toni an der Handtasche gekommen. Tonis Handlung war **kausal** für den Eintritt des Erfolgs. Der objektive Tatbestand ist erfüllt.

(2) Subjektiver Tatbestand

Toni handelt nicht mit dem Vorsatz, eine fremde Sache wegzunehmen, da er irrtümlich davon ausgeht, Eigentümer von Milenas Handtasche zu sein. Toni unterliegt einem Tatbildirrtum, da er eine objektiv fremde Sache subjektiv für seine eigene hält. Daher ist der **subjektive Tatbestand nicht erfüllt.** Da es kein dem Diebstahl entsprechendes Fahrlässigkeitsdelikt gibt, ist der Tatbestand nicht verwirklicht.

### f) Ergebnis

Toni hat weder den Tatbestand des Raubes, noch der Erpressung, noch des Diebstahls erfüllt. Auch wegen Nötigung gem § 105 Abs 1 StGB hat er sich nicht strafbar gemacht, da Putativnotwehr vorliegt und sein Handeln deshalb nicht rechtswidrig ist.

## 4. Gesamtergebnis

### a) Gesamtergebnis Jessica

Jessica hat keinen Diebstahl nach § 127 StGB begangen.

### b) Gesamtergebnis Toni

Toni hat eine Hehlerei nach § 164 Abs 2 StGB begangen und wird nach dieser Bestimmung mit Freiheitsstrafe bis zu sechs Monaten oder mit Geldstrafe bis zu 360 Tagessätzen zu bestrafen sein.

*Prozessuales*

Aufgrund der Strafdrohung ist für die Hauptverhandlung bei Toni nach den allgemeinen Zuständigkeitsregeln das Bezirksgericht sachlich zuständig (§ 30 Abs 1 StPO).

Ein diversionelles Vorgehen ist bei Toni aufgrund der Höchststrafdrohung von Freiheitsstrafe bis zu sechs Monaten oder Geldstrafe bis zu 360 Tagessätzen zulässig.

# X. Nachts im Rathaus

## A. Sachverhalt

Stefan ist Bürgermeister der Gemeinde Hausen. Die Gemeinde plant den Bau eines neuen Altstoffsammelzentrums. Florian, Stefans Bruder, ist als Bauunternehmer sehr an diesem Auftrag interessiert. Sie treffen sich deshalb nachts in Stefans Büro, um unbeobachtet darüber zu sprechen. Stefan schließt schlussendlich im Namen der Gemeinde mit dem Unternehmen seines Bruders den Vertrag über den Bau des Altstoffsammelzentrums zum Preis von € 1,8 Millionen ab, obwohl Stefan dabei eindeutig erkennt, dass Florians Leistungen um € 350.000 überteuert sind. Stefan veranlasst anschließend umgehend bei der Bank, den Geldbetrag vom Gemeindekonto an Florian zu überweisen.

Der Gemeindebürger Georg ist angesichts dieser „Familienverschwörung" empört und von seinem Bürgermeister schwer enttäuscht. Da Georg ein verdichtetes Rechtsbewusstsein hat, entschließt er sich, Selbstjustiz zu üben. Georg erinnert sich, dass Stefan beim letzten Stammtisch damit geprahlt hat, dass in Stefans Büro im Rathaus nur eine einzige, dafür sehr teure, Skulptur im Wert von € 400.000 steht. Als Beweis zeigte Georg der Stammtischrunde ein Foto der Skulptur. Georg ist davon überzeugt, dass diese Skulptur sehr gut in sein Wohnzimmer passen würde und er dadurch zugleich Bürgermeister Stefan bestrafen könnte. Daher versteckt sich Georg im Rathaus und wird nach Ende des Parteienverkehrs dort eingesperrt. Er hat für seinen Coup sicherheitshalber eine lange Eisenstange mitgebracht, die er jedenfalls gegen etwaige Nachtwächter einsetzen möchte, sollten sich ihm diese bei seinem Vorhaben in den Weg stellen. Georg schnappt sich die im Büro von Stefan befindliche Skulptur, die er aufgrund des Fotos sofort wiedererkannt hat, und flieht über den Notausgang. Am nächsten Morgen entdeckt Stefan, dass seine Skulptur weg ist. In diesem Moment ist er sehr glücklich darüber, dass er beim Stammtisch nur vorgegeben hat, dass die teure Skulptur bei ihm im Büro steht. In Wahrheit war das teure Original immer schon bei ihm zu Hause und der Täter konnte deshalb nur die im Büro befindliche, täuschend echt aussehende Nachbildung im Wert von € 200 mitnehmen.

Da sonst niemand von Stefans nachgemachter Skulptur weiß, möchte Stefan die Gunst der Stunde nutzen. Er meldet seiner Versicherung, dass die Originalskulptur gestohlen worden ist. Der Versicherungsmitarbeiter Lukas überweist daraufhin umgehend die Versicherungssumme (€ 400.000) auf Stefans Konto. Stefan plagen jedoch einige Zeit später heftige Gewissensbisse, da er seiner Versicherung die Unwahrheit erzählt hat. Er spendet deshalb € 400.000 an einen von der Versicherung betriebenen Verein, der karitativ tätig ist.

**Prüfen Sie die Strafbarkeit von Stefan und Georg! Nennen Sie den ihnen drohenden Strafrahmen!**

## B. Kommentierter Lösungsvorschlag

### 1. Stefan: Abschließen des Vertrags

#### a) Vorüberlegungen

Da die Gemeinde mit Florians Unternehmen einen (überteuerten) privatrechtlichen Vertrag abschließt, handelt Stefan im Rahmen der Privatwirtschaftsverwaltung. Es könnte daher **Untreue gem § 153 StGB** einschlägig sein.[144]) Weiters ist die Wertqualifikation des § 153 Abs 3 Fall 2 StGB zu prüfen.

#### b) Tatbestand

##### aa) Objektiver Tatbestand

Der objektive Tatbestand der Untreue verlangt, dass ein Machthaber im Rahmen einer rechtlichen Vertretungshandlung seine Befugnis missbraucht und dadurch seinem Machtgeber einen Vermögensschaden (Erfolg) zufügt.

Der unmittelbare Täter der Untreue muss befugt sein, über fremdes Vermögen zu verfügen oder einen anderen zu verpflichten. Dadurch wird dieser zum Machthaber über das Vermögen des Machtgebers. Stefan hat als **Bürgermeister eine durch Gesetz eingeräumte Befugnis,**[145]) die Gemeinde zu vertreten und zu verpflichten und ist somit deren Machthaber.

Stefan verpflichtet die Gemeinde, das Altstoffsammelzentrum von Florians Unternehmen bauen zu lassen. Er setzt durch das Unterzeichnen des Vertrags eine **rechtliche Vertretungshandlung.** Der Machthaber missbraucht dabei seine Befugnis, wenn diese Vertretungshandlung in unvertretbarer Weise gegen solche Regeln verstößt, die dem Vermögensschutz des wirtschaftlich Berechtigten dienen (Abs 2).

Der Bürgermeister hat jedenfalls § 1009 ABGB zu beachten, wonach der Machthaber das Geschäft „emsig und redlich zu besorgen hat". Diese Regel dient eindeutig dem Vermögensschutz des Machtgebers, weil dadurch der Vermögensbestand der Gemeinde gewahrt und sichergestellt wird, dass der Bürgermeister immer im Interesse der Gemeinde handeln muss. Die Gemeinde ist dabei nicht nur Machtgeber, sondern zugleich auch die wirtschaftlich Berechtigte des Gemeindevermögens.

Indem Stefan die Gemeinde verpflichtet, einen überhöhten Preis für eine Leistung zu bezahlen, vertritt er seinen Machtgeber nicht redlich, weil er nicht den größtmöglichen Nutzen für den Vertretenen erzielt.[146]) Dadurch setzt er sich gegen die ihm im Innenverhältnis gesetzten Beschränkungen hinweg und verstößt in unvertretbarer Weise gegen § 1009 ABGB.

Stefan missbraucht daher seine Befugnis als Machthaber, da er jedenfalls **gegen die Interessen seines Machtgebers** handelt und somit in unvertretbarer Weise gegen Regeln verstößt, die dem Vermögensschutz des wirtschaftlich Berechtigten dienen.

---

[144]) Bei Hoheitsverwaltung wäre § 302 StGB zu prüfen, vgl *Kienapfel/Schmoller,* BT II[2] § 153 Rz 56.

[145]) *Kirchbacher/Sadoghi* in WK[2] § 153 Rz 4.

[146]) *Kienapfel/Schmoller,* BT II[2] § 153 Rz 57.

Der Missbrauch der Befugnis muss zu einem Vermögensschaden führen. Ob ein Vermögensschaden vorliegt, wird in einer saldierenden Betrachtungsweise festgestellt. Dabei wird das Vermögen vor und nach der Tathandlung verglichen und auch durch die Handlung hinzugekommene Vermögenswerte werden berücksichtigt. Der Wert der Bauleistung beträgt € 1.450.000. Stefan verpflichtet die Gemeinde allerdings € 1.800.000 dafür zu bezahlen. Dadurch ergibt sich eine negative Differenz im Vermögen der Gemeinde Hausen iHv € 350.000, die zugleich der **Vermögensschaden** ist. Da Stefan gleich im Anschluss an das Eingehen der Verbindlichkeit das Geld überweisen lässt, ist die Untreue jedenfalls vollendet.

Der Erfolg muss der Tathandlung objektiv zugerechnet werden. Die Kausalität wird mit Hilfe der csqn-Formel geprüft. Hätte Stefan seine Befugnis nicht missbraucht, wäre es zu keiner negativen Einwirkung auf das Vermögen der Gemeinde gekommen. Der Missbrauch war somit kausal für den Vermögensschaden. Die normative Zurechnung bereitet keine Probleme. Der Erfolg kann der Tathandlung **objektiv zugerechnet** werden. Der objektive Tatbestand ist erfüllt.

### bb) Subjektiver Tatbestand

Der Täter benötigt zum Zeitpunkt der Tathandlung zumindest Eventualvorsatz, dass er die Befugnis hat, den Machtgeber rechtlich zu verpflichten. Der Täter muss weiters seine **Befugnis wissentlich missbrauchen.** Darüber hinaus muss der Täter Eventualvorsatz auf die Zufügung eines Vermögensschadens haben.

Stefan weiß, dass er als Bürgermeister einen Vertrag für die Gemeinde abschließt, also eine Rechtshandlung als deren Machthaber setzt. Stefan erkennt dabei eindeutig, dass das Angebot seines Bruders überteuert ist. Er hält es daher für gewiss (§ 5 Abs 3 StGB), dass er durch den Abschluss eines überteuerten Vertrags entgegen den Interessen der Gemeinde handelt und dadurch gegen interne Beschränkungen verstößt, die dem Schutz des Gemeindevermögens dienen. Er missbraucht seine Befugnis also wissentlich. Stefan ist sich auch sicher, dass der Preis um € 350.000 überhöht ist und die Gemeinde in ihrem Vermögen dadurch einen Vermögensschaden erleidet. Der subjektive Tatbestand ist erfüllt.

### cc) Qualifikation

Der Gemeinde entsteht ein Vermögensschaden iHv € 350.000. Dadurch wird die Wertqualifikation gem § 153 Abs 3 Fall 2 StGB objektiv erfüllt, da der Schaden mehr als € 300.000 beträgt. Stefan hält es bei der Vertragsunterzeichnung für gewiss, dass die Gemeinde € 350.000 zu viel bezahlt. **§ 153 Abs 3 Fall 2 StGB** ist somit erfüllt.

### c) Rechtswidrigkeit

Die Rechtswidrigkeit der Tat wird durch die Tatbestandsmäßigkeit indiziert. Es erfolgt eine Negativprüfung. Nur bei Vorliegen von Rechtfertigungsgründen ist ein tatbestandsmäßiges Verhalten nicht rechtswidrig. Im Sachverhalt finden sich keine Anhaltspunkte für das Vorliegen von Rechtfertigungsgründen. Stefan hat rechtswidrig gehandelt.

### d) Schuld

Auf Ebene der Schuld ist zu prüfen, ob Stefan sein rechtswidriges Verhalten strafrechtlich vorgeworfen werden kann. Dem Täter kann sein Verhalten nur vorgeworfen werden, wenn er das Unrecht seiner Tat einsehen und nach dieser Einsicht handeln konnte (Schuldfähigkeit). Mangels Angaben im Sachverhalt kann seine Schuldfähigkeit zum Tatzeitpunkt angenommen werden. Weiters muss er im Bewusstsein handeln, gegen die Rechtsordnung zu verstoßen (Unrechtsbewusstsein). Da schon potentielles Unrechtsbewusstsein ausreicht und keine gegenteiligen Hinweise vorliegen, ist auch davon auszugehen, dass er zum Tatzeitpunkt mit Unrechtsbewusstsein gehandelt hat. Schließlich liegen keine Hinweise auf Entschuldigungsgründe vor. Stefan hat schuldhaft gehandelt und ihm kann sein rechtswidriges Verhalten vorgeworfen werden.

### e) Sonstiges

Stefan hat die Straftat in seiner Funktion als Bürgermeister begangen, weshalb § 313 StGB einschlägig sein könnte. Wenn ein Beamter eine sonst mit Strafe bedrohte vorsätzliche Handlung unter Ausnützung der ihm durch seine Amtstätigkeit gebotenen Gelegenheit begeht, kann die Höchststrafdrohung um die Hälfte überschritten werden, sie muss es jedoch nicht.[147] Die Untreue ist ein Vorsatzdelikt. Da Stefan schuldhaft gehandelt hat (s Punkt B.1.d.) liegt eine mit Strafe bedrohte Handlung vor. Stefan ist als Bürgermeister dazu bestellt, alleine im Namen der Gemeinde als deren Organ Rechtshandlungen vorzunehmen (s Punkt B.1.b.aa.) und ist somit Beamter iSd § 74 Abs 1 Z 4 StGB. Da er nur aufgrund seiner Organstellung als Bürgermeister diesen Vertrag abschließen konnte, hat er die ihm durch seine **Amtstätigkeit gebotene Gelegenheit ausgenützt,** um die vorsätzliche Handlung zu begehen. § 313 StGB ist somit erfüllt.

### f) Ergebnis

Stefan hat eine Untreue gem §§ 153 Abs 1 und Abs 3 Fall 2 StGB begangen und wird nach § 153 Abs 3 Fall 2 StGB mit Freiheitsstrafe von einem bis zehn Jahren Freiheitsstrafe zu bestrafen sein, wobei gem § 313 StGB die Strafdrohung auf Freiheitsstrafe von einem bis zu fünfzehn Jahre erhöht werden kann.

## 2. Georg: Mitnahme der Skulptur

### a) Vorüberlegungen

Da Georg eine Skulptur im Wert von € 200 aus dem Büro von Stefan mitgenommen und dabei eine Eisenstange mitgeführt hat, ist ein Diebstahl mit Waffen gem §§ 127 und 129 Abs 2 Z 2 StGB zu prüfen. Georgs Tatplan umfasste eigentlich den Diebstahl einer € 400.000 teuren Skulptur. Weil im Büro immer schon eine Nachbildung stand, konnte er die teure Skulptur nicht aus Stefans Büro stehlen. Deshalb muss geprüft werden, ob es sich dabei überhaupt um einen strafbaren

---

[147]) *Bertel* in WK² § 313 Rz 16.

Versuch handelt. Zuerst wird die tatsächlich erfolgte Mitnahme der Nachbildung und anschließend die mögliche Strafbarkeit des versuchten schweren Diebstahls geprüft.

### b) Diebstahl mit Waffen gem §§ 127 und 129 Abs 2 Z 2 StGB

#### aa) Tatbestand

(1) Objektiver Tatbestand

Wer einem anderen eine fremde bewegliche Sache wegnimmt, erfüllt den objektiven Tatbestand des Diebstahls. Mit der Begründung neuen Gewahrsams ist das Delikt vollendet.[148]

Sachen iSd § 127 StGB sind körperliche Gegenstände, die einen wirtschaftlichen Tauschwert haben (Wertträger). Die Skulptur ist ein körperlicher Gegenstand, da man sie mit den Sinnen wahrnehmen kann. Die nachgemachte Skulptur ist € 200 wert und deshalb ein Wertträger. Da sie ohne Substanzverlust fortgeschafft werden kann, ist die Skulptur beweglich. Eine Sache ist fremd, wenn sie zumindest im Miteigentum einer vom Täter verschiedenen Person steht. Stefan ist Alleineigentümer der Skulptur, weshalb sie für Georg fremd ist. Die Skulptur im Büro ist somit eine **fremde bewegliche Sache.**

Eine Sache wird weggenommen, wenn der Täter den bisherigen Gewahrsam bricht und neuen Gewahrsam begründet. Gewahrsam wird als vom Herrschaftswillen getragene tatsächliche Sachherrschaft verstanden. Die tatsächliche Sachherrschaft kann sich aus einem unmittelbaren, tatsächlichen Naheverhältnis ergeben oder daraus, dass eine Sache vom Gewahrsamsträger so zurückgelassen wird, wie man dies üblicherweise tut (gelockerter Gewahrsam).[149] Da es sich bei Stefans Büro um einen von ihm beherrschten Raum handelt, übt er über die darin befindliche Skulptur die tatsächliche Sachherrschaft aus, selbst wenn er sich nicht im Büro aufhält. Der Gewahrsamsträger muss darüber hinaus einen auf die Sachherrschaft bezogenen Herrschaftswillen haben, wobei dieser auch latent vorliegen kann. Mangels gegenläufiger Angaben liegt dieser auch beim schlafenden Stefan vor.[150] Die Skulptur befindet sich im Gewahrsam von Stefan.

Schließlich muss der Täter diesen **Gewahrsam brechen und neuen Gewahrsam begründen.** Georg verlässt mit der Skulptur das Büro und anschließend das Rathaus und bricht jedenfalls Stefans Gewahrsam. Gleichzeitig begründet er dadurch neuen Gewahrsam, da er durch das Ansichnehmen ein unmittelbares, tatsächliches Naheverhältnis schafft.

Der Erfolg (Begründung neuen Gewahrsams) muss der Tathandlung objektiv zugerechnet werden. Die Kausalität wird mit Hilfe der csqn-Formel geprüft. Hätte Georg nicht die Skulptur aus dem Büro des Stefans getragen, wäre es nicht zur Begründung des neuen Gewahrsams gekommen. Das Verhalten von Georg war daher kausal für den Eintritt des Erfolgs. Die normative Zurechnung bereitet keine Probleme. Der Erfolg kann der Tathandlung **objektiv zugerechnet** werden. Damit ist der objektive Tatbestand erfüllt.

---

[148] *Kienapfel/Schmoller*, BT II² § 127 Rz 107 f.
[149] *Kienapfel/Schmoller*, BT II² § 127 Rz 67 ff.
[150] *Kienapfel/Schmoller*, BT II² § 127 Rz 76.

### (2) Subjektiver Tatbestand

Das Delikt des Diebstahls erfordert neben dem Tatbildvorsatz auch den erweiterten Vorsatz, sich durch die Zueignung unrechtmäßig zu bereichern. Es genügt jeweils Eventualvorsatz.

Der Täter muss es zumindest ernstlich für möglich halten und sich damit abfinden, dass er einem anderen eine fremde bewegliche Sache wegnimmt. Georg kommt es geradezu darauf an, die Skulptur aus dem Büro mitzunehmen und Alleingewahrsam an der Sache zu begründen, da er sie in sein Wohnzimmer stellen möchte. Er ist sich auch sicher, dass die Skulptur ein beweglicher körperlicher Gegenstand ist und es sich um eine fremde Sache handelt, da sie in Stefans Eigentum steht. Weiters hält er es auch für gewiss, dass die Skulptur einen Wert hat. Dass sich sein Vorsatz auf die Wegnahme der teuren Skulptur richtet, ändert nichts an Georgs Strafbarkeit, da er einem **unbeachtlichen Irrtum über das Tatobjekt** (error in objecto) unterliegt. Schlussendlich kommt es Georg auf das Wegnehmen einer Sache an, was für das Erfüllen des Vorsatzes ausreicht.[151]

Zum Zeitpunkt der Wegnahme muss der Täter es darüber hinaus zumindest ernstlich für möglich halten und sich damit abfinden, dass er sich oder einen Dritten durch die Zueignung der Sache besser stellt und auf diese Besserstellung kein Anspruch besteht (erweiterter Vorsatz). Dabei kommt es nur auf die innere Vorstellung des Täters an, nicht aber, ob die Bereicherung auch tatsächlich eintritt. Der Vorsatz umfasst die Zueignung, wenn der Täter zukünftig wie der rechtmäßige Eigentümer mit der Sache verfahren will oder er die Sache einem Dritten zueignen möchte. Georg kommt es bei der Wegnahme darauf an, zukünftig wie der Eigentümer mit der Skulptur zu verfahren, da er sie sich ins Wohnzimmer stellen will. Auch zielt er darauf ab, sein Vermögen durch die Zueignung zu vermehren, weil er die Skulptur für sich haben will. Er hält es zum Zeitpunkt der Wegnahme für gewiss, dass er keinen Rechtsanspruch auf die Skulptur hat. Der subjektive Tatbestand ist erfüllt.

### (3) Qualifikation

Indem er sich im Rathaus einsperren lässt, erfüllt Georg nicht die Deliktsqualifikationen des § 129 Abs 1 Z 1–4 StGB (Diebstahl durch Einbruch), da dieser idR das gewaltsame Überwinden von Hindernissen voraussetzt, um in einen geschützten Bereich zu gelangen.

Georg hat eine lange Eisenstange mit, die er einsetzen möchte, sofern sich ihm ein Nachtwächter in den Weg stellt. Georg könnte dadurch einen Diebstahl mit Waffen iSd § 129 Abs 2 Z 2 StGB begangen haben.

Der Waffenbegriff des § 129 Abs 2 Z 2 StGB umfasst einerseits technische Waffen iSd WaffG. Eine lange Eisenstange wird nicht im WaffG genannt und ist demnach keine Waffe im technischen Sinn. Andererseits sind auch körperliche Gegenstände, die aufgrund ihrer Beschaffenheit die Angriffs- und Abwehrfähigkeit von Menschen steigern und dadurch wie Waffen wirken, Waffen (im funktionalen Sinn).[152] Eine lange Eisenstange ist ein körperlicher Gegenstand, der aus einem widerstandsfähigen und schwer verformbaren Material besteht. Setzt man diese im

---

[151]) *Kienapfel/Höpfel/Kert*, AT[16] Rz 12.13 f.
[152]) *Eder-Rieder* in WK[2] § 143 Rz 18 ff; *Kienapfel/Schmoller*, BT II[2] § 129 Rz 88.

Kampf gegen einen anderen Menschen ein, wird die Angriffs- und Abwehrfähigkeit zweifelsfrei gesteigert. Die lange Eisenstange erfüllt den **funktionalen Waffenbegriff** und ist somit eine Waffe iSd § 129 Abs 2 Z 2 StGB. Georg führt die Waffe auch die ganze Zeit im Rathaus mit sich. § 129 Abs 2 Z 2 StGB ist somit objektiv erfüllt.

§ 129 Abs 2 Z 2 StGB benötigt neben dem Vorsatz auf die Mitnahme der Waffe auch eine Gebrauchsabsicht (erweiterter Vorsatz). Georg hat den erforderlichen Vorsatz hinsichtlich der Waffe, da er sich sicher ist, dass es sich bei einer langen Eisenstange um einen Gegenstand handelt, der seine Angriffs- und Abwehrfähigkeit erhöht. Weiters weiß er, dass er die Waffe bei sich trägt, da er sie mitgenommen hat.

Zusätzlich muss der Täter die Waffe in der Absicht bei sich tragen, den Widerstand einer Person zu überwinden oder zu verhindern (Gebrauchsabsicht). Georg führt die Waffe gerade deshalb mit sich, weil es ihm darauf ankommt (§ 5 Abs 2 StGB), etwaigen Widerstand durch einen Nachtwächter während des Diebstahls zu überwinden. Die subjektiven Voraussetzungen liegen vor. Georg erfüllt die Qualifikation des Diebstahls mit Waffen.

### bb) Rechtswidrigkeit

Die Rechtswidrigkeit der Tat wird durch die Tatbestandsmäßigkeit indiziert. Es erfolgt eine Negativprüfung. Nur bei Vorliegen von Rechtfertigungsgründen ist ein tatbestandsmäßiges Verhalten nicht rechtswidrig. Georg will aufgrund der Inaktivität des Staates Stefan bestrafen. Er ist dabei nicht durch rechtfertigenden Notstand gerechtfertigt, da der Strafanspruch dem Staat zukommt. Zum Schutz staatlicher Interessen ist kein rechtfertigender Notstand möglich.[153] Im Sachverhalt finden sich keine weiteren Anhaltspunkte für das Vorliegen von Rechtfertigungsgründen. Georg hat rechtswidrig gehandelt.

### cc) Schuld

Auf Ebene der Schuld ist zu prüfen, ob Georg sein rechtswidriges Verhalten strafrechtlich vorgeworfen werden kann. Ein etwaiger entschuldigender Notstand scheidet ebenfalls aus, da hierfür ein Individualrechtsgut betroffen sein muss. Da keine Indizien dagegensprechen, hat Georg schuldhaft gehandelt.[154]

### dd) Sonstiges

Im Sachverhalt finden sich keine Anhaltspunkte, dass sonstige Strafbarkeitsvoraussetzungen fehlen.

### c) Versuchter schwerer Diebstahl gem §§ 15, 127 und 128 Abs 2 StGB

#### aa) Tatbestand

##### (1) Nichterfüllung des objektiven Tatbestands

Es wurde keine Sache im Wert von mehr als € 300.000 (§ 128 Abs 2) gestohlen, da die Nachbildung nur € 200 wert ist. Der objektive Tatbestand ist nicht erfüllt.

---

[153] *Kienapfel/Höpfel/Kert*, AT[16] Rz 14.10.

[154] Für Erläuterungen zur Bedeutung der Begriffe Schuldfähigkeit und Unrechtsbewusstsein s Punkt B.1.d.

## (2) Voller Tatentschluss

Georg kommt es gerade darauf an, die Skulptur mit einem Wert von € 400.000 zu stehlen. Auch die weiteren subjektiven Tatbestandsmerkmale sind erfüllt (s Punkt B.2.b.aa.2.). Georg hat den **vollen Tatentschluss.**

## (3) Betätigung des Tatentschlusses

Für einen strafbaren Versuch muss eine Ausführungshandlung oder zumindest eine ausführungsnahe Handlung vorliegen (§ 15 Abs 2 StGB). Georg hat mit der Wegnahme der Skulptur die im Gesetz genannte Tathandlung und somit die **Ausführungshandlung** gesetzt (s Punkt B.2.b.aa.1.).

## (4) Tauglichkeitsproblematik

Die Untauglichkeit eines Versuches kann aus der Untauglichkeit des Tatsubjekts, der Tathandlung oder des Tatobjekts herrühren. Hingegen gilt ein Versuch dann als tauglich, wenn er nur aus zufälligen Gründen gescheitert ist. Da der Versuch aufgrund der **mangelnden Objektqualität** nicht vollendet werden konnte, handelt es sich um einen untauglichen Versuch. Es könnte sich um einen gem § 15 Abs 3 StGB nicht strafbaren absolut untauglichen Versuch handeln. Beim absolut untauglichen Versuch hinsichtlich des Tatobjekts existieren zwei Lösungsmöglichkeiten: die Eindruckstheorie und die objektive Theorie.

- Die Eindruckstheorie setzt einen hypothetischen begleitenden Beobachter voraus, der mit dem Wissensstand des Täters ausgestattet ist und ex ante die Tat beobachtet. Nur wenn es diesem begleitenden Beobachter geradezu denkunmöglich erscheint, dass der Täter sein erwünschtes Ziel erreicht, ist der Versuch absolut untauglich.[155] Nach der Eindruckstheorie ist Georg strafbar, da es einem begleitenden Beobachter, der mit Georgs Tatplan vertraut ist, nicht denkunmöglich erscheint, dass es sich um die teure Skulptur handelt, da die Nachbildung täuschend echt aussieht. Nach der Eindruckstheorie hat sich Georg des versuchten schweren Diebstahls strafbar gemacht.
- Die objektive Theorie urteilt ex post, ob der Versuch „bei abstrahierender und generalisierender Betrachtungsweise geradezu denkunmöglich"[156] gewesen ist. Da die teure Skulptur niemals im Büro stand, sondern immer bei Stefan zuhause war, ist es geradezu denkunmöglich, dass Georg die teure Skulptur aus dem Büro stehlen konnte. Somit hat in einer ex post Betrachtung unter Berücksichtigung aller Umstände keine Gefahr für die teure Skulptur bestanden. Georg hat einen absolut untauglichen Versuch begangen.

Die vorgeschlagene Lösung für diesen Fall folgt der auch vom OGH präferierten objektiven Theorie. Da sich das Tatobjekt nie im Rathaus befand, war dieses zu keinem Zeitpunkt bedroht. Die Vollendung der Tat war daher unter keinen Umständen möglich. Damit liegt ein **absolut untauglicher Versuch hinsichtlich des Tatobjekts** vor, womit Georg nach § 15 Abs 3 StGB im Hinblick auf die Qualifikation nicht strafbar ist.

---

[155] *Kienapfel/Höpfel/Kert,* AT[16] Rz 25.12 f.
[156] *Kienapfel/Höpfel/Kert,* AT[16] Rz 25.15 f.

### d) Ergebnis

Georg hat einen absolut untauglichen Versuch der Wegnahme der teuren Skulptur begangen, der nach § 15 Abs 3 StGB nicht strafbar ist. Hinsichtlich der Mitnahme der Skulptur hat Georg einen Diebstahl mit Waffen gem §§ 127 und 129 Abs 2 Z 2 StGB begangen und wird nach § 129 Abs 2 Z 2 StGB mit Freiheitsstrafe von sechs Monaten bis zu fünf Jahren zu bestrafen sein.

## 3. Stefan: Melden des Schadensfalls an die Versicherung

### a) Vorüberlegungen

Da Stefan einen fiktiven Schadensfall meldet, muss geprüft werden, ob durch Stefans Verhalten das Delikt des **schweren Betrugs gem §§ 146 und 147 Abs 3 StGB** erfüllt ist. Weiters könnte Stefan tätige Reue geübt haben, da er einem von der Versicherung betriebenen Verein € 400.000 spendete.

### b) Tatbestand

#### aa) Objektiver Tatbestand

Der Betrug besteht aus vier objektiven Tatbestandsmerkmalen die durch eine Kausalkette verbunden sein müssen: Eine Täuschung über Tatsachen, ein durch die Täuschung bedingter Irrtum, eine Vermögensverfügung durch den Getäuschten und ein Vermögensschaden. Dabei muss die Person, die getäuscht wurde, die Vermögensverfügung vornehmen. Eine darüber hinausgehende Personenidentität ist nicht erforderlich.[157]

Eine Täuschung ist jedes Verhalten des Täters, welches dazu bestimmt ist, beim Getäuschten einen Irrtum zu verursachen oder einen bereits bestehenden Irrtum zu verstärken. Die Täuschung muss sich auf Tatsachen beziehen, dh auf beweisbare Umstände, und kann ausdrücklich oder konkludent erfolgen. Stefan meldet, dass die versicherte Skulptur gestohlen wurde, obwohl sie sich nach wie vor in seinem Vermögen befindet. Der Diebstahl der Skulptur ist ein beweisbarer Umstand und daher unstrittig eine Tatsache. Da Stefan diese meldet, **täuscht er ausdrücklich über Tatsachen.**

Ein Irrtum ist eine Vorstellung, die nicht der Wirklichkeit entspricht. Der Versicherungsmitarbeiter Lukas glaubt, dass durch den Diebstahl der Skulptur ein vom Versicherungsvertrag gedeckter Schadensfall eingetreten ist. Er ahnt nicht, dass der Schadensfall in Wahrheit nicht eingetreten ist und **irrt** somit über Tatsachen.

Die Vermögensverfügung ist eine Handlung, Duldung oder Unterlassung des Getäuschten, die sich auf das Vermögen des Getäuschten selbst oder auf das Vermögen eines Dritten auswirkt. Lukas bearbeitet die Schadensmeldung und überweist vom Konto der Versicherung € 400.000 an Stefan, wodurch er über das **Vermögen der Versicherung (eines Dritten) verfügt.**

Durch die Vermögensverfügung muss es zu einem Vermögensschaden kommen, wobei ein solcher entweder beim Getäuschten selbst oder bei einem Dritten eintreten kann. Als Vermögen gilt dabei unter Anwendung einer wirtschaftlichen Betrachtungsweise die Gesamtheit aller wirtschaftlichen Vermögenswerte einer Per-

---

[157] *Kirchbacher/Sadoghi* in WK² § 146 Rz 7 f.

son.[158]) Ein Schaden liegt vor, wenn ein effektiver Verlust an Vermögenssubstanz zumindest vorübergehend eingetreten ist, wobei die Feststellung des Schadens mittels Vergleichs der Vermögenslage des Opfers vor und nach der Tat erfolgt.[159]) Etwaige Gegenleistungen sind zu berücksichtigen (saldierende Betrachtungsweise). Das Bankkonto der Versicherung ist durch die Überweisung um € 400.000 belastet worden, wodurch sich das Vermögen der Versicherung um diesen Betrag verringert hat. Etwaige Gegenleistungen sind nicht ersichtlich. Es liegt ein **Vermögensschaden** iHv € 400.000 vor und das Delikt ist vollendet.

Der Erfolg muss der Tathandlung objektiv zugerechnet werden. Die Kausalität wird mithilfe der csqn-Formel geprüft. Denkt man sich Stefans Meldung weg, so hätte Lukas nicht geglaubt, dass ein Schadensfall eingetreten ist, er hätte das Geld nicht überwiesen und es wäre zu keinem Vermögensschaden gekommen. Die Täuschung war somit kausal für den Vermögensschaden. Weiters muss zwischen den vier objektiven Tatbestandsmerkmalen eine Kausalkette bestehen. Die Täuschung des Stefan über Tatsachen hat den Irrtum des Lukas bedingt. Dieser Irrtum war wiederum der Auslöser für die Vermögensverfügung, die in weiterer Folge einen Vermögensschaden verursacht hat. Die normative Zurechnung bereitet keine Probleme. Der Erfolg ist der Tathandlung **objektiv zurechenbar.** Der objektive Tatbestand ist erfüllt.

### bb) Subjektiver Tatbestand

Betrug erfordert neben dem Tatbildvorsatz auch den erweiterten Vorsatz auf unrechtmäßige Bereicherung. Bei beiden ist Eventualvorsatz ausreichend.

Für den Tatbildvorsatz muss es der Täter zumindest ernstlich für möglich halten und sich damit abfinden, dass er über Tatsachen täuscht, dadurch einen Irrtum herbeiführt, der Irrende eine Vermögensverfügung vornimmt und entweder der Irrende selbst oder ein Dritter am Vermögen geschädigt wird. Stefan kommt es darauf an, dass er einen Versicherungsmitarbeiter über die vermeintlich gestohlene Skulptur täuscht, um diesen dadurch an einen vom Versicherungsvertrag gedeckten Schadensfall glauben zu lassen. Er zielt darauf ab, den Mitarbeiter zur Auszahlung der Versicherungsleistung (€ 400.000) zu bewegen. Weiters hält er es für gewiss, dass der Versicherung durch die Überweisung ein Vermögensschaden entsteht.

Zusätzlich muss der Täter es zumindest ernstlich für möglich halten und sich damit abfinden, dass er sich oder einen Dritten besser stellt und auf diese Besserstellung kein Anspruch besteht. Dabei kommt es nur auf die innere Vorstellung des Täters an, nicht aber, ob eine Bereicherung tatsächlich eingetreten ist. Stefan kommt es gerade darauf an, sich durch die Tat einen Vermögenszuwachs iHv € 400.000 zu verschaffen. Er hält es für gewiss, dass er keinen Anspruch auf das Geld hat, da kein vom Versicherungsvertrag gedeckter Schadensfall vorliegt. Zusätzlich erfordert der Betrug auch eine Stoffgleichheit, dh die beabsichtigte Bereicherung muss die Kehrseite des eingetretenen Vermögensschadens sein.[160]) Dies kann problemlos bejaht werden, da Stefans Bereicherung genau dem Vermögensschaden entspricht, der bei der Versicherung eingetreten ist. Der subjektive Tatbestand ist erfüllt.

---

[158]) OGH 11. 10. 1990, 13 Os 77/90.
[159]) OGH 25. 8. 2011, 11 Os 68/11 a.
[160]) *Kert* in SbgK § 146 Rz 333.

### cc) Qualifikation

Da der Vermögensschaden mehr als € 300.000 beträgt, ist auch die Wertqualifikation des § 147 Abs 3 StGB objektiv erfüllt. Weiters muss sich Stefans Vorsatz auch auf die Qualifikation beziehen. Stefan hält es für gewiss, dass der Schaden bei der Versicherung € 400.000 beträgt. Damit ist die Wertqualifikation des **§ 147 Abs 3 StGB** gegeben.

### c) Rechtswidrigkeit

Die Rechtswidrigkeit der Tat wird durch die Tatbestandsmäßigkeit indiziert. Es erfolgt eine Negativprüfung. Nur bei Vorliegen von Rechtfertigungsgründen ist ein tatbestandsmäßiges Verhalten nicht rechtswidrig. Im Sachverhalt finden sich keine Anhaltspunkte für das Vorliegen von Rechtfertigungsgründen. Stefan hat rechtswidrig gehandelt.

### d) Schuld

Auf Ebene der Schuld ist zu prüfen, ob Stefan sein rechtswidriges Verhalten strafrechtlich vorgeworfen werden kann. Da keine Indizien dagegensprechen, hat Stefan schuldhaft gehandelt.[161]

### e) Sonstiges

Nach dem vollendeten Betrug überweist Stefan € 400.000 an einen von der Versicherung betriebenen karitativen Verein. Daher könnte der Strafaufhebungsgrund der **tätigen Reue** gem § 167 StGB einschlägig sein.

Der Betrug (inklusive seiner Qualifikationen) ist ein **reuefähiges Delikt.** Damit der Täter tätige Reue üben kann, muss er gem § 167 Abs 2 StGB den Schaden rechtzeitig, freiwillig und vollständig gutmachen.

Die tätige Reue ist rechtzeitig, wenn diese geleistet wird, bevor eine Strafverfolgungsbehörde iSd § 151 Abs 3 StGB vom Verschulden des Täters erfahren hat. Es ist nicht ersichtlich, dass eine solche bereits von Stefans Verschulden Kenntnis erlangt hat, weshalb die Reuehandlung **rechtzeitig** ist.

Für die Freiwilligkeit genügt es, dass der Täter den Schaden auf Andringen des Verletzten gutmacht, ohne jedoch dazu gezwungen zu werden. Stefan hat wegen seines schlechten Gewissens und daher einzig aus eigenem Antrieb das Geld überwiesen. Daher ist die tätige Reue **freiwillig.**

Der Schaden muss beim Verletzten vollständig gutgemacht werden. Ein etwaiger Irrtum, wer der Verletzte ist, wirkt sich dabei zu Lasten des Täters aus.[162] Stefan hat die € 400.000 nicht an die Versicherung, sondern an den Verein überwiesen. Der Schaden wird somit nicht beim durch die Straftat Verletzten gutgemacht. **Mangels vollständiger Schadensgutmachung** kommt Stefan keine tätige Reue zugute.

---

[161] Für Erläuterungen zur Bedeutung der Begriffe Schuldfähigkeit und Unrechtsbewusstsein s Punkt B.1.d.

[162] *Kirchbacher* in WK² § 167 Rz 89.

### f) Ergebnis

Stefan hat einen schweren Betrug nach §§ 146 und 147 Abs 3 StGB begangen und wird nach § 147 Abs 3 StGB mit Freiheitsstrafe von einem bis zu zehn Jahren zu bestrafen sein.

## 4. Gesamtergebnis

### a) Gesamtergebnis Stefan

Da Stefan sowohl eine Untreue nach § 153 Abs 1 und Abs 3 Fall 2 StGB als auch einen schweren Betrug nach §§ 146 und 147 Abs 3 StGB begangen hat, ist das Konkurrenzverhältnis zwischen den Delikten zu prüfen. Weil die Delikte auf unterschiedlichen Tathandlungen gründen, die jeweils von einem separaten Vorsatz getragen werden, stehen diese im Verhältnis der echten Realkonkurrenz und es ist ein gemeinsamer Strafrahmen zu bilden. Da die Delikte jeweils nur Freiheitsstrafen vorsehen, wird der gemeinsame Strafrahmen aus der höchsten Höchst- und der höchsten Mindeststrafdrohung gebildet. Stefan wird daher unter Anwendung des § 28 Abs 1 StGB nach § 153 Abs 3 Fall 2 StGB mit Freiheitsstrafe von einem bis zehn Jahren zu bestrafen sein. Da durch die Untreue auch § 313 StGB erfüllt ist, könnte insgesamt eine Freiheitsstrafe von einem bis zu fünfzehn Jahren verhängt werden.

### b) Gesamtergebnis Georg

Der Versuch, die teure Skulptur zu stehlen, war absolut untauglich und daher nicht strafbar. Georg hat somit (nur) einen Diebstahl mit Waffen gem §§ 127 und 129 Abs 2 Z 2 StGB begangen und wird gem § 129 Abs 2 Z 2 StGB mit Freiheitsstrafe von sechs Monaten bis zu fünf Jahren zu bestrafen sein.

---

### Prozessuales

Das Ermittlungsverfahren gegen Stefan wird gem § 26 Abs 1 StPO von einer Staatsanwaltschaft gemeinsam geführt, da Stefan mehrerer strafbarer Handlungen verdächtigt ist. Das Ermittlungsverfahren gegen Stefan und jenes gegen Georg werden nicht gemeinsam geführt, weil die strafbaren Handlungen in keinem engen sachlichen Zusammenhang stehen (§ 26 StPO).

Aufgrund der Strafdrohung ist für die Hauptverhandlung bei Stefan nach den allgemeinen Zuständigkeitsregeln das Landesgericht als Schöffengericht zuständig (§ 31 Abs 3 Z 1 StPO). § 313 StGB ist gem § 29 Abs 2 StGB bei der Bestimmung der sachlichen Zuständigkeit zu berücksichtigen, wirkt sich gegenständlich allerdings nicht aus. Aufgrund der Strafdrohung ist für die Hauptverhandlung gegen Georg das Landesgericht als Schöffengericht zuständig (§ 31 Abs 3 Z 1 StPO).

Ein diversionelles Vorgehen ist bei Stefan aufgrund der Höchststrafdrohung von bis zu zehn Jahren nicht zulässig. § 313 StGB wirkt sich auf die Grenze des § 198 Abs 2 Z 1 StPO nicht aus. Bei Georg ist ein diversionelles Vorgehen aufgrund der Höchststrafdrohung von bis zu fünf Jahren zulässig. Ein solches wird in concreto aber nicht indiziert sein.

---

# C. Lösungsvorschlag

## 1. Stefan: Abschließen des Vertrags

### a) Vorüberlegungen

Da die Gemeinde mit Florians Unternehmen einen privatrechtlichen Vertrag abschließt, handelt Stefan im Rahmen der Privatwirtschaftsverwaltung. Es könnte daher **Untreue gem § 153 StGB** einschlägig sein.[163]) Weiters ist die Wertqualifikation des § 153 Abs 3 Fall 2 StGB zu prüfen.

### b) Tatbestand

#### aa) Objektiver Tatbestand

Stefan ist als Bürgermeister **Machthaber der Gemeinde,** da ihm eine durch Gesetz eingeräumte Befugnis zukommt.

Er verpflichtet die Gemeinde, das Altstoffsammelzentrum von Florians Unternehmen bauen zu lassen und setzt damit eine rechtliche Vertretungshandlung. Damit missbraucht er seine Befugnis als Machthaber, da die Gemeinde verpflichtet wird, einen überhöhten Preis zu bezahlen und er somit jedenfalls **gegen die Interessen seines Machtgebers** handelt. Dadurch setzt er sich gegen die ihm gesetzten Beschränkungen im Innenverhältnis hinweg und verstößt dabei in unvertretbarer Weise gegen § 1009 ABGB, wonach der Machthaber das Geschäft „emsig und redlich zu besorgen hat". Dieser dient auch dem Vermögensschutz des wirtschaftlich Berechtigten (der Gemeinde).

Der Wert der Bauleistung beträgt € 1.450.000. Stefan verpflichtet die Gemeinde allerdings € 1.800.000 dafür zu zahlen. Dadurch ergibt sich eine negative Differenz im Vermögen der Gemeinde Hausen iHv € 350.000, die zugleich der **Vermögensschaden** ist. Da Stefan gleich im Anschluss an das Eingehen der Verbindlichkeit das Geld überweisen lässt, ist die Untreue jedenfalls vollendet.

Hätte Stefan seine Befugnis nicht missbraucht, wäre es zu keiner negativen Einwirkung auf das Vermögen der Gemeinde gekommen. Der Missbrauch war somit kausal für den Vermögensschaden. Der objektive Tatbestand ist erfüllt.

#### bb) Subjektiver Tatbestand

Stefan ist sich zum Zeitpunkt seiner Handlung sicher, dass er die Rechtshandlung als Bürgermeister setzt und erkennt dabei eindeutig, dass das Angebot seines Bruders überteuert ist. Er hält es für gewiss (§ 5 Abs 3 StGB), dass er durch den Abschluss eines überteuerten Vertrags entgegen den Interessen der Gemeinde handelt und dadurch gegen interne Beschränkungen verstößt, die dem Schutz des Gemeindevermögens dienen. Er missbraucht seine Befugnis also wissentlich. Stefan ist sich sicher, dass der Preis um € 350.000 überhöht ist und die Gemeinde in ihrem Vermögen dadurch einen Vermögensschaden erleidet. Der subjektive Tatbestand ist erfüllt.

---

[163]) Bei Hoheitsverwaltung wäre § 302 StGB zu prüfen, vgl *Kienapfel/Schmoller*, BT II[2] § 153 Rz 56.

### cc) Qualifikation

Der Gemeinde entsteht ein Vermögensschaden iHv € 350.000. Dadurch liegt die zweite Wertqualifikation (§ 153 Abs 3 Fall 2 StGB) objektiv vor, da der Schaden mehr als € 300.000 beträgt. Stefan hält es bei der Vertragsunterzeichnung für gewiss, dass die Gemeinde € 350.000 zu viel bezahlt. Die Qualifikation nach **§ 153 Abs 3 Fall 2 StGB** ist somit erfüllt.

### c) Rechtswidrigkeit

Mangels gegenläufiger Hinweise hat sich Stefan rechtswidrig verhalten.

### d) Schuld

Da keine Indizien dagegensprechen, hat Stefan schuldhaft gehandelt.

### e) Sonstiges

Stefan hat die Straftat in seiner Funktion als Bürgermeister begangen. Die Untreue ist ein Vorsatzdelikt. Da Stefan schuldhaft gehandelt hat (s Punkt C.1.d.) liegt eine mit Strafe bedrohte Handlung vor. Stefan ist als Bürgermeister dazu bestellt, alleine im Namen der Gemeinde als deren Organ Rechtshandlungen vorzunehmen (s Punkt C.1.b.aa.) und ist somit Beamter iSd § 74 Abs 1 Z 4 StGB. Er hat die ihm durch seine **Amtstätigkeit gebotene Gelegenheit ausgenützt,** um die vorsätzliche Handlung zu begehen. § 313 StGB ist somit erfüllt.

### f) Ergebnis

Stefan hat eine Untreue gem § 153 Abs 1 und Abs 3 Fall 2 StGB begangen und wird nach § 153 Abs 3 Fall 2 StGB mit Freiheitsstrafe von einem bis zehn Jahren zu bestrafen sein, wobei gem § 313 StGB die Strafdrohung auf Freiheitsstrafe von einem bis zu fünfzehn Jahre erhöht werden kann.

## 2. Georg: Mitnahme der Skulptur

### a) Vorüberlegungen

Da Georg eine Skulptur im Wert von € 200 aus dem Büro von Stefan mitgenommen und dabei eine Eisenstange mitgeführt hat, ist ein Diebstahl mit Waffen nach §§ 127 StGB und 129 Abs 2 Z 2 StGB zu prüfen. Weil er eigentlich die teure Skulptur stehlen wollte, diese aber nie in Stefans Büro stand, könnte ein absolut untauglicher Versuch vorliegen.

### b) Diebstahl mit Waffen gem §§ 127 und 129 Abs 2 Z 2 StGB

#### aa) Tatbestand

(1) Objektiver Tatbestand

Die Skulptur ist ein körperlicher Gegenstand, weil man sie sehen und angreifen kann. Da sie € 200 wert ist, handelt es sich um einen Wertträger. Sie ist auch beweglich, da sie ohne Substanzverlust fortgeschafft werden kann. Stefan ist Alleineigentümer der Skulptur, weshalb sie für Georg fremd ist. Die Skulptur im Büro ist somit eine **fremde bewegliche Sache.**

Über Sachen in beherrschten Räumen, worunter auch Büros fallen, hat man jederzeit eine tatsächliche Sachherrschaft, selbst wenn man sich nicht darin aufhält. Somit übt Stefan die tatsächliche Sachherrschaft aus und hat **Gewahrsam** an der Skulptur in seinem Büro. Indem Georg mit der Skulptur das Büro und anschließend das Rathaus verlässt, bricht er Stefans Gewahrsam und begründet gleichzeitig neuen Gewahrsam an der Skulptur, da er durch das Ansichnehmen ein unmittelbares, tatsächliches Naheverhältnis schafft. Hätte Georg nicht die Skulptur aus dem Büro des Stefans getragen, wäre es nicht zur Begründung des neuen Gewahrsams gekommen. Das Verhalten von Georg war kausal für den Eintritt des Erfolgs. Damit ist der objektive Tatbestand erfüllt.

### (2) Subjektiver Tatbestand

Georg kommt es geradezu darauf an, die Skulptur aus dem Büro mitzunehmen und Alleingewahrsam an der Sache zu begründen, da er sie in sein Wohnzimmer stellen möchte. Er ist sich auch sicher, dass die Skulptur ein beweglicher körperlicher Gegenstand ist und es sich für ihn um eine fremde Sache handelt, da sie in Stefans Eigentum steht. Weiters hält er es auch für gewiss, dass die Skulptur einen Wert hat. Dass sich sein Vorsatz auf die Wegnahme der teuren Skulptur richtet, ändert nichts an Georgs Strafbarkeit, da er einem **unbeachtlichen Irrtum über das Tatobjekt** (error in objecto) unterliegt. Schlussendlich kommt es Georg auf das Wegnehmen einer Sache an.

Zusätzlich ist der erweiterte Vorsatz zu prüfen. Georg kommt es bei der Wegnahme darauf an, zukünftig wie der Eigentümer mit der Skulptur zu verfahren, da er sie bei sich im Wohnzimmer stehen lassen will. Georg will sein Vermögen durch die Zueignung gezielt vermehren, weil er die Skulptur für sich haben will. Er hält es zum Zeitpunkt der Wegnahme für gewiss, dass er keinen Rechtsanspruch auf die Skulptur hat. Georg hat den subjektiven Tatbestand erfüllt.

### (3) Qualifikation

Georg hat eine lange Eisenstange mit, die er gegen Nachtwächter einsetzen möchte, wodurch ein Diebstahl mit Waffen erfüllt sein könnte. Eine lange Eisenstange ist ein körperlicher Gegenstand, der aus einem widerstandsfähigen und schwer verformbaren Material ist. Setzt man diese in einem Kampf ein, wird die Angriffs- und Abwehrfähigkeit zweifelsfrei gesteigert. Die lange Eisenstange erfüllt den **funktionalen Waffenbegriff** und ist somit eine Waffe. Georg führt sie die ganze Zeit bei sich. Die Qualifikation ist objektiv erfüllt.

Georg hat den erforderlichen Vorsatz hinsichtlich der Waffe, da er sich sicher ist, dass es sich bei einer langen Eisenstange um einen Gegenstand handelt, der seine Angriffs- und Abwehrfähigkeit erhöht. Weiters hält er es für gewiss, dass er die Waffe bei sich trägt, da er sie in seiner Hand hält. Zusätzlich ist der erweiterte Vorsatz zu prüfen. Georg führt die Waffe gerade deshalb mit sich, weil es ihm darauf ankommt (§ 5 Abs 2 StGB), etwaigen Widerstand durch einen Nachtwächter während des Diebstahls zu überwinden. Die Qualifikation ist somit auch subjektiv erfüllt. Es liegt ein Diebstahl mit Waffen vor.

### bb) Rechtswidrigkeit

Mangels gegenläufiger Hinweise hat sich Georg rechtswidrig verhalten.

### cc) Schuld

Da keine Indizien dagegensprechen, hat Georg schuldhaft gehandelt.

### dd) Sonstiges

Es gibt keine Anhaltspunkte, dass sonstige Strafbarkeitsvoraussetzungen fehlen.

### c) Versuchter schwerer Diebstahl gem §§ 15, 127 und 128 Abs 2 StGB

#### aa) Tatbestand

##### (1) Nichterfüllung des objektiven Tatbestands

Es wurde keine Sache im Wert von mehr als € 300.000 (§ 128 Abs 2) gestohlen, da die Nachbildung nur € 200 wert ist. Der objektive Tatbestand ist nicht erfüllt.

##### (2) Voller Tatentschluss

Georg kommt es gerade darauf an, die Skulptur mit einem Wert von € 400.000 zu stehlen. Auch die weiteren subjektiven Tatbestandsmerkmale sind erfüllt (s Punkt C.2.b.aa.2.). Georg hat den **vollen Tatentschluss.**

##### (3) Betätigung des Tatentschlusses

Georg hat mit der Wegnahme der Skulptur die im Gesetz genannte Tathandlung und somit die **Ausführungshandlung** gesetzt (s Punkt C.2.b.aa.1.).

##### (4) Tauglichkeitsproblematik

Aufgrund der mangelnden Objektqualität konnte der Versuch nicht vollendet werden. Es handelt sich um einen untauglichen Versuch.

Da die teure Skulptur niemals im Büro stand, sondern immer bei Stefan zuhause war, ist es der objektiven Theorie folgend geradezu denkunmöglich, dass die teure Skulptur im Büro gestohlen hätte werden können. Somit hat in einer ex post Betrachtung unter Berücksichtigung aller Umstände keine tatsächliche Gefahr für die teure Skulptur bestanden. Georg hat gem § 15 Abs 3 StGB einen **absolut untauglichen Versuch** begangen.

### d) Ergebnis

Georg hat einen absolut untauglichen Versuch der Wegnahme der teuren Skulptur begangen, der nach § 15 Abs 3 StGB nicht strafbar ist. Hinsichtlich der Mitnahme der nachgemachten Skulptur wird Georg wegen Diebstahls mit Waffen gem §§ 127 und 129 Abs 2 Z 2 StGB nach § 129 Abs 2 Z 2 StGB mit Freiheitsstrafe von sechs Monaten bis zu fünf Jahren zu bestrafen sein.

## 3. Stefan: Melden des Schadensfalls an die Versicherung

### a) Vorüberlegungen

Da Stefan einen fiktiven Schadensfall meldet, muss geprüft werden, ob durch Stefans Verhalten das Delikt des **schweren Betrugs gem §§ 146 und 147 Abs 3 StGB** erfüllt ist. Weiters könnte Stefan tätige Reue geübt haben, da er einem von der Versicherung betriebenen Verein € 400.000 spendete.

### b) Tatbestand

#### aa) Objektiver Tatbestand

Stefan meldet, dass die versicherte Skulptur gestohlen wurde, obwohl sie sich nach wie vor in seinem Vermögen befindet. Es liegt somit eine ausdrückliche **Täuschung über Tatsachen** vor.

Der Versicherungsmitarbeiter Lukas glaubt, dass durch den Diebstahl der Skulptur ein vom Versicherungsvertrag gedeckter Schadensfall eingetreten ist und unterliegt somit einer Fehlvorstellung (**Irrtum**).

Lukas überweist daraufhin vom Konto der Versicherung € 400.000 an Stefan. Der Irrende **verfügt somit über das Vermögen** eines Dritten, nämlich der Versicherung.

Das Bankkonto der Versicherung ist durch die Überweisung um € 400.000 belastet worden, wodurch sich das Vermögen der Versicherung um diesen Betrag verringert hat. Etwaige Gegenleistungen sind nicht ersichtlich. Es liegt dadurch ein nicht nur vorübergehender **Vermögensschaden** iHv € 400.000 vor. Der Betrug ist vollendet.

Denkt man sich Stefans Meldung weg, hätte Lukas nicht geglaubt, dass ein Schadensfall eingetreten ist, das Geld nicht überwiesen und es wäre zu keinem Vermögensschaden bei der Versicherung gekommen. Die Täuschung war somit kausal für den Vermögensschaden. Zwischen den vier objektiven Tatbestandsmerkmalen muss eine Kausalkette bestehen. Die Täuschung des Stefan über Tatsachen hat den Irrtum des Lukas bedingt. Dieser Irrtum war wiederum kausal für die Vermögensverfügung, die in weiterer Folge einen Vermögensschaden verursacht hat. Der objektive Tatbestand ist erfüllt.

#### bb) Subjektiver Tatbestand

Stefan kommt es darauf an, einen Versicherungsmitarbeiter zu täuschen. Er will also, dass dieser dem Irrtum unterliegt, die Skulptur sei gestohlen worden. Er zielt darauf ab, dass der Mitarbeiter daraufhin die Versicherungssumme auszahlt. Weiters hält er es für gewiss, dass durch die Überweisung das Vermögen der Versicherung um € 400.000 verringert wird.

Zusätzlich ist der erweiterte Vorsatz auf unrechtmäßige Bereicherung zu prüfen. Stefan kommt es gerade darauf an, sein Vermögen um € 400.000 zu vermehren. Er hält es zum Zeitpunkt der Schadensmeldung auch für gewiss, keinen Anspruch auf das Geld zu haben, da er weiß, dass kein Schadensfall vorliegt. Da die Bereicherung genau dem Vermögensschaden entspricht, liegt auch die Stoffgleichheit vor. Der subjektive Tatbestand ist erfüllt.

### cc) Qualifikation

Da der Vermögensschaden mehr als € 300.000 beträgt, liegt auch die Wertqualifikation des § 147 Abs 3 StGB objektiv vor. Stefan hält es für gewiss, dass der Schaden bei der Versicherung € 400.000 beträgt, womit die **Wertqualifikation** auch subjektiv erfüllt ist.

### c) Rechtswidrigkeit

Mangels gegenläufiger Hinweise hat sich Stefan rechtswidrig verhalten.

### d) Schuld

Da keine Indizien dagegensprechen, hat Stefan schuldhaft gehandelt.

### e) Sonstiges

Stefan könnte **tätige Reue** gem § 167 StGB geübt haben, da der Betrug gem § 167 Abs 1 StGB ein reuefähiges Delikt ist. Der Schaden muss bei der tätigen Reue allerdings vollständig beim Verletzten gutgemacht werden. Dies ist nicht der Fall, da der Betrag nicht an die Versicherung sondern an den Verein gezahlt wird. **Mangels vollständiger Schadensgutmachung** beim Geschädigten hat Stefan keine tätige Reue geübt.

### f) Ergebnis

Stefan hat einen schweren Betrug nach §§ 146 und 147 Abs 3 StGB begangen und wird gem § 147 Abs 3 StGB mit Freiheitsstrafe von einem bis zu zehn Jahren zu bestrafen sein.

## 4. Gesamtergebnis

### a) Gesamtergebnis Stefan

Stefan hat sowohl eine Untreue nach § 153 Abs 1 und Abs 3 Fall 2 StGB als auch einen schweren Betrug nach §§ 146 und 147 Abs 3 StGB begangen. Diese Delikte gründen auf unterschiedlichen Tathandlungen, die jeweils von einem separaten Vorsatz getragen werden, und stehen im Verhältnis der echten Realkonkurrenz zueinander. Stefan wird daher unter Anwendung des § 28 Abs 1 StGB nach § 153 Abs 3 Fall 2 StGB mit Freiheitsstrafe von einem bis zu zehn Jahren zu bestrafen sein. Da durch die Untreue auch § 313 StGB erfüllt ist, könnte insgesamt eine Freiheitsstrafe von einem bis zu fünfzehn Jahren verhängt werden.

### b) Gesamtergebnis Georg

Georg hat einen Diebstahl mit Waffen gem §§ 127 und 129 Abs 2 Z 2 StGB begangen und wird nach § 129 Abs 2 Z 2 StGB mit Freiheitsstrafe von sechs Monaten bis zu fünf Jahren zu bestrafen sein.

*Prozessuales*

Das Ermittlungsverfahren gegen Stefan wird gem § 26 Abs 1 StPO von einer Staatsanwaltschaft gemeinsam geführt, da Stefan mehrerer strafbarer Handlungen verdächtigt ist. Das Ermittlungsverfahren gegen Stefan und jenes gegen Georg werden nicht gemeinsam geführt, weil die strafbaren Handlungen in keinem engen sachlichen Zusammenhang stehen (§ 26 StPO).

Aufgrund der Strafdrohung ist für die Hauptverhandlung bei Stefan nach den allgemeinen Zuständigkeitsregeln das Landesgericht als Schöffengericht zuständig (§ 31 Abs 3 Z 1 StPO). § 313 StGB ist gem § 29 Abs 2 StGB bei der Bestimmung der sachlichen Zuständigkeit zu berücksichtigen, wirkt sich gegenständlich allerdings nicht aus. Aufgrund der Strafdrohung ist für die Hauptverhandlung gegen Georg das Landesgericht als Schöffengericht zuständig (§ 31 Abs 3 Z 1 StPO).

Ein diversionelles Vorgehen ist bei Stefan aufgrund der Höchststrafdrohung von bis zu zehn Jahren nicht zulässig. § 313 StGB wirkt sich auf die Grenze des § 198 Abs 2 Z 1 StPO nicht aus. Bei Georg ist ein diversionelles Vorgehen aufgrund der Höchststrafdrohung von bis zu fünf Jahren zulässig. Ein solches wird in concreto aber nicht indiziert sein.

# XI. Rodeltod

## A. Sachverhalt

Der 22-jährige Georg ist mit seiner Familie auf Schiurlaub. Seine 16-jährige Schwester Marianne und er beschließen, rodeln zu gehen. Da seine Rodel kaputt ist und er sie deswegen nicht in den Urlaub mitgenommen hat, geht Georg in den Schikeller des Hotels und sieht sich um, ob ein anderer Hotelgast eine Rodel abgestellt hat, mit der er seine eigene, kaputte ersetzen kann (für den Kauf einer neuen Rodel fehlt ihm das Geld). Tatsächlich findet er eine passende Rodel (Wert € 250), die er sich nach dem Rodeln auch gleich behalten will. Da die Rodel mit einem Schloss gesichert ist, bricht er dieses mit einem kräftigen Tritt auf, nimmt die Rodel an sich und geht gemeinsam mit Marianne zur Rodelbahn. Georg findet die Rodelbahn nach kurzer Zeit langweilig und will lieber auf der Schipiste rodeln. Marianne ist nicht begeistert, da sie Angst vor dem Rodeln auf der Schipiste hat. Außerdem macht sie Georg auf die Pistenregeln aufmerksam, die das Rodeln auf der Schipiste explizit untersagen. Schließlich lässt sie sich jedoch überzeugen und nickt zustimmend. Obwohl die Schipiste durchgehend stark vereist ist und die Sicht immer schlechter wird, machen sie sich auf den Weg. Dabei sitzt Georg vorne und lenkt die Rodel, Marianne sitzt hinter ihm. Nachdem sie den ersten Teil der Schipiste hinuntergefahren sind, kommen sie zu einer Kurve, die in den zweiten Pistenteil führt. Georg will seine Schwester erschrecken und knapp an der rechten Seite der Kurve entlangfahren, die nur durch einige Bäume begrenzt ist. Übermütig lenkt er dabei die Rodel mit einem kräftigen Ruck viel zu stark nach rechts und kollidiert mit einem Baum. Während Georg von der Rodel fällt und im Tiefschnee landet, wird Marianne mit dem Kopf voraus gegen einen Baum geschleudert und erleidet eine Gehirnerschütterung mit Gehirnblutung. Ein vorbeifahrender Schifahrer verständigt sofort die Rettung, die Marianne ins Krankenhaus bringt. Der dort diensthabende Arzt Dr. Toth hat sich in sein Büro zurückgezogen, um sich dort zu betrinken. Da aber kein anderer Notarzt im Krankenhaus anwesend ist, untersucht er Marianne trotzdem. Dabei übersieht er die offensichtliche Gehirnblutung und verabreicht Marianne ein Medikament, das bei Gehirnblutungen keinesfalls eingesetzt werden darf. Wenige Stunden später stirbt Marianne. Im Zuge der Ermittlungen gegen Georg stellt ein Sachverständiger fest, dass Marianne bei richtiger Medikation mit an Sicherheit grenzender Wahrscheinlichkeit nicht gestorben wäre.

**Prüfen Sie die Strafbarkeit von Georg! Nennen Sie den ihm drohenden Strafrahmen!**

# B. Kommentierter Lösungsvorschlag

## 1. Wegnahme der Rodel

### a) Vorüberlegungen

Zu prüfen ist, ob Georg einen **Diebstahl nach §§ 127 und 129 Abs 1 Z 3 StGB** begangen hat, indem er die Rodel an sich genommen hat und dazu das Schloss aufgebrochen hat, mit dem diese gesichert war.

### b) Tatbestand

#### aa) Objektiver Tatbestand

Beim Diebstahl ist auf objektiver Tatbestandsebene zu prüfen, ob der Täter eine fremde bewegliche Sache einem anderen wegnimmt.

Eine Sache im strafrechtlichen Sinn ist ein körperlicher Gegenstand mit Tauschwert. Bei der Rodel handelt es sich unzweifelhaft um einen körperlichen, dh mit den Sinnen wahrnehmbaren, Gegenstand. Die Rodel hat einen Wert von € 250, wodurch ihr unumstritten ein Tauschwert zukommt.

Diebstahlstauglich sind nur bewegliche Sachen. Da die Rodel ohne Substanzverlust fortgeschafft werden kann, ist sie beweglich.

Darüber hinaus muss die Sache fremd sein, dh sie muss im Allein- oder Miteigentum einer vom Täter verschiedenen Person stehen. Eigentümer ist im vorliegenden Fall ein anderer Hotelgast, weshalb die Rodel für Georg fremd ist. Die Rodel ist eine **fremde bewegliche Sache.**

Die Tathandlung des § 127 StGB besteht in der Wegnahme der fremden beweglichen Sache. Der Täter muss den bisherigen Gewahrsam brechen und neuen Gewahrsam begründen. Als Gewahrsam gilt jede tatsächliche Sachherrschaft, die von einem Herrschaftswillen getragen ist. Eine tatsächliche Sachherrschaft kann sich aus einem unmittelbaren, tatsächlichen Naheverhältnis ergeben oder daraus, dass eine Sache vom Gewahrsamsträger so zurückgelassen wird, wie man dies üblicherweise tut (gelockerter Gewahrsam).[164] Die Rodel wurde von einem Hotelgast im hoteleigenen Schikeller abgestellt und mit einem Schloss gesichert. Da dieser durch das Abstellen der Rodel seinen Herrschaftswillen nicht aufgeben wollte und es durchaus üblich ist, ein Wintersportgerät im Schikeller des Hotels abzustellen, war die Rodel im Gewahrsam jenes Hotelgasts, der sie in den Schikeller gebracht hat. Durch das Aufbrechen des Schlosses und die Mitnahme der Rodel **bricht Georg den bestehenden Gewahrsam und begründet gleichzeitig eigenen Gewahrsam** an der Rodel, da er durch das Ansichnehmen ein unmittelbares, tatsächliches Naheverhältnis schafft.

Der Erfolg (das Begründen neuen Gewahrsams)[165] muss der Tathandlung objektiv zugerechnet werden. Die Kausalität wird mit Hilfe der csqn-Formel geprüft. Hätte Georg die Rodel nicht aus dem Schikeller mitgenommen, hätte er keinen eigenen Gewahrsam an der Rodel begründet. Georgs Handlung war daher kausal für den Erfolg. Die normative Zurechnung bereitet keine Probleme. Der Erfolg kann der Tathandlung **objektiv zugerechnet** werden. Der objektive Tatbestand ist damit erfüllt.

---

[164] *Kienapfel/Schmoller,* BT II² § 127 Rz 67 ff.
[165] *Kienapfel/Schmoller,* BT II² § 127 Rz 61 f.

### bb) Subjektiver Tatbestand

Das Delikt des Diebstahls verlangt auf subjektiver Tatseite neben dem Tatbildvorsatz auch den erweiterten Vorsatz, sich durch die Zueignung unrechtmäßig zu bereichern, wobei jeweils Eventualvorsatz ausreicht.

Der Täter muss es somit zumindest ernstlich für möglich halten und sich damit abfinden, dass er einem Dritten eine fremde bewegliche Sache wegnimmt. Dass es sich bei einer Rodel um einen körperlichen Gegenstand handelt, ist allgemein bekannt und somit auch Georg bewusst. Nachdem Georg kein Geld hat, eine neue Rodel zu kaufen, ist er sich sicher, dass eine Rodel einen wirtschaftlichen Wert hat. Er geht in der Hoffnung in den Schikeller, ein anderer Hotelgast habe dort vielleicht eine Rodel abgestellt und nimmt diese an sich, weil er seine eigene, kaputte Rodel damit ersetzen will. Somit ist er sich gewiss, dass die Rodel einem anderen Hotelgast gehört und er sie diesem wegnimmt. Es kommt ihm auch geradezu darauf an, die Rodel in seinen eigenen Gewahrsam zu bringen, da er diese an sich bringen will, um anschließend rodeln gehen zu können.

Der Täter muss es zumindest ernstlich für möglich halten und sich damit abfinden, dass er sich oder einem Dritten die Sache zueignet, sich oder einen Dritten dadurch vermögensmäßig besser stellt und auf diese Besserstellung kein Anspruch besteht. Dabei kommt es nur auf die innere Vorstellung des Täters an, nicht aber, ob eine Bereicherung tatsächlich stattfindet. Der Vorsatz umfasst die Zueignung, wenn der Täter zukünftig wie der rechtmäßige Eigentümer mit der Sache verfahren will oder er die Sache einem Dritten zueignen möchte. Georg will sich die Rodel behalten. Ihm kommt es somit darauf an, die Rodel zukünftig wie seine eigene und dadurch wie der Eigentümer zu verwenden. Er ist sich auch gewiss, dass die Rodel einen wirtschaftlichen Wert hat und er sein Vermögen um den Wert der Rodel vermehrt. Georg ist sich auch sicher, dass die Rodel einem anderen Hotelgast gehört und er somit keinen Anspruch auf diese hat. Der subjektive Tatbestand ist gegeben.

### cc) Qualifikation

Da Georg das Schloss, mit dem die Rodel gesichert ist, aufbricht, ist die Qualifikation des § 129 Abs 1 Z 3 StGB zu prüfen. Eine Sperrvorrichtung ist ein Mechanismus, der jederzeit geöffnet und wieder verschlossen werden kann und eine Sache vor fremdem Zugriff sichern soll.[166] Das Aufbrechen der Sperrvorrichtung muss Mittel der Sachwegnahme sein und somit unmittelbar am Tatort passieren.[167] Das Schloss kann problemlos jederzeit geöffnet und wieder verschlossen werden und soll die Rodel vor fremden Zugriffen schützen. Indem Georg am Tatort gegen das Schloss tritt, **öffnet er es gewaltsam**.[168] Das Aufbrechen ist Mittel der Sachwegnahme, da ihm dadurch die Wegnahme ermöglicht wird.

Schließlich muss auch die Qualifikation vom Vorsatz umfasst sein. Der Täter muss zumindest Eventualvorsatz auf alle Qualifikationsmerkmale haben. Zusätzlich muss er schon beim Aufbrechen der Sperrvorrichtung den Vorsatz haben, im Anschluss daran einen Diebstahl zu begehen.[169] Er bricht das Schloss gezielt mit

---

[166] *Kienapfel/Schmoller*, BT II² § 129 Rz 77 ff.
[167] Leukauf/Steininger/*Messner*, StGB⁴ § 129 Rz 33.
[168] OGH 13. 12. 1983, 9 Os 186/83.
[169] *Stricker* in WK² § 129 Rz 124; *Salimi* in SbgK § 129 Rz 100.

einem Tritt auf, da er nur durch das Aufbrechen des Schlosses die Rodel mitnehmen kann. Auch kommt es ihm beim Aufbrechen des Schlosses darauf an, im Anschluss die Rodel zu stehlen. Die **Qualifikation nach § 129 Abs 1 Z 3 StGB** ist zu bejahen.

### c) Rechtswidrigkeit

Die Rechtswidrigkeit der Tat wird durch die Tatbestandsmäßigkeit indiziert. Es erfolgt eine Negativprüfung. Nur bei Vorliegen von Rechtfertigungsgründen ist ein tatbestandsmäßiges Verhalten nicht rechtswidrig. Im Sachverhalt finden sich keine Anhaltspunkte für das Vorliegen von Rechtfertigungsgründen. Georg hat rechtswidrig gehandelt.

### d) Schuld

Auf Ebene der Schuld ist zu prüfen, ob Georg sein rechtswidriges Verhalten strafrechtlich vorgeworfen werden kann. Dem Täter kann sein Verhalten nur vorgeworfen werden, wenn er das Unrecht seiner Tat einsehen und nach dieser Einsicht handeln konnte (Schuldfähigkeit). Mangels Angaben im Sachverhalt kann seine Schuldfähigkeit zum Tatzeitpunkt angenommen werden. Weiters muss er im Bewusstsein handeln, gegen die Rechtsordnung zu verstoßen (Unrechtsbewusstsein). Da schon potentielles Unrechtsbewusstsein ausreicht und keine gegenteiligen Hinweise vorliegen, ist auch davon auszugehen, dass er zum Tatzeitpunkt mit Unrechtsbewusstsein gehandelt hat. Schließlich liegen keine Hinweise auf Entschuldigungsgründe vor. Georg hat schuldhaft gehandelt und ihm kann sein rechtswidriges Verhalten vorgeworfen werden.

### e) Sonstiges

Im Sachverhalt finden sich keine Anhaltspunkte, dass sonstige Strafbarkeitsvoraussetzungen fehlen.

### f) Ergebnis

Georg hat einen Diebstahl durch Einbruch gem §§ 127 und 129 Abs 1 Z 3 StGB begangen und wird nach § 129 Abs 1 StGB mit Freiheitsstrafe bis zu drei Jahren zu bestrafen sein.

## 2. Übermütiges Lenkmanöver und Kollision mit dem Baum

### a) Vorüberlegungen

Zum Zeitpunkt des Unfalls hatte Georg nicht den Vorsatz, Marianne zu verletzen oder gar zu töten. Eventualvorsatz bedeutet, dass der Täter die Verwirklichung eines Sachverhalts, der einem gesetzlichen Tatbild entspricht, ernstlich für möglich hält und sich auch damit abfindet. Georg will seine Schwester jedoch nur erschrecken. Er hält es nicht ernstlich für möglich und findet sich auch nicht damit ab, dass seine Schwester verletzt wird oder stirbt. Die Prüfung eines Vorsatzdeliktes kommt daher nicht in Frage. Zu prüfen ist aber, ob er durch sein Verhalten die ihm **gebotene Sorgfalt außer Acht gelassen** hat. In einem ersten Schritt ist die Strafbarkeit wegen der schwersten eingetretenen Folge (dem Tod) zu erörtern. Dabei ist vor allem auch das Verhalten von Dr. Toth zu beachten. Kann dem Täter die schwerste

Folge nicht zugerechnet werden, so ist bei Fahrlässigkeitsdelikten zu prüfen, ob er wegen einer vor dem Tod eingetretenen Verletzung strafbar ist. Aufgrund der im Sachverhalt beschriebenen Umstände könnte grobe Fahrlässigkeit vorliegen. Bei § 81 StGB handelt es sich um eine selbstständige Qualifikation (eigenständiges Delikt), weshalb § 80 StGB als Grunddelikt nicht geprüft werden muss.

### b) Grob fahrlässige Tötung gem § 81 Abs 1 StGB

Auf Tatbestandsebene ist bei einem Fahrlässigkeitsdelikt die **objektive Sorgfaltswidrigkeit** zu prüfen. Ein Verhalten ist dann objektiv sorgfaltswidrig, wenn der Täter eine ihn treffende Sorgfaltsnorm außer Acht lässt. Die Feststellung der objektiven Sorgfaltswidrigkeit hat jeweils für den Einzelfall zu erfolgen, wobei Rechtsnormen, Verkehrsnormen und das Verhalten einer differenzierten Maßfigur herangezogen werden können.

Es gibt keine Anhaltspunkte dafür, dass Georg gegen Rechtsnormen verstößt.

**Verkehrsnormen** sind Regeln, die von einem bestimmten Verkehrskreis als Sorgfaltsmaßstab herangezogen und anerkannt werden.[170] Die Pistenregeln, die das Rodeln auf der Schipiste untersagen, sind Verkehrsnormen. Jedoch wird nicht durch den Verstoß gegen die Verkehrsnormen die konkrete Gefahr für das Leben der Marianne geschaffen, sondern durch den Fahrfehler von Georg. Somit wirkt sich der Verstoß gegen die Pistenregeln nicht auf die objektive Sorgfaltswidrigkeit aus.

Nachdem in vielen Fällen kein Verstoß gegen Rechts- oder Verkehrsnormen vorliegt bzw ein solcher Verstoß die objektive Sorgfaltswidrigkeit nur indiziert, kommt der **differenzierten Maßfigur** große Bedeutung zu. Die differenzierte Maßfigur ist ein einsichtiger und besonnener Mensch aus dem Verkehrskreis des Täters, der mit dessen Sonderwissen ausgestattet ist. Zur Feststellung der objektiven Sorgfaltswidrigkeit wird aus einer ex ante Perspektive das Verhalten des Täters mit dem Verhalten der differenzierten Maßfigur in der konkreten Situation verglichen. Hätte sich diese in der konkreten Situation anders verhalten als der Täter, so hat der Täter objektiv sorgfaltswidrig gehandelt. Im vorliegenden Fall ist die differenzierte Maßfigur ein einsichtiger und besonnener Rodler, der unter den im Sachverhalt geschilderten Umständen rodelt. Ein solcher hätte nicht ruckartig viel zu stark nach rechts gelenkt, sondern Vorsicht walten lassen. Da das Verhalten der differenzierten Maßfigur von Georgs Verhalten abweicht, hat dieser **objektiv sorgfaltswidrig** gehandelt.

Aufgrund der im Sachverhalt geschilderten Verhältnisse könnte **grobe Fahrlässigkeit** vorliegen. Dazu ist zu prüfen, ob der Täter ungewöhnlich und auffallend sorgfaltswidrig gehandelt hat, sodass der Eintritt eines dem gesetzlichen Tatbild entsprechenden Sachverhalts als geradezu wahrscheinlich vorhersehbar war. Auf objektiver Tatseite sind für das Vorliegen grober Fahrlässigkeit zwei Prüfungsschritte zu erörtern:

Zum einen ist zu prüfen, ob das vom Täter gesetzte Verhalten das **gebotene Maß an Sorgfalt erheblich unterschritten,** dh ungewöhnlich und auffallend sorgfaltswidrig war. Der Sorgfaltsverstoß des Täters muss das Ausmaß durchschnittlicher Sorgfaltswidrigkeit massiv überschreiten. Ein derartig erheblicher Sorgfaltsverstoß kann sich aus einem einzigen krassen Sorgfaltsverstoß ergeben oder auch durch das Zusammentreffen mehrerer, für sich gesehen nicht massiver Sorgfaltsver-

---

[170] *Burgstaller* in WK² § 6 Rz 46.

stöße. Im vorliegenden Fall wirken mehrere Umstände zusammen. Das Rodeln auf der Schipiste, das Fahren am rechten, nur durch Bäume begrenzten Rand der Kurve, das ruckartige Lenken, die durchgehend stark vereiste Schipiste und die schlechter werdende Sicht stellen zwar einzeln betrachtet keinen erheblichen Sorgfaltsverstoß dar. In Summe führen die einzelnen Sorgfaltsverstöße jedoch dazu, dass Georg das gebotene Maß an Sorgfalt erheblich unterschritten hat.

Zum anderen muss eine **gesteigerte Vorhersehbarkeit der Tatbestandsverwirklichung** vorliegen, dh der Eintritt eines dem gesetzlichen Tatbild entsprechenden Sachverhalts muss als geradezu wahrscheinlich vorhersehbar gewesen sein. Entscheidend ist dabei, ob aufgrund des ungewöhnlichen und auffallenden Sorgfaltsverstoßes des Täters die Tatbildverwirklichung aus einer ex ante Perspektive geradezu vorhersehbar war. Es kommt dabei aber nur auf die Tatbildverwirklichung (zB Eintritt des Todes) an. Eine gesteigerte Vorhersehbarkeit des konkreten Kausalverlaufs bzw des konkreten Erfolgs ist nicht erforderlich. Im vorliegenden Fall erhöhen das Rodeln auf der Schipiste, das Fahren am rechten, nur durch Bäume begrenzten Rand der Kurve, das ruckartige Lenken, die durchgehend stark vereiste Schipiste und die schlechter werdende Sicht jeweils die Wahrscheinlichkeit des Eintritts des Todes. Durch das Zusammenwirken der einzelnen gefahrerhöhenden Umstände ist bei einer ex ante Betrachtung der Eintritt des Todes als sehr wahrscheinlich vorhersehbar. Das Verhalten von Georg ist daher als grob fahrlässig einzustufen.

Fahrlässige Tötung ist ein Erfolgsdelikt und verlangt als Erfolg den Tod einer anderen Person, der mit dem Tod der Marianne eingetreten ist. Der Erfolg muss der Tathandlung objektiv zugerechnet werden.

Die Kausalität wird mit Hilfe der csqn-Formel geprüft. Hätte Georg nicht ruckartig zu stark nach rechts gelenkt, wäre es nicht zu der Kollision mit dem Baum gekommen, Marianne wäre nicht verletzt worden und in weiterer Folge auch nicht gestorben. Georgs Verhalten war kausal für den Erfolg.

Auch die Adäquanz bereitet keine Probleme. Es liegt nicht außerhalb jeglicher Lebenserfahrung, dass Georg mit der Rodel gegen einen Baum fährt, wenn er die Rodel ruckartig zu stark in eine Richtung lenkt. Dass dabei die Beifahrerin verletzt oder sogar getötet wird, stellt einen geradezu typischen Kausalverlauf dar. Es liegt auch nicht außerhalb jeglicher Lebenserfahrung, dass der behandelnde Arzt alkoholisiert ist, ihm dadurch ein Behandlungsfehler unterläuft und in weiterer Folge Marianne verstirbt.

Auf Ebene des Risikozusammenhangs wird geprüft, ob sich jener Erfolg verwirklicht hat, dem die übertretene Schutznorm entgegenwirken will. Durch das von der differenzierten Maßfigur gesetzte Verhalten (vorsichtiges Lenken, keinesfalls ruckartiges Lenken in Richtung eines mit Bäumen begrenzten Abhangs) hätten Verletzungen und auch der Tod vermieden werden sollen. Im vorliegenden Fall stellt sich aber die Frage, ob sich mit dem Tod der Marianne genau jenes Risiko verwirklicht hat, dem die übertretene Sorgfaltsnorm entgegenwirken sollte, da der Tod erst eingetreten ist, nachdem dem diensthabenden Arzt ein Behandlungsfehler unterläuft. Der Risikozusammenhang könnte daher durch zumindest grob sorgfaltswidriges Verhalten eines Dritten unterbrochen worden sein. Der Dritte muss dabei einen auffallenden und ungewöhnlichen Sorgfaltsverstoß begangen haben.[171]) Dr. Toth

---

[171]) *Fuchs/Zerbes*, AT I[10] 13/42.

hat durch seine starke Alkoholisierung die offensichtlich vorliegende Gehirnblutung übersehen und ein völlig falsches Medikament verabreicht. Ein sorgfältiger Arzt hätte die offensichtliche Gehirnblutung nicht übersehen und das richtige Medikament verabreicht. Ein Vergleich mit dem Verhalten eines sorgfältigen Arztes zeigt, dass Dr. Toth grob, nämlich auffallend und ungewöhnlich, sorgfaltswidrig gehandelt hat, indem er einen schweren Behandlungsfehler gemacht hat. Da aus dem Sachverhalt auch hervorgeht, dass bei richtiger Medikation der Tod mit an Sicherheit grenzender Wahrscheinlichkeit verhindert worden wäre, hat sich ein anderes Risiko verwirklicht, als jenes, das durch den Unfall geschaffen wurde. Der **Risikozusammenhang wurde somit unterbrochen** und der Tod der Marianne kann dem Georg nicht zugerechnet werden. Der Tatbestand der grob fahrlässigen Tötung gem § 81 Abs 1 StGB ist nicht erfüllt.

### c) Fahrlässige Körperverletzung gem § 88 Abs 3 und Abs 4 Fall 2 StGB

#### aa) Tatbestand

Auch bei der fahrlässigen Körperverletzung ist in einem ersten Schritt die objektive Sorgfaltswidrigkeit zu prüfen. Die Prüfung der objektiven Sorgfaltswidrigkeit entspricht jener der grob fahrlässigen Tötung (s Punkt B.2.b.).

Bezüglich der **groben Fahrlässigkeit** kann ebenfalls auf die Prüfung der grob fahrlässigen Tötung verwiesen werden (s Punkt B.2.b.). Da an denselben Sorgfaltsverstoß angeknüpft wird, ist Georgs Verhalten wiederum als ungewöhnlich und auffallend sorgfaltswidrig einzustufen. Die Prüfung der gesteigerten Vorhersehbarkeit des Eintritts eines dem gesetzlichen Tatbild entsprechenden Sachverhalts hat ergeben, dass der Eintritt des Todes als geradezu wahrscheinlich vorhersehbar war. Da die schwere Körperverletzung weniger schwer wiegt als der Tod, ist mit der sehr hohen Wahrscheinlichkeit des Eintritts des Todes jedenfalls auch der Eintritt einer schweren Körperverletzung geradezu wahrscheinlich. Georg hat daher grob fahrlässig gehandelt.

Die fahrlässige Körperverletzung ist ein Erfolgsdelikt und verlangt den Eintritt einer Körperverletzung oder Gesundheitsschädigung. Eine Körperverletzung ist ein nicht ganz unerheblicher Eingriff in die körperliche Integrität. Marianne erleidet eine Gehirnerschütterung mit Gehirnblutung. Es handelt sich unumstritten um einen erheblichen Eingriff in die körperliche Integrität und somit um eine typische **Körperverletzung.** Der Erfolg ist eingetreten.

Die Gehirnerschütterung mit Gehirnblutung könnte eine schwere Körperverletzung iSd § 84 Abs 1 StGB sein. Eine solche ist zu bejahen, wenn die Tat eine länger als vierundzwanzig Tage dauernde Gesundheitsschädigung oder Berufsunfähigkeit zur Folge hat oder die Verletzung oder die Gesundheitsschädigung an sich schwer ist. Eine länger als vierundzwanzig Tage dauernde Gesundheitsschädigung oder Berufsunfähigkeit kommt im vorliegenden Fall nicht in Betracht. Es könnte sich aber um eine an sich schwere Körperverletzung handeln, die sich aus einer Gesamtbetrachtung mehrerer Kriterien ergibt. Es sind die Wichtigkeit des betroffenen Organs oder Körperteils, Intensität, Ausmaß und Gefährlichkeitsgrad der Verletzungen, Chancen des Heilungsverlaufs und die konkrete Situation des Opfers zu berücksichtigen. Bei einer Gehirnerschütterung ist strittig, ob diese schon als an sich schwere Körperverletzung zu qualifizieren ist. Während der OGH dies bei einer zur

Bewusstlosigkeit führenden Gehirnerschütterung bejaht, verlangt ein Teil der Lehre für die Annahme einer an sich schweren Verletzung noch zusätzliche Beeinträchtigungen, wie etwa Gehirnprellungen oder -blutungen.[172] Da Marianne eine Gehirnblutung erleidet, handelt es sich um eine besonders gefährliche Verletzung eines bedeutsamen Körperteils, mit der Lebensgefahr verbunden ist. Aufgrund der Schwere der Verletzung ist daher eine **an sich schwere Körperverletzung** iSd § 84 Abs 1 Fall 3 StGB zu bejahen. Der Erfolg muss der Tathandlung objektiv zugerechnet werden.

Kausalität und Adäquanz wurden bereits im Rahmen der fahrlässigen Tötung geprüft (s Punkt B.2.b.).

Beim Risikozusammenhang wird festgestellt, ob sich genau jener Erfolg verwirklicht hat, dem die Schutznorm entgegenwirken will. Das Verhalten der differenzierten Maßfigur hätte Verletzungen von Mitfahrern verhindern sollen. Im Ergebnis hat sich durch die Verletzung der Marianne genau jenes Risiko realisiert, dem entgegengewirkt werden sollte. Auch liegt im Gegensatz zur fahrlässigen Tötung kein sonstiger Grund vor, der gegen den Risikozusammenhang spricht. Der Risikozusammenhang liegt vor.

Zusätzlich ist die Risikoerhöhung gegenüber rechtmäßigem Alternativverhalten zu überprüfen. Der Erfolg kann dem Täter nur zugerechnet werden, wenn sich durch die objektive Sorgfaltswidrigkeit des Täters das Risiko des Erfolgseintritts merklich erhöht hat. Hätte Georg sich sorgfaltsgemäß verhalten, dh vorsichtig gelenkt und nicht die Rodel übertrieben nach rechts gerissen, so wäre das Risiko eines Aufpralls gegen einen Baum und auch das Risiko einer schweren Körperverletzung der Marianne zweifelsfrei geringer gewesen. Der Erfolg ist Georg **objektiv zurechenbar**. Der Tatbestand des § 88 Abs 3 und Abs 4 Fall 2 ist erfüllt.

### bb) Rechtswidrigkeit

Die Rechtswidrigkeit wird durch die Tatbestandsmäßigkeit indiziert. Es erfolgt eine Negativprüfung. Nur bei Vorliegen von Rechtfertigungsgründen ist ein tatbestandsmäßiges Verhalten nicht rechtswidrig.

Marianne hat zwar Bedenken, auf der Piste zu rodeln, jedoch ist sie schlussendlich damit einverstanden. In Betracht kommt daher der Rechtfertigungsgrund der Einwilligung. In § 90 StGB gibt es eine explizite Bestimmung für die **Einwilligung** in Körperverletzungen und in die Gefährdung der körperlichen Sicherheit.

Voraussetzung für das Vorliegen der Einwilligung ist, dass im Tatzeitpunkt tatsächlich eine Einwilligung vorliegt und diese auch in irgendeiner Art und Weise wahrnehmbar ist. Darüber hinaus muss der Einwilligende einsichts- und urteilsfähig sein, dh er muss die Bedeutung, die Tragweite und die Konsequenzen seiner Einwilligung erkennen und beurteilen können. Das Vorliegen dieser Fähigkeit ist im Einzelfall zu beurteilen. Nicht erforderlich ist, dass der Einwilligende ein bestimmtes Alter erreicht hat. Das Nicken kann problemlos als Zustimmung zum Rodeln auf der Piste gewertet werden, schließlich ist Mariannes Wille klar erkennbar und für einen anderen wahrnehmbar. Auch stimmt Marianne schon vor dem Rodeln auf der Piste zu, daher liegt die Einwilligung zum Zeitpunkt der Tathandlung vor. Unproblema-

---

[172] *Messner* in SbgK § 84 Rz 56 mwN.

tisch ist auch die Einsichts- und Urteilsfähigkeit. Marianne ist sich der Gefahren des Rodelns auf der Piste durchaus bewusst, da sie davon ausgeht, dass etwas passieren könnte. Sie entscheidet sich aber trotzdem dafür, auf der Schipiste zu rodeln.

Strittig ist, ob der **Gegenstand der Einwilligung** ein Erfolg oder eine gefährliche Handlung ist. Bezieht sich die Einwilligung auf einen Erfolg, so sind alle Erfolge durch die Einwilligung abgedeckt, deren Eintritt der Einwilligende ernstlich für möglich gehalten und mit denen er sich auch abgefunden hat. Bezieht sich die Einwilligung hingegen auf die gefährliche Handlung, so ist diese vom Täter gesetzte gefährliche Handlung gegenüber dem Einwilligenden nicht mehr sozial-inadäquat gefährlich und in weiterer Folge auch nicht rechtswidrig.[173] Dadurch wäre auch jeder durch diese gefährliche Handlung herbeigeführte Erfolg gerechtfertigt.

Unabhängig davon, ob man den Erfolg oder die gefährliche Handlung als Gegenstand der Einwilligung ansieht, muss das in § 90 StGB vorgesehene **Sittenwidrigkeitskorrektiv** beachtet werden. Bei einer Einwilligung in den Erfolg folgt daraus, dass in leichte Körperverletzungen ohne Weiteres eingewilligt werden kann. In schwere Körperverletzungen kann jedoch nur ausnahmsweise bei Vorliegen besonders bedeutsamer Gründe und eines ethisch wertvollen Zwecks eingewilligt werden. Bezieht sich die Einwilligung auf eine gefährliche Handlung, so hat das Sittenwidrigkeitskorrektiv zur Folge, dass eine Einwilligung rechtfertigend wirkt, wenn nur eine leichte Körperverletzung zu erwarten ist. Ist aufgrund der Gefährlichkeit der Handlung jedoch ex ante eine schwere Körperverletzung wahrscheinlich, so wirkt die Einwilligung wiederum nur rechtfertigend, wenn besonders bedeutsame Gründe und ein ethisch wertvoller Zweck gegeben sind.[174]

Es ist davon auszugehen, dass Marianne nur in das Rodeln auf der Piste, nicht aber in eine schwere Körperverletzung einwilligen wollte. Daher liegt jedenfalls keine Einwilligung in den Erfolg vor. Sieht man als Einwilligungsgegenstand die gefährliche Handlung an, ist festzuhalten, dass diese nicht im Rodeln auf der Piste besteht, sondern im übermütigen Lenkmanöver des Georg. Marianne stimmt aber nur dem Rodeln auf der Piste zu. Eine Einwilligung in das übermütige Lenkmanöver von Georg und somit in die gefährliche Handlung liegt nicht vor. Deshalb ist auch der aus dieser gefährlichen Handlung resultierende Erfolg **nicht gerechtfertigt.**

Im Sachverhalt finden sich keine Anhaltspunkte für das Vorliegen anderer Rechtfertigungsgründe. Georg hat rechtswidrig gehandelt.

### cc) Schuld

Auf Schuldebene ist zu prüfen, ob Georg sein rechtswidriges Verhalten strafrechtlich vorgeworfen werden kann. Hinzu kommt bei Fahrlässigkeitsdelikten die subjektive Sorgfaltswidrigkeit des Verhaltens, die subjektive Vorhersehbarkeit des Erfolgs und die Zumutbarkeit rechtmäßigen Verhaltens. Durch das Vorliegen grober Fahrlässigkeit sind auf Ebene der Schuld keine Besonderheiten zu beachten, die Prüfung der Schuld bei grober Fahrlässigkeit unterscheidet sich nicht von jener bei einfacher Fahrlässigkeit.

Dem Täter kann sein Verhalten nur vorgeworfen werden, wenn er das Unrecht seiner Tat einsehen und nach dieser Einsicht handeln konnte (Schuldfähigkeit).

---

[173] Näher *Schütz* in WK² § 90 Rz 20 ff; *Fuchs/Zerbes*, AT I¹⁰ 16/11 ff.
[174] *Fuchs/Zerbes*, AT I¹⁰ 16/18 ff.

Mangels Angaben im Sachverhalt kann seine **Schuldfähigkeit** zum Tatzeitpunkt angenommen werden.

Im Rahmen der subjektiven Sorgfaltswidrigkeit der Handlung wird geprüft, ob der Täter im Tatzeitpunkt nach seinen geistigen und körperlichen Fähigkeiten in der Lage gewesen wäre, die gebotene Sorgfalt zu beachten. Es wird daher ein individueller täterspezifischer Maßstab angelegt.[175] Im vorliegenden Fall liegen keine Gründe vor, die das Vorliegen der subjektiven Sorgfaltswidrigkeit in Zweifel ziehen. Georg war seinen geistigen und körperlichen Fähigkeiten nach in der Lage, die objektive Sorgfalt zu beachten, dh nicht auf der stark vereisten Schipiste am rechten, nur durch Bäume begrenzten Kurvenrand und bei schlechter werdender Sicht übertrieben nach rechts zu lenken. Er hat daher **subjektiv sorgfaltswidrig** gehandelt.

Weiters muss der Täter den Erfolg und auch den Kausalverlauf nach seinen geistigen und körperlichen Fähigkeiten zumindest in groben Zügen voraussehen können. Der Sachverhalt beinhaltet keine Hinweise, die darauf schließen lassen, dass Georg geistig und körperlich nicht fähig war, den Erfolg und den Kausalverlauf in groben Zügen **subjektiv vorherzusehen.**

Weiters muss er im Bewusstsein handeln, gegen die Rechtsordnung zu verstoßen (Unrechtsbewusstsein). Da schon potentielles Unrechtsbewusstsein ausreicht und keine gegenteiligen Hinweise vorliegen, ist auch davon auszugehen, dass er zum Tatzeitpunkt mit **Unrechtsbewusstsein** gehandelt hat.

Die Zumutbarkeit sorgfaltsgemäßen Verhaltens ist dann zu bejahen, wenn von einem maßgerechten Menschen in der Situation des Täters die Einhaltung der gebotenen Sorgfalt erwartet werden kann. Als maßgerechter Mensch ist ein mit den rechtlich geschützten Werten verbundener Mensch heranzuziehen, der mit den geistigen und körperlichen Fähigkeiten des Täters ausgestattet ist.[176] Von einem mit den rechtlich geschützten Werten verbundenen Menschen, der Georgs geistige und körperliche Fähigkeiten besitzt, hätte jedenfalls erwartet werden können, dass er objektiv sorgfaltsgemäß handelt, dh auf der stark vereisten Schipiste am rechten, nur durch Bäume begrenzten Kurvenrand und bei schlechter werdender Sicht die Rodel nicht ruckartig nach rechts in Richtung des Abgrunds und der Bäume lenkt. Sorgfaltsgemäßes Verhalten wäre Georg **zumutbar** gewesen. Georg hat schuldhaft gehandelt und ihm kann sein rechtswidriges Verhalten vorgeworfen werden.

#### dd) Sonstiges

Im Sachverhalt finden sich keine Anhaltspunkte, dass sonstige Strafbarkeitsvoraussetzungen fehlen.

#### d) Ergebnis

Georg kann Mariannes Tod nicht objektiv zugerechnet werden, weshalb keine strafbare Handlung gem § 81 Abs 1 StGB vorliegt. Er hat eine grob fahrlässige schwere Körperverletzung gem § 88 Abs 3 und Abs 4 Fall 2 StGB begangen und wird nach § 88 Abs 4 Fall 2 StGB mit Freiheitsstrafe bis zu zwei Jahren zu bestrafen sein.

---

[175] *Kienapfel/Höpfel/Kert,* AT[16] Rz 26.22 ff.
[176] OGH 22. 9. 1981, 9 Os 115/81.

## 3. Gesamtergebnis

Georg hat einen Diebstahl durch Einbruch gem §§ 127 und 129 Abs 1 Z 3 StGB und eine fahrlässige Körperverletzung gem § 88 Abs 3 und Abs 4 Fall 2 StGB begangen. Es ist daher das Konkurrenzverhältnis zwischen den beiden Delikten zu klären. Nachdem Georg zuerst den Diebstahl begangen hat und erst danach die fahrlässige Körperverletzung, wurden durch mehrere Handlungen mehrere Delikte verwirklicht, die jeweils auf unterschiedlichen Tatentschlüssen beruhten. Die Delikte stehen in echter Realkonkurrenz und es ist ein gemeinsamer Strafrahmen zu bilden. Da die Delikte jeweils nur Freiheitsstrafen vorsehen, wird der gemeinsame Strafrahmen aus der höchsten Höchst- und der höchsten Mindeststrafdrohung gebildet. Georg wird daher unter Anwendung des § 28 Abs 1 StGB nach § 129 Abs 1 StGB mit einer Freiheitsstrafe von bis zu drei Jahren zu bestrafen sein.

---

*Prozessuales*

Aufgrund der Strafdrohung ist für die Hauptverhandlung nach den allgemeinen Zuständigkeitsregeln das Landesgericht als Einzelrichter sachlich zuständig (§ 31 Abs 4 Z 1 StPO).

Ein diversionelles Vorgehen ist aufgrund der Höchststrafdrohung von bis zu drei Jahren zulässig.

---

## C. Lösungsvorschlag

### 1. Wegnahme der Rodel

*a) Vorüberlegungen*

Zu prüfen ist, ob Georg einen **Diebstahl nach §§ 127 und 129 Abs 1 Z 3 StGB** begangen hat, indem er die Rodel an sich genommen hat und dabei das Schloss aufgebrochen hat, mit dem die Rodel gesichert war.

*b) Tatbestand*

aa) Objektiver Tatbestand

Die Rodel ist ein körperlicher Gegenstand, da sie mit den Sinnen wahrnehmbar ist, und hat einen Wert von € 250, wodurch ihr unumstritten ein Tauschwert zukommt. Weiters ist die Rodel auch beweglich, da sie ohne Substanzverlust fortgeschafft werden kann. Es handelt sich um eine fremde Sache, da die Rodel im Eigentum eines anderen Hotelgasts steht. Die Rodel ist somit eine **fremde bewegliche Sache.**

Die Rodel steht im Schikeller des Hotels und befindet sich im Gewahrsam des Hotelgasts, der sie dort abgestellt hat, da es üblich ist, ein Wintersportgerät im hoteleigenen Schikeller zu deponieren. Durch das Aufbrechen des Schlosses und die Mitnahme der Rodel bricht Georg den bisherigen **Gewahrsam** und begründet gleichzeitig neuen Gewahrsam, weil er durch das Mitnehmen ein unmittelbares, tatsächliches Naheverhältnis zur Rodel schafft.

Durch die Begründung des neuen Gewahrsams ist der Erfolg eingetreten. Hätte Georg die Rodel nicht aus dem Schikeller mitgenommen, hätte er keinen eigenen Gewahrsam an der Rodel begründet. Georgs Handlung war daher kausal für den Erfolg. Der objektive Tatbestand ist damit erfüllt.

### bb) Subjektiver Tatbestand

Georg ist sich sicher, dass es sich bei einer Rodel um einen körperlichen Gegenstand handelt, da dies allgemein bekannt ist. Da er kein Geld für den Kauf einer Rodel hat, ist er sich gewiss, dass eine Rodel einen wirtschaftlichen Wert hat. Er hofft, im Schikeller die Rodel eines anderen Hotelgasts zu finden und nimmt diese an sich, um seine eigene, kaputte Rodel zu ersetzen. Somit weiß er, dass die Rodel einem anderen Hotelgast gehört und er sie diesem wegnimmt. Es kommt ihm auch geradezu darauf an, die Rodel in seinen eigenen Gewahrsam zu bringen, da er sie sich behalten will.

Zusätzlich muss Georg mit erweitertem Vorsatz handeln: Georg kommt es darauf an, die Rodel zukünftig wie seine eigene zu verwenden, da er seine kaputte Rodel ersetzen will. Somit ist er sich auch gewiss, dass er sein Vermögen um den Wert der Rodel vermehrt. Georg ist sich sicher, dass die Rodel einem anderen Hotelgast gehört und er diese nicht einfach an sich nehmen darf, dh er ist sich gewiss, dass er keinen Anspruch auf die Rodel hat. Der subjektive Tatbestand ist erfüllt.

### cc) Qualifikation

Da Georg das Schloss, mit dem die Rodel gesichert ist, mit einem Tritt aufbricht, ist die Qualifikation des § 129 Abs 1 Z 3 StGB zu prüfen. Das Schloss ist eine Sperrvorrichtung, da es problemlos jederzeit geöffnet und wieder verschlossen werden kann und die Rodel vor fremden Zugriffen schützen soll. Indem Georg gegen das Schloss tritt, öffnet er es gewaltsam. Das Aufbrechen am Tatort ist Mittel der Sachwegnahme, da es ihm die Wegnahme ermöglicht. Der objektive Tatbestand der Qualifikation nach § 129 Abs 1 Z 3 StGB ist daher zu bejahen.

Georg bricht das Schloss gezielt mit einem Tritt auf, da er nur so die Rodel mitnehmen kann. Auch kommt es ihm beim Aufbrechen des Schlosses darauf an, im Anschluss die Rodel zu stehlen, da er diese für sich haben will. Der subjektive Tatbestand der Qualifikation ist zu bejahen. Die **Qualifikation nach § 129 Abs 1 Z 3 StGB** ist erfüllt.

### c) Rechtswidrigkeit

Mangels gegenläufiger Hinweise hat Georg rechtswidrig gehandelt.

### d) Schuld

Da keine Indizien dagegensprechen, hat Georg schuldhaft gehandelt.

### e) Sonstiges

Es gibt keine Anhaltspunkte, dass sonstige Strafbarkeitsvoraussetzungen fehlen.

### f) Ergebnis

Georg hat einen Diebstahl durch Einbruch gem §§ 127 und 129 Abs 1 Z 3 StGB begangen und wird nach § 129 Abs 1 StGB mit Freiheitsstrafe bis zu drei Jahren zu bestrafen sein.

## 2. Übermütiges Lenkmanöver und Kollision mit dem Baum

### a) Vorüberlegungen

Georg will seine Schwester nur erschrecken. Er hält es somit nicht ernstlich für möglich und findet sich auch nicht damit ab, dass seine Schwester verletzt wird oder stirbt. Die Prüfung eines Vorsatzdeliktes kommt daher nicht in Frage. Zu prüfen ist, ob Georg die ihm **gebotene Sorgfalt außer Acht gelassen** hat. In einem ersten Schritt ist die Strafbarkeit wegen Mariannes Tod zu erörtern, wobei insb das Verhalten von Dr. Toth zu berücksichtigen ist. Kann Georg der Tod nicht zugerechnet werden, ist festzustellen, ob er sich wegen einer vor dem Tod eingetretenen Verletzung strafbar gemacht hat. Aufgrund der im Sachverhalt beschriebenen Umstände ist das Vorliegen grober Fahrlässigkeit zu prüfen.

### b) Grob fahrlässige Tötung gem § 81 Abs 1 StGB

Im vorliegenden Fall lässt sich die objektive Sorgfaltswidrigkeit nicht aus einem Verstoß gegen Rechts- oder Verkehrsnormen ableiten.

Es muss daher die differenzierte Maßfigur herangezogen werden. Dabei handelt es sich um einen einsichtigen und besonnenen Rodler, der unter den im Sachverhalt geschilderten Umständen rodelt. Ein solcher Rodler hätte nicht ruckartig viel zu stark nach rechts gelenkt, sondern Vorsicht walten lassen. Da Georgs Verhalten von dem der differenzierten Maßfigur abweicht, hat Georg **objektiv sorgfaltswidrig** gehandelt.

Aufgrund der im Sachverhalt beschriebenen Umstände ist das Vorliegen grober Fahrlässigkeit zu prüfen. Das Rodeln auf der Schipiste, das Fahren am rechten, nur durch Bäume begrenzten Rand der Kurve, das ruckartige Lenken, die durchgehend stark vereiste Schipiste und die schlechter werdende Sicht stellen zwar einzeln betrachtet keinen erheblichen Sorgfaltsverstoß dar. In Summe führen die einzelnen Sorgfaltsverstöße jedoch dazu, dass Georg das **gebotene Maß an Sorgfalt erheblich unterschritten** hat.

Das Rodeln auf der Schipiste, das Fahren am rechten, nur durch Bäume begrenzten Rand der Kurve, das ruckartige Lenken, die durchgehend stark vereiste Schipiste und die schlechter werdende Sicht erhöhen jeweils die Wahrscheinlichkeit des Eintritts des Todes. Durch das Zusammenwirken der einzelnen gefahrerhöhenden Umstände ist bei einer ex ante Betrachtung der Eintritt des Todes als **geradezu wahrscheinlich vorhersehbar**.

Das Verhalten von Georg ist daher als **grob fahrlässig** einzustufen.

Marianne ist als Folge des Unfalls gestorben. Somit ist der **Erfolg eingetreten**.

Hätte Georg nicht ruckartig zu stark nach rechts gelenkt, wäre er nicht mit dem Baum kollidiert, Marianne wäre nicht verletzt worden und in weiterer Folge auch nicht gestorben. Georgs Verhalten ist kausal für Mariannes Tod.

Es liegt nicht außerhalb jeglicher Lebenserfahrung, dass Georg durch das ruckartige zu starke Einlenken mit der Rodel gegen einen Baum fährt. Dass dabei der Beifahrer von der Rodel geschleudert und verletzt oder sogar getötet wird, stellt einen geradezu typischen Kausalverlauf dar. Es liegt auch nicht außerhalb jeglicher Lebenserfahrung, dass dem behandelnden Arzt aufgrund seiner Alkoholisierung ein Behandlungsfehler unterläuft und Marianne in weiterer Folge stirbt.

Für den Risikozusammenhang muss das von der differenzierten Maßfigur gesetzte Verhalten als Sorgfaltsmaßstab herangezogen werden. Die daraus abgeleitete Sorgfaltspflicht (vorsichtiges Lenken, Vermeidung ruckartiger Lenkmanöver) hätte Verletzungen und den Tod etwaiger Mitfahrer verhindern sollen. Es stellt sich aber die Frage, ob sich im Tod der Marianne genau jenes Risiko verwirklicht hat, dem die übertretene Sorgfaltsnorm entgegenwirken sollte, da der Tod erst eingetreten ist, nachdem dem diensthabenden Arzt ein Behandlungsfehler unterlaufen ist. Der Risikozusammenhang könnte daher durch grob sorgfaltswidriges Fehlverhalten eines Dritten unterbrochen worden sein. Dr. Toth hat durch seine starke Alkoholisierung die offensichtlich vorliegende Gehirnblutung übersehen und ein völlig falsches Medikament verabreicht. Ein sorgfältiger Arzt hätte die offensichtliche Gehirnblutung nicht übersehen und das richtige Medikament verabreicht. Ein Vergleich mit dem Verhalten eines sorgfältigen Arztes zeigt, dass Dr. Toth grob, nämlich auffallend und ungewöhnlich, sorgfaltswidrig gehandelt hat, indem er einen schweren Behandlungsfehler gemacht hat. Da aus dem Sachverhalt auch hervorgeht, dass bei richtiger Medikation der Tod mit an Sicherheit grenzender Wahrscheinlichkeit verhindert worden wäre, hat sich nicht das durch den Unfall geschaffene Risiko verwirklicht und der **Risikozusammenhang ist unterbrochen.** Der Tatbestand der fahrlässigen Tötung gem § 81 Abs 1 StGB ist nicht erfüllt.

### c) Fahrlässige Körperverletzung gem § 88 Abs 3 und Abs 4 Fall 2 StGB

#### aa) Tatbestand

Die Prüfung der objektiven Sorgfaltswidrigkeit entspricht jener bei der fahrlässigen Tötung (s Punkt C.2.b.).

Bezüglich der **groben Fahrlässigkeit** kann ebenfalls auf die Prüfung der grob fahrlässigen Tötung verwiesen werden (s Punkt C.2.b.). Da an denselben Sorgfaltsverstoß angeknüpft wird, ist Georgs Verhalten wiederum als ungewöhnlich und auffallend sorgfaltswidrig einzustufen. Da die schwere Körperverletzung weniger schwer wiegt als der Tod, ist mit der sehr hohen Wahrscheinlichkeit des Eintritts des Todes jedenfalls auch der Eintritt einer schweren Körperverletzung geradezu wahrscheinlich. Georg hat daher grob fahrlässig gehandelt.

Marianne erleidet eine Gehirnerschütterung mit Gehirnblutung. Dabei handelt es sich unumstritten um einen erheblichen Eingriff in die körperliche Integrität und somit um eine typische **Körperverletzung.** Der Erfolg ist eingetreten.

Die Gehirnerschütterung mit Gehirnblutung könnte eine an sich schwere Körperverletzung iSd § 84 Abs 1 Fall 3 StGB sein. Da es sich um eine besonders gefährliche Verletzung eines bedeutsamen Körperteils handelt, mit der Lebensgefahr verbunden ist, liegt eine **an sich schwere Körperverletzung** iSd § 84 Abs 1 Fall 3 StGB vor.

Kausalität und Adäquanz wurden bereits im Rahmen der fahrlässigen Tötung geprüft (s Punkt C.2.b.).

Für den Risikozusammenhang muss das von der differenzierten Maßfigur gesetzte Verhalten als Sorgfaltsmaßstab herangezogen werden. Die aus dem Verhalten der differenzierten Maßfigur abgeleitete Sorgfaltspflicht (vorsichtiges Lenken, Vermeidung ruckartiger Lenkmanöver) hätte verhindern sollen, dass es zu Verletzungen und Schlimmerem kommt. Im Ergebnis hat Georg durch die Verletzung der Marianne also genau das Risiko verwirklicht, dem entgegengewirkt werden sollte.

Hätte Georg sich sorgfaltsgemäß verhalten, dh vorsichtig gelenkt und nicht die Rodel übertrieben nach rechts gerissen, so wäre das Risiko eines Aufpralls gegen einen Baum und auch das Risiko einer schweren Körperverletzung der Marianne geringer gewesen. Es hat sich daher das Risiko gegenüber rechtmäßigem Alternativverhalten zweifelsfrei erhöht. Der Erfolg ist Georg **objektiv zurechenbar.** Damit erfüllt Georg den Tatbestand von § 88 Abs 3 und Abs 4 Fall 2 StGB.

### d) Rechtswidrigkeit

Da Marianne dem Rodeln auf der Piste zustimmt, kommt der Rechtfertigungsgrund der **Einwilligung** in Betracht.

Das Nicken kann problemlos als Zustimmung zum Rodeln auf der Piste und somit als Einwilligung in die gefährliche Handlung gewertet werden, schließlich ist Mariannes Wille klar erkennbar und für einen anderen wahrnehmbar. Auch stimmt Marianne schon vor dem Rodeln auf der Piste diesem zu, daher liegt die Einwilligung zum Zeitpunkt der Tathandlung vor. Marianne ist sich der Gefahren des Rodelns auf der Piste durchaus bewusst, da sie davon ausgeht, dass etwas passieren könnte. Schlussendlich entscheidet sie sich jedoch dafür, trotzdem auf der Schipiste zu rodeln. Die Urteils- und Einsichtsfähigkeit ist daher unproblematisch. Die gefährliche Handlung besteht darin, dass Georg ruckartig und viel zu stark nach rechts lenkt. Marianne willigt aber offensichtlich nur in das Rodeln auf der Piste ein. Somit liegt keine Einwilligung in die gefährliche Handlung vor und die schwere Körperverletzung ist **nicht durch eine Einwilligung gerechtfertigt.** Im Sachverhalt finden sich keine Anhaltspunkte für das Vorliegen anderer Rechtfertigungsgründe. Georg hat rechtswidrig gehandelt.

### e) Schuld

Schuldfähigkeit und Unrechtsbewusstsein sind beim Fahrlässigkeitsdelikt nur bei entsprechenden Hinweisen zu prüfen, die hier nicht vorliegen.

Georg war seinen geistigen und körperlichen Fähigkeiten nach in der Lage, die objektive Sorgfalt zu beachten, dh auf der stark vereisten Schipiste am rechten, nur durch Bäume begrenzten Kurvenrand und bei schlechter werdender Sicht nicht übertrieben nach rechts zu lenken, und hat daher **subjektiv sorgfaltswidrig** gehandelt.

Die **subjektive Vorhersehbarkeit des Erfolgs** ist mangels gegenläufiger Anhaltspunkte ebenfalls zu bejahen.

Sorgfaltsgemäßes Verhalten (vorsichtiges Lenken, keine ruckartigen Lenkmanöver) war Georg **zumutbar,** da ein mit den rechtlich geschützten Werten verbundener Mensch auf der stark vereisten Schipiste am rechten, nur durch Bäume begrenzten Kurvenrand und bei schlechter werdender Sicht vorsichtig und nicht ruckartig zu stark in eine Richtung gelenkt hätte. Georg hat schuldhaft gehandelt und ihm kann sein rechtswidriges Verhalten vorgeworfen werden.

### f) Sonstiges

Es gibt keine Anhaltspunkte, dass sonstige Strafbarkeitsvoraussetzungen fehlen.

### g) Ergebnis

Georg kann Mariannes Tod objektiv nicht zugerechnet werden, weshalb keine strafbare Handlung gem § 81 Abs 1 StGB vorliegt. Er hat eine fahrlässige Körperverletzung gem § 88 Abs 3 und Abs 4 Fall 2 StGB begangen und ist nach § 88 Abs 4 Fall 2 StGB mit Freiheitsstrafe bis zu zwei Jahren zu bestrafen.

## 3. Gesamtergebnis

Georg hat einen Diebstahl durch Einbruch gem §§ 127 und 129 Abs 1 Z 3 StGB und eine fahrlässige Körperverletzung gem § 88 Abs 3 und Abs 4 Fall 2 StGB begangen. Die Delikte stehen in echter Realkonkurrenz, da sie durch unterschiedliche Tathandlungen verwirklicht wurden, die auf separaten Tatentschlüssen beruhen. Georg wird daher unter Anwendung des § 28 Abs 1 StGB nach § 129 Abs 1 StGB mit einer Freiheitsstrafe von bis zu drei Jahren zu bestrafen sein.

---

*Prozessuales*

Aufgrund der Strafdrohung ist für die Hauptverhandlung nach den allgemeinen Zuständigkeitsregeln das Landesgericht als Einzelrichter sachlich zuständig (§ 31 Abs 4 Z 1 StPO).

Ein diversionelles Vorgehen ist aufgrund der Höchststrafdrohung von bis zu drei Jahren zulässig.

---

# XII. Runner's High

## A. Sachverhalt

Timo läuft wie jeden Abend eine Runde am Donaukanal in Wien und hört dabei Musik über seine Kopfhörer. Zu diesem Zeitpunkt sind am Donaukanal noch Dutzende Personen unterwegs. Als er eine Pause einlegt, sieht er, wie sich zwei Personen ein paar Meter von ihm entfernt unterhalten, kann sie aber nicht hören. Bei diesen beiden Personen handelt es sich um Ben und Helmut. Ben ist ein sogenannter „Streetrunner", dh er bietet im Straßenhandel Drogen an. Als Ben seinem potentiellen Kunden Helmut Kokain zum Kauf anbietet und ihm ein Kügelchen mit einem Gramm Inhalt (beinhaltend Cocain) zeigt, gibt sich Helmut als Zivilpolizist zu erkennen. Helmut fordert Ben auf, sich auszuweisen, damit er in seiner Funktion als Kriminalpolizist seine Identität feststellen kann. Ben will sich dieser kriminalpolizeilichen Kontrolle entziehen und stößt Helmut mit der Hand gegen dessen Brustkorb, damit er davonlaufen kann. Helmut stolpert aufgrund des Stoßes nach hinten und stürzt zu Boden. Bei diesem Sturz fällt Helmut unglücklich auf seine rechte Hand und bricht sich dabei den kleinen Finger. Ben kann trotz eingeleiteter Fahndung entkommen. Helmut muss aufgrund des Bruchs 14 Tage einen Verband am Finger tragen, hat aber außer leichten Schmerzen im Finger keine Beschwerden.

Timo wird im Ermittlungsverfahren gegen Ben von der Kriminalpolizei zu einer Zeugenvernehmung geladen und soll seine Wahrnehmungen über den Vorfall beschreiben. Vor der Vernehmung wird Timo über die Pflicht zur wahrheitsgemäßen Aussage als Zeuge in einem Ermittlungsverfahren nach § 154 StPO belehrt. Timo hat zwar alles genau gesehen und könnte Ben auch beschreiben, möchte aber mit der Polizei nichts zu tun haben. Aus diesem Grund sagt Timo in seiner Zeugenvernehmung aus, dass er gar nichts von dem Vorfall mitbekommen und Ben auch nicht gesehen habe, weil er beim Laufen so konzentriert gewesen sei, dass er seine Umgebung nicht wahrgenommen habe.

**Prüfen Sie die Strafbarkeit von Ben und Timo! Nennen Sie den ihnen drohenden Strafrahmen!**

# B. Kommentierter Lösungsvorschlag

## 1. Ben: Anbieten und Besitz des Kokains

### a) Vorüberlegungen

Zu prüfen ist, ob Ben einen unerlaubten Umgang mit Suchtgiften begangen hat, indem er Helmut Kokain angeboten und dieses auch besessen hat. Beim Umgang mit Suchtgiften ist immer die jeweilige Grenzmenge iSd § 28 b SMG zu berücksichtigen, die sich auf die Reinsubstanz des Wirkstoffs des Suchtgifts bezieht. Bei Kokain nennt sich dieser Wirkstoff Cocain und die Grenzmenge laut Suchtgift-Grenzmengenverordnung beträgt 15 Gramm. Im Sachverhalt finden sich keine Angaben zur Reinsubstanz des Kokains, aber die erwähnte Menge liegt jedenfalls unter der Grenzmenge, weshalb die Delikte im SMG, die Grenzmengen betreffen, nicht geprüft werden müssen. Ben bietet Helmut das Kokain außerdem am Donaukanal in Wien zum Kauf an und könnte dadurch eine Qualifikation verwirklicht haben. Es ist daher zu prüfen, ob sich Ben wegen **unerlaubten Umgangs mit Suchtgiften gem § 27 Abs 1 und Abs 2 a SMG** strafbar gemacht hat.

### b) Tatbestand

### aa) Objektiver Tatbestand

Das objektive Tatbild des § 27 Abs 1 SMG erfordert im Zusammenhang mit Suchtgiften eine vorschriftswidrige Handlung, die in der Z 1 beschrieben wird. Das Kügelchen Kokain ist aufgrund des enthaltenen Wirkstoffs Cocain, das ein **Suchtgift** iSd § 2 Abs 1 SMG iVm Anhang I der Suchtgift-Grenzmengenverordnung ist, ein taugliches Tatobjekt. Die Vorschriftswidrigkeit ist gegeben, wenn keiner der in §§ 5 ff SMG genannten Erlaubnistatbestände vorliegt.[177] Bei Ben liegt kein Erlaubnistatbestand für den Umgang mit Suchtgiften vor, seine Handlungen im Zusammenhang mit Cocain sind daher **vorschriftswidrig**.

In § 27 Abs 1 Z 1 SMG werden als Tathandlungen neun verschiedene Begehungsweisen des Umgangs mit Suchtgiften aufgezählt,[178] von denen die meisten ein kumulatives Mischdelikt darstellen.[179] Das Gesetz fasst dabei unter derselben Bezeichnung Begehungsformen mit unterschiedlichem Sinn- und Wertgehalt zusammen, die zwar der gleichen Strafdrohung unterliegen, deren Vorliegen aber einzeln geprüft werden muss.[180] Bei Ben ist zu prüfen, ob er Suchtgift besitzt oder einem anderen anbietet.

Besitzen von Suchtgift (§ 27 Abs 1 Z 1 Fall 2 SMG) bedeutet die Herbeiführung oder Aufrechterhaltung von Gewahrsam über das Suchtgift, also die tatsächliche, unmittelbare, nicht durch das Medium einer anderen Person vermittelte Herrschaft über die Sache.[181] Ben zeigt Helmut ein Kügelchen Kokain mit einem Gewicht

---

[177] OGH 6. 12. 2018, 12 Os 128/18 t.

[178] Erwerben, Besitzen, Erzeugen, Befördern, Einführen, Ausführen, einem anderen Anbieten, einem anderen Überlassen oder einem anderen Verschaffen.

[179] OGH 31. 8. 2005, 13 Os 81/05 v.

[180] *Schwaighofer* in WK² SMG § 27 Rz 9.

[181] Vgl OGH 27. 6. 1978, 11 Os 94/78.

von einem Gramm, er hat also tatsächliche und unmittelbare Herrschaft über das Kokain. Ben **besitzt** daher Suchtgift, weil in dem Kokain das Suchtgift Cocain enthalten ist.

Anbieten von Suchtgift (§ 27 Abs 1 Z 1 Fall 7 SMG) ist eine Willenserklärung, die inhaltlich ausreichend bestimmt sein, also die wesentlichen Punkte der abzuschließenden Vereinbarung enthalten und einen endgültigen Bindungswillen des Offerenten zum Ausdruck bringen muss; hingegen ist es nicht erforderlich, dass sich das Suchtgift bereits im Besitz des Anbietenden befindet, für diesen real verfügbar ist oder von ihm tatsächlich geliefert werden kann.[182] Ben befindet sich mit Helmut in einem Verkaufsgespräch und zeigt Helmut das Kügelchen. Ben gibt mit seinem Verkaufswillen und dem Zeigen der Ware die wesentlichen Punkte der abzuschließenden Vereinbarung zu erkennen; auch wenn sich aus dem Sachverhalt kein Angebotspreis ergibt, lässt sich bei lebensnaher Betrachtungsweise herleiten, dass bei einer Angebotsannahme durch Helmut der endgültige Bindungswille bei Ben bestanden hätte und es zu einer Vereinbarung gekommen wäre. Ben hat daher **einem anderen** Suchtgift **angeboten.**

Bei den einzelnen Begehungsweisen des unerlaubten Umgangs mit Suchtgiften handelt es sich jeweils um ein schlichtes Tätigkeitsdelikt, das bereits durch das Setzen der Tathandlung vollendet ist. Es ist daher nicht notwendig, dass es tatsächlich zu einer Kaufvereinbarung über das Kokain zwischen Ben und Helmut kommt. Ben hat sowohl durch das Besitzen als auch durch das Anbieten des Suchtgifts an einen anderen das Delikt vollendet. Der objektive Tatbestand ist erfüllt, Ben hat sowohl Suchtgift besessen als auch einem anderen angeboten.

### bb) Subjektiver Tatbestand

§ 27 Abs 1 SMG verlangt auf subjektiver Tatseite den Tatbildvorsatz, wobei Eventualvorsatz ausreicht. Der Täter muss es zumindest ernstlich für möglich halten und sich damit abfinden, im Zusammenhang mit Suchtgift iSd SMG vorschriftswidrig Handlungen zu setzen. Ihm muss dabei nur in laienhafter Weise bekannt sein, dass es sich um Suchtgift handelt. Ben weiß als „Streetrunner", dass Cocain eine Substanz ist, die man nur in Ausnahmefällen legal besitzen und anbieten darf und hält es in laienhafter Weise damit zumindest ernstlich für möglich und findet sich damit ab, dass Cocain Suchtgift iSd SMG ist. Ben weiß daher auch, dass er gegen Vorschriften verstößt, indem er Handlungen im Zusammenhang mit Kokain setzt, das Cocain enthält. Schließlich weiß er auch, dass er Suchtgift besitzt und einem anderen anbietet, indem er Helmut das mit Cocain versehene Pulver in einem Kügelchen mit einem Gramm Inhalt zeigt und zum Kauf anbietet. Der subjektive Tatbestand ist erfüllt.

### cc) Qualifikation

Die Qualifikation des § 27 Abs 2 a SMG erfordert auf objektiver Tatbestandsebene das vorschriftswidrige Anbieten, Überlassen oder Verschaffen von Suchtmitteln und kumulativ das Vorliegen folgender drei Voraussetzungen: (1) Das Anbieten, Überlassen oder Verschaffen gegen Entgelt; (2) das Setzen der Tathandlungen

---

[182] OGH 21. 4. 2010, 15 Os 5/10i.

an einem allgemein zugänglichen Ort; (3) die Tathandlung muss einen besonderen sozialen Störwert beinhalten, der entweder in der öffentlichen Begehung oder in der Eignung liegen kann, durch unmittelbare Wahrnehmung berechtigtes Ärgernis zu erregen. Die subjektive Tatseite erfordert Tatbildvorsatz, wobei jeweils Eventualvorsatz ausreicht.

Die Tatbestandselemente des vorschriftswidrigen Anbietens von Suchtgift sind bereits durch das Grunddelikt des § 27 Abs 1 Fall 7 SMG objektiv und subjektiv erfüllt, weshalb nur die drei kumulativen Zusatzvoraussetzungen des § 27 Abs 2 a SMG zu prüfen sind: Ben bietet Helmut das Kokain zum Kauf an, daher liegt Entgeltlichkeit vor. Das Anbieten erfolgt am Donaukanal in Wien, einem öffentlichen Platz, weswegen die Handlung an einem allgemein zugänglichen Ort stattfindet. Im Zeitpunkt des Anbietens sind noch Dutzende Personen am Donaukanal unterwegs, weshalb die öffentliche Begehung iSd § 69 StGB zu prüfen ist: Dabei kommt es auf einen größeren Personenkreis, die Wahrnehmbarkeit der Handlung durch einen größeren Personenkreis und die unmittelbare Wahrnehmbarkeit der Handlung an. Ein größerer Personenkreis ist nicht legaldefiniert, wird aber ab etwa zehn Personen angenommen;[183] am Donaukanal sind laut Sachverhalt noch mehrere Dutzend Personen unterwegs, also mehr als zehn Personen, ein größerer Personenkreis ist also gegeben. Die Wahrnehmbarkeit durch den größeren Personenkreis muss konkret sein, dh der Personenkreis muss die Handlung zwar nicht tatsächlich wahrnehmen, aber zumindest in der Lage sein, die Handlung wahrnehmen zu können. Weil die Handlung am Donaukanal zu einem Zeitpunkt stattfindet, als noch Dutzende Personen unterwegs sind, kann die Handlung von einem größeren Personenkreis sinnlich wahrgenommen werden. Die Handlung ist auch unmittelbar wahrnehmbar, was sich schon dadurch zeigt, dass sie für eine Person, die beim Laufen eine Pause einlegt, ohne Weiteres erkennbar ist. Der objektive Tatbestand ist erfüllt.

Der Täter muss alle diese Merkmale in seinen Vorsatz aufgenommen haben. Ben weiß, dass er einem anderen Suchtgift gegen Entgelt anbietet, weil er Helmut das Kügelchen mit Kokain zum Kauf anbietet. Außerdem weiß Ben, dass der Donaukanal ein allgemein zugänglicher Ort ist. Ben hält es schließlich zumindest ernstlich für möglich (im Sinn eines Begleitwissens), dass ein größerer Personenkreis seine Handlung unmittelbar wahrnehmen kann und findet sich damit ab, indem er mit Helmut das Verkaufsgespräch führt. Indem er ungeachtet der Wahrnehmbarkeit durch Dutzende Personen das szenetypisch verpackte Kokain anbietet, findet er sich damit ab, dass dies aufgrund der unmittelbaren Wahrnehmung berechtigtes Ärgernis auslösen kann. Er bietet einem potentiellen Kunden an einem Ort, an dem noch Dutzende Personen unterwegs sind, das Cocain enthaltende Kügelchen an und zeigt ihm die Ware, sodass es für jemanden, der gerade vom Laufen eine Pause einlegt, unmittelbar wahrnehmbar ist, dass Ben einem anderen Suchtgift anbietet. Schon aus diesen äußeren Umständen können Schlüsse auf die subjektive Tatseite gezogen werden,[184] weshalb der Vorsatz von Ben auf eine an einem allgemein zugänglichen Ort öffentliche Begehung zu bejahen ist. Der subjektive Tatbestand ist somit gegeben. Die **Qualifikation** des § 27 Abs 2 a SMG ist erfüllt.

---

[183] *Jerabek/Ropper* in WK² § 69 Rz 2.
[184] OGH 19. 5. 1981, 10 Os 53/81.

### c) Rechtswidrigkeit

Die Rechtswidrigkeit der Tat wird durch die Tatbestandsmäßigkeit indiziert. Es erfolgt eine Negativprüfung. Nur bei Vorliegen von Rechtfertigungsgründen ist ein tatbestandsmäßiges Verhalten nicht rechtswidrig. Mangels Vorliegen von Rechtfertigungsgründen hat Ben rechtswidrig gehandelt.

### d) Schuld

Auf Ebene der Schuld ist zu prüfen, ob Ben sein rechtswidriges Verhalten strafrechtlich vorgeworfen werden kann. Dem Täter kann sein Verhalten nur vorgeworfen werden, wenn er das Unrecht seiner Tat einsehen und nach dieser Einsicht handeln konnte (Schuldfähigkeit). Mangels Angaben im Sachverhalt kann seine Schuldfähigkeit zum Tatzeitpunkt angenommen werden. Weiters muss er im Bewusstsein handeln, gegen die Rechtsordnung zu verstoßen (Unrechtsbewusstsein). Da schon potentielles Unrechtsbewusstsein ausreicht und keine gegenteiligen Hinweise vorliegen, ist auch davon auszugehen, dass er zum Tatzeitpunkt mit Unrechtsbewusstsein gehandelt hat. Mangels Vorliegen von Entschuldigungsgründen ist Ben sein rechtswidriges Verhalten vorzuwerfen und er hat schuldhaft gehandelt.

### e) Sonstiges

Im Sachverhalt finden sich keine Anhaltspunkte, dass sonstige Strafbarkeitsvoraussetzungen fehlen.

### f) Ergebnis

Ben hat einen unerlaubten Umgang mit Suchtgiften gem § 27 Abs 1 Fall 2 und Fall 7 und Abs 2 a SMG begangen. Er wird nach § 27 Abs 2 a SMG mit Freiheitsstrafe von bis zu zwei Jahren zu bestrafen sein.

## 2. Ben: Stoßen gegen den Brustkorb des Helmut

### a) Vorüberlegungen

Ben hat Helmut durch den Stoß gegen dessen Brustkorb an der Durchführung der Identitätsfeststellung gehindert. Es müsste daher grds eine **Nötigung nach § 105 Abs 1 StGB** geprüft werden. Helmut ist aber in seiner Funktion als Kriminalpolizist tätig geworden, hat sich in dieser Funktion gegenüber Ben zu erkennen gegeben und wollte eine Amtshandlung durchführen. Es ist daher das Vorliegen eines **Widerstands gegen die Staatsgewalt gem § 269 Abs 1 StGB** als Sonderfall der Nötigung (lex specialis) zuerst zu prüfen. Ein **tätlicher Angriff auf einen Beamten gem § 270 Abs 1 StGB** wäre nur subsidiär zu prüfen, wenn kein Widerstand gegen die Staatsgewalt vorliegt. Außerdem kommt Helmut durch den Stoß zu Sturz und erleidet eine Verletzung. Aus dem Sachverhalt ergibt sich bei Ben kein Hinweis auf einen Vorsatz auf das Zufügen einer Körperverletzung, weshalb eine **Körperverletzung, die durch eine Misshandlung entstanden ist (§ 83 Abs 2 StGB)**, geprüft werden muss. Die vorsätzliche Misshandlung muss in einer Körperverletzung resultieren. Es könnte sogar eine **schwere Körperverletzung gem §§ 83 Abs 2, 84 Abs 2 StGB** erfüllt sein, da Ben Helmut gestoßen hat, weil dieser in seiner Funktion als Kriminalpolizist – und damit als Beamter – in Vollziehung seiner Aufgaben tätig wurde. Deshalb muss auch eine schwere Körperverletzung gem §§ 83 Abs 2, 84 Abs 2 StGB als unselbstständige Qualifikation[185]) zu § 83 StGB geprüft werden.

### b) Widerstand gegen die Staatsgewalt gem § 269 Abs 1 StGB

#### aa) Tatbestand

#### (1) Objektiver Tatbestand

Tatobjekt des Widerstands gegen die Staatsgewalt muss eine Behörde oder ein Beamter iSd § 74 Abs 1 Z 4 StGB in Bezug auf eine Amtshandlung sein. Aus der Legaldefinition einer Amtshandlung in § 269 Abs 3 StGB ergibt sich, dass es sich bei Behörden um solche Dienststellen einer Gebietskörperschaft handelt, die mit Befehls- oder Zwangsgewalt ausgestattet sind,[186]) oder um Beamte, die als Organ der Hoheitsverwaltung oder der Gerichtsbarkeit Befehls- oder Zwangsgewalt ausüben. Ein Widerstand gegen eine Behörde ist dabei erst zu prüfen, wenn kein individueller Beamter Adressat der Tathandlung ist.[187]) Helmut ist als (Kriminal-)Polizist Beamter iSd § 74 Abs 1 Z 4 StGB.[188]) Wegen des Umstands, dass Ben ihm Kokain zum Kauf angeboten hat, kann Helmut aufgrund bestimmter Tatsachen annehmen, dass Ben eine Straftat begangen hat, weshalb eine Identitätsfeststellung iSd § 117 Z 1 StPO zulässig ist (§ 118 Abs 1 StPO). Nach § 118 Abs 3 StPO ist jedermann verpflichtet, an der Feststellung seiner Identität durch die Kriminalpolizei mitzuwirken, weswegen die Aufforderung von Helmut an Ben, sich auszuweisen, eine Amtshandlung iSd § 269 Abs 3 StGB darstellt. Helmut ist gegenüber Ben somit als Beamter in Bezug auf eine Amtshandlung taugliches **Tatobjekt** eines Widerstands gegen die Staatsgewalt.

Als Tathandlung des § 269 Abs 1 StGB kommt gegen eine Behörde die Anwendung von Gewalt oder die Drohung mit Gewalt (nicht bloß eine gefährliche Drohung) sowie gegen einen Beamten die Anwendung von Gewalt oder eine gefährliche Drohung in Frage. Die Auslegung des Begriffs der Gewalt iSd § 269 Abs 1 StGB orientiert sich am Gewaltbegriff der Nötigung gem § 105 Abs 1 StGB und ist grds nicht enger als in anderen Nötigungsfällen.[189]) Demnach ist Gewalt der Einsatz von nicht ganz unerheblicher physischer Kraft, um einen tatsächlichen oder erwarteten Widerstand zu überwinden.[190]) Die Definition der gefährlichen Drohung richtet sich nach § 74 Abs 1 Z 5 StGB. Ben hat Helmut mit der Hand zumindest so intensiv gegen den Brustkorb gestoßen, dass Helmut ins Stolpern geraten ist. Daher hat Ben nicht ganz unerhebliche physische Kraft aufgewendet, um sich der Identitätsfeststellung zu entziehen und deshalb gegen Helmut **Gewalt** ausgeübt.

Der Taterfolg des § 269 Abs 1 StGB ist die Hinderung an einer Amtshandlung, die noch nicht beendet ist. Hinderung bedeutet, dass die Amtshandlung eine nicht unbedeutende Unterbrechung bzw einen Aufschub erfahren hat. Die Amtshandlung

---

[185]) OGH 21. 11. 2018, 13 Os 111/18 z.
[186]) OGH 21. 7. 1981, 10 Os 133/80.
[187]) *Hochmayr/Schmoller* in SbgK § 269 Rz 18.
[188]) Leukauf/Steininger/*Tipold*, StGB[4] § 74 Rz 16.
[189]) *Danek/Mann* in WK[2] § 269 Rz 54.
[190]) *Kienapfel/Schroll*, BT I[4] § 105 Rz 11.

muss daher nicht völlig verhindert worden, aber mehr als bloß behindert worden sein.[191]) Durch den Stoß gegen den Brustkorb von Helmut konnte Ben davonlaufen und die Identitätsfeststellung verhindern. Die Amtshandlung der Identitätsfeststellung konnte dadurch nicht abgeschlossen werden, der **Taterfolg** ist eingetreten und der Widerstand gegen die Staatsgewalt vollendet.

Der Erfolg muss der Tathandlung objektiv zugerechnet werden. Die Kausalität wird mit Hilfe der csqn-Formel geprüft. Hätte Ben Helmut nicht gestoßen und wäre Helmut dadurch nicht hingefallen, hätte Helmut die Amtshandlung durchführen und Bens Identität feststellen können. Der Stoß war somit kausal für die Hinderung der Amtshandlung. Die normative Zurechnung bereitet keine Probleme. Der Erfolg kann der Tathandlung **objektiv zugerechnet** werden. Der objektive Tatbestand ist erfüllt.

### (2) Subjektiver Tatbestand

Um den Tatbildvorsatz zu erfüllen, muss der Täter es zumindest ernstlich für möglich halten und sich damit abfinden, dass er eine Behörde oder einen Beamten durch Gewalt, Drohung mit Gewalt oder gefährliche Drohung an einer Amtshandlung hindert. Weil es sich um normative Tatbildmerkmale handelt, muss der Täter zumindest in laienhafter Weise deren sozialen und rechtlichen Bedeutungsgehalt erkennen (sog Parallelwertung in der Laiensphäre).[192]) Ben weiß, dass Helmut ein Beamter ist, weil sich Helmut ihm gegenüber als Polizist zu erkennen gegeben hat. Ben ist sich auch gewiss, dass ein Polizist seine Identität feststellen darf, wenn der Verdacht der Begehung einer Straftat besteht. Ben hält es damit in laienhafter Weise zumindest ernstlich für möglich, dass eine Amtshandlung vorliegt und er einen Polizisten an deren Durchführung hindert, wenn er ihn stößt und sich der Identitätskontrolle entzieht; er findet sich auch damit ab, indem er Helmut gegen den Brustkorb stößt und davonläuft. Der subjektive Tatbestand ist erfüllt.

### bb) Rechtswidrigkeit

Die Rechtswidrigkeit der Tat wird durch die Tatbestandsmäßigkeit indiziert. Es erfolgt eine Negativprüfung. Nur bei Vorliegen von Rechtfertigungsgründen ist ein tatbestandsmäßiges Verhalten nicht rechtswidrig.

Ein tatbestandsmäßiger Widerstand gegen die Staatsgewalt ist nach § 269 Abs 4 StGB dann straflos, wenn die Behörde oder der Beamte zur Amtshandlung ihrer Art nach nicht berechtigt oder die Amtshandlung strafgesetzwidrig ist.[193]) Helmut durfte als Kriminalpolizist aus eigener Macht bei Ben eine Identitätsfeststellung zwangsweise durchführen, weil er aufgrund bestimmter Tatsachen annehmen konnte, dass Ben eine Straftat begangen hat. Er war zur Amtshandlung berechtigt, weshalb diese auch nicht strafgesetzwidrig war. Mangels Vorliegens dieses und anderer Rechtfertigungsgründe hat Ben rechtswidrig gehandelt.

---

[191]) *Kienapfel/Schmoller,* BT III[2] § 269 Rz 27.

[192]) *Kienapfel/Höpfel/Kert,* AT[16] Rz 11.11.

[193]) Die Autoren dieses Buches schließen sich der Ansicht an, dass es sich bei § 269 Abs 4 StGB um einen Rechtfertigungsgrund handelt. Für einen Überblick über den Meinungsstand vgl *Hinterhofer/Rosbaud,* BT II[6] § 229 Rz 21 mwN.

### cc) Schuld

Auf Ebene der Schuld ist zu prüfen, ob Ben sein rechtswidriges Verhalten straf-rechtlich vorgeworfen werden kann. Dem Täter kann sein Verhalten nur vorgewor-fen werden, wenn er das Unrecht seiner Tat einsehen und nach dieser Einsicht han-deln konnte (Schuldfähigkeit). Mangels Angaben im Sachverhalt kann seine Schuld-fähigkeit zum Tatzeitpunkt angenommen werden. Weiters muss er im Bewusstsein handeln, gegen die Rechtsordnung zu verstoßen (Unrechtsbewusstsein). Da schon potentielles Unrechtsbewusstsein ausreicht und keine gegenteiligen Hinweise vorlie-gen, ist auch davon auszugehen, dass er zum Tatzeitpunkt mit Unrechtsbewusstsein gehandelt hat. Schließlich liegen keine Hinweise auf Entschuldigungsgründe vor. Ben hat schuldhaft gehandelt und ihm kann sein rechtswidriges Verhalten vorge-worfen werden.

### dd) Sonstiges

Im Sachverhalt finden sich keine Anhaltspunkte, dass sonstige Strafbarkeits-voraussetzungen fehlen.

### c) Schwere Körperverletzung gem §§ 83 Abs 2, 84 Abs 2 StGB

#### aa) Tatbestand

#### (1) Objektiver Tatbestand

Als Tathandlung muss auf objektiver Tatbestandsebene des § 83 Abs 2 StGB eine Misshandlung vorliegen, die fahrlässig zu einer Körperverletzung oder Gesund-heitsschädigung geführt hat. Eine körperliche Misshandlung ist jede üble, unange-messene Behandlung, welche das körperliche Wohlbefinden nicht bloß unerheblich beeinträchtigt.[194] Ben hat Helmut mit der Hand mit erheblicher Körperkraft gegen dessen Brustkorb gestoßen und dadurch unangemessen und nicht unerheblich auf Helmuts körperliches Wohlbefinden eingewirkt. Ben hat Helmut am Körper **miss-handelt.** Die Misshandlung muss in weiterer Folge eine leichte Körperverletzung oder Gesundheitsschädigung fahrlässig herbeigeführt haben. Helmut stolpert auf-grund des Stoßes nach hinten und stürzt zu Boden. Bei diesem Sturz fällt Helmut unglücklich auf seine rechte Hand und bricht sich dabei den kleinen Finger. Er muss aufgrund des Bruchs 14 Tage einen Verband am Finger tragen, hat aber außer leich-ten Schmerzen keine weiteren Beschwerden. Obwohl Knochenbrüche in aller Regel an sich schwere Verletzungen iSd § 84 Abs 1 StGB sind,[195] handelt es sich bei dem Bruch des kleinen Fingers um einen kleinen Knochen von untergeordneter Bedeu-tung, weshalb zwar keine (an sich) schwere Körperverletzung, aber eine tatbestands-mäßige **Körperverletzung** vorliegt.

Die Körperverletzung muss sich bei § 83 Abs 2 StGB als fahrlässige Folge der Misshandlung darstellen. Der Erfolg muss also auch in diesem Fall der Tathandlung objektiv zugerechnet werden, wobei die objektive Zurechnung der Fahrlässigkeits-delikte angewendet wird.[196]

---

[194] *Kienapfel/Schroll,* BT I⁴ § 83 Rz 65.
[195] OGH 19. 12. 1989, 11 Os 127/89.
[196] *Messner* in SbgK § 83 Rz 68.

Die Kausalität wird mit Hilfe der csqn-Formel geprüft. Hätte Ben Helmut nicht mit der Hand gegen dessen Brustkorb gestoßen, wäre Helmut nicht nach hinten gestolpert, zu Boden gestürzt und hätte sich dabei nicht den kleinen Finger gebrochen. Bens Verhalten ist daher kausal für die Verletzung des Helmut.

Bei der Adäquanz ist zu prüfen, ob es außerhalb jeglicher Lebenserfahrung liegt, dass Helmut durch den Stoß ins Stolpern gerät, zu Sturz kommt und sich dadurch den kleinen Finger bricht. Die Adäquanz ist zu bejahen, weil es einen geradezu typischen Kausalverlauf darstellt, dass jemand durch einen Stoß gegen den Brustkorb nach hinten stolpert, wobei er zu Sturz kommen und sich eine Verletzung in Form eines Knochenbruchs zuziehen kann.

Beim Risikozusammenhang wird geprüft, ob sich jener Erfolg verwirklicht hat, dem die Schutznorm entgegenwirken will. Im vorliegenden Fall ist dies anhand des Verhaltens der differenzierten Maßfigur zu beurteilen. Dieser Sorgfaltsmaßstab entspricht genau jenem Verhalten, das der Täter hätte setzen müssen, um den Erfolg abzuwenden, dh um zu verhindern, dass es zu einer Verletzung kommt. Die differenzierte Maßfigur hätte eine andere Person nicht gegen den Brustkorb gestoßen, weil diese dadurch der Gefahr ausgesetzt wird, dass sie ins Stolpern geraten und zu Sturz kommen und sich dadurch in Form eines Knochenbruches am Körper verletzen kann. Somit liegt Bens Verhalten im Risikozusammenhang.

Zusätzlich ist wie bei Fahrlässigkeitsdelikten die Risikoerhöhung gegenüber rechtmäßigem Alternativverhalten zu überprüfen. Der Erfolg kann dem Täter nur zugerechnet werden, wenn sich durch die objektive Sorgfaltswidrigkeit des Täters das Risiko des Erfolgseintritts merklich erhöht hat. Hätte Ben sich sorgfaltsgemäß verhalten und Helmut nicht mit der Hand gegen dessen Brustkorb gestoßen, so wäre das Risiko, dass Helmut ins Stolpern gerät, zu Sturz kommt und sich bei dem Sturz verletzt, deutlich geringer gewesen. Der Erfolg ist der Tathandlung **objektiv zurechenbar.** Der objektive Tatbestand ist erfüllt.

### (2) Subjektiver Tatbestand

Um den Tatbildvorsatz zu erfüllen, muss der Täter einen Misshandlungsvorsatz iSd § 83 Abs 2 StGB aufweisen. Dabei ist Eventualvorsatz auf die Misshandlung ausreichend. Ben hält es ernstlich für möglich, auf eine unangemessene Weise auf den Körper von Helmut einzuwirken, diesen sohin zu misshandeln, und findet sich auch damit ab, indem er ihn mit der Hand gegen den Brustkorb stößt. Der subjektive Tatbestand ist erfüllt.

### (3) Qualifikation

Das Tatbild des §§ 83 Abs 2, 84 Abs 2 StGB erfordert den Eintritt einer zumindest leichten Körperverletzung iSd § 83 Abs 1 oder Abs 2 StGB bei einem Beamten, Zeugen oder Sachverständigen, die ihm während oder wegen der Vollziehung seiner Aufgaben oder der Erfüllung seiner Pflichten zugefügt wird. Tatobjekt ist daher ein Beamter, Zeuge oder Sachverständiger während oder wegen seiner Aufgabenvollziehung bzw Pflichtenerfüllung.[197] Die Qualifikation als schwere Körperverletzung

---

[197] Diese Merkmale der Begehung der Tat sind gleichwertig und damit austauschbar, weshalb es sich um einen alternativen Mischtatbestand handelt; vgl *Burgstaller/Fabrizy* in WK² § 84 Rz 46.

ergibt sich aufgrund der besonders geschützten Angriffsobjekte, der Eintritt einer schweren Körperverletzung iSd § 84 Abs 1 StGB ist nicht erforderlich, wäre aber ebenfalls tatbestandsmäßig. Helmut ist als (Kriminal-)Polizist Beamter iSd § 74 Abs 1 Z 4 StGB.[198]) Er wird bei der Identitätsfeststellung von Ben gegen den Brustkorb gestoßen, also während seiner Aufgabenvollziehung bzw Pflichtenerfüllung als Kriminalpolizist. Helmut ist als Beamter während seiner Aufgabenvollziehung bzw Pflichtenerfüllung taugliches Tatobjekt einer schweren Körperverletzung gem §§ 83 Abs 2, 84 Abs 2 StGB. Der Eintritt einer Körperverletzung iSd § 83 Abs 2 StGB wurde bereits bei der Prüfung des Grunddelikts bejaht. Der objektive Tatbestand des §§ 83 Abs 2, 84 Abs 2 StGB ist erfüllt.

Auf subjektiver Tatseite muss der Täter die spezielle Eigenschaft des Tatobjekts während dessen Aufgabenvollziehung bzw Pflichtenerfüllung in seinen Vorsatz aufnehmen. Es reicht Eventualvorsatz. Ben weiß, dass Helmut ein Beamter ist, weil sich Helmut ihm gegenüber als Polizist zu erkennen gegeben hat. Ben ist sich auch gewiss, dass Helmut ihm gegenüber während dessen Aufgabenvollziehung bzw Pflichtenerfüllung tätig ist, weil er ihn gerade deswegen mit der Hand gegen den Brustkorb stößt, um sich der Identitätskontrolle zu entziehen. Auch der subjektive Tatbestand ist erfüllt.

### bb) Rechtswidrigkeit

Die Rechtswidrigkeit der Tat wird durch die Tatbestandsmäßigkeit indiziert. Es erfolgt eine Negativprüfung. Nur bei Vorliegen von Rechtfertigungsgründen ist ein tatbestandsmäßiges Verhalten nicht rechtswidrig. Im Sachverhalt finden sich keine Anhaltspunkte für das Vorliegen von Rechtfertigungsgründen. Ben hat rechtswidrig gehandelt.

### cc) Schuld

Auf Ebene der Schuld ist zu prüfen, ob Ben sein rechtswidriges Verhalten strafrechtlich vorgeworfen werden kann. Dem Täter kann sein Verhalten nur vorgeworfen werden, wenn er das Unrecht seiner Tat einsehen und nach dieser Einsicht handeln konnte (Schuldfähigkeit). Mangels Angaben im Sachverhalt kann seine Schuldfähigkeit zum Tatzeitpunkt angenommen werden. Weiters muss er im Bewusstsein handeln, gegen die Rechtsordnung zu verstoßen (Unrechtsbewusstsein). Da schon potentielles Unrechtsbewusstsein ausreicht und keine gegenteiligen Hinweise vorliegen, ist auch davon auszugehen, dass er zum Tatzeitpunkt mit Unrechtsbewusstsein gehandelt hat. Außerdem liegen keine Hinweise auf Entschuldigungsgründe vor.

Zusätzlich ist auf Schuldebene auch die fahrlässige Herbeiführung der Verletzung anhand des subjektiv sorgfaltswidrigen Verhaltens zu prüfen, wobei dieses zwar grds in der vorsätzlichen Misshandlung enthalten ist, die subjektive Zurechenbarkeit aber trotzdem zu untersuchen ist.[199]) Der Täter muss den Erfolg und den Kausalverlauf nach seinen geistigen und körperlichen Fähigkeiten in groben Zügen voraussehen können. Es liegen keine Anhaltspunkte vor, die darauf schließen lassen, dass Ben aufgrund seiner geistigen und körperlichen Fähigkeiten nicht in der Lage war, abzusehen, dass ein Stoß gegen den Brustkorb von Helmut zur Folge haben

---

[198]) Leukauf/Steininger/*Tipold*, StGB⁴ § 74 Rz 16.
[199]) Leukauf/Steininger/*Nimmervoll*, StGB⁴ § 83 Rz 17 a.

könnte, dass dieser ins Stolpern und zu Sturz kommen und sich dadurch verletzen kann. Er hat den Eintritt der Körperverletzung des Helmut und den Kausalverlauf demnach in groben Zügen vorhersehen können. Ben hat schuldhaft gehandelt und ihm kann sein rechtswidriges Verhalten vorgeworfen werden.

### dd) Sonstiges

Im Sachverhalt finden sich keine Anhaltspunkte, dass sonstige Strafbarkeitsvoraussetzungen fehlen.

### d) Ergebnis

Ben hat einen Widerstand gegen die Staatsgewalt gem § 269 Abs 1 StGB und eine schwere Körperverletzung gem §§ 83 Abs 2, 84 Abs 2 StGB begangen. Aufgrund des Widerstands gegen die Staatsgewalt wäre Ben nach dem ersten Strafsatz des § 269 Abs 1 StGB mit Freiheitsstrafe von bis zu drei Jahren und aufgrund der schweren Körperverletzung mit Freiheitsstrafe bis zu drei Jahren zu bestrafen.

## 3. Timo: Aussage, nichts gesehen zu haben

### a) Vorüberlegungen

Zu prüfen ist, ob Timo eine **falsche Beweisaussage gem § 288 Abs 4 StGB** begangen hat, indem er bei der Kriminalpolizei als Zeuge angegeben hat, dass er vom Vorfall nichts mitbekommen und Ben auch nicht gesehen habe. Im Sachverhalt finden sich keine Anhaltspunkte dafür, dass Timo diese Aussage getätigt hat, um Ben absichtlich der Strafverfolgung zu entziehen, weshalb eine **Begünstigung gem § 299 Abs 1 StGB** nicht zu prüfen ist.

### b) Tatbestand

#### aa) Objektiver Tatbestand

Auf objektiver Tatbestandsebene muss ein Zeuge bei seiner förmlichen Vernehmung zur Sache falsch aussagen. Die falsche Beweisaussage ist ein Sonderdelikt, dh der unmittelbare Täter muss Zeuge in einem Ermittlungsverfahren nach der Strafprozessordnung vor Kriminalpolizei oder Staatsanwaltschaft sein. Die Definition eines Zeugen iSd § 288 Abs 4 StGB bezieht sich auf § 154 Abs 1 StPO. Ein Zeuge ist demnach eine vom Beschuldigten verschiedene Person, die zur Aufklärung der Straftat wesentliche oder sonst den Gegenstand des Verfahrens betreffende Tatsachen mittelbar oder unmittelbar wahrgenommen haben könnte und darüber im Verfahren aussagen soll. Ausschlaggebend für die Zeugenstellung ist daher allein die formelle prozessuale Position des Vernommenen.[200] Timo wurde formal zu einer Zeugenvernehmung geladen und sollte seine Wahrnehmungen zum Vorfall vor der Kriminalpolizei schildern. Er ist somit **Zeuge.**

Gegenstand der Tat ist die Aussage, dh die Wiedergabe wahrgenommener (äußerer oder innerer) Tatsachen, also von sinnlichen Wahrnehmungen über Umstände, die in der Vergangenheit liegen. Aus diesem Grund sind subjektive Meinun-

---

[200] *Plöchl/Seidl* in WK² § 288 Rz 15 mwN.

gen, Ansichten, Wertungen, Schlussfolgerungen, rechtliche Beurteilungen oder ähnliche intellektuelle Vorgänge nicht relevanter Inhalt einer Zeugenaussage. Indem sich Timo zum Gegenstand der Ermittlungen äußert, er habe nichts von dem Vorfall mitbekommen und Ben auch nicht gesehen, gibt er eine sinnliche Wahrnehmung über in der Vergangenheit liegende Tatsachen wieder und macht damit eine **Aussage.**

Tathandlung ist die falsche Aussage eines Zeugen bei einer förmlichen Vernehmung zur Sache. Falsch ist eine Beweisaussage, wenn der Aussageinhalt nicht dem tatsächlichen Geschehen entspricht, also nicht mit der Wirklichkeit übereinstimmt. ISd objektiven Aussagetheorie[201]) kommt es auf einen „Widerspruch zwischen Wort und Wirklichkeit" an. Deshalb ist auch die wahrheitswidrige Angabe eines Zeugen, er wisse vom Gegenstand der Vernehmung nichts, eine falsche Aussage. Als förmlich gilt eine Vernehmung, wenn der Zeuge zumindest über die Pflicht belehrt wird, die Wahrheit auszusagen.[202]) Indem Timo aussagt, dass er nichts von dem Vorfall mitbekommen und Ben auch nicht gesehen habe, tätigt er eine Aussage, die nicht mit der Wirklichkeit übereinstimmt. Tatsächlich hat Timo alles genau gesehen und könnte Ben auch beschreiben, es besteht also ein Widerspruch zwischen Timos Aussage und der Wirklichkeit. Timo wurde vor der Vernehmung auch über seine Pflicht zur wahrheitsgemäßen Aussage als Zeuge belehrt. Aus diesem Grund ist Timos Aussage **falsch.**

Bei der falschen Beweisaussage handelt es sich um ein schlichtes Tätigkeitsdelikt, das bereits durch das Setzen der Tathandlung vollendet ist. Der objektive Tatbestand ist erfüllt.

### bb) Subjektiver Tatbestand

Der Vorsatz des Täters muss sich auf das gesamte Tatbild erstrecken, also auf seine Eigenschaft als Zeuge in einem Ermittlungsverfahren nach der Strafprozessordnung, das Tätigen einer Aussage sowie die falsche Tatsachenbekundung. Es reicht durchwegs Eventualvorsatz. Auf das Motiv der Falschaussage kommt es nicht an.[203]) Timo weiß, dass er als Zeuge in einem Ermittlungsverfahren nach der Strafprozessordnung in einer förmlichen Vernehmung aussagt, weil er als solcher zu der Vernehmung bei der Kriminalpolizei geladen wurde, in dieser Eigenschaft aussagen soll und auch über die Pflicht zur wahrheitsgemäßen Aussage als Zeuge belehrt wurde. Ebenfalls ist er sich gewiss, dass er eine Aussage tätigt, als er seine Angaben als Zeuge zu Protokoll gibt. Schließlich weiß Timo auch, dass seine Angaben nicht der Wahrheit entsprechen und deshalb falsch sind, weil er den Vorfall, zu dem er befragt wird, in Wirklichkeit genau gesehen hat und Ben auch beschreiben könnte. Der subjektive Tatbestand ist erfüllt.

### c) Rechtswidrigkeit

Die Rechtswidrigkeit der Tat wird durch die Tatbestandsmäßigkeit indiziert. Es erfolgt eine Negativprüfung. Nur bei Vorliegen von Rechtfertigungsgründen ist ein tatbestandsmäßiges Verhalten nicht rechtswidrig. Im Sachverhalt finden sich

---

[201]) *Leukauf/Steininger/Zöchbauer/Bauer,* StGB[4] § 288 Rz 9.
[202]) *Hinterhofer/Rosbaud,* BT II[6] § 288 Rz 16.
[203]) *Hinterhofer/Rosbaud,* BT II[6] § 288 Rz 22.

keine Anhaltspunkte für das Vorliegen von Rechtfertigungsgründen. Timo hat rechtswidrig gehandelt.

### d) Schuld

Auf Ebene der Schuld ist zu prüfen, ob Timo sein rechtswidriges Verhalten strafrechtlich vorgeworfen werden kann. Dem Täter kann sein Verhalten nur vorgeworfen werden, wenn er das Unrecht seiner Tat einsehen und nach dieser Einsicht handeln konnte (Schuldfähigkeit). Mangels Angaben im Sachverhalt kann seine Schuldfähigkeit zum Tatzeitpunkt angenommen werden. Weiters muss er im Bewusstsein handeln, gegen die Rechtsordnung zu verstoßen (Unrechtsbewusstsein). Da schon potentielles Unrechtsbewusstsein ausreicht und keine gegenteiligen Hinweise vorliegen, ist auch davon auszugehen, dass er zum Tatzeitpunkt mit Unrechtsbewusstsein gehandelt hat.

Schließlich ist das Vorliegen von Entschuldigungsgründen zu prüfen. Bei einer falschen Beweisaussage gem § 288 Abs 4 StGB könnte ein Aussagenotstand gem § 290 StGB vorliegen, der ein Sonderfall des entschuldigenden Notstands nach § 10 StGB ist[204]). Dafür müsste der Zeuge die falsche Aussage getätigt haben, um Schande von sich oder einem Angehörigen abzuwenden, sich nicht strafrechtlicher Verfolgung auszusetzen oder einen unmittelbaren und bedeutenden vermögensrechtlichen Nachteil abzuwenden, wobei ihm eine wahre Aussage unzumutbar gewesen wäre. Ebenfalls nach § 290 StGB ist eine falsche Aussage im Zusammenhang mit einem Aussagebefreiungsrecht entschuldigt. Timo hatte für seine falsche Aussage kein schützenswertes Motiv, sondern er wollte nur mit der Polizei nichts zu tun haben. Außerdem stand ihm auch kein Aussagebefreiungsrecht zu. Es liegt weder dieser noch ein anderer Entschuldigungsgrund vor. Timo hat schuldhaft gehandelt und ihm kann sein rechtswidriges Verhalten vorgeworfen werden.

### e) Sonstiges

Im Fall einer falschen Beweisaussage nach § 288 StGB besteht für den Täter die Möglichkeit, durch tätige Reue gem § 291 StGB einen Strafausschließungsgrund zu setzen, wenn er die unwahre Erklärung vor Beendigung der Vernehmung richtig stellt. Im Sachverhalt finden sich allerdings keine Anhaltspunkte, dass Timo seine falsche Aussage vor Beendigung der Vernehmung richtig gestellt hätte und dass sonstige Strafbarkeitsvoraussetzungen fehlen würden.

### f) Ergebnis

Timo hat eine falsche Beweisaussage gem § 288 Abs 4 StGB begangen und wird mit Freiheitsstrafe bis zu drei Jahren zu bestrafen sein.

## 4. Gesamtergebnis

### a) Gesamtergebnis Ben

Ben hat einen unerlaubten Umgang mit Suchtgiften gem § 27 Abs 1 Fall 2 und Fall 7 und Abs 2 a SMG, einen Widerstand gegen die Staatsgewalt gem § 269 Abs 1

---

204) *Plöchl/Seidl* in WK² § 290 Rz 1.

StGB und eine schwere Körperverletzung gem §§ 83 Abs 2, 84 Abs 2 StGB begangen. Der Widerstand gegen die Staatsgewalt gem § 269 Abs 1 StGB und die schwere Körperverletzung gem §§ 83 Abs 2, 84 Abs 2 StGB stehen in echter Konkurrenz; weil beide Delikte durch eine Handlung verwirklicht wurden, stehen sie im Verhältnis echter Idealkonkurrenz.[205]) Diese beiden Delikte stehen zum unerlaubten Umgang mit Suchtgiften gem § 27 Abs 1 Fall 2 und Fall 7 und Abs 2 a SMG ebenfalls in echter Konkurrenz; weil diese Delikte aber auf unterschiedlichen Tathandlungen gründen, stehen diese im Verhältnis einer echten Realkonkurrenz zueinander. Es ist ein gemeinsamer Strafrahmen zu bilden. Da die Delikte jeweils nur Freiheitsstrafen vorsehen, wird der gemeinsame Strafrahmen aus der höchsten Höchst- und der höchsten Mindeststrafdrohung gebildet. Ben wird unter Anwendung des § 28 Abs 1 StGB nach § 269 Abs 1 StGB mit Freiheitsstrafe bis zu drei Jahren zu bestrafen sein.

### b) Gesamtergebnis Timo

Timo hat eine falsche Beweisaussage gem § 288 Abs 4 StGB begangen und wird mit Freiheitsstrafe bis zu drei Jahren zu bestrafen sein.

---

### Prozessuales

Aufgrund der Strafdrohung ist für die Hauptverhandlung bei Ben nach den allgemeinen Zuständigkeitsregeln das Landesgericht als Einzelrichter sachlich zuständig (§ 31 Abs 4 Z 1 StPO). Bei Timo ist für die Hauptverhandlung aufgrund der Strafdrohung nach den allgemeinen Zuständigkeitsregeln ebenfalls das Landesgericht als Einzelrichter sachlich zuständig (§ 31 Abs 4 Z 1 StPO).

Ein diversionelles Vorgehen ist bei Ben aufgrund der Höchststrafdrohung von Freiheitsstrafe bis zu drei Jahren zulässig. Bei Ben ist hinsichtlich des unerlaubten Umgangs mit Suchtgiften gem § 27 Abs 1 Fall 2 und Fall 7 und Abs 2 a SMG außerdem ein vorläufiger Rücktritt von der Verfolgung durch die Staatsanwaltschaft gem § 35 Abs 2 SMG und nach Einbringen der Anklage eine vorläufige Einstellung durch das Gericht gem § 37 SMG möglich. Ein diversionelles Vorgehen ist bei Timo aufgrund der Höchststrafdrohung von Freiheitsstrafe bis zu drei Jahren zulässig.

---

## C. Lösungsvorschlag

### 1. Ben: Anbieten und Besitz des Kokains

#### a) Vorüberlegungen

Zu prüfen ist, ob Ben einen unerlaubten Umgang mit Suchtgiften begangen hat, indem er Helmut Kokain angeboten und dieses auch besessen hat. Ben bietet Helmut das Kokain außerdem am Donaukanal in Wien zum Kauf an und könnte dadurch eine Qualifikation verwirklicht haben. Es ist daher zu prüfen, ob sich Ben wegen **unerlaubten Umgangs mit Suchtgiften gem § 27 Abs 1 und Abs 2 a SMG** strafbar gemacht hat.

---

[205]) OGH 16. 9. 1982, 13 Os 79/82.

### b) Tatbestand

#### aa) Objektiver Tatbestand

Kokain ist aufgrund des darin enthaltenen Wirkstoffs Cocain ein **Suchtgift.** Bei Ben liegt kein Erlaubnistatbestand für den Umgang mit Suchtgiften vor, seine Handlungen im Zusammenhang mit Cocain sind daher **vorschriftswidrig.**

Ben zeigt Helmut ein Kügelchen Kokain mit einem Gewicht von einem Gramm, er hat dadurch tatsächliche und unmittelbare Herrschaft über das Cocain. Er **besitzt** daher Suchtgift.

Ben befindet sich mit Helmut in einem Verkaufsgespräch und zeigt Helmut das Kügelchen. Er gibt mit seinem Verkaufswillen und dem Zeigen der Ware die wesentlichen Punkte der abzuschließenden Vereinbarung zu erkennen; auch wenn sich aus dem Sachverhalt kein Angebotspreis ergibt, lässt sich bei lebensnaher Betrachtungsweise herleiten, dass bei einer Angebotsannahme durch Helmut der endgültige Bindungswille bei Ben bestanden hätte und es zu einer Vereinbarung gekommen wäre. Ben hat daher **einem anderen** Suchtgift **angeboten.**

Der objektive Tatbestand ist erfüllt, Ben hat sowohl Suchtgift besessen als auch einem anderen angeboten. Er hat dadurch das schlichte Tätigkeitsdelikt vollendet.

#### bb) Subjektiver Tatbestand

Ben weiß als „Streetrunner", dass Cocain eine Substanz ist, die man nur in Ausnahmefällen legal besitzen und anbieten darf und hält es in laienhafter Weise damit zumindest ernstlich für möglich und findet sich damit ab, dass Cocain Suchtgift iSd SMG ist. Ben weiß daher auch, dass er gegen Vorschriften verstößt, indem er Handlungen im Zusammenhang mit Cocain setzt. Schließlich weiß er auch, dass er Suchtgift besitzt und einem anderen anbietet, indem er Helmut das mit Cocain versehene Pulver in einem Kügelchen mit einem Gramm Inhalt zeigt und zum Kauf anbietet. Der subjektive Tatbestand ist erfüllt.

#### cc) Qualifikation

Die Tatbestandselemente des vorschriftswidrigen Anbietens von Suchtgift sind bereits durch das Grunddelikt des § 27 Abs 1 Fall 7 SMG objektiv und subjektiv erfüllt, weshalb nur die drei kumulativen Zusatzvoraussetzungen des § 27 Abs 2a SMG zu prüfen sind: Ben bietet Helmut das Kokain zum Kauf an, Entgeltlichkeit liegt daher vor. Er bietet Helmut das Kokain am Donaukanal in Wien – also an einem öffentlichen Platz – an, weswegen das Anbieten an einem allgemein zugänglichen Ort stattfindet. Am Donaukanal sind laut Sachverhalt noch mehrere Dutzend Personen unterwegs, also mehr als zehn Personen, weshalb ein größerer Personenkreis gegeben ist. Da im Zeitpunkt des Anbietens noch Dutzende Personen unterwegs sind, kann die Handlung von einem größeren Personenkreis sinnlich wahrgenommen werden. Die Handlung ist auch unmittelbar wahrnehmbar, was sich schon dadurch zeigt, dass sie für eine Person, die beim Laufen eine Pause einlegt, ohne Weiteres erkennbar ist. Der objektive Tatbestand ist erfüllt.

Ben weiß, dass er einem anderen Suchtgift gegen Entgelt anbietet, weil er Helmut das Kügelchen Kokain, das Cocain enthält, zum Kauf anbietet. Außerdem weiß

Ben, dass der Donaukanal ein allgemein zugänglicher Ort ist. Ben hält es schließlich zumindest ernstlich für möglich, dass ein größerer Personenkreis seine Handlung unmittelbar wahrnehmen kann und findet sich damit ab, indem er mit Helmut das Verkaufsgespräch führt: Er bietet einem potentiellen Kunden an einem Ort, an dem noch Dutzende Personen unterwegs sind, Cocain beinhaltendes Pulver in einem Kügelchen mit einem Gramm Inhalt an und zeigt ihm die Ware, sodass es für jemanden, der gerade vom Laufen eine Pause einlegt, unmittelbar wahrnehmbar ist, dass Ben einem anderen Suchtgift anbietet. Schon aus diesen äußeren Umständen können Schlüsse auf die subjektive Tatseite gezogen werden, weshalb der Vorsatz von Ben auf eine an einem allgemein zugänglichen Ort öffentliche Begehung zu bejahen ist. Der subjektive Tatbestand ist somit gegeben. Die **Qualifikation** des § 27 Abs 2 a SMG ist erfüllt.

### c) Rechtswidrigkeit

Mangels gegenläufiger Hinweise hat Ben rechtswidrig gehandelt.

### d) Schuld

Da keine Indizien dagegensprechen, hat Ben hat schuldhaft gehandelt.

### e) Sonstiges

Im Sachverhalt finden sich keine Anhaltspunkte, dass sonstige Strafbarkeitsvoraussetzungen fehlen.

### f) Ergebnis

Ben hat einen unerlaubten Umgang mit Suchtgiften gem § 27 Abs 1 Fall 2 und Fall 7 und Abs 2 a SMG begangen. Er wird nach § 27 Abs 2 a SMG mit Freiheitsstrafe von bis zu zwei Jahren zu bestrafen sein.

## 2. Ben: Stoßen gegen den Brustkorb des Helmut

### a) Vorüberlegungen

Ben hat Helmut durch den Stoß gegen dessen Brustkorb an der Durchführung der Identitätsfeststellung gehindert. Helmut ist in seiner Funktion als Kriminalpolizist tätig geworden, hat sich in dieser Funktion gegenüber Ben zu erkennen gegeben und wollte eine Amtshandlung durchführen, weshalb das Vorliegen eines **Widerstands gegen die Staatsgewalt gem § 269 Abs 1 StGB** zu prüfen ist. Aus dem Sachverhalt ergibt sich bei Ben kein Hinweis auf einen Vorsatz auf die Zufügung einer Körperverletzung, weswegen eine **Körperverletzung, die durch eine Misshandlung entstanden ist (§ 83 Abs 2 StGB)**, geprüft werden muss. Die vorsätzliche Misshandlung muss in einer Körperverletzung resultieren. Es könnte sogar eine **schwere Körperverletzung gem §§ 83 Abs 2, 84 Abs 2 StGB** erfüllt sein, weil Ben Helmut gestoßen hat, weil dieser in seiner Funktion als Kriminalpolizist – und damit als Beamter – in Vollziehung seiner Aufgaben tätig wurde, weswegen auch dieses Delikt zu prüfen ist.

## b) Widerstand gegen die Staatsgewalt gem § 269 Abs 1 StGB
### aa) Tatbestand

#### (1) Objektiver Tatbestand

Helmut ist als (Kriminal-)Polizist **Beamter** iSd § 74 Abs 1 Z 4 StGB. Aufgrund des Umstands, dass Ben ihm Kokain zum Kauf angeboten hat, kann er aufgrund bestimmter Tatsachen annehmen, dass Ben eine Straftat begangen hat. Aus diesem Grund ist eine Identitätsfeststellung iSd § 117 Z 1 StPO zulässig (§ 118 Abs 1 StPO). Die Kriminalpolizei darf in einem solchen Fall auch aus eigener Macht eine Identitätsfeststellung zwangsweise durchführen, weshalb die Aufforderung an Ben, sich auszuweisen, eine **Amtshandlung** iSd § 269 Abs 3 StGB darstellt.

Ben hat Helmut mit der Hand zumindest so intensiv gegen dessen Brustkorb gestoßen, dass Helmut ins Stolpern geraten ist. Daher hat Ben nicht ganz unerhebliche physische Kraft aufgewendet und gegen Helmut **Gewalt** ausgeübt.

Durch den Stoß gegen den Brustkorb von Helmut konnte Ben davonlaufen und die Identitätsfeststellung verhindern. Die Amtshandlung der Identitätsfeststellung konnte dadurch nicht abgeschlossen werden. Der **Taterfolg** ist eingetreten und der Widerstand gegen die Staatsgewalt vollendet.

Hätte Ben Helmut nicht gestoßen und wäre dieser nicht hingefallen, hätte Helmut die Amtshandlung durchführen und Bens Identität feststellen können. Die normative Zurechnung bereitet keine Probleme. Der Erfolg kann der Tathandlung **objektiv zugerechnet** werden. Der objektive Tatbestand ist erfüllt.

#### (2) Subjektiver Tatbestand

Ben weiß, dass Helmut ein Beamter ist, weil sich Helmut ihm gegenüber als Polizist zu erkennen gegeben hat. Ben ist sich auch gewiss, dass ein Polizist seine Identität feststellen darf, wenn der Verdacht der Begehung einer Straftat besteht. Ben hält es damit in laienhafter Weise zumindest ernstlich für möglich, dass eine Amtshandlung vorliegt und er einen Polizisten an deren Durchführung hindert, wenn er ihn stößt und sich der Identitätskontrolle entzieht; er findet sich auch damit ab, indem er Helmut gegen den Brustkorb stößt und davonläuft. Der subjektive Tatbestand ist erfüllt.

### bb) Rechtswidrigkeit

Mangels gegenläufiger Hinweise hat Ben rechtswidrig gehandelt.

### cc) Schuld

Da keine Indizien dagegensprechen, hat Ben hat schuldhaft gehandelt.

### dd) Sonstiges

Im Sachverhalt finden sich keine Anhaltspunkte, dass sonstige Strafbarkeitsvoraussetzungen fehlen.

### c) Schwere Körperverletzung gem §§ 83 Abs 2, 84 Abs 2 StGB

#### aa) Tatbestand

#### (1) Objektiver Tatbestand

Ben hat Helmut mit der Hand mit erheblicher Körperkraft gegen dessen Brustkorb gestoßen und dadurch unangemessen und nicht unerheblich auf Helmuts körperliches Wohlbefinden eingewirkt. Ben hat Helmut am Körper **misshandelt.** Helmut muss aufgrund des Bruchs 14 Tage einen Verband am Finger tragen, hat aber außer leichten Schmerzen keine weiteren Beschwerden. Weil es sich bei dem Bruch des kleinen Fingers um einen kleinen Knochen von untergeordneter Bedeutung handelt, liegt keine (an sich) schwere Körperverletzung, aber eine tatbestandsmäßige **Körperverletzung** vor.

Hätte Ben Helmut nicht mit der Hand gegen dessen Brustkorb gestoßen, wäre Helmut nicht nach hinten gestolpert, zu Boden gestürzt und hätte sich dabei nicht den kleinen Finger gebrochen. Bens Verhalten ist daher **kausal** für die Verletzung des Helmut.

Die **Adäquanz** ist zu bejahen, weil es einen geradezu typischen Kausalverlauf darstellt, dass jemand durch einen Stoß gegen den Brustkorb nach hinten stolpert, wobei er zu Sturz kommen und sich eine Verletzung in Form eines Knochenbruchs zuziehen kann.

Der **Risikozusammenhang** ist im vorliegenden Fall anhand des Verhaltens der differenzierten Maßfigur zu beurteilen. Diese hätte eine andere Person nicht gegen den Brustkorb gestoßen, weil diese dadurch der Gefahr ausgesetzt wird, dass sie ins Stolpern geraten und zu Sturz kommen und sich dadurch in Form eines Knochenbruches am Körper verletzen kann. Somit liegt Bens Verhalten im Risikozusammenhang.

Hätte Ben sich sorgfaltsgemäß verhalten und Helmut nicht mit der Hand gegen dessen Brustkorb gestoßen, so wäre das Risiko, dass Helmut ins Stolpern gerät, zu Sturz kommt und sich bei dem Sturz verletzt, deutlich geringer gewesen. Das **Risiko gegenüber rechtmäßigem Alternativverhalten** hat sich folglich erhöht. Der Erfolg ist der Tathandlung **objektiv zurechenbar.** Der objektive Tatbestand ist erfüllt.

#### (2) Subjektiver Tatbestand

Ben hält es ernstlich für möglich, auf eine unangemessene Weise auf den Körper von Helmut einzuwirken, diesen sohin zu misshandeln, und findet sich auch damit ab, indem er ihn mit der Hand gegen den Brustkorb stößt. Der subjektive Tatbestand ist erfüllt.

#### (3) Qualifikation

Helmut ist als (Kriminal-)Polizist Beamter iSd § 74 Abs 1 Z 4 StGB. Er wird bei der Identitätsfeststellung von Ben gegen den Brustkorb gestoßen, also während seiner Aufgabenvollziehung bzw Pflichtenerfüllung als Kriminalpolizist. Der Eintritt einer Körperverletzung iSd § 83 Abs 2 StGB wurde bereits bei der Prüfung des Grunddelikts bejaht. Der objektive Tatbestand des §§ 83 Abs 2, 84 Abs 2 StGB ist erfüllt.

Ben weiß, dass Helmut ein Beamter ist, weil sich Helmut ihm gegenüber als Polizist zu erkennen gegeben hat. Ben ist sich auch gewiss, dass Helmut ihm gegenüber während dessen Aufgabenvollziehung bzw Pflichtenerfüllung tätig ist, weil er ihn gerade deswegen mit der Hand gegen den Brustkorb stößt, um sich der Identitätskontrolle zu entziehen. Auch der subjektive Tatbestand liegt vor. Die **Qualifikation** des §§ 83 Abs 2, 84 Abs 2 StGB ist erfüllt.

### bb) Rechtswidrigkeit

Mangels gegenläufiger Hinweise hat Ben rechtswidrig gehandelt.

### cc) Schuld

Es liegen keine Anhaltspunkte vor, die darauf schließen lassen, dass Ben aufgrund seiner geistigen und körperlichen Fähigkeiten nicht in der Lage war, abzusehen, dass ein Stoß gegen den Brustkorb von Helmut zur Folge haben könnte, dass dieser ins Stolpern und zu Sturz kommen kann, wobei daraus eine Verletzung resultiert. Er hat den Eintritt der Körperverletzung des Helmut und den Kausalverlauf demnach in groben Zügen vorhersehen können (subjektive Sorgfaltswidrigkeit). Da auch sonst keine Indizien gegen Bens Schuldfähigkeit und sein Unrechtsbewusstsein sprechen, hat er schuldhaft gehandelt.

### dd) Sonstiges

Im Sachverhalt finden sich keine Anhaltspunkte, dass sonstige Strafbarkeitsvoraussetzungen fehlen.

### d) Ergebnis

Ben hat einen Widerstand gegen die Staatsgewalt gem § 269 Abs 1 StGB und eine schwere Körperverletzung gem §§ 83 Abs 2, 84 Abs 2 StGB begangen. Aufgrund des Widerstands gegen die Staatsgewalt wäre Ben nach dem ersten Strafsatz des § 269 Abs 1 StGB mit Freiheitsstrafe von bis zu drei Jahren und aufgrund der schweren Körperverletzung mit Freiheitsstrafe bis zu drei Jahren zu bestrafen.

## 3. Timo: Aussage, nichts gesehen zu haben

### a) Vorüberlegungen

Zu prüfen ist, ob Timo eine **falsche Beweisaussage gem § 288 Abs 4 StGB** begangen hat, indem er bei der Kriminalpolizei als Zeuge angegeben hat, dass er vom Vorfall nichts mitbekommen und Ben auch nicht gesehen habe.

### b) Tatbestand

### aa) Objektiver Tatbestand

Timo wurde formal zu einer Zeugenvernehmung geladen und soll seine Wahrnehmungen zum Vorfall vor der Kriminalpolizei schildern. Er ist somit **Zeuge.**

Indem sich Timo zum Gegenstand der Ermittlungen äußert, er habe nichts von dem Vorfall mitbekommen und Ben auch nicht gesehen, gibt er eine sinnliche Wahrnehmung wieder und macht damit eine **Aussage.**

Indem Timo aussagt, dass er nichts von dem Vorfall mitbekommen und Ben auch nicht gesehen habe, tätigt er eine Aussage, die nicht mit der Wirklichkeit übereinstimmt. Tatsächlich hat Timo alles genau gesehen und könnte Ben auch beschreiben, es besteht also ein Widerspruch zwischen Timos Aussage und der Wirklichkeit. Aus diesem Grund ist Timos Aussage **falsch**. Zudem wurde er vor der Vernehmung über seine Pflicht zur wahrheitsgemäßen Aussage als Zeuge auch belehrt. Die falsche Beweisaussage ist bereits durch das Setzen der Tathandlung vollendet. Der objektive Tatbestand ist erfüllt.

### bb) Subjektiver Tatbestand

Timo weiß, dass er als Zeuge in einem Ermittlungsverfahren nach der Strafprozessordnung in einer förmlichen Vernehmung aussagt, weil er als solcher zu der Vernehmung bei der Kriminalpolizei geladen wurde, in dieser Eigenschaft aussagen soll und auch über die Pflicht zur wahrheitsgemäßen Aussage als Zeuge belehrt wurde. Ebenfalls ist er sich gewiss, dass er eine Aussage tätigt, als er seine Angaben als Zeuge zu Protokoll gibt. Schließlich weiß Timo auch, dass seine Angaben nicht der Wirklichkeit entsprechen und deshalb falsch sind, als er aussagt, dass er nichts gesehen habe, weil er den Vorfall, zu dem er befragt wird, genau gesehen hat und Ben auch beschreiben könnte. Der subjektive Tatbestand ist erfüllt.

### c) Rechtswidrigkeit

Mangels gegenläufiger Hinweise hat Timo rechtswidrig gehandelt.

### d) Schuld

Da keine Indizien dagegensprechen, hat Timo schuldhaft gehandelt.

### e) Sonstiges

Im Sachverhalt finden sich keine Anhaltspunkte, dass sonstige Strafbarkeitsvoraussetzungen fehlen.

### f) Ergebnis

Timo hat eine falsche Beweisaussage gem § 288 Abs 4 StGB begangen und wird mit Freiheitsstrafe bis zu drei Jahren zu bestrafen sein.

## 4. Gesamtergebnis

### a) Gesamtergebnis Ben

Ben hat einen unerlaubten Umgang mit Suchtgiften gem § 27 Abs 1 Fall 2 und Fall 7 und Abs 2a SMG, einen Widerstand gegen die Staatsgewalt gem § 269 Abs 1 StGB und eine schwere Körperverletzung gem §§ 83 Abs 2, 84 Abs 2 StGB begangen. Der Widerstand gegen die Staatsgewalt gem § 269 Abs 1 StGB und die schwere Körperverletzung gem §§ 83 Abs 2, 84 Abs 2 StGB stehen in echter Idealkonkurrenz. Diese beiden Delikte stehen zum unerlaubten Umgang mit Suchtgiften gem § 27 Abs 1 Fall 2 und Fall 7 und Abs 2a SMG in echter Realkonkurrenz. Ben wird unter Anwendung des § 28 Abs 1 StGB nach § 269 Abs 1 StGB mit Freiheitsstrafe bis zu drei Jahren zu bestrafen sein.

### b) Gesamtergebnis Timo

Timo hat eine falsche Beweisaussage gem § 288 Abs 4 StGB begangen und wird mit Freiheitsstrafe bis zu drei Jahren zu bestrafen sein.

---

### Prozessuales

Aufgrund der Strafdrohung ist für die Hauptverhandlung bei Ben nach den allgemeinen Zuständigkeitsregeln das Landesgericht als Einzelrichter sachlich zuständig (§ 31 Abs 4 Z 1 StPO). Bei Timo ist für die Hauptverhandlung aufgrund der Strafdrohung nach den allgemeinen Zuständigkeitsregeln ebenfalls das Landesgericht als Einzelrichter sachlich zuständig (§ 31 Abs 4 Z 1 StPO).

Ein diversionelles Vorgehen ist bei Ben aufgrund der Höchststrafdrohung von Freiheitsstrafe bis zu drei Jahren zulässig. Bei Ben ist hinsichtlich des unerlaubten Umgangs mit Suchtgiften gem § 27 Abs 1 Fall 2 und Fall 7 und Abs 2a SMG außerdem ein vorläufiger Rücktritt von der Verfolgung durch die Staatsanwaltschaft gem § 35 Abs 2 SMG und nach Einbringen der Anklage eine vorläufige Einstellung durch das Gericht gem § 37 SMG möglich. Ein diversionelles Vorgehen ist bei Timo aufgrund der Höchststrafdrohung von Freiheitsstrafe bis zu drei Jahren zulässig.

Die folgenden Anhänge stammen aus *Kienapfel/Höpfel/Kert,*
Strafrecht Allgemeiner Teil[16] (2020).
Die in den Anhängen enthaltenen Verweise beziehen sich auf die
entsprechenden Kapitel in dem genannten Lehrbuch.
Wir bedanken uns herzlich bei den Autoren,
die uns diese Fallprüfungsschemata zur Verfügung gestellt haben!

# Anhang 1: Das vorsätzliche Begehungsdelikt

**Vorprüfungen:** Auf der Ebene des strafrechtlichen Handlungsbegriffs sind hier **nicht willensgetragene Verhaltensweisen** auszuscheiden (RN 7.1 ff). Bei **mehrdeutigen Verhaltensweisen** ist hier zu erörtern, ob bei der weiteren Prüfung von einem Tun oder Unterlassen auszugehen ist (RN 29.12 ff). Bei Unterlassen Anhang 5.

## I. Tatbestandsmäßigkeit

**1. Objektiver Tatbestand**
   a) **Tatbestandsmäßige Handlung**
      *Wegnahme einer fremden beweglichen Sache bei § 127.*
   b) **Erfolg und Kausalität** (nur bei den Erfolgsdelikten)
      *Eintritt des Todes (zB § 75), einer konkreten (zB §§ 82, 176) oder potentiellen Gefährdung (zB § 180)*
   c) **Objektive Zurechnung des Erfolgs**
      aa) **Adäquanzzusammenhang = atypischer Kausalverlauf**
      bb) **Risikozusammenhang.** Bei entsprechendem Anlass sind insb der beschränkte Schutzbereich der Norm, das Eigenverantwortlichkeitsprinzip und nachträgliches Fehlverhalten des Verletzten oder eines Dritten sowie Unfälle im Zusammenhang mit Rettungsmaßnahmen zu prüfen (RN 28.1 ff).
**2. Subjektiver Tatbestand**
   a) **Tatbildvorsatz** *(vgl § 7 Abs 1)*
   b) **erweiterter Vorsatz** (falls gesetzlich vorgesehen, *zB Bereicherungsvorsatz bei §§ 127, 142, 146)*

## II. Rechtswidrigkeit

Rechtfertigungsgründe sind in der Reihenfolge **Rechtfertigungssituation, Rechtfertigungshandlung** und **subjektives Rechtfertigungselement** zu prüfen.

## III. Schuld

**1. Schuldfähigkeit** (§ 11, § 4 JGG) nur bei entsprechendem Anlass
**2. Besondere Schuldmerkmale** (falls gesetzlich vorgesehen, *zB der Affekt bei § 76; „Mutter ... während der Geburt ..." bei § 79; „aus Not etc" bei § 141)*
**3. Unrechtsbewusstsein**
   a) **Irrtum über einen rechtfertigenden Sachverhalt** (§ 8)
   b) **Direkter** bzw **indirekter Verbotsirrtum** (§ 9)
**4. Entschuldigungsgründe** *(zB §§ 10, 115 Abs 3, § 290)* bzw **Irrtum über einen entschuldigenden Sachverhalt** *(§ 10 Abs 2 Satz 2)*

## IV. Zusätzliche Voraussetzungen der Strafbarkeit, Strafausschließungs- und Strafaufhebungsgründe

objektive Bedingungen der Strafbarkeit *(Tod oder Körperverletzung bei § 91)*; österr Strafgewalt nach §§ 62 ff (vgl RN 42.12 f); *§ 88 Abs 2, § 136 Abs 4, § 141 Abs 3, § 211 Abs 4, § 167 uä.*

# Anhang 2: Das versuchte vorsätzliche Begehungsdelikt

**Vorprüfungen:** Wie **Anhang 1.**

## I. Tatbestandsmäßigkeit

1. **Nichterfüllung des objektiven Tatbestands**
   Das Tatbild ist auch dann nicht erfüllt, wenn dem Täter der Eintritt des Erfolges nicht objektiv zugerechnet werden kann (RN 23.1).
2. **Voller Tatentschluss, dh**
   a) **Tatbildvorsatz**
      *A hat eine fremde bewegliche Sache wegnehmen wollen (§ 127).*
   b) **Erweiterter Vorsatz** (falls gesetzlich vorgesehen)
      *A hat mit Bereicherungsvorsatz gehandelt.*
3. **Betätigung dieses Tatentschlusses** durch eine **Ausführungshandlung** bzw **ausführungsnahe Handlung** iSd § 15 Abs 2 (oft Zentralproblem)
4. **Tauglichkeitsproblematik** (oft Zentralproblem)
   a) **An sich tauglicher oder untauglicher Versuch** (§ 15 Abs 1)
   b) **Relativ oder absolut untauglicher Versuch** (§ 15 Abs 3)

## II. Rechtswidrigkeit

Wie **Anhang 1** II.

## III. Schuld

1. **Schuldfähigkeit** (§ 11, § 4 JGG) nur bei entsprechendem Anlass
2. **Besondere Schuldmerkmale,** falls gesetzlich vorgesehen (wie **Anhang 1** III 2)
3. **Unrechtsbewusstsein** (wie **Anhang 1** III 3)
4. **Entschuldigungsgründe** *(zB § 10)* bzw **Irrtum über einen entschuldigenden Sachverhalt** *(§ 10 Abs 2 Satz 2)*

## IV. Rücktritt

1. **Fehlgeschlagener Versuch** (häufiges Problem)
2. **Beendeter** oder **unbeendeter Versuch**
3. **Rücktritt vom Versuch** (oft Zentralproblem)
   a) **Rücktritt vom unbeendeten Versuch** gem § 16 Abs 1 1. Fall
   b) **Rücktritt vom beendeten Versuch** gem § 16 Abs 1 3. Fall
   c) **Putativrücktritt** gem § 16 Abs 2

## V. Zusätzliche Voraussetzungen der Strafbarkeit, Strafausschließungs- und Strafaufhebungsgründe

Wie **Anhang 1** IV.

# Anhang 3: Das fahrlässige Begehungsdelikt

**Vorprüfungen:** Wie **Anhang 1**. Konstellationen mit **mehrdeutigen Verhaltensweisen** treten bei den Fahrlässigkeitsdelikten häufiger auf als bei den Vorsatzdelikten. Bei Unterlassen Anhang 6.

## I. Tatbestandsmäßigkeit

1. **Objektive Sorgfaltswidrigkeit der Handlung** (§ 6)
   Primär sind Rechtsvorschriften und Verkehrsnormen heranzuziehen, sonst die Modellfigur des einsichtigen und besonnenen Menschen aus dem Verkehrskreis des Täters.
2. **Erfolg und Kausalität** (nur bei den fahrlässigen Erfolgsdelikten)
   *Eintritt des Todes (zB §§ 80 f) oder einer konkreten Gefährdung (zB §§ 89, 177)*
3. **Objektive Zurechnung des Erfolgs** (oft Zentralproblem)
   a) **Adäquanzzusammenhang = atypischer Kausalverlauf**
   b) **Risikozusammenhang.** Bei entsprechendem Anlass sind insb der beschränkte Schutzbereich der Norm, das Eigenverantwortlichkeitsprinzip, nachträgliches Fehlverhalten des Verletzten oder eines Dritten sowie Unfälle im Zusammenhang mit Rettungsmaßnahmen zu prüfen (RN 28.1 ff).
   c) **Rechtmäßiges Alternativverhalten** (nur bei entsprechendem Anlass)

## II. Rechtswidrigkeit

Wie **Anhang 1** II. Bei Fahrlässigkeitsdelikten nur selten problematisch.

## III. Schuld

1. **Schuldfähigkeit** (§ 11, § 4 JGG) nur bei entsprechendem Anlass
2. **Subjektive Sorgfaltswidrigkeit der Handlung**
   Entfällt die Ausführungsfahrlässigkeit aus subjektiven Gründen, ist uU Übernahmefahrlässigkeit zu prüfen.
3. **Subjektive Voraussehbarkeit des Erfolgs**
   Beide subjektiven Fahrlässigkeitselemente bedürfen nur dann näherer Prüfung, wenn sich aus dem Sachverhalt Anhaltspunkte für diesbezügliche Zweifel ergeben.
4. **Unrechtsbewusstsein** (allenfalls Irrtum gem § 9, aber selten)
5. **Zumutbarkeit sorgfaltsgemäßen Verhaltens** (nur bei entsprechendem Anlass)

## IV. Zusätzliche Voraussetzungen der Strafbarkeit, Strafausschließungs- und Strafaufhebungsgründe

Bei Fahrlässigkeitsdelikten nur selten relevant; vgl aber § 88 Abs 2.

Bei entsprechendem Anlass sind hier auch die Fragen aus dem Problembereich der **§§ 62 ff** zu erörtern; vgl dazu insb RN 42.12 f.

# Anhang 4: Das erfolgsqualifizierte Delikt

**Vorprüfungen:** Wie **Anhang 1.**

## I. Tatbestandsmäßigkeit

1. **Objektiver Tatbestand** des **Grunddelikts** (diesen zu prüfen empfiehlt sich auch bei einer **selbstständigen Abwandlung**)
   *A hat B durch einen heftigen Faustschlag gegen das Kinn verletzt.*
2. **Subjektiver Tatbestand** des Grunddelikts
   *A hat B im Gesicht verletzen wollen.*
3. **Eintritt und fahrlässige Herbeiführung der besonderen Folge** (vgl § 7 Abs 2); **Kausalität**
   *Aufgrund des Kinnhakens ist B zu Boden gestürzt, wodurch er einen tödlichen Genickbruch erlitten hat (§ 86 Abs 2).*
4. **Objektive Zurechnung der besonderen Folge** (oft Zentralproblem)[1])
   a) **Adäquanzzusammenhang** = atypischer Kausalverlauf
   b) **Risikozusammenhang.** Bei entsprechendem Anlass sind insb der beschränkte Schutzbereich der Norm, das Eigenverantwortlichkeitsprinzip, nachträgliches Fehlverhalten des Verletzten oder eines Dritten sowie Unfälle im Zusammenhang mit Rettungsmaßnahmen zu prüfen (RN 28.1 ff).
   c) **Rechtmäßiges Alternativverhalten** (nur bei entsprechendem Anlass)

## II. Rechtswidrigkeit

Wie **Anhang 1** II.

## III. Schuld

1. **Schuldfähigkeit** (§ 11, § 4 JGG) nur bei entsprechendem Anlass
2. **Subjektive Sorgfaltswidrigkeit** und **Voraussehbarkeit der besonderen Folge** (vgl § 7 Abs 2 iVm § 6)
3. **Unrechtsbewusstsein** (wie **Anhang 1** III 3)
4. **Entschuldigungsgründe** *(zB § 10)* bzw **Irrtum über einen entschuldigenden Sachverhalt** *(§ 10 Abs 2 Satz 2)*

## IV. Zusätzliche Voraussetzungen der Strafbarkeit, Strafausschließungs- und Strafaufhebungsgründe

Wie **Anhang 1** IV.

**Beachte!** Dieser das vorsätzliche Grunddelikt und die Erfolgsqualifikation **kombinierende Aufbau** empfiehlt sich, wenn die Verwirklichung der Grundstrafdrohung an sich unproblematisch ist. Denn entfällt schon bezüglich des Grunddelikts Tatbestandsmäßigkeit, Rechtswidrigkeit oder Schuld, **erübrigt sich jede Untersuchung der Erfolgsqualifikation.**

Das Fallprüfungsschema für das erfolgsqualifizierte Delikt ist sinngemäß auch bei anderen Formen von **Vorsatz-Fahrlässigkeits-Kombinationen** (zB § 83 Abs 2) anzuwenden.

---

[1]) Nach der Rspr des OGH bildet die **erfolgsspezifische Sorgfaltswidrigkeit** bei den erfolgsqualifizierten Delikten in solchen Fällen ein eigenes Prüfungsmerkmal, in denen sich die Frage stellt, ob der Eintritt **dieser** besonderen Folge **der Art nach** überhaupt zu den objektiv voraussehbaren Folgen des Ausgangsdelikts gehört; vgl RN 28.33.

# Anhang 5: Das vorsätzliche unechte Unterlassungsdelikt

**Vorprüfungen:** Wie **Anhang 1.**

## I. Tatbestandsmäßigkeit

1. **Objektiver Tatbestand**
   a) **Eintritt des tatbestandsmäßigen Erfolgs**
   b) **Nichtvornahme des gebotenen Tuns**
   c) **Tatsächliche Handlungsmöglichkeit**
   d) **Hypothetische Kausalität**
   e) **Objektive Zurechnung des Erfolgs** (nur bei entsprechendem Anlass)
      aa) **Adäquanzzusammenhang = atypischer Kausalverlauf**
      bb) **Risikozusammenhang** (wie **Anhang 1** I 1 c bb)
   f) **Garantenstellung** (§ 2; idR Zentralproblem). Sie ergibt sich aus
      aa) **Rechtsvorschrift**
      bb) **enger natürlicher Verbundenheit** (str)
      cc) **freiwilliger Pflichtenübernahme**
      dd) **Gefahrengemeinschaft**
      ee) **gefahrbegründendem Vorverhalten** („Ingerenz")
      ff) **Eröffnung bzw Überwachung von Gefahrenquellen**
2. **Subjektiver Tatbestand**
   Der Tatbildvorsatz muss sich auf sämtliche, oben unter I 1 a–d angeführten Tatbestandsmerkmale und auf die Garantenstellung, vgl I 1 f aa–ff, beziehen.
3. **Gleichwertigkeit von Tun und Unterlassen** (§ 2)
   Nur bei verhaltensgebundenen Delikten *(zB § 146)* zu prüfen (str).

## II. Rechtswidrigkeit

Wie **Anhang 1** II. In Betracht kommt insb **rechtfertigende Pflichtenkollision.**

## III. Schuld

1. **Schuldfähigkeit** (§ 11, § 4 JGG) nur bei entsprechendem Anlass
2. **Besondere Schuldmerkmale** (falls gesetzlich vorgesehen).
3. **Unrechtsbewusstsein**
   a) **Irrtum über einen rechtfertigenden Sachverhalt** (§ 8)
   b) **Direkter** bzw **indirekter Gebotsirrtum** (§ 9)
4. **Zumutbarkeit des gebotenen Verhaltens**

## IV. Zusätzliche Voraussetzungen der Strafbarkeit, Strafausschließungs- und Strafaufhebungsgründe

Wie **Anhang 1** IV.

# Anhang 6: Das fahrlässige unechte Unterlassungsdelikt

**Vorprüfungen:** Wie **Anhang 1** und **Anhang 3.**

## I. Tatbestandsmäßigkeit

1. **Objektive Tatbestandsmerkmale**
   a) **Eintritt des tatbestandsmäßigen Erfolgs**
   b) **Nichtvornahme des gebotenen Tuns**
   c) **Tatsächliche Handlungsmöglichkeit**
   d) **Objektive Sorgfaltswidrigkeit der Unterlassung** (§ 6)
   Der Sorgfaltsmangel kann insb das Nichterkennen des drohenden Erfolgseintritts, das Übersehen eines Rettungsmittels, das Verkennen der tatsächlichen Erfolgsabwendungsmöglichkeit, der hypothetischen Kausalität oder der eine Garantenstellung begründenden tatsächlichen Umstände betreffen.
   e) **Hypothetische Kausalität**
   f) **Objektive Zurechnung des Erfolgs** (nur bei entsprechendem Anlass)
      aa) **Adäquanzzusammenhang** = atypischer Kausalverlauf
      bb) **Risikozusammenhang** (wie **Anhang 3** I 3 b)
      cc) **Rechtmäßiges Alternativverhalten** (nur bei entsprechendem Anlass)
   g) **Garantenstellung** (§ 2) wie **Anhang 5** I 1 f aa – ff
2. **Gleichwertigkeit von Tun und Unterlassen** (§ 2)
   Da die Fahrlässigkeitsdelikte des StGB reine Erfolgsdelikte sind, entfällt bei ihnen eine Gleichwertigkeitsprüfung (str).

## II. Rechtswidrigkeit

Wie **Anhang 5** II.

## III. Schuld

1. **Schuldfähigkeit** (§ 11, § 4 JGG) nur bei entsprechendem Anlass
2. **Subjektive Fahrlässigkeitselemente** (wie **Anhang 3** III 2)
3. **Unrechtsbewusstsein** (wie **Anhang 3** III 3)
4. **Zumutbarkeit des gebotenen sorgfaltsgemäßen Verhaltens**

## IV. Zusätzliche Voraussetzungen der Strafbarkeit, Strafausschließungs- und Strafaufhebungsgründe

Wie **Anhang 3** IV.

**Beachte!** Lässt sich bei einem fahrlässigen unechten Unterlassungsdelikt entweder schon die objektive Sorgfaltswidrigkeit oder jedenfalls die Garantenstellung **mit Sicherheit verneinen,** ist es aus prüfungsökonomischen Gründen zulässig, die Lösung auf die Verneinung dieses Merkmals zu konzentrieren und das Vorliegen der übrigen Merkmale offenzulassen.

# Anhang 7: Bestimmungstäter

**Vorprüfungen:** Wie **Anhang 1.**

## I. Tatbestandsmäßigkeit

1. **Vornahme einer Bestimmungshandlung**
   *A hat B dazu überredet, den Bankboten C zu berauben (§ 12 2. Fall, § 142).*
2. **Tatausführung durch den unmittelbaren Täter[1])**
   Auf die Streitfrage der **qualitativen Akzessorietät** ist idR nur einzugehen, wenn der unmittelbare Täter nicht volldeliktisch, insb **nicht vorsätzlich** (RN 34.19) oder **nicht rechtswidrig** (RN 34.15) gehandelt hat.
3. **Objektive Zurechnung des Erfolgs** (nur bei den Erfolgsdelikten und nur bei entsprechendem Anlass)
   Dieses Merkmal ist auf den **Bestimmungstäter** zu beziehen.
   a) **Adäquanzzusammenhang = atypischer Kausalverlauf**
   b) **Risikozusammenhang** (wie **Anhang 1** I 1 c bb)
4. **Subjektiver Tatbestand: Bestimmungsvorsatz** und **erweiterter Vorsatz** (falls gesetzlich vorgesehen)

## II. Rechtswidrigkeit

Wie **Anhang 1** II. Eine etwaige Rechtfertigung des unmittelbaren Täters schließt die Strafbarkeit des Bestimmungstäters nicht aus (und umgekehrt).

## III. Schuld

1. **Schuldfähigkeit** (§ 11, § 4 JGG) nur bei entsprechendem Anlass
2. **Besondere Schuldmerkmale** beim Bestimmungstäter (wie **Anhang 1** III 2)
3. **Unrechtsbewusstsein**
   a) **Irrtum über einen rechtfertigenden Sachverhalt** (§ 8)
   b) **Direkter** bzw **indirekter Verbotsirrtum** (§ 9)
4. **Entschuldigungsgründe** (zB *§§ 10, 115 Abs 3, § 290*) bzw **Irrtum über einen entschuldigenden Sachverhalt** (*§ 10 Abs 2 Satz 2*)

## IV. Zusätzliche Voraussetzungen der Strafbarkeit, Strafausschließungs- und Strafaufhebungsgründe

Wie **Anhang 1** IV.

---

[1]) Hat der unmittelbare Täter die Tat **nur versucht** bzw **nicht einmal versucht,** gilt das Fallprüfungsschema für den **Versuch des Bestimmungstäters (Anhang 9).**

# Anhang 8: Vorsätzlicher[1]) Beitragstäter

**Vorprüfungen:** Wie **Anhang 1.**

## I. Tatbestandsmäßigkeit

1. **Vornahme einer Beitragshandlung**
   *A hat dem Fälscher B seinen Füller geliehen (§ 12 3. Fall, § 223 Abs 1).*
2. **Tatausführung durch den unmittelbaren Täter[2])**
   Auf die Streitfrage der **qualitativen Akzessorietät** ist idR nur einzugehen, wenn der unmittelbare Täter nicht volldeliktisch, insb **nicht vorsätzlich** (RN 35.14 ff) oder **nicht rechtswidrig** (RN 35.10 iVm RN 35.15) gehandelt hat.
3. **Objektive Zurechnung des Erfolgs** (nur bei den Erfolgsdelikten und nur bei entsprechendem Anlass)
   Dieses Merkmal ist auf den **Beitragstäter** zu beziehen.
   a) **Adäquanzzusammenhang** = atypischer Kausalverlauf
   b) **Risikozusammenhang** (wie **Anhang 1** I 1 c bb)
4. **Subjektiver Tatbestand: Beitragsvorsatz** und **erweiterter Vorsatz** (falls gesetzlich vorgesehen)

## II. Rechtswidrigkeit

Wie **Anhang 1** II. Eine etwaige Rechtfertigung des unmittelbaren Täters schließt die Strafbarkeit des Beitragstäters nicht aus (und umgekehrt).

## III. Schuld

1. **Schuldfähigkeit** (§ 11, § 4 JGG) nur bei entsprechendem Anlass
2. **Besondere Schuldmerkmale** beim Beitragstäter (wie **Anhang 1** III 2)
3. **Unrechtsbewusstsein**
   a) **Irrtum über einen rechtfertigenden Sachverhalt** (§ 8)
   b) **Direkter** bzw **indirekter Verbotsirrtum** (§ 9)
4. **Entschuldigungsgründe** (zB *§§ 10, 115 Abs 3, § 290*) bzw **Irrtum über einen entschuldigenden Sachverhalt** *(§ 10 Abs 2 Satz 2)*

## IV. Zusätzliche Voraussetzungen der Strafbarkeit, Strafausschließungs- und Strafaufhebungsgründe

Wie **Anhang 1** IV.

---

[1]) **Fahrlässige Beitragstäter** sind idR als **unmittelbare Fahrlässigkeitstäter** zu prüfen (E 3 RN 19). Im Falle eines Tuns gilt das Fallprüfungsschema für das **fahrlässige Begehungsdelikt (Anhang 3)** und im Falle eines Unterlassens jenes für das **fahrlässige unechte Unterlassungsdelikt (Anhang 6).**
[2]) Hat der unmittelbare Täter die Tat **nur versucht** bzw nicht einmal versucht, gilt das Fallprüfungsschema für den **Versuch des Beitragstäters (Anhang 10).**

# Anhang 9: Versuch des Bestimmungstäters

## I. Tatbestandsmäßigkeit

1. **Der unmittelbare Täter** hat die Tat *(zB § 127)*
   a) **nicht vollendet,** aber **versucht = Bestimmung zum Versuch** (§ 15 Abs 1)
   b) **nicht versucht = Bestimmungsversuch** (§ 15 Abs 2)
2. **Bestimmungsentschluss,** dh zB bei § 127
   a) **Tatbildvorsatz**
      *Der unmittelbare Täter soll das Tatbild des § 127 erfüllen.*
   b) **Erweiterter Vorsatz** (falls gesetzlich vorgesehen)
      *Der Bestimmende handelt selbst mit Bereicherungsvorsatz iSd § 127.*
3. **Betätigung des Bestimmungsentschlusses** durch eine **Bestimmungshandlung** bzw eine **bestimmungsnahe Handlung** iSd § 15 Abs 2
4. **Tauglichkeitsproblematik** (wie **Anhang 2** I 4; denkbar, aber selten)

## II. Rechtswidrigkeit

Wie **Anhang 1** II und **Anhang 7** II.

## III. Schuld

1. **Schuldfähigkeit** (§ 11, § 4 JGG nur bei entsprechendem Anlass)
2. **Besondere Schuldmerkmale** (falls gesetzlich vorgesehen)
3. **Unrechtsbewusstsein**
   a) **Irrtum über einen rechtfertigenden Sachverhalt** (§ 8)
   b) **Direkter** bzw **indirekter Verbotsirrtum** (§ 9)
4. **Entschuldigungsgründe** (wie **Anhang 1** III 4)

## IV. Rücktritt des Bestimmungstäters

1. **Fehlgeschlagener Versuch**
2. **Rücktritt des Bestimmungstäters vom Versuch**

## V. Zusätzliche Voraussetzungen der Strafbarkeit, Strafausschließungs- und Strafaufhebungsgründe

Wie **Anhang 1** IV.

237

# Anhang 10: Versuch des Beitragstäters

## I. Tatbestandsmäßigkeit

**1.** Der **unmittelbare Täter** hat die Tat *(zB § 127)*
   a) **nicht vollendet,** aber **versucht = Beitrag zum Versuch** (§ 15 Abs 1)
   b) **nicht versucht** = sog **„Beitragsversuch"** (straflos gem § 15 Abs 2 arg. e. c.)
*Im Fall a:*
**2. Beitragsentschluss,** dh zB bei § 127
   a) **Tatbildvorsatz**
     *Der Beitragstäter will die Tatbildverwirklichung des Diebstahls (§ 127)*
     *durch den unmittelbaren Täter fördern.*
   b) **Erweiterter Vorsatz** (falls gesetzlich vorgesehen)
     *Der Beitragstäter handelt selbst mit Bereicherungsvorsatz iSd § 127.*
**3. Betätigung des Beitragsentschlusses** durch eine **Beitragshandlung.** Eine bloß
   beitragsnahe Handlung genügt nicht (arg § 15 Abs 2)
**4. Tauglichkeitsproblematik** (wie **Anhang 2** I 4; denkbar, aber selten)

## II. Rechtswidrigkeit

Wie **Anhang 1** II und **Anhang 8** II.

## III. Schuld

**1. Schuldfähigkeit** (§ 11, § 4 JGG nur bei entsprechendem Anlass)
**2. Besondere Schuldmerkmale** (falls gesetzlich vorgesehen)
**3. Unrechtsbewusstsein**
   a) **Irrtum über einen rechtfertigenden Sachverhalt** (§ 8)
   b) **Direkter** bzw **indirekter Verbotsirrtum** (§ 9)
**4. Entschuldigungsgründe** (wie **Anhang 1** III 4)

## IV. Rücktritt des Beitragstäters

**1. Fehlgeschlagener Versuch**
**2. Rücktritt des Beitragstäters vom Versuch**

## V. Zusätzliche Voraussetzungen der Strafbarkeit, Strafausschließungs- und Strafaufhebungsgründe

Wie **Anhang 1** IV.